Leben in der DDR

Bilder und Geschichten

Herausgegeben von
Franziska Kleiner

Eulenspiegel Verlag

1949

Januar
Bertolt Brecht eröffnet mit seinem 1939 entstandenen Stück »Mutter Courage und ihre Kinder« das Berliner Ensemble – vorerst im Deutschen Theater.

Januar
Der FDGB wird in den Weltgewerkschaftsbund aufgenommen.

25. Januar
In Warschau gründen die Sowjetunion, CSSR, Polen, Ungarn, Rumänien und Bulgarien den »Rat für gegenseitige Wirtschaftshilfe«.

Februar
Auf dem Karpfenteich im Treptower Park messen sich Eisschnellläufer bei den Ersten Berliner Meisterschaften.

Februar
Die »Universität Berlin« heißt jetzt Humboldt-Universität.

April
Das erste FDJ-Jugendobjekt, die Wasserleitung für die Max-Hütte Unterwellenborn, wird in Betrieb genommen.

Zu diesem Buch

Die DDR hat es vierzig Jahre lang gegeben, das ist nicht einmal ein ganzes Menschenleben lang. Aber sie hat das Leben vieler geprägt. Manche sind in sie hineingewachsen. Sie kannten die Schrecken des Krieges, begriffen die Stunde Null als Zeit des Aufbruchs, wollten ein neues, ein besseres Deutschland aufbauen.

Anders die Erfahrungen derer, die in die DDR hineingeboren wurden, nach dem Mauerbau erwachsen geworden sind, deren Lebensmittelpunkt in der DDR lag. In ihr haben sie ihren Beruf erlernt, ihre Familien gegründet, haben Urlaub an der Ostsee und am Balaton gemacht, haben die Existenz zweier deutscher Staaten und zweier Weltsysteme als Selbstverständlichkeit betrachtet.

Und ihre Kinder? Sie gehören zu der Generation, die in den Achtzigern ihre Kindheit in der DDR erlebte und sie mitnahm auf den Weg als Au pair in die USA, als Hotelfachfrau-Azubi nach München oder Bäcker nach Gelsenkirchen ...

Ich gehöre zu diesen »Spätgeborenen«. Das Ende meiner Kindheit fiel mit dem Ende des Landes zusammen.

Manchmal recken Erinnerungen ihre Köpfe, und ich ertappe mich, wie ich »Partisanen vom Amur« summe oder der Geruch der Ostsee mich zurück ins Zeltlager wirft – damals, als noch alle Sommer hindurch die Sonne schien und ein Sonnenbrand mit Stolz getragen wurde. Oder ich merke meine Herkunft, wenn es mich empört, dass meine Kinder nicht zehn Jahre gemeinsam mit ihren Freunden eine Schule besuchen werden.

Erzähle ich von meinem kurzen Stück Leben in der DDR, regt sich nicht selten Misstrauen, als müsse mein Erinnerungsvermögen angezweifelt werden. Und ich beobachte, es ergeht nicht nur mir so. Kommt einer auf das alltägliche Leben in der DDR zu sprechen, sind immer welche da, die den Finger erheben und ihm erklären, wie er was zu sehen habe: Denn nichts, was geschah, geschah einfach so; hinter jedem Tun, jedem Wort, jeder Regung habe schließlich eine totalitäre Macht die Fäden gezogen.

Und so entstand die Idee zu diesem Buch. Ein Buch aus Geschichten, die auch Geschichte erzählen. Ein Bericht über Erlebnisse oder Situationen, die nur in der DDR geschehen oder entstehen konnten. Erinnerungen an etwas, das nie wieder erlebt werden kann. Als ein Geschichtsbuch oder als Zeitkapsel. Oder als all das?

Vielleicht so: Dieses Buch will die Erinnerungen Einzelner festhalten und dem Leser anbieten, sie in den Kanon der Geschichte einzuordnen. Nicht mehr und nicht weniger.

Allen, die dem Verlag Beiträge zur Verfügung stellten, sei herzlich gedankt.

Herbst 2009
Franziska Kleiner

April
Sowjetische Traktoren treffen in Frankfurt (Oder) ein – im Laufe des Jahres insgesamt 1000.

8. Mai
Zum Jahrestag der Befreiung wird das Ehrenmal für die gefallenen Sowjetsoldaten im Treptower Park eingeweiht.

Mai
DEFA-Filmpremiere »Quartett zu fünft«, ein heiterer Film über den »Männermangel« nach dem Krieg.

Mai
Die Zwickauer Horch-Werke liefern den ersten Traktor vom Typ »Pionier«.

Juni
Wiedereröffnung der Nationalgalerie in Berlin.

Juli
Im Potsdamer Lustgarten wird das Ernst-Thälmann-Stadion eingeweiht.

Juli
Leichtathleten aus der Ost- und den Westzonen starten im Berliner Poststadion, zum ersten Mal seit Ende des Krieges.

Juli
In Prora auf Rügen erfolgt der erste Durchlauf im Zentralen Pionierlager »Georgi Dimitroff«.

1949

August
Erstmalig wird der Nationalpreis verliehen: unter anderem an Friedrich Wolf, Johannes R. Becher, Erich Weinert, Ernst Busch, Heinrich Mann.

September
In der Dresdner Nordhalle wird die 2. Deutsche Kunstausstellung eröffnet. Gezeigt werden rund 680 Exponaten aus allen vier Zonen Deutschlands.

September
Der erste Interzonenzug fährt von Berlin aus nach Hamburg, München und Frankfurt am Main.

September
Paul Greifzu gewinnt das erste Nachkriegsrennen für Motorräder und Sportwagen auf dem Sachsenring.

Oktober
Der erste internationale Sportwettkampf der DDR ist ein Fußballspiel zwischen einer ungarischen Auswahl der Gewerkschaften gegen eine Sachsen-Auswahl (2:1).

7. Oktober
Geburtsstunde der Deutschen Demokratischen Republik. Die Verfassung tritt in Kraft, Ost-Berlin wird Hauptstadt.

Oktober
An der Humboldt-Universität werden die ersten Studenten der Arbeiter-und-Bauern-Fakultät immatrikuliert.

Oktober
Der SED-Vorsitzende Wilhelm Pieck wird Präsident der DDR.

Oktober
Die Sowjetunion nimmt als erster Staat diplomatische Beziehungen zur DDR auf, danach wird die DDR von Albanien, Bulgarien, China, Nordkorea, Polen, Rumänien, der Tschechoslowakei und Ungarn anerkannt.

Oktober
Den ersten DDR-Rekord erzielt Dr. Marcellus Markus mit 44,82 m im Hammerwerfen.

November
Die Berliner Frankfurter Allee wird in Stalinallee umbenannt.

November
Die Nationalhymne der DDR wird erstmals vom Zentralen Orchester des Ministeriums des Innern auf dem Berliner August-Bebel-Platz öffentlich vorgetragen.

Dezember
Erstmals wird das FDJ-Abzeichen »Für gutes Wissen« verliehen.

1950

Januar
Die Mannschaft vom SC Berlin-Weißensee gewinnt die I. DDR-Meisterschaft im Hallenhandball der Männer.

Februar
Das Ministerium für Staatssicherheit (MfS) wird gegründet.

März
Die erste Briefmarke, auf der »DDR« steht, erscheint.

März
Die DDR-Regierung erklärt das Jahr 1950 zum Bach-Jahr, es folgt die Bach-Ehrung der Jugend in Weimar.

März
Die Preise für Lebensmittel werden um 28 Prozent, die für Fertigwaren um 32 Prozent gesenkt.

März
Das Ministerium für Volksbildung ordnet die Aufnahme des Sport- und Schwimmunterrichts in den Schulen an.

März
Gründung der »Deutschen Akademie der Künste«, erster Präsident wird Arnold Zweig.

April
ZSG Horch-Zwickau gewinnt die I. DDR-Meisterschaft im Fußball gegen SG Dresden Friedrichstadt mit 5:1.

April
Ab sofort wird täglich eine warme Mahlzeit an den Schulen ausgegeben.

April/Mai
Zum ersten Mal nimmt eine DDR-Mannschaft an der Friedensfahrt Warschau-Prag teil – ohne Chance auf einen Sieg.

April
Das »Gesetz der Arbeit« wird verabschiedet. Darin wird das Recht auf Arbeit garantiert.

1950

Mai
Jugendliche sind nun mit 18 volljährig, statt wie bisher mit 21.

Mai
Der Pionierpark »Ernst Thälmann« in der Wuhlheide in Berlin wird eröffnet.

Mai
Erstes Deutschlandtreffen der Jugend in Berlin mit 700 000 Teilnehmern. Das Walter-Ulbricht-Stadion, später Stadion der Weltjugend, wird eingeweiht.

1. Juni
Erster internationaler Kindertag in der DDR.

Juni
Die erste »Pioniereisenbahn« fährt in Dresden.

Juni
Die VR Polen und die DDR erklären in Warschau die Oder-Neiße-Linie zur endgültigen deutsch-polnischen Grenze.

Juni
Die SED ordnet einen neunmonatigen Abendkursus Marxismus-Leninismus für alle Parteimitglieder an.

Juli
II. Deutscher Schriftstellerkongress und Gründung des Schriftstellerverbandes; Vorsitzender: Bodo Uhse.

Juli
In Mecklenburg findet erstmals ein »Sporttag der Landjugend« statt.

Juli
Der Schachverband ist der erste, der in einen internationalen Verband aufgenommen wird.

Juli
Das Stahl- und Walzwerk Brandenburg liefert den ersten Stahl.

Juli
Auf dem III. Parteitag wird in einem Fünfjahrplan der »planmäßige Aufbau des Sozialismus« beschlossen. Walter Ulbricht wird zum Generalsekretär des ZK gewählt.

Juli
Der Magdeburger Zoo eröffnet zunächst als Heimattiergarten.

1950

Juli
Die »16 Grundsätze des Städtebaus« werden veröffentlicht: »national in der Form, sozialistisch im Inhalt«.

August
Der Aufbau des »Eisenhüttenkombinats Ost« als Jugendobjekt der FDJ beginnt.

September
Das Gesetz zum Schutz von Mutter und Kind und der Rechte der Frau wird erlassen.

September
Die Ruinen des Berliner Stadtschlosses werden gesprengt.

September
Das Planetarium in Jena wird wiedereröffnet.

September
Die DDR wird Mitglied im Rat für Gegenseitige Wirtschaftshilfe.

Oktober
In Leipzig öffnet die Deutsche Hochschule für Körperkultur (DHfK) mit 10 Lehrkräften ihre Pforten. 96 Studenten nehmen ihr Studium auf.

Dezember
Als erster Farb- und Märchenfilm der DEFA wird »Das kalte Herz« von Paul Verhoeven mit einer Paraderolle Erwin Geschonnecks als Holländer-Michel ausgestrahlt.

Oktober
Die Hochschule für Musik »Hanns Eisler« wird in Berlin eröffnet.

November
Die Vereinigung der gegenseitigen Bauernhilfe wird gegründet.

Dezember
Die Volkskammer beschließt das »Gesetz zum Schutz des Friedens«.

Vertrauen ist gut, Kontrolle ist besser ...

Die Geburten-Statistik der DDR entwickelte sich im Vergleich zur BRD recht unterschiedlich. Während Frau Ost im Durchschnitt 1,9 Kinder bekam, hatte Frau West nur statistische 1,3 Babys zu versorgen.

Und das, obwohl es die Pille in der DDR doch kostenlos gab. Eine Familie ohne Kinder? Das war im Osten nicht vorgesehen. Die meisten Paare wünschten sich neben dem Stammhalter auch noch ein Mädchen.

War das Baby da, hielt sich das staatliche Gesundheitswesen an einen bekannten Lenin-Spruch: »Vertrauen ist gut, Kontrolle ist besser.« In der DDR war die Teilnahme an der Schwan-

1951

Januar
Der erste Fünfjahrplan wird in Angriff genommen. Symbolischer Akt ist die Grundsteinlegung für den Hochofen im Eisenhüttenkombinat Ost durch Minister Fritz Selbmann.

Januar
Grundsteinlegung für das Edelstahlwerk Freital.

Januar
Die I. DDR-Meisterschaften im Wintersport für Junge Pioniere finden in Oberhof statt.

Januar
Bildung des Staatssekretariats für Hochschulwesen. Einheitliche Leitungen und das zehnmonatige Studienjahr werden festgelegt, Marxismus-Leninismus und Russisch als Pflichtfächer eingeführt.

Januar
Appell der Volkskammer an den Bundestag: »Deutsche an einen Tisch.«

geren- und Mütterberatung unumgänglich. Wer da nicht hinging, bekam bald eine schriftliche Einladung per Post oder Besuch von der Abteilung Gesundheitswesen.

Der Rahmen von Obhut, Beratung und Betreuung von Müttern und Babys war auch im Arbeitsgesetzbuch festgeschrieben. Da konnten strenge Chefs nicht meckern, wenn junge Frauen sich zwecks Untersuchung oder Baby-Vorsorge abmeldeten. Selbst die Stillpausen konnten von den werktätigen Müttern zusammenhängend zu Beginn oder Ende der täglichen Arbeitszeit

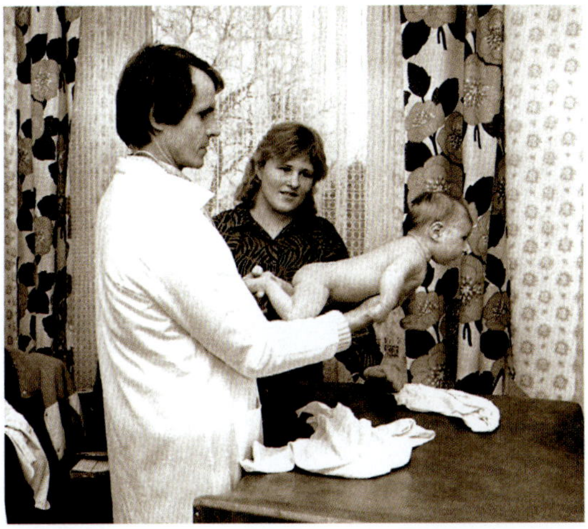

genommen werden, eine Ausgleichszahlung in Höhe des Durchschnittslohnes war gesetzlich garantiert.

In regelmäßigen Abständen wurden die Babys in der Mütterberatungsstelle begutachtet. Diese befand sich meist in unmittelbarer Nähe im Wohnbezirk. Das Gebäude war daran zu erkennen, dass ein Dutzend Kinderwagen vor dem Eingang geparkt waren.

Der Besuch der Mütterberatungsstelle wurde anfangs sogar belohnt: In den 50er Jahren spendierte das DDR-Gesundheitswesen den Babys ein Päckchen Windeln. Die waren im Handel schwer zu kriegen. Später, als es das sogenannte Babygeld in Höhe von 1000 Mark gab, war der Besuch der Mütterberatung Bedingung für die Auszahlung der vollen Summe.

Die Abfertigung erfolgte in den Zeiten des DDR-Baby-Booms fast wie am Fließband. Vor der Anmeldung begutachteten die jungen Mütter im Warteraum unauffällig die Mode der vorgeführten Säuglings-Bekleidung. Obwohl im Handel in diesem Sortiment meist wenig Vielfalt herrschte, konnte bei Stramplern, Mützchen und Lätzchen mit Häkelnadel und Phantasie der individuellen Baby-Optik erheblich auf die Sprünge geholfen werden.

In der Regel wurden mehrere Mütter gleichzeitig mit ihren Babys zu den Windeltischen gerufen. Dort wurde der Nachwuchs im Takt ausgewickelt, anschließend vermessen und zum Wiegen vorbereitet. Das Baby wurde in einer Art Kartoffelwaage positioniert, Kopf nach hinten und Beine nach oben. Das löste bei unserem Nachwuchs nicht nur Freudengeschrei aus. Wer als Erdenbürger schon ein paar Monate hinter sich gebracht hatte, musste zusätzlich robben, sitzen und sich drehen. Hüfte und Becken wurden begutachtet, und bei Bedarf musste unter Verwendung eines farbigen Plaste-Bretts eine Spreizhose gebastelt und zwischen Windel und Strumpfhose geklemmt werden. Die Silhouette des frisch gewindelten Nachwuchses war deshalb zuweilen einem Riesenkäfer nicht unähnlich.

Sämtliche ermittelten Mess-Ergebnisse wurden vom Fach-Personal akribisch im Sozialversicherungs- und Impfausweis vermerkt und sind noch heute nachzulesen. Bei derartiger Fürsorge des Staates kamen potentielle Rabeneltern gar nicht in die Verlegenheit, ihre Babys verkümmern zu lassen. Heute hat der Staat kein so wachsames Auge mehr auf die Gesundheit seiner jüngsten Bürger, spricht von Reglementierung in der DDR. Die Folgen tragen jene, die sich nicht wehren können. ■

Mütterberatungsstellen waren keine Erfindung der DDR, aber das regelmäßige Vorstellen des Kindes war hier Pflicht.

Januar
Deutsche Erstaufführung von Pogodins »Das Glockenspiel des Kreml« am Staatstheater Dresden, Regie Martin Hellberg.

Februar
Die freiwillige Schutzimpfung gegen die Volkskrankheit Tuberkulose beginnt.

Februar
Die Rationierung von Schuhen und Textilien wird aufgehoben.

März
Die Uraufführung der Oper »Das Verhör des Lukullus« von Brecht/Dessau wird in der Berliner Staatsoper mit Ovationen gefeiert, aber nach wenigen Vorstellungen abgesetzt. Das ZK der SED beschließt den Kampf gegen den »Formalismus« in Kunst und Literatur.

April
Gründung des Nationalen Olympischen Komitees im Roten Rathaus in Berlin, Präsident wird Leichtathlet Kurt Edel, Generalsekretär Heinz Dose.

1951

Mai
Beschluss des Ministerrats, zukünftig den 12. Juni als »Tag des Lehrers« zu begehen.

Mai
Anerkennung des NOK für Deutschland (BRD) durch das IOC auf seiner 45. Tagung in Wien. Ablehnung der Anerkennung des NOK der DDR, Forderung eines gesamtdeutschen Olympischen Komitees.

April
Das »Deutsche Sportecho« kürt nach Umfrage die Fußballer Fritz Gödicke und Werner Oberländer zu den »populärsten Sportlern«.

Mai
Premiere des Kinofilms »Das Beil von Wandsbek« nach Arnold Zweig. Der Film wird nach wenigen Tagen verboten.

Auf dem Papier

Vorneweg: Ich habe weder einen Kindergarten noch eine Kinderkrippe besucht – zumindest nicht im dafür tauglichen Alter. Später allerdings oft, weil meine Tochter Krippenerzieherin war und ich sie meistens nach Feierabend abholte und Kinderkrippe und Kindergarten normalerweise, wie auch in diesem Fall, in einem Gebäude untergebracht waren. Meine Tochter arbeitete in der Krippe gegenüber dem Teltower GRW, dem »Geräte- und Regler-Werk«, welches von der Treuhand für eine einzige Mark verhökert wurde. Das war ein Spottgeld im Vergleich zu den Kosten, die durch die Ausbildung meiner Tochter Petra entstanden waren.

In der DDR legte man großen Wert darauf, dass die Krippenerzieherinnen und Kindergärtnerinnen ihr »Handwerk« verstanden, und deshalb verbrachte sie drei Jahre ihres Lebens damit, zu lernen, was zu lernen war. Als ich sie dieser Tage fragte, welche Fächer denn da gelehrt wurden und gelernt werden mussten, hegte sie Zweifel, ob sie die alle zusammenkriegen würde. Dann kramte sie eines Abends ihr Zeugnis aus irgendeinem Schubfach und las es mir vor, wobei sie auf die Noten verzichtete, weil einige darunter waren, die ich schon vor vier Jahrzehnten moniert hatte.

Die Reihenfolge war weder nach dem Alphabet sortiert noch nach der Bedeutung, sondern so, wie sie auf den damaligen DDR-Zeugnissen gelistet worden war: Betriebsökonomik, Physik, Chemie, Mathematik, Gesundheitsschutz, Deutsch, Anatomie, Psychologie, Pädagogik, Allgemeine Krankheitslehre, Sport, Infektionslehre, Ernährungslehre, Musikerziehung, Musikmethodik, Instrumenten-Unterricht, Medizinischer Schutz, Kinderturnen, Ernährungslehre des Säuglings, Ernährungslehre des Kleinkinds, die Struktur der Polikliniken, Ausbildung in Erster Hilfe und – Staatsbürgerkunde.

Offen gestanden, staunte ich nicht schlecht, als ich auf diese Weise noch einmal erfuhr, wie gebildet meine Tochter ist. Wenn ich auch keine Umfrage unter all den Kindern starten konnte, die sie in den Jahren danach unter ihren Fittichen gehabt hatte, könnte ich zur Not bezeugen, dass sie selbst zwei Töchter erzogen hat, von denen ich heute sagen würde, dass es »gelungene« Menschen geworden sind. Aber ich kann mich durchaus an die Steppkinnen und Steppkes erinnern, die immer an ihrem Rock hingen, wenn ich sie von der Kinderkrippe abholte.

Übrigens: Die Krippenkinder, wenn sie denn des Sprechens mächtig waren, redeten die Erzieherinnen mit »Tante« an; die Kindergartenkinder lernten, dass es Frau Müller, Meier, Schulze hieß, und die Schulkinder begriffen – meist langsam –, dass das vertrauliche »du, Frau Müller, hilf mir mal« dem »Sie« zu weichen hatte. Aber egal, ob unsere Kinder sich in einer »du«- oder »Sie«-Phase befanden, sie wurden nicht von Babysittern oder sich als Tagesmutter ein paar Euro dazuverdienenden Kinderaufbewahrern betreut, sondern von Absolventen pädagogischer Fachschulen oder Universitäten erzogen, und die hatten einen Bildungsauftrag – was heute ein anrüchiges Wort ist und mit politischer Indoktrination übersetzt wird. Das kann man in den Publikationen der Bundeszentrale für politische Bildung nachlesen. Wer aber über das humanistische Erziehungsideal, das diesem Bildungsauftrag zugrunde lag, nachlesen will, der ist nicht schlecht beraten, wenn er ein DDR-Lehrbuch zur Hand nimmt. ■

»Ab aufs Töpfchen« hieß es in der Krippe, und die Knirpse, die hier mit sichtlichem Vergnügen ihr Geschäft verrichten, konnten nicht ahnen, was wir heute dank aufgeklärter Köpfe alle wissen: So wird man bindungslos und demokratieunfähig.

Mai
Eröffnung des ersten deutschen Kulturkongresses mit Teilnehmern aus beiden deutschen Staaten in Leipzig.

Juni
Der Zentralrat der FDJ übergibt unter Vorsitz von Erich Honecker sein »Stalin«-Aufgebot in Vorbereitung der Weltfestspiele der Jugend und Studenten. Hauptinhalt ist die Verpflichtung zur Planerfüllung.

Mai
120 Teilnehmer besuchen die erste Sportärzte-Tagung der DDR.

Mai
An der Rostocker Universität wird die Schiffbautechnische Fakultät in Anwesenheit von Wilhelm Pieck eröffnet.

Juni
Die Bundesregierung verbietet die sozialistische »Freie Deutsche Jugend« und begründet das Verbot mit ihrer Verfassungswidrigkeit.

1951

Juli
Die Arbeitsämter werden abgeschafft.

August
In Leipzig eröffnet die zweite Pioniereisenbahn der DDR.

August
Der Ministerrat beschließt die Gründung eines »Amtes für Literatur« zu Erteilung von Druckgenehmigungen.

August
Die »III. Weltfestspiele der Jugend und Studenten« finden erstmals in Ost-Berlin statt. Es nehmen rund 2 Millionen Jugendliche aus beiden Teilen Deutschlands und 26 000 Delegierte aus 104 Ländern teil.

August
Das erste Stalin-Denkmal wird in Berlin enthüllt.

Von Beschäftigung bis Schlafwache

Morgens 7.30 Uhr stand ich, erste Klasse, sechs Jahre, den Ranzen auf dem Rücken, bereit, meinen dreijährigen Bruder in den Kindergarten zu bringen und dann in die Schule zu traben. Mein Bruder war so langsam. Jeden Morgen die gleiche Angst: Würde ich zu spät zur Schule kommen?

Montags ging es schneller, da gab es im Kindergarten Milchnudeln zum Mittag. Allerdings gingen die Kinder vorher auf einen Spaziergang zur Verkehrserziehung, das musste ich runterspielen. Die obligatorischen Kreisspiele konnte ich als Lockmittel nur erwähnen, wenn mein Bruder sich mit seiner Kindergartenfreundin Antje grün war und gern den Prinzen zum Dornröschen oder den Hänsel zur Gretel gab, es war eine Gratwanderung.

Dienstags konnte ich ihn ködern, indem ich ihn daran erinnerte, dass bei der Beschäftigungsstunde mit Farben gemalt wurde. Die Spuren trug er auch am Nachmittag noch im Gesicht, trotz der Schrubbelei, die dem Malen folgte. Außerdem durften zum Schlafen die Jungs das Buch auswählen, montags waren es die Mädchen. Und mein Bruder konnte nicht genug kriegen vom Panzerfahrer Janek, einer Bilderbuch-Variante zu »Vier Panzersoldaten und ein Hund«.

Im Sommer war Mittwoch gar kein Problem – es war Badetag. Wer über den Zaun in den Garten blickte, sah ausschließlich nackte Kinder, die, wie von der Tarantel gestochen, umhersprangen. Badetag zog sich meist vom Vormittag in den Nachmittag und war ein Wechselspiel der Extreme. Es war Sommer, also sehr heiß, die Duschen waren eisekalt, das Gerenne und Geplansche führte zu großem Appetit, die verschlungene doppelte Portion zu Müdigkeit. Ein ausgedehnter Mittagsschlaf wiederum erhitzte die Kinder, und die inzwischen lauwarmen Planschbecken hatten noch mehr Gebrüll und dann Heiserkeit zur Folge. Mittwoch war immer schön, und ich kam nie zu spät zur Schule, war aber auch neidisch und wünschte mich ausnahmsweise in den Kindergarten zurück.

Donnerstag war kompliziert. Ich wusste, dass die Aktivitäten wechselten. Mal gingen die Kin- »

August
DEFA-Filmpremiere »Der Untertan« nach Heinrich Mann von Wolfgang Staudte. Der Film erhält auf dem Filmfest in Karlovy Vary einen Sonderpreis.

August
Laut Ministerratsbeschluss vom 22. Februar wird der obligatorische Studentensport an allen Universitäten und Hochschulen der DDR zunächst für die beiden ersten Semester angeordnet.

September
Appell der DDR-Volkskammer an den Bundestag, gesamtdeutsche Beratungen der Vertreter Ost- und Westdeutschlands über gesamtdeutsche Wahlen und den Abschluss eines Friedensvertrags durchzuführen.

September
Nach achteinhalb Monaten Bauzeit wird der erste Hochofen des Eisenhüttenkombinats Ost angeblasen, bis 1954 folgen fünf weitere.

Der Kindergarten betreute die Kinder vom vierten Lebensjahr an und sollte sie zur Schulreife führen. Während der »Beschäftigung« erlernten sie das Rechnen mit Rechenstäbchen bis zur Zahl 10 und machten erste Schreibversuche, malten, sangen, turnten und bekamen nützliche Dinge wie Schleifenbinden beigebracht. Und was sie kneteten und bastelten, wurde zunächst im Kindergarten ausgestellt und dann stolz nach Hause getragen.

» der zum Klub der Volkssolidarität, sie waren schon zur Kaserne der NVA-Soldaten gegangen und in die Kaufhalle, um das Einkaufen zu üben. Sie hatten eine Feuerwache besucht und waren im Treptower Park, am Ehrenmal für die gefallenen Sowjetsoldaten, gewesen. Und im Tierpark und im Naturkundemuseum. Auf Donnerstag bereitete ich mich ausführlicher vor, indem ich schon am Abend von meiner Mutti wissen wollte, was denn der Kindergarten morgen unternehmen würde. Ab der zweiten Klasse las ich die Aushänge selber. Naja, ich gebe zu, ich habe meinen Bruder angeschwindelt. Zur Wachablösung Unter den Linden ging er gern, also stand das alle drei Wochen auf dem Kindergartenplan, den ich ihm schmackhaft machte, um ihn zum zügigen Gehen zu animieren.

Ob er das Gefühl hatte, belogen worden zu

1951

September
In Berlin wird das Interzonenhandelsabkommen zwischen der Bundesrepublik Deutschland und der DDR unterzeichnet.

September
Zwischen der DDR und der Sowjetunion werden Handelsabkommen für die Jahre 1952–55 und ein Abkommen über die wissenschaftlich-technische Zusammenarbeit geschlossen.

Oktober
Preissenkungen für Textilien und Backwaren werden eingeleitet.

Oktober
In Calbe wird der erste Niederschachtofen der Welt in Betrieb genommen.

Jede Kindergärtnerin musste während ihrer Ausbildung ein Instrument erlernen. So konnte sie ihre Schützlinge beim Singen begleiten. Eines der ersten Lieder, das die Kleinen lernten, war das Lied vom »Teddybär, der aus dem Spielzeugland daherkam«. Mit Inbrunst entlockten sie ihren kleinen Kehlen beim Refrain die tiefsten Töne und brummten »Bummi, Bummi, brumm, brumm, brumm«.

sein? Von der DDR, meine ich. Wie sonst hätte er es sich erklären können, dass auf dem Plan Wachablösung stand und er stattdessen ins Puppentheater ging? An seiner großen Schwester hat er jedenfalls nie gezweifelt.

Freitag war schrecklich. Es wurde im kleinen Sportraum Sport gemacht. Das hieß: Klamotten ausziehen, Sportsachen anziehen, die Treppe runter in den Keller. Obwohl Kindergartenkinder nicht stark schwitzen, roch es dort unten nach Käsesocken, Schweiß und Angst. In einer Reihe aufstellen und dann: Ich begrüße euch mit einem kräftigen Sport …, rief die Kindergärtnerin, die sich an der Decke fast den Kopf stieß. … frei! brüllten die Kinder zurück. Mein Bruder hasste Sport, und mittags gab es Fisch, den hasste er noch mehr, und wenn die Erzieherin da war, die wir alle hassten, musste man auch noch aufessen. Mein Bruder war morgens wie ein schwerer Stein, der sich kaum von der Stelle rührte. Manchmal konnte ich ihn bestechen, indem ich ihm für den Nachmittag ein Eis versprach.

Ich wusste so genau, was er jeden Tag machte, weil ich in drei Jahren Kinderkrippe und drei Jahren Kindergarten dasselbe gemacht hatte.

Während ich jede Abweichung von dieser Routine genoss, Fasching, Weihnachten, Geburtstage – den der Republik, den der NVA, von Peter und meinen eigenen –, Kindertag, Kindergartenfahrt nach Nassenheide, Sportfest, Sommerfest, Herbstfest oder Personalversammlung der Erzieher – da waren dann einige Eltern die sogenannte Schlafwache –, war mein Bruder empört über jede Veränderung, weigerte sich einzuschlafen, wenn statt einer Geschichte zur Ruhe ein Lied gesungen wurde, bestand darauf, mit einem dicken Pinsel zu malen, wenn alle anderen Kartoffeldruck ausprobierten, schrie Zeter und Mordio, wenn aus irgendwelchen Gründen seine Gruppe aufgeteilt werden musste, verkleidete sich nicht zum Fasching und sieht auf Weihnachtsbildern so aus, als hätte er nur eine Kohle gekriegt.

Mein Bruder erlebte den Kindergarten ganz anders als ich. Die größte Enttäuschung seines Lebens war, als er eines Tages nicht mehr hingehen durfte – er musste in die Schule!

Oktober
Auf der Jahreshauptversammlung des Deutschen PEN-Zentrums spaltet sich die bisher gesamtdeutsche Schriftstellervereinigung in ein PEN-Zentrum Ost und ein PEN-Zentrum West.

Oktober
Gründung der Deutschen Akademie der Landwirtschaftswissenschaften.

Dezember
Das »Nationale Komitee für den Neuaufbau Berlins« konstituiert sich im Rahmen des »Nationalen Aufbauwerks«.

Dezember
Eröffnung des Zentraltheaters Magdeburg mit Ernst Fischers »Der große Verrat«, ein Stück über den Bruch Titos mit Stalin.

Dezember
Gesamtdeutsche Sportkonferenz in Berlin mit 700 Teilnehmern.

Der Tag, an dem Meister Nadelöhr starb

Es war einmal ein Märchenland im DDR-Fernsehen. Jeden Sonntag von 15.30–16 Uhr war ich dort zu Besuch. In der Schneiderstube von Meister Nadelöhr wohnten Schnatterinchen, Pittiplatsch der Liebe und der Mischkabär, der zu Besuch aus der Sowjetunion weilte. Unser deutscher Bummibär war derzeit dafür in Moskau zum Austausch. Der Mischkabär konnte sehr gut deutsch, nervte aber mit seiner Artigkeit und ständigen gutbrüderlichen Ratschlägen. Schnatterinchen wusste auch im-

1952

Januar
Das Nationale Aufbauwerk in Berlin organisiert den ersten Aufbausonntag. 50 000 Berliner räumen um den Strausberger Platz herum die Trümmer weg.

Januar
Das Staatliche Ensemble für sorbische Volkskunst wird gegründet.

Januar
DEFA-Filmpremiere »Roman einer jungen Ehe« von Kurt Maetzig.

Januar
An der Weberwiese in Berlin wird das Richtfest des in Ziegelbauweise errichteten Hochhauses gefeiert.

Februar
DDR-Ministerpräsident Otto Grotewohl legt den Grundstein für den Bau der Stalinallee.

März
Die »Junge Welt« erscheint ab sofort als Tageszeitung.

mer alles besser. Am liebsten war mir der freche Pitti, der jeden Sonntag abwegige Ideen hatte, die stets schief gingen. Leider kam dann die Schnatterente – nak, nak, nak, nak – und richtete alles wieder. Mitten im Schneiderstubenabenteuer zupfte Meister Nadelöhr auf seiner Zauberelle ein Liedchen, und die Streithähne schwiegen still. Doch der schönste Moment kam, wenn Meister Nadelöhr seinen großen Regenschirm hervorholte. Dann drehte er ihn ganz schnell, und heraus kam eine neue Geschichte. Ich wusste nie, welche. Es war immer eine aufregende Überraschung. Manchmal kamen Geschichten mit Herrn Fuchs und Frau Elster. Die wohnten im Märchenwald und keiften sich immer an. Dabei waren sie doch unzertrennlich. Dann gab es noch Familie Borstel, eine Igelfamilie, und Mauz und Hoppel, zwei Hasen im Märchenwald. Das waren so richtige Streitschlichter und deswegen ein bisschen langweilig. Oder der Maler Taddeus Punkt mit seinem Hund Schnuffi war dran. Die beiden wohnten in einem Atelier. Taddeus' Hund saß auf seiner Hand und gab komische Geräusche von sich. Später erfuhr ich, dass Taddeus ein Bauchredner war. Nur deshalb konnte Struppi sprechen. Mit der freien Hand malte Taddeus etwas auf eine Staffelei. Struppi gab dazu Kommentare ab. Das Malen ging ganz schnell, und am Ende machte er einen großen Punkt auf die Scheibe vor der Filmkamera. So dass es aussah, als ob er auf unseren Fernseher von innen malte. So schnell und schön hätte ich auch gern gezeichnet. Ab und zu kam auch ein Trickfilm mit einem Zauberbleistift, den mochte ich sehr. Denn alles, was der zeichnete, wurde sofort real. So einen Bleistift wünschte ich mir die ganze Kindheit über.

Zu besonderen Feiertagen, wie Kindertag oder Nikolaus, fuhr Pittiplatsch auf Besuch zu seiner Oma ins Koboldland. Die wohnte in der Kaffeekanne und trug ein buntes Kopftuch. Ansonsten sah sie genauso aus wie Pitti. Zwei dunkle, verschieden große Kugeln übereinander, knuddelige Stoffbeine und -arme und oben am Kopf ein verwegener Puschel. Die Augen waren riesig, und bei Pitti sah der Mund so aus, als ob er die Zunge ein bisschen herausstreckte. Das gefiel mir. Es sah so frech aus. Wir Kinder sangen: Pittiplatsch der Liebe hat im Arsch 'ne Fliege. Im Koboldland wohnten auch der etwas sonderliche Nikenek, du lieber Schreck, da bleibt mir glatt die Spucke weg, und der durchgedrehte Drehrumbum, der Runde, ich drehe alles um Stund um Stunde. Es war so magisch – und besonders im Koboldland. Da konnte Pitti sogar fliegen und zaubern. Dazu gab es sonntags bei uns frischen Kuchen, den meine Mutti jede Woche buk.

In den Ferien war ich mal bei meinem Opa Fritz zu Besuch. Ich weiß noch wie heute, es war ein warmer Sommertag, und Opa erzählte so nebenbei, dass Meister Nadelöhr gestorben sei. Wie konnte Meister Nadelöhr sterben? Er wohnte doch im Märchenland! Opa Fritz erklärte, dass Meister Nadelöhr ein Schauspieler gewesen war und schwer zuckerkrank. Ich konnte es nicht glauben und war am Boden zerstört.

Als ich zu Hause war, spielte ich aus lauter Trauer meiner Familie ein unhörbares Lied auf meinem Federballschläger vor. Schließlich konnte Meister Nadelöhr ja auch auf einer Zauberelle spielen. Andächtig schwiegen wir und gedachten seiner.

Bald wurde Meister Nadelöhr von Fabian ersetzt. Es gab keinen Regenschirm mehr, und dieser Fabian spielte auf einer richtigen Gitarre. Wir Kinder fanden ihn total blöd und hätten sonst was dafür gegeben, damit Meister Nadelöhr wiederkommt. ■

1954, im zweiten Jahr nach Aufnahme des Sendebetriebs, wurde in Adlershof die Redaktion »Kinderfernsehen« gegründet. Hier erblickten die Figuren das Licht der Fernsehwelt, die die Kleinsten unterhalten und auch belehren sollten: Herr Fuchs und Frau Elster, Flax und Krümel, Struppi, Pittiplatsch und Schnatterinchen, Frau Puppendoktor Pille, das Sandmännchen …

März
Die UdSSR unterbreitet den Westmächten in der sogenannten Stalin-Note den Entwurf eines Friedensvertrages.

März
Die BSG Stahl Hennigsdorf gewinnt in Leipzig die I. DDR-Meisterschaft im Rugby.

April
Das erste Hochseehandelsschiff der DDR läuft in Rostock vom Stapel.

März
Eine Anordnung zur Schaffung von Kulturräumen und Kulturhäusern in den Gemeinden wird erlassen.

Mai
Die Regierung kündigt den Aufbau nationaler Streitkräfte an.

Mai
Zum ersten Mal führt die Friedensfahrt durch die DDR. Die sechs DDR-Sportler belegen den dritten Platz in der Mannschaftswertung.

Immer Ärger mit den Digedags

Es geschah an einem Sommerabend des Jahres 1959. Wir waren zu fünft, hockten um ein Lagerfeuer herum und machten lange Gesichter. Wir hatten ein echtes Problem.

Beim Besuch am Zeitungskiosk hatten wir hören müssen, dass die September-Nummer des Mosaiks bereits ausverkauft war. Dabei waren wir in der vergangenen Woche fleißig Tag für Tag immer zur selben Stunde an den Kiosk gepilgert. Und hatten immer wieder die gleiche

1952

Mai
Der Autorennfahrer Paul Greifzu aus Suhl verunglückt beim Training auf der Dessauer Schleife tödlich.

Mai
An der Demarkationslinie zur Bundesrepublik wird eine 5-Kilometer-Sperrzone geschaffen.

Juni
24 Neubauern gründen in Merxleben bei Bad Langensalza die erste LPG.

Juni
Zwischen der Sowjetunion und der DDR wird ein Vertrag über die Rückgabe von 66 SAG-Betrieben geschlossen.

Juni
In Lauchhammer nimmt die erste Braunkohlen-Großkokerei der Welt die Arbeit auf.

Juli
Die Händel-Renaissance in der DDR beginnt mit den ersten Händel-Festspielen in Halle.

Frage gestellt: »Ist das Mosaik schon angekommen?« Und täglich gab es vom Verkäufer in der blauen Post-Uniform die gleiche Antwort: »Leider noch nicht da!« Heute dann der kurze, niederschmetternde Bescheid: »Mosaik? Bereits ausverkauft!«

Das bedeutete, dass wir in absehbarer Zeit nicht erfahren würden, wie es mit den Digedags weiterging. Dig, Dag und Digedag waren in unseren Kreisen die mit Abstand bekanntesten DDR-Bürger, höchstens Täve Schur erreichte den Grad ihrer Popularität. Seit dem abgelaufenen Schuljahr konnten wir lesen und hatten eine schnell wachsende Leidenschaft für die Digedags entwickelt.

Die Heimat des Comic-Helden-Trios war die Zeitschrift Mosaik, deren erste Ausgabe im Dezember 1955 in einer Auflage von 100 000 Exemplaren an die ostdeutschen Zeitungskioske kam. Seitdem hatten wir es tatsächlich geschafft, aller Ausgaben habhaft zu werden. Sollte nun damit Schluss sein?

»Da hilft nur eins«, verkündete nach langer Beratung unser Gruppenältester Attchen, »du bringst morgen früh deine ›Fix & Foxi‹-Hefte mit auf den Schulhof und versuchst das neue Mosaik dagegen zu tauschen!« Wie beschlossen, so geschah es: Drei bereits etwas zerschlissene Westschmöker wechselten am folgenden Tag gegen ein nagelneues Mosaik-Heft den Besitzer. So konnten wir uns am Nachmittag ausgiebig den neuen Abenteuern von Dig und Dag widmen, die sich gemeinsam mit ihrem gebildeten Kumpel Sinus Tangentus gerade frei durch Zeit und Raum bewegten und auf dem fernen Planeten Neos geradezu unglaubliche Abenteuer erlebten.

Gemeinsam mit den Digedags reisten wir in späteren Jahren nicht nur durchs Weltall, sondern auch ins alte Rom, nach Asien und sogar in den Wilden Westen ins ferne Amerika.

Wer war eigentlich der Taufpate der Digedags? Angeblich soll das Ticken einer Wanduhr den Zeichner Hannes Hegen zu der Namensgebung inspiriert haben. »Ich hatte die Figuren ja schon vorher entworfen und sagte mir, dass die Namen von zwei meiner kleinen Helden den Namen des dritten ergeben müsste …«, erinnerte sich der Mosaik-Vater später. Hegens bunte Hefte waren nicht nur die Lieblingslektüre von Kindern und Jugendlichen. Auch unser Physiklehrer hatte an den Geschichten nichts auszusetzen. Wo sonst konnte man so spielerisch lernen, dass die Erde sich mit der Geschwindigkeit von knapp 30 Kilometern in der Sekunde um die Sonne dreht? Die Popularität von Dig, Dag und Digedag wuchs ungebrochen, die drei kleinen Kerle blieben die mit Abstand beliebtesten Comic-Helden der DDR.

Ihre Abenteuer waren später in finnischen, holländischen, englischen, ungarischen und serbokroatischen Ausgaben zu haben. Neben Dig, Dag und Digedag tauchten immer wieder großartige Nebenfiguren in der Handlung auf. Wer erinnert sich nicht gern an den Tierstimmensammler Balduin Brummer, den Großwildjäger Eusebius Knaller oder Isabella di Tornados, die den stärksten Mann der Welt heiratete.

Im Jahr 1975 war dann Schluss mit lustig! Nach Unstimmigkeiten mit dem Verlag kündigte Hannes Hegen seinen Vertrag und nahm die Rechte an den Figuren mit. Die Zeitschrift musste fortan mit drei neuen Hauptakteuren, den Abrafaxen, aufwarten.

Die Beliebtheit des Mosaiks erlitt durch diesen Wechsel keinen Schaden. Noch heute erscheint Monat für Monat ein neues Mosaik mit den Abenteuern der Abrafaxe an den Kiosken, nicht nur in Osten, sondern auch im Westen Deutschlands. Hannes Hegens Digedag-Arbeiten stellen heute laut Verlautbarung der Stiftung Haus der Geschichte »in ihrer Gesamtheit einen kulturellen Schatz von nationaler Bedeutung dar«. Sie werden im Zeitgeschichtlichen Forum in Leipzig erschlossen und dokumentiert.

Ende gut, alles gut! ■

Mosaik-Leser der ersten Stunde wussten vermutlich nicht, dass sie »Comic«-Leser waren. Der Begriff war seinerzeit nicht gebräuchlich. Tatsache ist, dass das Mosaik der älteste und auflagenstärkste noch erscheinende Comic deutscher Produktion ist. So gesehen sind die Digedags und Abrafaxe die »Superhelden des Sozialismus« – und haben ihn überlebt!

Juli / August
DDR-Sportler nehmen nicht an XV. Olympischen Sommerspielen in Helsinki teil, da das NOK der BRD eine aus beiden deutschen bestehende Olympiavertretung ablehnt.

Juli
Das »Museum für Deutsche Geschichte« im Zeughaus in Berlin wird eröffnet.

Juli
Das Gesetz über die »Demokratisierung des Aufbaus und der Arbeitsweise der staatlichen Organe« und die Neugliederung der DDR in 14 Bezirke und 217 Kreise tritt in Kraft.

August
Die Gesellschaft für Sport und Technik wird gegründet.

August
Rund 60 000 Kinder nehmen am 1. Pioniertreffen teil. Die Pionierorganisation erhält den Namen »Ernst Thälmann«.

August
Als zentrales Leitungsorgan aller Sender der DDR nimmt das »Staatliche Rundfunkkomitee« seine Arbeit auf.

1952

September
Zum Schulbeginn am 1. September öffnen in Berlin, Leipzig, Brandenburg und Halberstadt die ersten Kinder- und Jugendsportschulen.

September
Im ersten Länderspiel der DDR-Fußball-Nationalelf unterliegt die Mannschaft 0:3 gegen die Auswahl der VR Polen.

Oktober
Die Kasernierte Volkspolizei erhält neue Uniformen und militärische Dienstgrade.

Oktober
Die Volkskammer verabschiedet das »Gesetz über die Verfassung der Gerichte«. Mit dieser ersten Justizreform wird die Gerichtsverfassung von 1879 aufgehoben.

Oktober
Auf Anweisung des Ministerrats wird das »Deutsche Rote Kreuz der DDR« gegründet.

Oktober
Das Maxim Gorki Theaters Berlin (Intendant Maxim Vallentin) beginnt seine erste Spielzeit mit Lawrenjows »Für die auf See«.

November
Der Verkauf von Fernsehgeräten – Typ »Leningrad«, gebaut im Sachsenwerk Radeberg – beginnt.

Dezember
Ministerpräsident Grotewohl konstatiert Versorgungsprobleme bei den Grundnahrungsmitteln.

Dezember
Im Zuge des Fernseh-Versuchsprogramms wird die erste »Aktuelle Kamera« vom Fernsehzentrum Berlin-Adlershof ausgestrahlt. Nachrichtensprecher ist Herbert Köfer.

Dezember
Einführung des obligatorischen Sportunterrichts in allen Berufsschulen auf Beschluss des Ministerrates.

Praktisch und zeitlos

Zu meiner Einschulung trug ich ein hellblaues Jeanskleid mit einem rot-weiß-karierten Kragen, welches ich mit einem feschen Bindegürtel um meine kindliche Taille band, und freute mich über weiße Ballerinas an meinen Füßen. Alles aus VEB-Produktion, direkt aus dem Kinderkaufhaus. Ich fand mich darin sehr schick.

Wahrscheinlich würden Generationen nach mir das gleiche Modell aus dem VEB Obertrikotagen tragen, denn es war zeitlos. Zeitlos heißt soviel wie ohne jeden Schnickschnack. In diesem Jahr trugen mit mir Katrin und Peggy das gleiche Kleid, auch ohne jeden Schnickschnack, aber die hatten wenigstens lange Haare. Weil so eine Einschulung eine verdammt große Sa-che ist, bin ich extra zum Frisör gegangen. Meine Mutti überredete mich zu einem praktischen Kurzhaarschnitt. Dass praktisch in Bezug auf Frisuren heißt, dass man die nächsten Wochen mit einem Helm aus Haaren herumläuft, ahnte ich nicht. Heute weiß ich, Frisuren dürfen alles, aber nicht praktisch sein, so wie Kleider nicht zeitlos sein müssen. Meine neue Frisur war zeitlos und praktisch. Ich weiß nicht, wie die Kollegin der PGH Frisörkunst es hinbekam, so diffus an meiner Vorlage vorbeizuschneiden, ohne mir einen Topf aufzusetzen und alles drum-

1953

Januar
Zum ersten Mal wird der Titel »Meister des Sports« verliehen.

Januar
Die ersten 70 Wohnungen der Berliner Stalinallee werden bezogen.

Januar
Im Rahmen des Nationalen Aufbauwerks wird der Grundstein zum Neuaufbau Rostocks gelegt.

Januar
Beginn der ersten gesamt-deutschen Mannschaftsmeisterschaften im Ringen in Hamburg.

Februar
Otto Grotewohl fordert vor der Volkskammer alle Werktätigen zu strenger Sparsamkeit auf.

März
Die Sportvereinigung Dynamo wird gegründet.

März
Die dritte »Deutsche Kunstausstellung« in Dresden wird eröffnet.

herum zu rasieren. Wenn ich das so gewollt hätte, wäre ich der glücklichste ABC-Schütze der Welt gewesen, aber ich wollte aussehen wie C. C. Catch. Westfernsehen war bei uns zu Hause nicht verboten. Allerdings waren meine Erwartungen an DDR-Frisurkunst darum sehr hoch, zu hoch. Und selbst der Besuch aus dem Westen ging hier bei uns zum Haareschneiden.

Als ich vor die Tür des Ladens trat, habe ich bitterlich geweint. Ich hielt meine Westverwandtschaft für verrückt. Meine Mutti versuchte mich mit dem Kauf von Haarfestiger, Spray und der Kunst des Toupierens zu beruhigen, aber ich ahnte, das würde nichts werden. Mir fehlen mindestens 200 Gramm formbare Masse, und die wachsen nicht in zwei Tagen, an den Mopp von C. C. Catch würde ich nicht herankommen. Auf die Idee, mir ein ostdeutsches Frisuren-Vorbild zu suchen, um auch die Bandbreite der DDR-Produktion voll ausschöpfen zu können. Zu einer Tamara-Danz-Tolle hätte es damals nicht gereicht, Inka Bauses Lockenbob wäre durchaus machbar gewesen.

Wahrscheinlich hätte meine Mutter ob meiner verrückten Ideen protestiert, denn sie mochte es gern praktisch und zeitlos. Sie selbst trug allerdings eine Dauerwelle und kam mit Fönlotion, Spray und Trockenschampoo zwischen den monatlichen Frisörbesuchen gut zurecht. Sie färbte sogar ab und an. Mein Vati war bescheidener, er begnügte sich mit einer Tube Frisiercreme und war zufrieden. Er legte sein schwarzes Haar straff nach hinten und sah aus wie Elvis. Mehr wollte er nie.

Ich war nicht so bescheiden, ich wollte ein Popstar sein. Bis zum Morgen meiner Einschulung konnte meine frisch dauergewellte und glattgefönte Mutti, die nun ein bisschen aussah wie Petra Kusch-Lück, mich mit Märchen über die angebliche Aufbauschbarkeit von gestuften Kurzhaarschnitten mittels Haarpflegeprodukten aus VEB-Produktion über die erste Enttäuschung über die Leistungsfähigkeit der DDR-Konsumgüterproduktion hinwegtäuschen. Zwei Stunden danach wusste ich: Das wird nichts. Ich werde zu meiner Einschulung einen Helm aus Haaren tragen.

Und danach gingen wir auch noch zum Fotografen. Auf den Fotos von diesem, meinem großen Tag sieht man nun zwischen Elvis und Petra Kusch-Lück ein freundliches Mädchen in einem schicken Jeanskleid, eine riesige Schultüte tragend, mit einem sehr praktischen, zeitlosen Kurzhaarschnitt, das offensichtlich irgendein Problem hat. Am Sozialismus lag mein Unmut aber nicht, sondern vielmehr am Hang der DDR zum zeitlos Praktischen und dem erklärten Widerspruch zum verheißungsvollen Westfernsehen. Zumindest was die Frisuren angeht. ■

Die Rituale zur Einschulung waren die immer gleichen – den festlich gekleideten ABC-Schützen mit ihrem neuen Ranzen auf dem Rücken bot eine der größeren Klassen ein Kulturprogramm dar, in der Aula hielt der Direktor vor Kindern, Eltern und Großeltern eine Rede, die Kinder suchten erstmals ihren Klassenraum auf, dann gab es die Schultüten. Die wurden im Lauf der Jahre allerdings größer. Und in vielen Familien wurde dieser Tag ganz groß gefeiert.

März
Der 73jährige sowjetische Partei- und Regierungschef Josef Stalin stirbt in Moskau an den Folgen eines Schlaganfalls.

März
Eine Gruppe von Agenten wird im Carl-Zeiss-Werk Jena verhaftet.

April
Der von Ernst Busch gegründete Musikverlag »Lied der Zeit« wird zum Volkseigenen Betrieb VEB Deutsche Schallplatten.

April
Erlass der »Verordnung über körperliche Erziehung der Schüler an den allgemeinbildenden Schulen«, Körpererziehung wird zum Hauptfach.

April
Erstmals läuft im Fernsehen eine Kabarettsendung – mit Gottfried Herrmann und Irmgard Düren.

April
Der DEFA-Film »Die Unbesiegbaren« hat Premiere – mit Erwin Geschonneck als Wilhelm Liebknecht, Karl Paryla als August Bebel und Hanns Groth als Kaiser Wilhelm II.

April
Der Karl-Marx-Orden für »besondere Verdienste beim planmäßigen Aufbau des Sozialismus« wird gestiftet.

Lotte hieß das Pferd des Nachbarn und er selber Martin. Webers Martin stellte sein Gespann zur Verfügung, wenn wir in den nahen Eichenwald aufbrachen oder in die kilometerlange Kastanienallee, die ins Nachbardorf führte. Die Kartoffeln waren eingefahren, die Runkelrüben ebenso. Nun hatte er »freie Spitzen«, wie man damals sagte, und die MTS schickte wegen Pillepalle keinen Traktor.

Alljährlich im Herbst stand der Aufruf in der Zeitung, dass wieder Kastanien und Eicheln gebraucht würden. In der Schule blies die Pionierleiterin zum Sammeln und malte in düsteren Farben die Not leidender Tiere im Zoo. Wir könnten sie retten, wenn wir ein Einsehen hätten. Nun, wir sammelten alles Mögliche: Steine für Rostocks Mole, Lumpen, Gläser und Papier, Schrott, Kartoffeln – warum also nicht auch die Früchte der Natur?

Ich weiß es bis heute nicht, ob die goldbraunen Kastanien und die Eicheln wirklich in den Tierpark kamen. Tatsache war, dass die VEAB, wie der Volkseigene Erfassungs- und Aufkaufbetrieb in der Kreisstadt hieß, unsere Säcke gern entgegennahm. Sie wurden an merkwürdigen Fleischerhaken aufgehängt und gewogen, dann gab es einen Zettel und an der Kasse dafür das Geld für die Klassenkasse.

»Die VEAB«, wie sie grammatikalisch nicht korrekt genannt wurde, war ein uraltes Magazin aus dem 17. oder 18. Jahrhundert und wurde so genutzt wie seit Hunderten von Jahren. In dem einen Geschoss stapelten sich die Schweineschwarten, Karnickel- und Ziegenfelle, also die Häute jener Tiere, die im Kreis privat geschlachtet wurden. Lieferte man sie ab, gab es Bezugsscheine für Kleie, Haferschrot und anderes Futter, was man dann wieder für die nächste Generation Vieh einsetzte. Die Häute gingen in die Lederfabrik, die daraus Schuhe und Taschen fertigte. Und aus den Resten, so hieß es, wurde im Kombinat Bitterfeld »Bino«, die tiefbraune Speisewürze, von der Manne Krug im Kino sang: »Koche mit

1953

Mai
Die DDR siegt in der Mannschaftswertung der Friedensfahrt, Täve Schur auf Platz 3 der Einzelwertung.

Mai
Das Wohngebiet des Eisenhüttenkombinats erhält den Namen Stalinstadt.

Mai
Am Berliner Ensemble hat »Katzgraben« von Erwin Strittmatter in der Regie von Brecht Premiere.

Mai
Chemnitz wird aus Anlass des 135. Geburtstages von Marx in Karl-Marx-Stadt umbenannt.

Juni
Bauarbeiter der Baustellen Krankenhaus Friedrichshain und Stalinallee legen die Arbeit nieder und ziehen zum Haus der Ministerien.

Mai
Der Ministerrat der DDR ordnet eine Erhöhung der Arbeitsnormen um 10,3 Prozent an.

Kastanien- und Eichensammeln

Liebe, würze mit Bino. Hin und wieder tut ein DEFA-Lustspiel gut.«

»Bino« tropfte aus den meterhohen Stößen von Tierhäuten, zwischen die irgendwelche Salze gerieben wurden, damit sie nicht faulten. Dem Geruch nach zu urteilen taten sie dies längst. Es schien uns jedenfalls eine ziemlich eklige Angelegenheit. In den Etagen darüber roch es erheblich besser. Da türmten sich die Säcke mit Kräutern. Durchdringend der Duft von Lindenblüten, Kamille und Schafgarbe, aber nicht unangenehm. Kastanien und Eicheln rochen nicht. Auch die Kokons der Seidenraupen waren geruchsneutral. Für die bekam man Bezugsscheine für schwere Bettwäsche. Wir hatten auf diese Weise unseren Wäscheschrank daheim gefüllt, denn auf dem benachbarten Kirchhof standen Maulbeerbäume, bekanntlich die einzige Speise der Seidenraupen. Der Vater holte bei der VEAB irgendwelche Eier, aus denen dann die Raupen schlüpfen. Meine Aufgabe bestand einzig darin, die frischgetriebenen Äste mit den Blättern zu schneiden und sie den unablässig fressenden Raupen vorzuwerfen. So fraßen sie sich durch den Sommer und spannen sich dann in einen gelbweißen Kokon ein, den sammelte mein Vater in einen Korb und fuhr damit in die VEAB. Und Weihnachten kam die Bettwäsche als Äquivalent.

Mit den Eicheln und Kastanien verhielt es sich ähnlich. Martin fuhr mit Lotte an der Schule vor, auf dem Wagen lagen bereits die leeren Säcke gestapelt. Wir stiegen mit unseren Körben auf, einer hatte einen dreieckigen Wimpel bei (kein Pioniernachmittag ohne blauen Wimpel!), Martin sagte »Hü« und schnalzte mit der Zunge, was offenkundig nur Lotte vernahm, denn Martin hatte immer eine stinkende Pfeife im Winkel seines Mundes. Lotte setzte sich in Gang, und schon rollten wir dem Eichenwald zu. Natürlich bevorzugten wir Kastanien, weil sich dort die Körbe schneller füllten, doch in unserer Umgebung gab es leider mehr Eichen als Kastanien. Das wusste man in der VEAB durchaus zu würdigen, denn fürs Kilo Eicheln gab es ein paar Pfennige mehr.

So kamen im Herbst etliche Scheine in die Klassenkasse. Und überdies hatten wir einigen Elefanten im Zoo das Leben gerettet. Fraßen die überhaupt Eicheln? Auf alle Fälle hatten die Jungen Pioniere mal wieder die Kastanien aus dem Feuer geholt. ■

Juni
Das ZK der SED beschließt eine Kurskorrektur. Die Normenerhöhung wird zurückgenommen, Fahrpreisermäßigung, Erhöhung der Mindestrenten und Forcierung des Wohnungsbauprogramms werden beschlossen.

17. Juni
Der Streik gegen die Normenerhöhung in Ost-Berlin weitet sich aus. Über insgesamt 167 Städte und Landkreise wird der Ausnahmezustand verhängt.

Juni
Die erste Ausgabe der Kinderzeitschrift FRÖSI erscheint, bis 1955 alle 6 Wochen, dann monatlich.

Juli
Die Stromsperren für Haushalte werden abgeschafft.

Juli
Das Ministerium für Staatssicherheit wird dem Ministerium des Inneren als Staatssekretariat angegliedert, Minister Wilhelm Zaisser von Ernst Wollweber abgelöst.

Juli
Bei Sommerspielen in Leipzig werden 15 DDR-Rekorde erzielt.

Jede Schulklasse hatte eine Patenbrigade. Die Vertreter der Patenbrigade erschienen zu allen Zeugnisausgaben, fuhren manchmal mit zu Klassenfahrten und organisierten Wandertage. Sollte der Klassenraum renoviert werden, spendierte die Patenbrigade die Farbe – oder schickte gleich ein paar begabte Handwerker aus ihren Reihen. Das Band zwischen den Kindern und den Werktätigen zu festigen und damit den alltäglichen Umgang mit der Volkswirtschaft zu erleben, war hierbei das erklärte Ziel. Das war manchmal nicht ganz leicht. Besonders in den höheren Schuljahren ab Klasse 6 konnten die Jugendlichen und auch die Arbeiter der Patenbrigade oft nichts mehr miteinander anfangen. Ich glaube, bei uns war es eigentlich immer so, denn unsere Patenbrigade war die Straßenmeisterei. Dieser Betrieb befand sich etwas außerhalb unseres Städtchens, ganz verloren auf einem Acker. Ein- oder zweimal im Jahr machten wir einen Ausflug dorthin. Dann führte uns einer der Arbeiter hilflos über ein Areal aus verschiedenen Kieshaufen und einigen Wellblechhallen. Es roch dort nach Teer und Benzin. In einem

Warum stottert Herr Thinius?

1953

August
Die Marienkirche des Klosters Unser lieben Frauen in Magdeburg ist wieder aufgebaut.

September
Umfangreiche Preissenkung für Lebensmittel, Gebrauchswaren und Postgebühren: Brief 20 Pfennig, Postkarten 10 Pfennig. Diese Gebühren gelten bis zum Ende der DDR.

September
»Wie wir heute arbeiten, so werden wir morgen leben!« überschreibt Frida Hockauf ihren Wettbewerbsaufruf. Sie ist Weberin im VEB Mechanische Weberei und webt 45 Meter über den Plan.

Oktober
Das Berliner Kabarett »Die Distel« stellt sein erstes Programm vor.

Oktober
Der Bildhauer und Grafiker Fritz Cremer erhält den Nationalpreis.

winzigen Pausenraum gab es im Anschluss für jeden Schüler eine Flasche Club Cola und eine Bockwurst mit Brötchen.

Der Vater von meiner Klassenkameradin Beate war der Chef der Straßenmeisterei. Ihre Familie wohnte auch auf dem Gelände in einem Wohnblock. Ich mochte Beate sehr. Sie war lustig, genau wie ihre Mutter, die bei der Post arbeitete und stets zum Wandertag mitfuhr. Sie kannte jede Menge markige Sprüche. So was wie: »Kleener, kum mal her, ick zieh dir gleech die Hamelbeene lang.« Dabei hob sich ihre Stimme, und wir kreischten vor Vergnügen.

Beate hatte einen kleinen Bruder, der ein ganz vernarbtes Gesicht hatte. Sie hatte uns erzählt, er wäre zusammen mit seinem Vater von den Russen angefahren worden. Sie hatten wohl am Straßenrand im Auto geschlafen. Ich konnte mir nicht erklären, warum man am hellerlichten Tage am Straßenrand schlafen musste. Bis ich herausfand, dass die Arbeiter der Straßenmeisterei, nebst Chef, fast immer besoffen waren. Deshalb war es wohl auch schwierig, jemanden zu finden, der bei unserer Zeugnisausgabe als Vertreter der Patenbrigade eine Rede hielt. Nur so konnte ich mir erklären, dass Herr Thinius kam. Herr Thinius hatte rote Haare und Sommersprossen. Schon allein das hätte wahrscheinlich bei uns Kindern für große Heiterkeit gesorgt. Doch es gab noch einen weit größeren Makel, welcher Herrn Thinius aber nichts auszumachen schien. Denn wieso hielt er sonst so gerne lange Reden? Herr Thinius stotterte wie sonst da was. Schon vor der Zeugnisausgabe bat uns unsere Lehrerin, um Gottes willen nicht zu lachen.

Wenn Herr Thinius dann endlich sein Martyrium hinter sich hatte, atmeten alle erleichtert auf. Beherzt griff er zum Bücherstapel, der im Anschluss an die Zeugnisausgabe für die besten Schüler verteilt wurde. Die Namen rief dann zum Glück die Lehrerin auf. Ich bekam auch oft ein Buch. Am meisten mochten wir die Bücher über Ottokar Domma, den frechen Angeber. Aber wir bekamen auch Trompeterbücher geschenkt wie »Bootsmann auf der Scholle« oder »Die Suche nach dem wunderbunten Vögelchen«. Die Allerbesten erhielten dann von Herrn Thinius eine Urkunde für gutes Lernen. Bei der Übergabe grinste er erleichtert. Eigentlich fand ich ihn ganz schön mutig. Am Ende der Zeugnisausgabe sangen wir noch ein Lied für Herrn Thinius.

Einen Paten kann jeder haben, aber eine Patenbrigade, das gab es nur in der DDR.

Wir machten auch Wandzeitungen über unsere Patenbrigade. Dazu malten wir Bilder. Zum Beispiel davon, wie die Männer die Straße teerten oder wie sie mit schweren Walzen darüber fuhren. Diese Wandzeitung brachten wir später zum 1. Mai, dem Kampf- und Feiertag der Werktätigen, in der Straßenmeisterei vorbei. Nach der Übergabe führten wir ein Programm auf. Wir sangen und trugen Gedichte vor. Die Männer klatschten unbeholfen. Dann gab es wie immer Bockwurst und Cola.

November
In mehreren Städten kommt es zu Verhaftungen wegen Verdachts auf Agententätigkeit.

November
In Güstrow wird die Ernst-Barlach-Gedenkstätte eröffnet.

November
Aufhebung des Interzonenpasszwanges. Damit ist der Personalausweis ausreichend für Reisen zwischen der Bundesrepublik Deutschland und der DDR.

Dezember
Der VEB Sport-Toto wird gegründet.

Dezember
Aus dem Magdeburger Krupp-Gruson-Konzern wird der VEB Schwermaschinenbau Ernst Thälmann.

Dezember
Der DEFA-Kinderfilm »Die Geschichte vom kleinen Muck« in der Regie von Wolfgang Staudte hat Premiere.

Dezember
Walter Ulbricht besucht die LPG Merxleben, die erste LPG des Landes.

Handwagenrennen in Bad Blankenburg

Bad Blankenburg ist ein hübsches Städtchen am Rande des Thüringer Waldes. Eine vielfach gewundene Straße führt von dort aus, am Flüsschen Schwarza entlang – rechts und links hohe Hänge – direkt nach Schwarzburg und dann höher hinauf ins lieblich-kleine Gebirge.

Mein Vater, ein Bauernsohn aus dem fränkischen Thüringen, war gleich nach dem Krieg als Lehrer an die Blankenburger Grundschule versetzt worden, obwohl er sein Examen in Jena im Jahre 1938 gemacht hatte. Aus seiner Referendarzeit heraus wurde er direkt an die Fronten nach Frankreich, Jugoslawien und Russland versetzt. Er war kein fanatischer Nazi, wohl aber Mitglied der NSDAP gewesen, für einen Lehrerstudenten in jenen Jahren wohl unvermeidbar. Von Anfang an durfte er trotzdem unterrichten, und das war für ihn und uns ein großes Glück und für seine unzähligen Schüler und die von ihm ausgebildeten Neulehrer der ersten Stunde und später die jungen Leute, die das dann schon ordentliche Institut für Lehrerbildung in Weimar absolvierten, vielleicht auch. Ich, damals fünf, sechs Jahre alt, erinnere mich der vielen jungen Frauen und

1954

Januar
Die letzten 33 Betriebe der Sowjetischen Aktiengesellschaften (SAG), mit Ausnahme der Urangruben Wismut-AG, werden an die DDR zurückgegeben und in Volkseigene Betriebe (VEB) umgewandelt.

Januar
Beschluss der sowjetischen Führung, ab sofort 1600 wegen Kriegsverbrechen verurteilte Häftlinge aus DDR-Gefängnissen zu entlassen.

März
Das Berliner Ensemble zieht in ein eigenes Haus, das Theater am Schiffbauerdamm. Eröffnung mit Molières »Don Juan« in der Bearbeitung von Bertolt Brecht.

März
DEFA-Filmpremiere »Ernst Thälmann – Sohn seiner Klasse« in der Regie von Kurt Maetzig. Thälmanndarsteller ist Günther Simon.

März
Eröffnung des »Hauses der Jungen Talente« im Podewilschen Palais in Berlin durch Bürgermeister Friedrich Ebert.

Männer in unserer Wohnung, Neulehrer, mit denen mein nur wenig älterer Lehrer-Vater den Stoff der kommenden Woche durchging und ihnen die Methodik von dessen Vermittlung beibrachte. Manchmal nahm er mich mit zu Hospitationen in die Dorfschulen, und auch ich hospitierte, meist auf dem Schoß großer Schülerinnen der achten Klassen, die durch den Krieg längst ins mütterliche Alter hineingewachsen waren und nun noch etwas über Gleichungen mit einer Unbekannten erfahren sollten.

Dann kam ich selbst zur Schule. Zuckertüte, weiße Socken, kurze Hosen mit Hirschhornknöpfen. Die ersten vier Klassen gingen in die Karl-Marx-Schule, das war gut für mich, weil mein Vater, inzwischen stellvertretender Direktor an der Geschwister-Scholl-Schule, dort als konsequenter Zwillen-Wegnehmer und -Zerbrecher bekannt war. Zwillen sind kleine dreieckige Astgabeln, mit Draht befestigter Weckgummi, sie werden gespannt, und mit Hilfe eines kleinen Steins lässt man mühelos bunte Vögel von den Bäumen fallen, und das duldete er, der Biologielehrer, natürlich nicht.

In der Fibel buchstabierten wir das Wort FRIEDEN, und in den Pausen gab es Milchsuppe und ein graues Brötchen. Dann wurde das Pionierhaus eröffnet. Eine dunkelgetäfelte, vornehme Villa, wie ich sie niemals zuvor gesehen hatte. Man konnte dort Flugmodelle basteln, Gedichte rezitieren, Kaulquappen zu Fröschen wachsen sehen, Schlangen, Fische und Vögel betreuen, seine Kenntnisse über den Deutschen Bauernkrieg vertiefen. Am ersten Juni, zum Tag des Kindes, wurden Rennen mit geschmückten Handwagen veranstaltet, einer saß und lenkte, zwei schoben, die Sieger erhielten jeder eine Bockwurst.

Wir waren eine Gruppe von neunjährigen Jungen Pionieren, die sich entschlossen hatten (als zweite im ganzen Land!) das Abzeichen für Junge Touristen zu erwerben. Wir kannten uns aus mit den Spuren der Waldtiere im Schnee, wussten immer, wo Norden war und konnten dem verknacksten Fuß jedes Wanderers einen straffen Verband anlegen. Nach einer Prüfung erhielten wir unsere Abzeichen – ich würde meins auf keinem Trödelmarkt der Welt verkaufen, auch nicht für sehr viel Geld.

Es waren damals wunderbar freie Tage, und wir lebten im besten, friedlichsten Land auf Erden.

Man kann die DDR und sehr viele ihrer Menschen nur von den Anfängen her verstehen. Manche handelten gegen sie vom ersten Moment an, ohne den Panzer der Gleichgültigkeit oder der Ironie jemals abgelegt zu haben. Ich jedenfalls lass mich für mein Geheimnis gern einen Einfaltspinsel nennen: Ich hatte, genau in diesem Sinne, eine sehr schöne Kindheit. ■

Pionierhäuser gab es in fast jeder Stadt. Sie waren oft in prächtigen Villen und repräsentativen Bauten untergebracht, nicht selten gehörten Parkanlagen dazu, in denen es beispielsweise »Verkehrsgärten« gab. Hier spielten und lernten die Kinder in ihrer Freizeit – und das unter Aufsicht und fachgerechter Anleitung. Die Teilnahme an den Arbeitsgemeinschaften war kostenlos. Foto links: Schüler verbringen ihre Freizeit in der Arbeitsgemeinschaft »Biologie« im Haus der Jungen Pioniere in Leipzig. Foto rechts: Im Zeichenunterricht.

März
Programmerklärung des Ministeriums für Kultur »Zur Verteidigung der Einheit der deutschen Kultur«.

März
Die Sowjetunion erklärt die Souveränität der DDR und nimmt mit ihr die gleichen Beziehungen auf wie mit anderen souveränen Staaten.

März / April
Der IV. Parteitag der SED gibt sich ein neues Statut. Die Mitgliedschaft währt lebenslang, nur ein Parteiausschluss beendet sie. Walter Ulbricht wird als Erster Sekretär des ZK bestätigt.

April
Die Bundesregierung und der Bundestag lehnen die Anerkennung der DDR ab und stellen den Alleinvertretungsanspruch der Bundesrepublik fest.

April
Die Volkskammer stiftet den »Vaterländischen Verdienstorden«.

April
Eröffnung der wiederaufgebauten, kriegszerstörten Berliner Volksbühne am Rosa-Luxemburg-Platz mit Schillers »Wilhelm Tell«.

Als wir 1974 unsere Drei-Raum-Wohnung im Neubaugebiet am Rande der Stadt erhielten, da war ich sechs Jahre alt. Und ich war glücklich. Hatte unsere Familie bis dahin in einer uralten Altstadt-Wohnung, die sich zwei fremde Familien teilen mussten, gelebt, so war dieser neue Komfort für uns unglaublich. Ich besaß zum ersten Mal ein eigenes Zimmer, es gab fließend warmes Wasser, ein eigenes Bad und Fernheizung. Die künftige Schule war 200 Meter, die Turnhalle 100 Meter entfernt, auf der Freiluftterrasse der Wohngebietsgaststätte wurde Softeis angeboten. Einmal die Woche kam die Fahrbibliothek im großen Truck. Was wollte man mehr? Als wir begannen, heimisch zu werden in dem neu entstehenden Viertel, da gab es dort vor den Toren der Stadt sogar noch riesige Wiesen, Gärten und Felder. Wir feuerten also nach dem Schulende unsere Ranzen in die Ecke, schnappten uns unsere Fahrräder und machten die Gegend unsicher. Am Anfang wilderten wir in den verlassenen Gärten und freuten uns, wenn wir Erdbeeren finden konnten. Dann wurden wir mutiger und radelten noch zwei Kilometer weiter. Hinten, an der »Russenkaserne«, gab es ein kleines »Magazin«. Und wenn die Soldaten gute Laune hatten und der verantwortliche Offizier nicht in Sicht war, dann ließen sie uns sogar hinein, um in dem Laden mit den vielen merkwürdigen Produkten für ein paar Pfennige nur wunderbare Piroggen, Schaumwaffeln oder sowjetisches Konfekt kaufen zu können. Im Sommer radelten wir zum Kanal an den Fluss, wo wir, was natürlich nicht ausdrücklich gestattet war, auch baden konnten. Aber auch hier galt der Grundsatz: Erlaubt ist, was nicht verboten ist.

Die staatliche Wohnraum- und Familienplanung hatte es mit sich gebracht, dass die Familien praktisch aller Schulkameraden zur gleichen Zeit ihre neue Wohnung erhalten hatten. Da sich der Freundeskreis also im Wesentlichen aus Mitschülern aus zwei Straßenzügen rekrutierte,

1954

Juni
II. Deutschlandtreffen der Freien Deutschen Jugend in Berlin.

17. Juni
Erstmals wird in der Bundesrepublik Deutschland der »Tag der deutschen Einheit« als gesetzlicher Feiertag begangen.

Juni
Gründung der »Deutschen Lufthansa«, 1958 in »Interflug« umbenannt.

Juni
Bei einer Volksbefragung zum »Friedensvertrag oder EVG« entscheiden sich 93,5 Prozent der gültigen Stimmen für einen Abzug der Truppen und den Friedensvertrag.

Juli
In beiden Teilen Berlins findet der »Deutsche Kulturtag« statt. Die gefassten Beschlüsse für die gesamtdeutsche Kulturarbeit werden von den Regierungen der BRD und der DDR bestätigt.

Juli
Am 1. Evangelischen Kirchentag in Leipzig nehmen 60 000 Besucher teil.

Am Rande der Stadt

mussten wir nur wenige Meter zurücklegen, um einander zu besuchen. Das war ungeheuer praktisch: Es machte – auch mangels Telefonanschluss – die Verabredungen, sich zum gemeinsamen Erledigen von Hausaufgaben oder Lernen, vor allem aber am Nachmittag auf dem »Bolzer« zum Fußball zu treffen, sehr viel einfacher. Wir liebten es deshalb über die Maßen, Fußball zu spielen, bis es dunkel wurde und man irgendwann nach Hause musste. Und auch wenn wir mal nicht genügend Mitspieler waren, dann wussten wir Rat. Wir zogen an solchen Tagen zwischen die Blöcke, nutzten in kleineren Teams die Bänke als Tore oder die Stangen, die auf den Grünanlagen eigens zum Trocknen von großen Wäschestücken errichtet worden waren. Oder aber die öffentlichen Tischtennisplatten, an denen wir herumlungerten, bis die Dämmerung hereinbrach und die Laternen hell erstrahlten. Stolz zeigten wir, was wir an Schätzen hatten: »Matchbox«-Autos aus dem Westen, die man tauschen konnte, oder abfotografierte Fotos aktueller Popstars. Wo wir an jenen Nachmittagen genau waren, das wussten unsere Eltern nicht. Sie wussten nur eins: Wir würden zum Abendbrot unversehrt zu Hause sein.

Mit den Jahren haben sich natürlich die Interessen verschoben. Wir haben schließlich auf den Terrassen gestanden, den über Treppen erreichbaren Übergängen zwischen den Häuserblöcken. Es gab so etwas wie Reviere zwischen den Gruppen, hartnäckig, aber fair verteidigt gegen die Gruppen der anderen Jahrgänge. Irgendwer hatte immer einen Rekorder dabei, so dass wir die neueste Westmusik hören und alles Mögliche diskutieren konnten. Und natürlich haben wir dort – im Schatten der Polytechnischen Oberschule – auch unsere ersten Zigaretten geraucht.

Immer mal wieder wird mir heute die Frage gestellt, wie ich es als Kind denn in diesen merkwürdigen grauen »Platten«, die damals noch niemand so nannte, aushalten und wie ich dort leben konnte. Ich antworte dann immer trotzig, dass ich zwischen den Blöcken groß geworden bin. ■

Juli
Der bisherige Präsident des Bundesverfassungsschutzes Otto John gibt in einer Rundfunkansprache aus Ost-Berlin seinen Wechsel in die DDR bekannt.

Juli
XII. Akademische Sommerspiele in Budapest. DDR-Sportler bringen 14 Gold-, 7 Silber- und 6 Bronzemedaillen nach Hause, Ursula Jurewitz läuft über 400 m Weltrekordzeit.

August
Ab sofort dürfen DDR-Bürger nur noch 12 Pakete jährlich in den Westen senden und genauso viele erhalten. Bestimmte Mengen- und Inhaltsbeschränkungen werden vorgegeben.

August
Erstes Deutsches Turn- und Sportfest mit 35 000 Teilnehmern, darunter 5000 aus der BRD und Westberlin, in Leipzig.

August
Beschluss des Magistrats von Berlin, den verwilderten Schlosspark Friedrichsfelde in einen Tierpark umzuwandeln.

August
Zum ersten Mal nach Kriegsende findet wieder der traditionelle Brockenlauf statt.

Kniebeuge oder Liegestütze

1954

September
DEFA-Filmpremiere »Stärker als die Nacht«, Regie Slatan Dudow, Drehbuch Jeanne und Kurt Stern, ein Film über menschliches Verhalten im NS-Alltag.

September
Premiere des ersten eigenproduzierten Films des DDR-Fernsehens, »Tilman Riemenschneider«.

Oktober
Deutsche Erstaufführung »Der kaukasische Kreidekreis« von Bertolt Brecht am Berliner Ensemble.

Oktober
Heinrich Mauersberger, der Erfinder der Malimo-Technologie, erhält den Nationalpreis.

Oktober
Der auf der Neptun-Werft als Reparationsleistung gebaute 3000-Tonner »Rostock« bleibt in DDR-Besitz, nachdem die Sowjetunion auf weitere Reparationen verzichtet hat.

Oktober
Wahlen zur 2. Volkskammer mit einer Wahlbeteiligung von 98,4 Prozent und 99,46 Prozent Zustimmung.

Die Ferienspiele waren nicht besonders beliebt. Zwar wurde mit Freibad, Pionierpark und Bastelveranstaltungen gelockt, aber in den Ferien gar nicht wegzufahren war untypisch und nicht auf fehlende Mittel zurückzuführen. Schließlich gab es Ferienlager. Etwa eine Million Kinder zwischen acht und 14 Jahren reisten jedes Jahr für etwa 20 Mark in den Sommerferien in eines der zahlreichen betriebseigenen oder Pionierferienlager. Diese reichten von großen Einrichtungen an der Ostsee oder im Erzgebirge, wo sich Kinder aller Altersstufen mehrerer Betriebe und sogar verschiedener Nationalitäten versammelten, zu Gruppen, bei denen Betriebsangehörige die Funktionen im Lager ausübten und kleine altersgemischte Gruppen in einem Internat oder einer Jugendherberge übernachteten.

Im Ferienlager in Prerow waren wir zehn Mädchen in einem Raum. Unter Geschnatter und Gegacker wurden die Doppelstockbetten belegt, und irgendwie bekam jede das Bett, das sie wollte. Wir brachten unsere Teilnehmerhefte zur Lagerleitung. Darin befanden sich von Badebis Sporterlaubnis alle Vollmachten, Impf- und medizinische Informationen sowie Bemerkungen der Eltern zu den Schlafgewohnheiten ihrer Kinder, wenn es da etwas zu beachten gab.

Wir erkundeten die Lagerstadt, suchten den Speisesaal und den Strand und mussten im kleinen Kiosk, in dem es Postkarten und Süßigkeiten gab und der auch als Post fungierte, alles einmal anfassen. Außerdem hing dort der Kalender, in dem wichtige Daten wie das Neptunfest, die Disko, ein Fahnenappell zu Ehren von Georgi Dimitroff, nach dem das Lager benannt war, das Bergfest, Lagerfeuer, Kinovorstellung, Sportfest, Abschiedsfest und Abreise vermerkt waren – und 14 Tage Sonnenschein. Das stand auch auf dem Plan.

Nachtwanderung, das wussten erfahrene Lagerhasen, fand überraschend statt, und die Gewinner des Wettbewerbs um das ordentlichste Zimmer würden vorm Fahnenappell ausgezeichnet. Ab einem bestimmten Alter wurde dieser Wettbewerb als Kinderkram betrachtet und nur noch soviel gemacht, wie dringend nötig war. Anscheinend hatten sich Gruppenleiter und Lagerleitung damit arrangiert. Die beim Fahnenappell mit Auszeichnung bedachten Zimmerbewohner wurden mit Kinderbüchern ausgezeichnet, was die Älteren in ihrer Überzeugung noch bestärkte – ein wahrer Teufelskreis. Tatsächlich aber funktionierte dieses Prinzip. Es gab keine Putzkräfte, weder für die Schlaf- noch für die Gemeinschaftsräume. Und die Küchenfrauen waren Köchinnen, keine Putzkräfte, auch da mussten wir selber ran.

Unsere Gruppenleiterin hieß Monika und war vielleicht 17, aber auf jeden Fall in der FDJ. Sie konnte Gitarre spielen und sang am Lagerfeuer schöne Lieder, »Sag mir, wo die Blumen sind« und so manche auf Englisch, »I am sailing« von Rod Stewart, was keiner von uns kannte oder verstand, und ergreifend traurig war das »Lied vom kleinen Trompeter«, das wollten wir mehrmals hören.

Neben den Betriebsferienlagern gab es auch Pionierferienlager. Die Teilnahme der Kinder war kostenlos. 1952 wurde am Werbellinsee das größte Pionierlager der DDR, die »Pionierrepublik Wilhelm Pieck«, eröffnet. Mehr als tausend Kinder konnten dort jeweils mehrere Wochen verbringen. Fiel der Aufenthalt nicht in die Ferienzeit, gab es Unterricht.

»

November
Aufruf des neugegründeten »Zentralen Ausschusses für Jugendweihe« an Eltern und Erzieher zur Einführung der Jugendweihe.

November
Die Volkspolizei erhält grau-grüne Uniformen.

November
Auf der Jugendschanze in Oberhof wird erstmals auf Kunststoffmatten gesprungen.

Dezember
In Leuna wird in einer Versuchsanlage Polyäthylen, ein Kunststoff auf Erdölbasis, erzeugt.

Dezember
DEFA-Filmpremiere »Carola Lamberti – eine vom Zirkus« mit der weltberühmten Stummfilm-Diva Henny Porten in der Hauptrolle.

Dezember
Aufnahme der Zentralen Sektion Judo der DDR in die Europäische Judo-Union in Brüssel.

Dezember
Edith Keller-Herrmann gewinnt das Große Internationale Schachturnier in Hastings.

»

Acht Wochen Ferien, und das an allen Schulen immer im Juli und August, so sah der Sommer eines DDR-Schülers aus. Am 1. September, dem Weltfriedenstag, begann das neue Schuljahr. Natürlich hatten Mutti und Vati keine acht Wochen Urlaub. Großeltern- und Verwandtenbesuche gut und schön, aber es gab

Am ersten Abend zeigte sich, aus welchem Holz die Mädchen waren. Annika heulte, weil sie Heimweh hatte, und ließ sich von Monika trösten. Da fing Susi auch an zu heulen, oder besser sie schluchzte, ziemlich trocken, wie ich fand, und bald hatte Monika fünf oder sechs Mädchen in verschiedenen Stadien der Auflösung zu betreuen. Das wurde ihr zu bunt, und sie sagte einfach: Morgen sieht die Welt schon ganz anders aus, löschte das Licht und ging. Jetzt sprachen alle Mädchen über ihre Eltern, Geschwister, Wellensittiche und Großeltern und wen oder was sie noch vermissten. Alle beteuerten der Reihe nach, schreckliches Heimweh zu haben. Auch ich seufzte theatralisch, und dann

dachte ich, es wäre Zeit, das Thema zu wechseln. »Denkt ihr, dass der Maik aus der Nachbargruppe Monikas Freund ist?« Die Frage hatte es in sich, und bis auf den harten Fall Annika

1955

Januar
Die volkseigene Brauerei »Bärenquell« wird in Berlin in Betrieb genommen.

Januar
»Winterschlacht« von Johannes R. Becher in der Regie von Bertolt Brecht hat am Berliner Ensemble Premiere.

Januar
»Flax und Krümel« mit Heinz und Ingeburg Fülfe geht auf Sendung. Auch »Struppi« ist von Anfang an dabei.

15. Januar
Erklärung zur deutschen Frage, in der die Sowjetunion im Falle einer Nichtratifizierung der Pariser Verträge durch die BRD die Wiedervereinigung auf der Basis freier gesamtdeutscher Wahlen zusichert.

25. Januar
Die Sowjetunion erklärt den Kriegszustand mit Deutschland offiziell für beendet.

war das Heimweh wie weggeblasen. Annika weinte sich in den Schlaf, und wir stellten Vermutungen an und kicherten und wurden lauter und lauter, so als würde ein Bienenschwarm immer näher kommen. Monika stürzte rein und meckerte, und nachdem sie gegangen war, waren nur noch fünf von uns wach, wir machten allerdings auch zu fünft genug Krach. Wieder kam Monika und schimpfte ein bisschen, wovon die Schlafenden nicht aufwachten, im Gegenteil, noch zwei schliefen direkt ein, und als Monika die Tür schloss, fiel mir auf, dass man keine sich entfernenden Schritte hören konnte. Also sagte ich laut und deutlich: Meine Mutter sagt immer: Der Lauscher an der Wand, hört seine eigene Schand, und der Lauscher an der Tür kann auch nichts dafür. Die Tür flog auf, Monika stürzte rein: Wer war das? Naja, wir waren nur noch zu dritt wach, ich stellte mich also und musste im Aufenthaltsraum der Erzieher Kniebeuge machen. Mädchen – Kniebeuge, Jungen – Liegestütze. Das weiß ich, weil gerade einer da war. Wir machten unsere Übungen und wurden nach etwa zehn Minuten wieder in unsere Betten geschickt. Leider war niemand mehr wach, um mich gebührend zu empfangen. Ich hoffe, die Jungs hielten besser durch.

Als am nächsten Tag die Post kam und Annika ein dickes Paket von zu Hause erhielt, war ihr Heimweh übrigens kuriert. ■

ja an allen Ecken und Enden des Landes Ferienlager. Bungalows in leichter Bauweise, manchmal auch große Armeezelte, in jedem Fall Doppelstockbetten – ansonsten Sonne, Wasser, Spiel und Spaß. Die volkseigenen Betriebe

Februar
Neue Stipendienordnung: Studenten erhalten 130 Mark monatlich, Arbeiter- und Bauernkinder 50 Mark extra. Verdienen Eltern über 1200 Mark, wird kein staatliches Stipendium gezahlt.

Februar
Bertolt Brecht übergibt dem Deutschen Friedensrat 176 203 Unterschriften gegen die Pariser Verträge.

März
Im Berliner Stadtbezirk Köpenick finden die ersten Jugendweihen statt.

März
Der erste duroplastbeschichtete PKW der Welt, der P 70, verlässt das Zwickauer Werk.

April
Die letzten der über 3000 Wissenschaftler, die im Rahmen von Reparationsleistungen in der Sowjetunion arbeiten mussten, kehren zurück.

April
Auf der 1. Baukonferenz wird die Devise ausgegeben: »Besser, schneller, billiger bauen!«

Zwischen Liebe und Pflicht

Der Gruppenrat war die gewählte Regierung einer jeden Schulklasse, soviel Demokratie traute man uns schon ab der ersten Klasse zu. Wir Steppkes entschieden uns zwischen Zirkus oder Plänterwald für den Wandertag, später entschieden wir uns dafür, Bleistifte nach Nikaragua zu schicken oder unser Taschengeld für Vietnam zu spenden.

Als Mädchen mit der größten Klappe war ich einstimmig zur Vorsitzenden dieses wichtigsten Organs der Klassenarbeit gewählt worden. Ich war Gruppenratsvorsitzende. Dieses Leben war manchmal hart!

Besonders schwer traf mich der Schlag des Schicksals, als ich gezwungen war, unseren Agitator Christoph rauszuschmeißen.

Er hatte es in den letzten Wochen und Monaten versäumt, uns Themen wie Hungersnöte, Kriege oder übererfüllte Planzahlen auf eindrucksvoll gestalteten Wandzeitungen zu präsentieren oder in Diskussionsrunden bei Gruppennachmittagen mit uns auszuwerten.

Das Problem bestand darin, dass er von Natur aus sehr faul war. Demzufolge blieben die Wände im Klassenzimmer leer, Diskussionsrunden wurden nun von Arite übernommen, die aber eigentlich Schriftführerin, also wegen ihrer Schönschrift in den Gruppenrat gewählt worden war. Ihre Aufgabe war es, alles, was nun gar nicht erst stattfand, in wunderbarer Schönschrift im Gruppenbuch festzuhalten.

Das zweite Problem war noch viel dramatischer, weil ganz persönlicher Natur: Ich war seit kurzem mit Christoph zusammen. Und sah

1955

April
Erstmalige Verleihung des Ordens »Banner der Arbeit«.

Mai
Gustav-Adolf Schur gewinnt die VII. Internationale Friedensfahrt, Platz 2 für die DDR-Mannschaft.

Mai
Unter der Losung »Bereit zur Arbeit und zur Verteidigung der Heimat« nehmen erstmals »Kampfgruppen der Arbeiterklasse« an der Mai-Demonstration teil.

Mai
Die Umbildung der achtklassigen Grundschule in eine zehnklassige allgemeinbildende Oberschule wird angeordnet.

Mai
Im Simson-Werk beginnt die Serienfertigung des ersten DDR-Mopeds »SR 1«. Preis: 990 Mark.

Mai
Die Festung Königstein öffnet ihre Tore für Touristen.

mich nun vor die Aufgabe gestellt, meinen großen Schwarm aus dem Gruppenrat zu werfen.

Der grausame Tag kam, und ich erinnere mich daran, dass es sehr heiß war. Christoph trollte sich herein und zerrte – ge-rade noch rechtzeitig hatte ihn mein warnender Blick erreicht – sein zerknülltes Halstuch aus einer Tüte hervor!

Frau Friedhoff, unsere Klassenleiterin, beobachtete das ganze Szenario und die Arbeit ihres Gruppenrates wachsam aus der letzten Bankreihe. Man wollte uns ja Eigenständigkeit zugestehen, aber natürlich nicht ohne Aufsicht!

Nachdem Christoph in der Runde Platz genommen hatte, begann das offizielle Prozedere. Arite zählte die versammelten Mitglieder: Vorsitzende, Stellvertreter, Schriftführerin, Kassenwart und Agitator. Alle waren anwesend, was sie in Schönschrift festhielt.

Das nachfolgende Gespräch erwies sich als sehr zäh und ziemlich kurz. Mit ernster Miene lehnte ich mich nach vorne und sah Christoph mit festem Blick an. Er hatte genau die gleiche Augenfarbe wie ich! Wahnsinn! Das war mir bisher gar nicht aufgefallen.

»Christoph«, begann ich betont ernsthaft. »Du weißt, worin deine Aufgabe als Agitator besteht?«

»Ja. Klar. Wandzeitungen machen und so.«

»Siehst du, so geht das nämlich nicht! Das Kollektiv muss immer auf dem Laufenden sein, was das politische Geschehen betrifft. Dafür brauchen wir unbedingt Wandzeitungen!«

»Meine Eltern lesen aber überhaupt keine Zeitung.« Er grinste mich frech an.

Na warte! Das gibt eine interne Auswertung unter vier Augen!‹, dachte ich, fand seine Augenfarbe meiner nicht mehr so ähnlich und spürte den schalen Geschmack der Ernüchterung.

Uwe, unser Kassenwart, begriff den Ernst der Lage sofort und eilte mir zu Hilfe. »Hast du denn keine Freude mehr an deiner Arbeit als Agitator?« Er runzelte besorgt die Stirn. Christoph überlegte kurz.

»Nö. Irgendwie hab ich auch immer so wenig Zeit, ich geh doch jetzt zur Tischtennis-AG.«

»Gut. Dann sollten wir jemand anderen bestimmen, der ab sofort deine Aufgaben übernimmt.« Alle nickten begeistert. Besonders Christoph war davon sehr angetan: »Ich schlage Sylvia vor. Ich hab auch schon mit ihr gesprochen.«

»Gut. Wer ist dafür?« Uwe war in seinem Element.

Alle außer mir hoben die Hand. Frechheit! Die hatten sich vorher abgestimmt. Und mich als Vorsitzende hatte keiner informiert! Das roch nach Meuterei!

»Wer ist dagegen?« Diesmal hob niemand die Hand. Uwe sah mich eindringlich an. »Stimmenthaltung?« Ich rührte mich nicht, schließlich musste ich erst mal meinen Schock verarbeiten.

»Laura, wenigstens jetzt musst du aber die Hand heben. Sonst stimmt das ganze Protokoll nicht!« Arite guckte ärgerlich.

»Ich dachte, wir reden erst mal darüber?!«

»Na haben wir doch gerade. Also …« Er sah zu Arite. »… schreib mal auf: 4 Stimmen dafür, eine Enthaltung, Namen werden natürlich nicht genannt.« Er deutete mit ärgerlichem Nicken zu mir. Jetzt bestimmte der hier schon, was ins Protokoll kam, das wurde ja immer schöner! Wieder wandte Uwe sich mit wichtigem Blick zu mir:

»So. Und nun musst du ihn offiziell entlassen.«

Ich seufzte.

»Christoph, du bist ab sofort aus dem Gruppenrat entlassen, Sylvia ist jetzt Agitator.«

»Gut.« Der soeben Gefeuerte sprang auf, machte das Halstuch ab, stopfte es wieder in die Tüte und rannte hocherfreut davon.

Ich war gebrochen. Dies war mit großer Sicherheit der einzige Fall in der Geschichte, dass ein Kassenwart es geschafft hatte, die Gruppenratsvorsitzende in ihrer ganzen Wichtigkeit einfach zu übergehen. ■

Die Pioniere einer Schulklasse bildeten eine Pioniergruppe, und wo eine Gruppe ist, muss nach dem Verständnis der sozialistischen Demokratie auch ein Leiter sein. In diesem Fall war es ein Leitungsgremium, der Gruppenrat, demokratisch von der Gruppe gewählt.

Mai
Der »Vertrag über Freundschaft, Zusammenarbeit und gegenseitigen Beistand« wird in Warschau geschlossen. Mitglieder: UdSSR, Bulgarien, DDR, Albanien, Polen, CSSR, Rumänien, Ungarn.

Juni
Die 50. IOC-Sitzung erkennt das NOK der DDR an.

Juli
Der Tierpark in Berlin-Friedrichsfelde wird durch Oberbürgermeister Friedrich Ebert in Anwesenheit von Wilhelm Pieck eröffnet. Bis 1990 ist Prof. Dathe Tierparkdirekor.

August
Der Ministerrat der DDR ordnet die Bildung von »Produktionsgenossenschaften des Handwerks« an.

August
Der erste Spatenstich zum Aufbau des Kombinats Schwarze Pumpe und der Wohnsiedlung Hoyerswerda erfolgt.

September
Nach dreijähriger Bauzeit wird die im Krieg zerstörte Deutsche Staatsoper Unter den Linden mit Wagners »Meistersingern« wiedereröffnet.

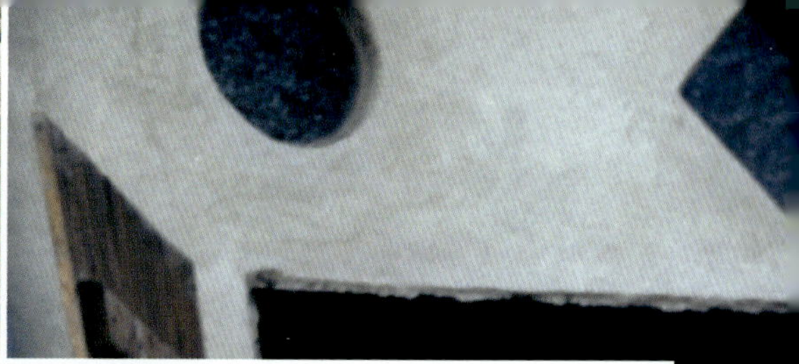

1955

September
In Leipzig findet die erste »Kultur- und Dokumentarfilmwoche« statt. Sie wird zum wichtigsten internationalen Filmfestival der DDR.

September
Mit der »Hallstein-Doktrin« erklärt die BRD ihren Alleinvertretungsanspruch.

September
In Leipzig wird das Literaturinstitut zur Förderung junger Dichter gegründet.

Oktober
Im DDR-Fernsehen ist zum ersten Mal die Direktübertragung eines Fußballspiels zu sehen.

November
Das Melodram »Lilo Herrmann« nach Friedrich Wolf in der Vertonung von Paul Dessau hat Premiere.

November
Das »Gesetz über Staatswappen und die Staatsflagge der DDR« tritt in Kraft.

November
Das Fernsehen übernimmt von nun an regelmäßig die öffentliche Rundfunkreihe »Da lacht der Bär«, präsentiert von Heinz Quermann.

November
In der Nationalgalerie in Berlin wird eine Ausstellung mit rund 500 von der UdSSR zurückgegebenen Gemälden gezeigt.

November
Zum ersten Mal geht Meister Nadelöhr mit Eckart Friedrichson und Heino Winkler als Meister Briefmarke auf Sendung.

Dezember
Eine der erfolgreichsten Fernsehreihen startet: Willi Schwabe eröffnet seine »Rumpelkammer«.

Dezember
Das erste Mosaik-Heft mit den Digedags erscheint. Dig, Dag und Digedag werden zu den beliebtesten Comic-Figuren.

Fragen an die Bibel

Wie atheistisch war die DDR? Religionsunterricht und Christenlehre jedenfalls waren aus der Schule verbannt, der Staat zog auch nicht die Kirchensteuer ein.

Die Nachwuchsarbeit der evangelischen Kirche kannte viele Institutionen und stand der der anderen Einrichtungen der DDR in nichts nach. Da sich im sonntäglichen Gottesdienst die Jüngsten langweilten, gab es den Kindergottesdienst. Der FDJ-Zirkel junger Sozialisten, der mit den Prüfungen zum Erwerb des Abzeichens für gutes Wissen endete, war vergleichbar mit der Jugendrüstzeit. Dort reiste die Junge Gemeinde, also die bereits Konfirmierten, für eine Woche in irgendein kirchliches Heim, wo es nach der religiösen Aufrüstung am Vormittag gemeinsame Unternehmungen gab: Museumsbesuche, Kino, Theater, Wanderungen, Gesang (wofür später die Bezeichnung »Sacropop« erfunden werden sollte). Frohes Jugendleben eben, aber nicht unter der blauen Fahne, sondern unter einem die Erdkugel symbolisierenden Ring mit einem Kreuz drauf.

Zwischen Kindergottesdienst mit Klebebildchen und der Konfirmation gab es die Christenlehre. Die fand einmal in der Woche statt und war mit dem Pioniernachmittag durchaus vergleichbar. Auch wenn die Pioniernachmittage meist etwas lockerer und unterhaltsamer waren.

Das war der Grund, weshalb auch die gläubigsten Kinder es vorzogen, der fakultativen Christenlehre am Samstagnachmittag fernzubleiben. Dafür machte der Herr Pfarrer zwei Gründe aus. Zum einen zeigte 14.30 Uhr im Fernsehen Prof. Flimmrich einen spannenden Kinder- und Jugendfilm, zum anderen setzte die LPG in jener Zeit ihre Kühe um. Das heißt, die Rinderherde wurde durch eine Schar Halbwüchsiger kilometerweit von einer Weide zur anderen getrieben. Die Genossenschaft zahlte dafür jedem Cowboy 1,50 Mark. Die Übung war

1956

Januar
Auf der Warnowwerft erfolgt der Stapellauf des 10 000-Tonnen-frachters »Frieden«.

Januar / Februar
An den VII. Olympischen Winterspielen in Cortina d'Ampezzo nimmt erstmals eine DDR-Vertretung im Rahmen einer Mannschaft beider deutscher NOK teil. Harry Glaß belegt im Spezialsprunglauf den dritten Platz und holt die erste olympische Medaille für die DDR.

Januar
Auf dem IV. Schriftstellerkongress wird die Forderung nach der Durchsetzung des Sozialistischen Realismus gestellt.

Januar
Das Fernseh-Versuchsprogramm ist beendet. Der Deutsche Fernsehfunk nimmt offiziell sein Programm auf.

Januar
Der DEFA-Film »Heimliche Ehen« in der Regie von Gustav von Wangenheim mit Armin Mueller-Stahl hat Premiere.

nicht nur einträglich, sondern auch abwechslungsreicher als die Stunde beim Pfarrer.

Mit Prof. Flimmrich konnte er nicht reden, wohl aber mit dem LPG-Vorsitzenden. Der sollte seine Rindviecher an jedem anderen Tag der Woche umsetzen, ausgenommen den Sonntag und den Samstagnachmittag.

Der LPG-Vorsitzende gehörte dem Gemeindekirchenrat an, weshalb die Sache rasch erledigt war. Zumal er sehr pragmatisch veranlagt war, was man vom Gemeindehirten nicht unbedingt behaupten konnte.

»Wann ist der Flimmrich zu Ende, Herr Pfarrer?« – »Gegen vier.« – »Machen Sie eben um vier die Christenlehre. Und mit meiner Zielprämie steche ich jeden Flimmrich aus. Wir setzen also die Rinder gleich nach Schulschluss um, bis vier stehen die längst auf der neuen Wiese. Und dann haben Sie Ihre Schäfchen.«

Die Christenlehre war, sieht man einmal von gewissen meditativen Übungen ab, zu großen Teilen eine Bildungsveranstaltung, bei der es um die Beantwortung von Fragen ging, die die Bibel aufwarf. Wieso teilte sich beim Auszug der Israeliten das Rote Meer? Warum brannte der Dornbusch auf dem Berge Horeb? Wie kam es zu dem Spruch »Er lief von Pontius zu Pilatus«? All die biblischen Motive, die die Maler und Bildhauer in Jahrhunderten verarbeitet hatten, wurden mit Bibeltexten entschlüsselt, und dies auch, soweit wie möglich, mit den Erklärungen der Naturwissenschaft. Der Busch brannte nicht, weil Gott als Magier ein Zeichen gab, sondern weil er Öle absonderte, die sich bei Hitze entzünden. Und nicht Moses teilte das Meer mit seinem Stab, sondern es war scharfer Wind, der das Wasser im Roten Meer kurzzeitig wegdrückte … So lernte man die Bibel als Kulturgut kennen, was einem später half, nicht blind durch Bildergalerien alter Meister zu stolpern wie mancher Atheist, der die Bibel scheute wie der Teufel das Weihwasser, als fürchte er, von seinem Glauben abzufallen. ■

Januar
Die DDR unterstellt die NVA dem Oberkommando des Warschauer Vertrags.

Februar
Die staatliche Fluggesellschaft der DDR nimmt ihren Betrieb auf, zunächst als »Deutsche Lufthansa«, später »Interflug«.

Februar
Auf dem XX. Parteitag der KPdSU rechnet Nikita Chruschtschow in einer Geheimrede mit dem stalinistischen Personenkult ab. Eine DDR-Delegation mit Walter Ulbricht und Otto Grotewohl ist zum Parteitag gereist.

1. März
Das Ministerium für Nationale Verteidigung und die Verwaltung der Militärbezirke der Land-, Luft- und Seestreitkräfte beginnen ihre Tätigkeit. Offizieller Gründungstag der NVA.

März
Eine Clara-Zetkin-Gedenkstätte wird in ihrem Geburtsort Wiederau eingerichtet.

Mai
In Leipzig eröffnet die »Iskra-Gedenkstätte«.

Beatles aus der Unterhose

Die erste Beatles-Platte erschien in der DDR im Jahr 1965. In unserer Schule ging es mit dem Beat-Fieber jedoch schon im Spätsommer 1964 los.

Unsere Clique lümmelte zu Beginn des Schuljahres wie immer etwas abseits auf dem Schulhof herum. Es wurde heiß diskutiert. Doch diesmal ging es nicht um verflossene Ferienlager-Bekanntschaften, Fußball oder Kino-Abenteuer. Zum ersten Mal hatten die Beatles unsere volle Aufmerksamkeit.

Wie eine magischer Ruf von einem anderen Stern hatte dieses seltsame »Yeah! Yeah! Yeah!« uns alle verzaubert. »Sie liebt dich« und »Komm gib mir deine Hand« hießen die Hits des Sommers. Wer etwas auf sich hielt, sang die besseren englischen Originale im besten Liverpool-Slang »She loves you« und »I wanna hold your hand«.

Fortan war das Radio unser wichtigstes Kommunikationsmittel. Jeder noch so stupiden Schlagersendung auf Radio Luxemburg, im RIAS

1956

Mai
Der DEFA-Film »Eine Berliner Romanze« nach einem Drehbuch von Wolfgang Kohlhaase hat Premiere.

Mai
In Coswig wird mit dem Bau des Schwefelsäurekombinats begonnen.

Juni
Der Kongress der Natur- und Heimatfreunde in Berlin formuliert 14 Leitsätze für die Arbeit im Kulturbund.

Juni
Der erste Selbstbedienungsladen eröffnet in Halle.

Juni
Anlässlich des 10. Todestages von Gerhart Hauptmann wird in seinem Wohnhaus auf Hiddensee eine Gedenkstätte eröffnet.

Juni
In Dresden werden die Gemäldegalerie im Zwinger und das Staatstheater wiedereröffnet.

oder SFB lauschten wir von Anfang bis Ende. Immer in der Hoffnung, einen Song der Fab Four zu erwischen. Bald kursierten BRAVO-Poster und Ansichtskarten mit Beatles-Porträts auf dem Schulhof. Zeichentalente vervielfältigten diese und besserten sich so ihr Taschengeld auf.

Es dauerte nicht lange, und die ersten Schallplatten tauchten auf. Es waren Singles, pro Seite ein Musikstück. Voller Stolz präsentierte mir mein Freund Dieter eines Tages »A hard days night«. Die neueste Beatles-Scheibe mit dem grünen Odeon-Label hatte sein zu Besuch weilender Westonkel im Koffer unter seinen Unterhosen verborgen eingeschmuggelt. »Der Zoll hat ihn gefilzt, aber nichts mitgekriegt!«, erzählte Dieter stolz. Leider besaß niemand aus unserer Clique einen Plattenspieler.

Wir fragten den Sohn unseres Dorf-Bäckermeisters. Seine ebenso fleißigen wie wohlhabenden Eltern waren im Besitz einer Musik-Truhe mit integriertem Fernsehapparat und Platten-

»

Auch als Beat, Pop und Rock längst etabliert waren, konnte Amiga, die volkseigene Plattenfirma, die Wünsche der Fans nicht annähernd befriedigen. Wenn junge Leute nach Ungarn reisten, sparten sie sich die Forint im wahrsten Sinne des Wortes vom Munde ab, denn dort war die eine oder andere »West-Platte« zu ergattern.

Juni
Die Sowjetunion übergibt die kriegsausgelagerten 300 000 Bände der Gothaer Bibliothek.

Juli
Die SED verabschiedet eine Resolution über die »nächsten ideologischen Aufgaben«. Eine erste Liberalisierung, nach Ilja Ehrenburgs Roman als »Tauwetter« bezeichnet, beginnt.

Juli
»Ein Bekenntnis zum Leben« heißt die neueröffnete Gesamtdeutsche Grafikausstellung.

August
Das »Stadion der Hunderttausend« im Sportforum Leipzig wird nach 300 Tagen Bauzeit eingeweiht.

August
Das II. Deutsche Turn- und Sportfest in Leipzig zählt 100 000 Festteilnehmer.

14. August
Bertolt Brecht stirbt in Berlin.

1956

August
Der Dokumentarfilm »Du und mancher Kamerad« von Annelie und Andrew Thorndike hat Premiere.

September
Ein neuer DEFA-Kinderfilm kommt in die Kinos: »Das tapfere Schneiderlein« mit Kurt Schmidtchen und Christel Bodenstein.

September
In Berlin eröffnet die Staatliche Fachschule für Artistik.

Oktober
Der von den ungarischen Aufständischen als Ministerpräsident eingesetzte Reformkommunist Imre Nagy verkündet die Abschaffung des Einparteien-Systems und am 1. 11. den Austritt Ungarns aus dem Warschauer Vertrag.

Oktober
In HO-Läden und Konsum-Großverkaufsstellen ist ab sofort Teilzahlung möglich, allerdings nur für ausreichend vorhandene Waren.

» spieler. Als er am Wochenende sturmfreie Bude meldete, seine Eltern machten eine Harz-Partie mit ihrem Wartburg, war es endlich so weit. Mit zitternden Fingern legten wir die Vinyl-Scheibe auf den Plattenteller. Und spielten die Vorder- und Rückseite im stetigen Wechsel mehr als zwanzigmal. Danach konnten wir beide Lieder auswendig: »You say you will love me. If I have to go. You'll be thinking of me, somehow I will know. Someday when I'm lonely, wishing you weren't so far away. Then I will remember. Things we said today …«

Nach und nach vergrößerte sich unsere Beatles-Plattensammlung, auch Plattenspieler waren leichter zu finden. Wir beschlossen, einen Tanzabend mit Beatles-Musik zu organisieren. Unsere Schule hatte einen geeigneten Raum, aber würde die Schulleitung das gestatten?

»Musik wird oft nicht schön gefunden, weil sie stets mit Geräusch verbunden!« Ausgerechnet mit einem uralten Spruch von Wilhelm Busch versuchte unsere Klassenlehrerin, uns von unserem Plan abzuhalten. Ein Tanzabend in unserer Schule mit westlicher Beat-Musik? War das nicht gegen alle Regeln sozialistischer Bildungspolitik?

Zum Glück war in der Septemberausgabe der Jugendzeitschrift Technikus, die vom Zentralrat der FDJ herausgegeben wurde, ein Artikel erschienen. Unsere Helden waren mit ihren Pilzkopf-Frisuren sogar auf dem Titelbild zu sehen. Unter der Überschrift »Wer von euch kennt sie nicht – die Beatles!« wurde im Heft-Inneren ausdrücklich darauf hingewiesen, dass die vier vor ihrem kometenhaften Aufstieg ursprünglich als »eine Gruppe junger Musiker, die in den Arbeitervierteln Liverpools in einem ehemaligen Lagerhauskeller ihre selbst gedichteten und komponierten Songs spielten …, den Protest der Jugend gegen den Konservatismus« vorantrieben und auch Apartheid und Atombomben ablehnten. Mit anderen Worten: John, Paul, George und Ringo waren völlig in Ordnung. Das Heft hielten wir triumphierend der Lehrerin unter die Nase, und unser Beatles-Tanzabend wurde ein gigantischer Erfolg – auch wenn je-der Beatles-Song mangels Masse mindestens fünfmal gespielt werden musste.

Eine für Ende November geplante Wiederholung des Beatles-Tanzabends fiel bereits dem berüchtigten 11. Plenum des ZK der SED zum Opfer: »Ich bin der Meinung, mit der Monotonie des Yeah, Yeah, Yeah und wie das alles heißt, sollte man doch Schluss machen …«, forderte der Staatsratsvorsitzende Walter Ulbricht und warnte vor dem nunmehr entdeckten schädlichen Einfluss der Beat-Musik auf die Jugend. So beendete die Parteiführung mit harter Hand die erste kurze Blüte des Beat in der DDR. Der DDR-Rundfunk übte sich in Selbstzensur und verbannte die Beatles bis auf weiteres in den Giftschrank. An unserer Hinwendung zu ihrer Musik änderte das rein gar nichts. Mit Radio Caroline, Wonderful Radio London und Radio Nordsee International hatten wir bald neue Ätherwellen entdeckt, die unsere Beat-Begeisterung in ungeahnte Dimensionen treiben sollten. ■

Eltern in Ost und West waren gleichermaßen schockiert, als ihre Sprößlinge sich nach dem Vorbild der Beatles die Haare länger wachsen ließen und wilde Musik hörten. Welche Worte ob solcher Kulturbarbarei die Familienoberhäupter im Munde führten, ist kaum noch vorstellbar. Dumm nur, dass sich in der DDR Landesvater Walter Ulbricht in alles einmischte. »Ich denke, Genossen, mit der Monotonie des Je-Je-Je, und wie das alles heißt, ja, sollte man doch Schluss machen.« Aber bekanntlich konnte er damit weder das Hören »westlicher Musik« eindämmen noch verhindern, dass sich im eigenen Land »volkseigener Beat und Rock« entwickelten.

November
Sowjetische Panzereinheiten marschieren in Budapest ein.

November
»Damals in Paris«, die erste Koproduktion von DFF und DEFA, mit Gisela Trowe und Wolfgang Kieling wird ausgestrahlt.

November
Nach dem Erlass des Gesetzes zur Rentenerhöhung steigen die Bezüge um ca. 30 Prozent.

November
Es konstituiert sich das »Hilfskomitee für das sozialistische Ungarn« und der Ausschuss »Freundschaftshilfe Ägypten«.

November / Dezember
Eine DDR-Vertretung mit 37 Sportlern (gemeinsame Mannschaft beider deutscher NOK) nimmt an den XVI. Olympischen Sommerspielen in Melbourne teil, Heimkehr mit einer Gold-, vier Silber- und zwei Bronzemedaillen.

Eine wind- und wetterfeste Burg

Als ich ein Kind war, fuhr ich jedes Jahr in den Sommerferien mit meiner Familie in den Urlaub. Meistens an die Ostsee. Anfangs mit dem Zug, dann mit unserem 311er Wartburg und ganz zum Schluss mit einem weißen nagelneuen 353er, ebenfalls Marke Wartburg. Der erste Ostseeurlaub, an den ich mich erinnere, war in Binz. Ich weiß noch, dass wir 3 Kilometer zur Post laufen mussten und ich sehr stolz war, weil mich mein Vati wegen meines Durchhaltevermögens lobte. Doch meine schönsten Ostseeurlaube waren in Graal-Müritz. Dort zelteten wir auf dem Campingplatz Uhlenflucht, gleich neben dem Meer unter uralten Buchen. Auf dem Platz gab es eine Kaufhalle, wo sich meine Mutti jeden Morgen geduldig nach Konsumbrötchen anstellte, einen Zeitungsladen, wo sich Vati jeden Tag sein ND kaufte, eine Eisdiele, wo es Schwedeneisbecher (2 Vanillekugeln, Apfelmus und Schlagsahne) gab, einen Verkaufsladen mit Badeutensilien und das Zeltplatzkino. Ich liebte diesen Zeltplatz, die Buchenwälder und die Ostsee sowieso. Das ganze Jahr träumte ich davon. Dabei hatte ich immer drei Sachen im Kopf. Erstens, ich stehe im Meer und spritze

1957

Januar
Im Dietz Verlag erscheint der 1. Band der neununddreißigbändigen Marx-Engels-Werke (MEW).

Februar
Für das Direktstudium sind keine Studiengebühren mehr zu entrichten.

Februar
Erstmals erscheint die Kinderzeitschrift Bummi.

Februar
In Rostock beraten LPG-Vorsitzende und Aktivisten über die weitere Entwicklung. Bisher werden rund 23 Prozent der landwirtschaftlichen Nutzfläche genossenschaftlich bearbeitet.

März
Helmut Recknagel geht beim Spezialsprunglauf am Holmenkollen als Junior mit Spezialgenehmigung an den Start und belegt den ersten Platz.

Ostseewasser in den sommerklaren Himmel. Und stelle mir vor, ich wäre die Meereskönigin. Zweitens, ich laufe durch die Buchenwälder, und durch die Lücken der Bäume schimmert die stürmische Ostsee azurblau hindurch. Die dritte Vorstellung war ein Geruch mit Geräuschen vermischt: Ich komme vom Morgenbad aus der Ostsee (mit Zähneputzen), und Mutti ist aus der Kaufhalle zurück. Es duftet nach Kaffee. Von weitem hallt das Klappern des Campinggeschirres gemütlich durch den Buchenwald

Diese Vorstellungen machten mir eine Sache erträglicher – die Fahrt dorthin! Denn damals bedeuteten 300 Kilometer eine halbe Weltreise. Schon um vier in der Früh wurden wir Kinder geweckt. Es gab trockenes altes Mischbrot mit Marmelade zum Frühstück. Ich bekam nichts hinunter. Es war viel zu früh, und außerdem graulte es mir vor der Fahrt. Zu dritt quetschten wir Geschwister uns auf die Hinterbank vom Wartburg. Das Auto bis auf den letzten Zentimeter vollgepackt mit Campingutensilien. Darunter war auch immer ein besonders platzeinnehmendes, sperriges Ding. Der sogenannte Windschutz, den meine Mutti auf ihrer Veritas-Nähmaschine selbst genäht hatte. Er war dunkelblau und bestand aus unserer alten Kinderzimmerübergardine. Beim Nähen hatte Mutti geflucht, denn es war ein dicker, derber Stoff. An manchen Stellen lag er sogar doppelt. Dort befanden sich Taschen für Sonnencreme, Vatis ND's und die Bücher aus der zeltplatzeigenen Bibliothek, die unsere Familie jedes Jahr auslieh. Im Abstand von ungefähr einem Meter waren Schlaufen eingenäht. Dort wurden halbierte angespitzte Besenstiele hineingesteckt.

Waren wir endlich auf dem Campingplatz angekommen, wurde als Erstes das Zelt aufgebaut, und dann ging es sofort an den Strand. Wie freute ich mich immer auf den ersten Blick auf die Ostsee. Jedes Mal war ich wie berauscht. Ein Wasser, das einfach nicht enden wollte!

Der Windschutz war dabei. Mit einem ausklappbaren Campingspaten grub Vati eine ausladene Kuhle in den Sand. Das war jetzt für die nächsten vierzehn Tage unser Gebiet. Mit unserem Windschutz wurde es für alle anderen gut sichtbar markiert. Viele Familien schrieben ihre Namen mit Steinen oder Muscheln vor ihren Windschutz in den Sand. Manche hatten Geranien rangehängt. Es lagen sogar Fußabtreter aus. Auch bei uns war es richtig gemütlich. Mutti hatte ihre große blaue Kühltasche dabei. Da gab es Marmorkuchen aus der Kaufhalle und Wurstbrötchen. Ja, unser Windschutz war einfach super! Er schützte gegen die Sonne und gegen die kühlen Ostseewinde, und manchmal wurde er zur Schatzinsel. Dann nämlich, wenn Vati einen Strandlauf gemacht hatte. Denn dann sammelte sich im Windschutz Treibgut. Einmal hatte Vati sogar einen Joghurt gefunden. Er kam aus Dänemark und war noch verschlossen. Wir öffneten ihn hingerissen, und es roch wunderbar. Doch ihn zu essen, verboten uns unsere Eltern leider. Damit wir nicht ganz so traurig waren, bekam jedes Kind einen Schwedeneisbecher spendiert. ■

März
Das Amt des Staatssekretärs für Kirchenfragen wird eingeführt.

März
Das neue Schauspielhaus in Leipzig eröffnet mit Schillers »Wallenstein«.

März
Das Gesetz über die Verkürzung der Arbeitszeit tritt in Kraft. Vorerst 1,4 Millionen Werktätige der Schwerindustrie, des Bergbaus und der chemischen Industrie arbeiten nur noch 45 Stunden pro Woche, drei Stunden weniger als bisher.

März
Ein Vertrag über die zeitweilige Stationierung sowjetischer Truppen in der DDR wird abgeschlossen.

März
Erschließung des ersten Braunkohlentagebaus für das Kombinat »Schwarze Pumpe« in Burghammer.

März
Die DEFA hat »Tinko« von Erwin Strittmatter verfilmt.

Für Spartakus und Gold

Aus München war vor den Spielen 1972 ein Brief gekommen. Man beabsichtige im Olympischen Dorf rund um die Uhr ein Kino zu betreiben, und jedes Land habe die Chance, einen Film zu präsentieren. Manfred Ewald, Chef des DDR-Sports zu jener Zeit, fragte mich – um Missverständnissen vorzubeugen: Ich bin sicher, dass er außer mir auch viele andere befragte –, und ich schlug ihm vor, den Dokumentarfilmer Andrew Thorndike zu fragen, ob er Lust habe, diese Aufgabe zu übernehmen. Ewald riet diesem, mit mir das Thema zu bereden.

So saßen wir eines Tages beide an einem Tisch. Ich schlug ihm vor, einen Film über irgendeine Spartakiade zu drehen. Er wusste nicht, was sich bei Spartakiaden tat. Ich holte aus: Jedes Jahr in jedem Kreis gibt es ein Jugendsportfest in vielen Sportarten. Der zweite Sekretär der SED-Kreisleitung lädt die Zuständigen in sein Büro. Der im Kreis für Handel und Versorgung Zustän-

1957

April
Die erste Fips Fleischer Band wird gegründet.

April
Gründung des Deutschen Turn- und Sportbundes (DTSB) im Haus der Ministerien in Berlin, Präsident wird Rudi Reichert.

Mai
Das Berliner Ensemble gibt sein erstes Gastspiel in der Sowjetunion.

April
Manfred von Ardenne erklärt im Namen bekannter Ost-Atomwissenschaftler die Zustimmung zur »Göttinger Erklärung« westdeutscher Wissenschaftler, die für Verzicht auf Atomwaffen eintreten.

Mai
Beim Qualifikationsspiel zur WM siegt die DDR-Fußballmannschaft über Wales mit 2:1 in Leipzig.

dige sitzt am Tisch, der Polizeichef, natürlich auch der Agitator. Die meisten kennen sich schon vom vorigen und vom vorvorigen Jahr und wissen: So viele Frühstücksbeutel, so viele Quartiere, so viele Helfer und Schiedsrichter. Der berühmte Thorndike hörte sich alles an und stellte eine Frage, mit der ich nicht gerechnet hatte: Wieso heißt das Spartakiade? Ich war im Bilde: Ein tschechischer Arbeitersportler hatte vor Jahr und Tag die Idee gehabt, dem berühmten Spartakus die Ehre zu erweisen.

Thorndike erwärmte sich für die Idee.

»Was denkst du wo?«, war seine nächste Frage.

Ich riet zu Wernigerode, Fachwerkbauten, viel Stimmung. Thorndike fuhr nach Wernigerode, das Umfeld stimmte – bis hin zu einer Schwimmlehrerin als »Hauptdarstellerin«. Das Drehbuch schrieb sich fast alleine. Wer wollte nicht Spartakiadesieger werden? Noch heute hängen die Medaillen an den Wänden. 1972 hatten 696 350 Kinder und Jugendliche an den Kreisspartakiaden teilgenommen, keiner von ihnen »abkommandiert«. Mein Neffe wollte Gold im Judo und holte Gold im Judo, ich weiß nicht, was er angestellt hätte, wenn es nur Silber geworden wäre. Er trank auch nicht, kiffte nicht, wollte nur Judo-Gold.

Thorndike fragte mich eines Morgens: »Wie viele Sprachen wird es im Zuschauerraum geben?« Ich tippte auf fünfzig. Er sagte: »Ich drehe einen Stummfilm mit Musik, mit Textzeilen in sechzehn Sprachen. Reicht das?« Es reichte.

Frau R., Turnlehrerin aus Suderode, wurde die Hauptdarstellerin, bis es zu regnen begann. Die Schwimmen lernenden Kinder überbrückten die Regentage. Fachleute, die aus Neugierde kamen, wollten von Thorndike wissen, wie lange er mit ihnen geübt hatte, und glaubten ihm sein »Gar nicht« nicht. Als die ersten Rollen an die Schneidetische gingen, war er selber begeistert, stritt aber mit seinen Kameraleuten halbe Nächte.

Zur Eröffnung der Spartakiade waren 23 Mannschaften ins Stadion gezogen, ein Schild wurde vor jedem Block getragen und die Fahne der Stadt, aus der sie gekommen waren. Auch Bad Suderode war dabei, und Frau R. mit dem exakten Turnschritt führte die Marschkolonne an. Auch die neu geschaffene Gruppe für orthopädisches Turnen kam ins Bild.

Andere Neuigkeiten, die unbedingt ins Bild sollten, verschwanden am Schneidetisch, aber der Film wuchs, und als er fertig war, war Thorndike begeistert und die Zuschauer auch.

Dann wurden die Rollen nach München transportiert und dort vorgeführt. Der Beifall war beachtlich. Steppkes, die auf der Leinwand um den Sieg kämpften, wurden jetzt von Olympioniken angefeuert. Der Film lief wieder und wieder. Thorndike staunte und war stolz.

Und immer wieder kam die Frage: Jedes Jahr? Wahnsinn? Und wer bezahlt das?

Thorndike meinte: »Wir hätten noch einen Beifilm über die Budgets drehen sollen. Alle fragten nach den Sponsoren. Manchmal hatte ich Hemmungen über den zweiten Kreissekretär zu reden und wie er seine Sitzungen zusammengetrommelt hatte.«

Na ja, eben die Partei... ■

»Spartakiadesieger von heute, Olympiasieger von morgen!« hieß es, was dann auch zutraf, etwa bei Roland Matthes, Ulrich Wehling, Gerd Bonk und viele anderen. 1965 wurde zum ersten Mal eine Spartakiade ausgetragen, dann alljährlich sowohl im Sommer als auch im Winter auf Gemeinde-/Stadt- und Kreisebene, alle zwei Jahre auf Bezirksebene und zentral.

Mai
Das erste 5500-Tonnen-Frachtschiff der Mathias-Thesen-Werft wird fertiggestellt.

Juni
Im Stahl- und Walzwerk Hennigsdorf wird die erste vollautomatische Schnellwalzstraße in Betrieb genommen.

August
Vietnams Staatspräsident Ho Chi Minh ist zu Besuch auf der Volkswerft Stralsund.

August
Nikita Chruschtschow ist auf Staatsbesuch in der DDR. Gemeinsam mit Walter Ulbricht besucht er die Landwirtschaftsausstellung in Markkleeberg. Danach macht das Schlagwort vom Mais als »Wurst am Stengel« die Runde.

August
Der DEFA-Film »Berlin – Ecke Schönhauser« hat Premiere, Regie Gerhard Klein, Buch Wolfgang Kohlhaase.

Tief im Osten

der DDR konnte man als Kind in einem Dreihundertseelendorf einiges an Freiheit und Sozialismus erleben

Ein Junge fand es ungeheuer erheiternd, dass ich Bonbons Bonbons nannte und nicht, wie im Dorfe üblich, Bongse. Ich war mal wieder entlarvt: als »Stadtkind«. Wir waren von Dresden in die Uckermark gezogen, als ich fast sieben war. Meinen ersten Schultag erlebte ich auf dem Land, in einer winzigen Dorfschule. Es gab eine einzige erste Klasse mit zehn Kindern, vier davon waren aus den beiden noch kleineren Nachbardörfern. Ein Jahr darauf wurde die Schule geschlossen, von da an waren wir Fahrschüler. Das war sehr blöd, aber man gewöhnte sich daran, selbst an das extrem frühe Aufstehen. Trotzdem hatte man dort als Kind viel Zeit und Ruhe – ein Umstand, der meinem Naturell entgegenkam. Das Leben war friedlich und sorglos, und anscheinend fand niemand, dass das etwas Besonderes war. Mit Ausnahme meines Vaters, der immer noch daran dachte, wie er mit fünfzehn Luftwaffenhelfer sein musste und wie einige Meter neben ihm eine Bombe niederging, und daran, wie viel Glück er gehabt hatte, dass es in den Wirren der letzten Kriegstage niemandem aufgefallen war, dass er sich mit ein paar Kameraden von der Truppe abgesetzt hatte – und meiner Mutter, die in der Trümmerwüste von Hamburg eine von äußerster Kargheit geprägte Kindheit verlebt hatte.

Wir Kinder haben weitgehend selbst bestimmt, was wir machten. Das richtete sich im Wesentlichen nach der Jahreszeit. Solange wir rechtzeitig am Abendbrottisch saßen, war alles

1957

Oktober
Der erste Spatenstich für den Überseehafen Rostock erfolgt.

7. Oktober
Auf Beschluss der Volks- und der Länderkammer wird die Amtszeit von Wilhelm Pieck als Präsident der DDR um weitere vier Jahre verlängert.

Oktober
Die Sowjetunion startet den weltersten Satelliten, den 83 Kilogramm schweren Sputnik, der den Erdball 92 Tage lang umkreist.

Oktober
Als die DDR und Jugoslawien diplomatische Beziehungen aufnehmen, wendet die BRD die Hallstein-Doktrin an und bricht ihre Beziehungen zu Jugoslawien ab.

Oktober
Bei der zweiten Währungsreform werden neue Geldscheine ausgegeben. Bis zu 300 Mark Bargeld können umgetauscht werden.

in Ordnung. Im Sommer fuhren wir zur alten Kieskuhle am Nachbardorf zum Baden. Schöner als das und die ausgedehnten Streifzüge in Wald und Flur ist nie wieder ein Urlaub gewesen.

Einige im Dorf pflegten jahrzehntealte innerfamiliäre Feindschaften, die anderen tratschten so vor sich hin, aber nie wirklich boshaft. Alkoholiker, einige mit ihrem zahlreichen Nachwuchs leicht überforderte Sippen und zwei Exknackis waren ebenso integriert wie ein immer heiterer rothaariger Mann von zweimetersieben Körpergröße und dem Verhalten eines Sechsjährigen, der seine Führerscheinprüfung mündlich abgenommen bekam und in der LPG Trecker fuhr. Überhaupt spielte die LPG im Alltag für uns Kinder eine wesentlich größere Rolle als die Pionierorganisation. Die Nachbarn hatten eine riesige alte Scheune, in der LPG-Stroh eingelagert wurde. Sie war ein beliebter, wenn auch eher verbotener Spielplatz. Im Sommer konnte sich ein Kind mit dem Vereinzeln von Zuckerrüben Geld verdienen – auf den endlosen Äckern eine wahrhaft stumpfsinnige Tätigkeit. Im Herbst war Kartoffelnsammeln angesagt, die damaligen Erntemaschinen ließen jede Menge Knollen auf dem Acker zurück. Mittags wurden alle Erntehelfer mit warmem Essen aus der LPG-Küche versorgt. Riesige Schnitzel mit Mischgemüse und Kartoffeln. Genau das, was man da draußen brauchte.

Es gab auch Pioniernachmittage. Aber die fanden nur alle vierzehn Tage statt, im Wechsel mit Freizeitangeboten, genannt Arbeitsgemeinschaften. Bei uns war immer dienstags entweder Pionier- und später FDJ-Nachmittag. Weitere Verpflichtungen gab es selten. Altpapier, Flaschen und Schrott sammelten wir von allein – schließlich konnte man sich damit etwas Taschengeld verdienen. Wir hatten eine Patenbrigade von LPG-Frauen, die für uns schöne Weihnachtsfeiern und anderes veranstalteten.

Es war schon vor einem Vierteljahrhundert, als ich ein Schulkind war, ruhig im Dorf. Wenn man heute durchfährt, sieht man keinen Menschen auf der Straße. Damals schepperte wenigstens noch die alte Elisabeth mit ihrem Kaltblütergespann über das Kopfsteinpflaster. Sie war wirklich seltsam und kleidete sich, als sei die Zeit so um 1920 stehengeblieben, mit auf Taille geschnittener kurzer Jacke mit vielen Knöpfen und weitem Rock. Ihre dürren, mit verschorften Blessuren übersäten Beine steckten meist in Gummistiefeln. Sie hatte wirres, krauses, mit einigen Metallspangen gebändigtes Haar, von

der Gicht entstellte Hände und malte sich lange, nach außen hochgezogene Augenbrauen an. Sie war eigenwillig und mürrisch, sicher einsam, aber selbstbestimmt. Es schien nicht so, als brauchte irgendwer in der LPG objektiv diese Pferde, aber die Frau bekam Transportaufgaben zugewiesen und konnte ansonsten ihre Gäule striegeln und hegen, soviel sie wollte. Und das war ein wirklicher Fortschritt in der Menschheitsgeschichte. ■

November
Mit der Hündin Laika an Bord von Sputnik 2 startet erstmals ein Lebewesen in den Weltraum.

November
Erich Mielke wird Minister für Staatssicherheit.

Dezember
Auf dem Leipziger Hauptbahnhof entfallen erstmals die obligatorischen Bahnsteigkarten (20 Pfennig).

November
Die Produktion des Trabants Typ P 50 beginnt.

Dezember
In Rossendorf bei Dresden wird der erste Atomreaktor der DDR in Betrieb genommen.

Dezember
Einer der schönsten DEFA-Kinderfilme hat Premiere: »Das singende, klingende Bäumchen« mit Christel Bodenstein.

Kolibri und Brillantwirbel

Wann es bei mir mit der Liebe zum Feuerwerk losging, kann ich schwer sagen. Es hatte wohl damit zu tun, dass ich an einem Silvestertag im Kindergarten eine Art Knallbonbon gewann. Ein Mädchen aus meiner Gruppe und ich zogen daran, es gab einen leisen Knall, man applaudierte, ein Funken aus dem Knallsatz sprang mir auf den Handrücken und zeigte, dass ich gerade etwas Schönes, aber irgendwie Gefährliches gemacht hatte.

Heute ist mein zehntes Silvester. Eben habe ich eine Wunderkerze angesteckt und aus dem Fenster geworfen. Ich muss mich in Acht nehmen, denn unser ABV darf mich nicht erwischen. Ich blättere in meiner Lieblingssilvestergeschichte: »Wie ich mein Raketenbügel-

1958

Januar
Die Pionierorganisation Ernst Thälmann wird sozialistische Massenorganisation für Kinder.

Januar
Helmut Recknagel gewinnt die Internationale Vierschanzentournee im Spezialspringen.

Januar
Es ergeht eine Gesetzesverordnung, dass bei allen Tanzveranstaltungen mindestens 60 Prozent der gespielten Titel von Ost-Komponisten stammen müssen.

Februar
Der Wirtschaftsrat wird durch die »Staatliche Plankommission« ersetzt, die Vereinigungen Volkseigener Betriebe werden neu organisiert und der »Staatlichen Plankommission« unterstellt. Die Industrieministerien werden aufgelöst.

März
Auf dem Volkseigenen Gut Hagelberg wird die erste Dorfakademie der DDR gegründet.

eisen baute.« Ich lese immer wieder eine Zeile: »ICH OPFERTE VIER VON MEINEN FÜNF SCHWÄRMERN FÜR EINEN RAKETENSATZ.« Alfons Zitterbacke versucht, das Bügeleisen seiner Mutter zu reparieren, und weil er zu wenig Ahnung von Elektrizität hat, nimmt er einen Raketensatz – der macht das Eisen heiß. Durch die Antriebswirkung lässt es sich schnell mit der Hand bewegen. Eine gute Idee, aber was sind Schwärmer, und warum kann man sie nirgends kaufen?

Ich betrachte meinen Schatz, der in einer Tüte aus braunem Packpapier steckt. Zwei Pfau-Knall-Raketen Marke »Kolibri«, die je siebzig Pfennige gekostet haben, zwei Schachteln Filouknaller, auf denen »Firecracker« und »Fire in the open!« steht, eine hellrote große Schachtel »Harzer Knaller« mit zwanzig am unteren Ende zusammengedrückten Papphülsen und ungleichmäßig aufgekleckten Reibeköpfen, eine große Pappdose mit Gefa-Knallerbsen, einen »Pot à Feu« mit farbigen Sternen, sowie einen »Brillantwirbel«, der angenagelt werden muss. Der Nagel, um den sich das Feuer drehen wird, ist mit durchsichtigem Klebeband an der Papphülse befestigt.

Eben hat es laut im Hausflur gerumst. Herr Viereck ist schon ein bisschen angetütert und hat einen Knaller ins Treppenhaus geschmissen. Dort riecht es nach Schwefel, und auf der Treppe, wo der Knaller in zwei ungleiche Hälften zerrissen wurde, liegen Sägespäne. Ich zupfe einmal »Fire in the open« aus der Schachtel. Die gelben Pappröhrchen lauern in angriffslustiger Hab-Acht!-Stellung. Ich ziehe meine vorletzte Schachtel Risaer Zündwaren aus der Anoraktasche. Die Streichhölzer klappern leise in meiner Hand, bevor ich den Filoukopf über die mittlerweile speckschwartenglatte Reibefläche ziehe. Nach vier oder fünf Versuchen blitzt es kurz, dann zischt die Zündschnur. Mit einem leisen Puff fliegt mein Knaller gegen die Wohnungstür meines Silvestergegners, ich flitze zwei Treppen tiefer und halte die Luft an. Schon macht das Treppenhaus ein Geräusch, als würde jemand mit einer Peitsche auf das Holzgeländer schlagen. Beinahe hätte ich Herrn Sch., der auf dem Weg in den Keller ist, um zum letzten Mal im alten Jahr Kohlen zu holen, mit meinem Streich einen Herzstillstand beschert. Ein paar Wohnungstüren gehen auf. Jemand meckert, ein paar Erwachsene lachen.

Später steht die Mutter in der Küche und fischt selbst gemachte Pfannkuchen aus der mittels Sieb und Kochtopf improvisierten Fritteuse. Im Fernsehen gibt es die Neujahrsansprache mit Willi Stoph. Die Balkontür wird geöffnet. Mutter setzt mir meine Russenschapka auf und ermahnt mich, vorsichtig zu sein. Eine meiner Knallraketen stecke ich mit dem Holzstab in das metallene Rohr, in dem an Feiertagen unsere DDR-Fahne flattert. Der Fahnenhalter ist in einem ungünstigen Winkel angebracht, so schießt meine Rakete unerwartet flach vom Balkon schräg über das Dach des gegenüberliegenden Hauses, wo die Nachbarschaft den von mir teuer bezahlten Knall vernehmen kann. Ich stürme in die Wohnung zurück, um meinen »Brillantwirbel« irgendwo zu befestigen. Mutter leiht mir unseren Schrubber, und ich hämmere mein Feuerchen an dessen Stiel. Helle weiße Funken fliegen in einem schönen Kreis um das verlängerte Ende meiner Hand, und für Augenblicke gehört mir die nachbarschaftliche Aufmerksamkeit. Mein Herz schlägt heftiger und weiter vor lauter Freude über so viel farbiges Feuerlicht.

Aus einem etwas entfernteren Wohnungsquadrat kann man kurz darauf einen dumpfen Donnerschlag hören, der wahrscheinlich von einem Armeeknallkörper D herrührt. Wer bei der Nationalen Volksarmee gedient hatte, klaute solche Dinger – das ist Ehrensache – und überrundet mit ihnen alles, was man an in den zurückliegenden drei Tagen in den Drogerien und Zeitungsläden hätte kaufen können. ■

Eine originäre DDR-Erfindung war das Wort »Plansilvester« – der Tag der statistischen Planerfüllung. Da knallten allerdings höchstens die Sektkorken, beziehungsweise man gönnte sich eine Extra-Runde Bier. Richtig geknallt wurde wie überall auf der Welt zu Silvester. Freunde selbstgebastelter Knallkörper gab es selbstverständlich auch in der DDR. Weit vorn lag, wer die »Grundstoffe« in den Magazinen der NVA abzweigen konnte.

März
Zum 10. Jahrestag der Verabschiedung des Gesetzes zur Wahrung der Rechte der sorbischen Bevölkerung eröffnet in Bautzen ein Museum für sorbisches Schrifttum.

Mai
Der DEFA-Film »Thomas Müntzer« nach Friedrich Wolf mit Wolf Kaiser und Martin Flörchinger hat Premiere.

Mai
Die Rationierung der Lebensmittel auf Karten wird aufgehoben; knappe Lebensmittel wie Butter und Fleisch sind weiterhin nur mit Kundenausweisen am Wohnort zu beziehen, Kartoffeln und Kohlen bis 1966 auf Karten.

Mai
Zwei Städteschnellverbindungen werden eingerichtet: nach Karlovy Vary fährt der »Karlex«, von Berlin über Warschau nach Brest der »Berolina«.

Juni
Das erste sozialistische Pressefest der Zeitung »Neues Deutschland« wird in der Berliner Karl-Marx-Allee gefeiert.

1958

Juli
Die Preise für Molkereiprodukte sowie Fleisch- und Wurstwaren aus Schwein werden gesenkt.

Juli
Die erste Internationale Ostseewoche wird in Rostock eröffnet und wirbt für eine Interessengemeinschaft aller Ostsee-anliegerstaaten. 1975 findet die letzte Ostseewoche statt.

Juli
Auf dem V. Parteitag der SED wird der »Sieg der sozialistischen Produktionsverhältnisse« als Hauptaufgabe festgelegt und der Beschluss gefasst, den Lebensstandard der Bundesrepublik bis 1961 zu überflügeln. Walter Ulbricht propagiert die »Zehn Gebote der sozialistischen Moral«.

Juli
Gerhard Klein dreht den DEFA-Kinderfilm »Die Geschichte vom armen Hassan« mit Ekkehard Schall in der Titelrolle.

Sicheln in Altsorgefeld

Im Jahr meiner Jugendweihe starb meine Omi. Noch auf dem Totenbett hatte sie glücklich verkündet, wie sehr sie sich freue, nun endlich in den Westen fahren zu können. Denn sie war gerade erst Rentnerin geworden. Sie wollte uns allen was mitbringen. Bei meinem letzten Besuch bei ihr im Krankenhaus hatte sie mich um Filinchen gebeten. Ich hatte sie nicht vorbeigebracht. So saß ich nun auf dem Hügel hinter meinem Haus. Ich trug ein türkisgefärbtes, von meiner Mutti aus einem Bettlaken genähtes Hängerkleidchen mit Trägern aus Baumwollspitze und hatte ein ziemlich schlechtes Gewissen. Während ich über den Tod und meine Unzuverlässigkeit nachdachte, betrachtete ich meine von der Ostseesonne gebräunten Arme und fand sie sehr schön. Ich fragte mich, ob sie wohl auch René aus meiner Klasse gefallen würden. Ich war in ihn verliebt, und am nächsten Tag sollte es mit der ganzen Klasse nach Altsorgefeld ins Lager für A und E, also ins Lager für Arbeit und Erholung, gehen. Diese Lager gingen im Allgemeinen vierzehn Tage und waren für Schüler ab der 9. Klasse gedacht. Der Gedanke war, Arbeit und Erholung sinnvoll miteinander zu kombinieren. Oft fanden die Arbeitseinsätze in der Landwirtschaft statt, bei der Ernte von Kartoffeln, Rüben oder Erdbeeren. Aber auch in der Forstwirtschaft wurden wir Jugendlichen eingesetzt. So war es auch bei uns. Wir kamen nach Altsorgefeld. Dort campierten wir mitten im Wald in einer kleinen Zeltstadt. Jeden Morgen mussten wir um 4 Uhr aufstehen. Dann ging es in den Wald. In einer Baumschule schnitten wir das Gras zwischen den kleinen Bäumen mit scharfen Sicheln ab. Die Arbeit ging bis eins. Danach wurde es unerträglich heiß, und wir konnten zurück in unsere Zeltstadt. Dort gab es einen Bungalow, der diente nun dem Erholungsteil. Im Häuschen befanden sich Tischtennisplatten. Hier lungerten wir zusammen mit den Jungs herum. Ich glaube, dort kam es zum ersten Kuss mit René. Die anderen Mädchen waren neidisch, denn alle standen auf René und wollten ihn auch küssen. Einmal gab es eine Disko. Jedes Mädchen suchte sich schnell einen Jungen zum engen Zusammentanzen. Leider gab es zu wenig Jungs. Aber ich hatte ja René.

Meine Schwester fuhr auch in ein Lager für A und E. Sie durfte sogar ins Ausland! Ich war ganz schön neidisch. Es ging für sie für vierzehn Tage nach Czestochowa in Polen. Im Zug trugen alle FDJ-Blusen, und meine Schwester und ihre Freundin hatten eine frische Dauerwelle. Deswegen waren sie extra in Cottbus beim Friseur gewesen. Als sie dort rauskamen, sahen sie trotzdem aus wie zwei Rentnerinnen.

In Polen angekommen, wurden sie in einem siebenstöckigen Hochhaus mitten in der Stadt untergebracht. Dort nächtigten Jugendliche aus der DDR und jede Menge polnische Jungs. Ihre Arbeit bestand im Entrosten von Maschendrahtzäunen und dem anschließenden Streichen. Jeden Morgen wurden sie auf einer fahrbaren Rostlaube auf ein Gelände außerhalb der Stadt gefahren. Die Arbeit ging bis drei. Danach war frohes Jugendleben angesagt. Der Lehrkörper war den überschäumenden Hormonen der Pubertierenden bald machtlos ausgeliefert. Nach einigen erfolglosen Versuchen, die Sache im Zaum zu halten, ließen sie den Dingen ihren Lauf. Die deutsch-polnische Freundschaft wurde vertieft. Es wurde gesoffen, geraucht und sogar der polnische Schwarzmarkt aufgesucht. Auf den Balkonbrüstungen wurden todesmutige akrobatische Einlagen erprobt. Zum Glück kam niemand zu Schaden. Aber es entstanden deutsch-polnische Freundschaften fürs Leben. ■

Ganz im Sinne der »polytechnischen Erziehung« ließ sich das Prinzip der Verbindung von Lernen und Arbeit auch auf die Frei- und Ferienzeit anwenden. Wer wollte, konnte ins »Lager für Arbeit und Erholung« fahren, die vielerorts während der Sommerferien veranstaltet wurden. Meist gab es sogar mehr Bewerber als Plätze. Schließlich war es eine günstige Gelegenheit, das Taschengeld aufzubessern, denn die Arbeit wurde bezahlt.

Juli
Das Dorf Mestlin veranstaltet das »1. Maisfest«.

Juli
Im Berliner Karl-Friedrich-Friesen-Stadion schwimmt Karin Beyer über 100 m Brust Weltrekord; der erste Weltrekord eines DDR-Schwimmers.

August
Der 78. Deutsche Katholikentag findet gleichzeitig in Ost- und West-Berlin statt.

September
Der »Polytechnische Unterrichtstag« mit Unterricht in der Produktion wird eingeführt.

September
Auf der Herbstmesse werden zwei neue Kunstfasern vorgestellt: Wollcrylon auf Kohle- und Kalkbasis und das für knitterfreie Textilien verwendete »Lanon« aus Erdöl. Auch der neue Kleinwagen »Trabant« vom VEB Sachsenring wird erstmals der Öffentlichkeit präsentiert.

September
Die Mahn- und Gedenkstätte Buchenwald mit der Gruppenplastik von Fritz Cremer auf dem Ettersberg bei Weimar wird eingeweiht.

Die Pille und andere Enthemmer

Bevor ich richtigen Sex hatte, nahm ich schon die Pille. Meine Mutti erklärte mir, dass die auch gegen Pickel hilft und gegen Regelschmerzen. Während unserer Mutter-Tochter-Gespräche, zeigte sie mir »Einlagen« und wo die »Yvette Intim« Waschlotion steht. Vati war da bestimmt im Garten oder Abwaschen. Mutti hatte Ahnung, und ihre Frauenärztin war dann auch meine – eine kräftige Frau mit zupackenden Händen.

Überhaupt sei die Pille gut, schade nicht und nütze nur, sagte auch mein Freund. Er war schon in der 10., sah im Halbdunkeln aus wie Pierre Cosso in »Cinderella '80« und hatte eine blau und gelb lackierte ETZ 125, sehr schick, sehr auffällig, und sie röhrte dazu. Manchmal fuhren wir einfach in den Sonnenuntergang, aber häufiger verbrannte ich mir beim Absteigen am verchromten Auspuff den nackten Unterschenkel. Stolz führte ich dann meine Brandwunden in den Hofpausen vor und erklärte ausführlich deren Herkunft.

Während des Unterrichts lernten wir, wie man Kinder macht und – sehr wichtig – sie zu verhüten. Wir lernten auch, wie man sich selbst verwirklicht, nach sozialistischen Werten. Die Darstellungen zur Anatomie der Geschlechtsorgane eines normgerechten DDR-Bürgers waren simpel, die Texte eingängig und das Wissen überschaubar, wie alles in der DDR. Man sagte im öffentlichen Sprachgebrauch Scheide und Penis und im Privaten Muschi und Pullermann und kannte alles in natura und aus nächster Nähe, eben vom FKK, aus der Umkleide, der Funzel und aus dem Magazin. Scham war selten, Nacktheit und Zoten alltäglich, wir waren eben aufgeklärt. Aber von der Liebe wusste ich nichts, auch nicht um deren Fehlschläge. Vor dem Probieren in der Liebe hatte ich keine Angst. Der Pille und dem Kinderbuch Verlag Berlin haben wir Schlüsselkinder die sexuelle Freiheit zu verdanken. Außerdem wusste ich, dass man es immer jemandem sagen kann, wenn einem

1958

Oktober
Der Thüringer Zoopark auf dem Roten Berg in Erfurt, hauptsächlich in freiwilligen Aufbauschichten des Nationalen Aufbauwerks errichtet, öffnet seine Pforten.

Oktober
Die erste zentrale »Messe der Meister von Morgen« wird in Leipzig eröffnet.

Oktober
Es ergeht die »Richtlinie zur polytechnischen Bildung« unter dem Motto: »Den Meißel im Ranzen«.

Oktober
Fritz Cremer und Lea Grundig erhalten den Nationalpreis der DDR.

Oktober
Noch ohne Sandmännchen ist der erste Abendgruß im Fernsehen zu sehen.

etwas Schlimmes passiert, den Eltern, dem Pionierleiter oder dem FDJ-Sekretär; dachte aber eigentlich, die wüssten sowieso alles und würden es schon irgendwie verhindern.

So wirklich schlimme Sachen gab es bei uns auch nicht. Weder zu Hause noch in der Schule. Einmal munkelte man, eine aus der 10. wäre schwanger, aber sie war es dann irgendwie doch nicht. Später erfuhr ich, dass Abtreibungen auch umsonst waren. Darüber redete aber niemand gern. Meine Eltern nie. Beide arbeiteten in Schichten. Meine Mutter im staatlichen Wochenheim, mein Vater im Schwermaschinenbau, dem Thälmannwerk. Die Hausarbeit teilten sich beide, Vater das Grobe, Mutter die Feinheiten. Vater lebte und arbeitete mit einem weißen Unterhemd, Mutti im pastellfarbenen Baumwollkittel, manchmal auch aus geblümtem Dederon. Zwischen Vatis Aufbruch in die Spätschicht und Muttis Ende der Frühschicht lagen fast genau zwei Stunden Langeweile. In denen stöberte ich am liebsten in Schränken, auch ganz oben und ganz hinten. Kein Weihnachtsgeschenk war vor mir sicher. Und kein Buch öde genug, um nicht durchblättert zu werden. Trotzdem glaubte ich jedem »Geheimtipp« unter Pickelgesichtigen, schmierte mir Perlodont auf die Stirn und fönte die weiße Schicht trocken.

Ich glaube, meine Eltern wussten von meinen Hobbys, also mindestens vom Lesen der Bücher aus der elterlichen Minibibliothek. Irgendwann – das war kein Zufall – fand ich ein buntes, schmales Buch: »Denkst du schon an Liebe?« Nun war die Liebe kein Geheimnis mehr, dachte ich. Mit der Pille war ich auf der sicheren Seite und mit Mondos konnte er umgehen, hoffte ich. Ich begriff noch nicht, dass es dabei auch irgendwie um mich gehen würde. Wir machten es dann im Schlafsack beim Lagerfeuer am Baggersee. Und nun müsse ich auch beim ihm bleiben, weil er mich entjungfert hatte. Ich fand das sehr romantisch. Den ersten Mann vergisst keine Frau, aber ich wusste da noch nicht, dass ich nun auch eine war. Von sozialer Bedingtheit sexueller Beglückung wusste mein Freund nichts. Und mir war »die vollzogene Gleichberechtigung von Mann und Frau in unserer sozialistischen Gesellschaft« immer noch ein Rätsel: An der Werkbank: ja – aber im Bett? Warum sollte ich dann bitte immer unten liegen?

Ich schlief mit ihm, da war ich noch ein Thälmannpionier. Aber eben dank DDR-Aufklärungslektüre nicht, weil er es so wollte, sondern um ihm meine Liebe zu beweisen. Geliebt zu werden war auch in der Polytechnischen Oberschule Herman Danz das Wichtigste für Mädchen, und Sex war eben die Lösung. Gegen alle sonstigen Risiken gab es ja die Pille. Verhindern konnte meine sexuellen Experimente weder die FDJ noch meine Eltern, aber niemand musste sich mehr Sorgen machen, von denen ich noch nicht wusste, dass es sie überhaupt gab. ■

Drei Unterschiede: Im Westen sprach man von der »Anti-Baby-Pille«, im Osten von der »Wunschkindpille«. Im Westen ging die Geburtenrate nach Einführung der Pille zurück, im Osten blieb der »Pillenknick« aus. Im Osten wurde die Pille kostenlos verschrieben. Der Erfinder der DDR-Pille, Prof. Karl-Heinz Mehlan, plante auch die Aufstellung von Kondomautomaten in den Schulen, biss mit dieser Idee allerdings bei Volksbildungsministerin Margot Honecker auf Granit.

November
Der DEFA-Film »Das Lied der Matrosen« mit Hilmar Thate, Stefan Lisewski und Ulrich Thein hat Premiere.

November
Im ersten Berlin-Ultimatum kündigt die Sowjetunion das Besatzungsstatut für Groß-Berlin auf und fordert eine entmilitarisierte Freie Stadt West-Berlin innerhalb von sechs Monaten. Im Fall der Nichterfüllung würden die sowjetischen Berlin-Rechte an die DDR übertragen werden.

November
Die Zentrale Chemiekonferenz in Bitterfeld fasst den Beschluss, die Chemieproduktion zu verdoppeln. Motto: »Chemie gibt Brot, Wohlstand und Schönheit.«

November
Die Eisenbahnstrecke Halle-Leipzig, die 1946 demontiert worden war, ist elektrifiziert.

November
Bei den Wahlen zur Volkskammer und zu den Bezirkstagen erhalten die Einheitslisten 99,87 Prozent der Stimmen.

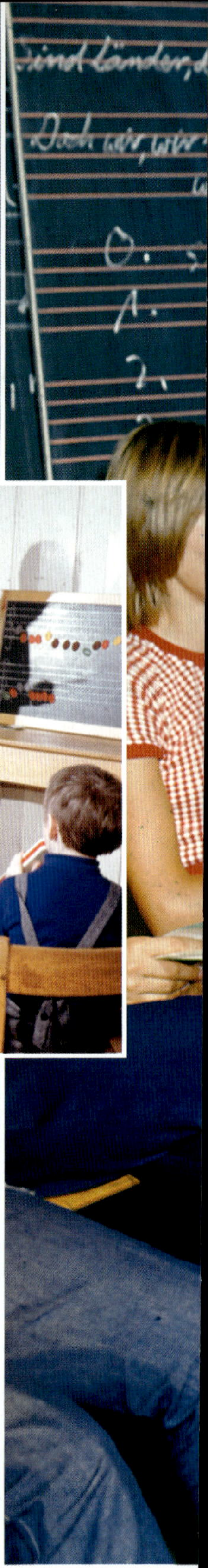

1959

Januar
Gründung der ersten sozialistischen Militärakademie in Dresden, »Friedrich Engels«.

Januar
Zentrale Bäuerinnenkonferenz in Erfurt.

Januar
Die Sowjetunion verzichtet auf die Erstattung der Stationierungskosten ihrer Truppen in der DDR.

Januar
Die Umgestaltung des Schulwesens wird beschlossen: Die zehnklassige allgemeinbildende polytechnische Oberschule soll die achtklassige Grundschule als obligatorische Schulform bis 1964 ablösen. Beschlossen wird auch: Alle Angestellten der Partei sollen einen Monat im Jahr körperlich arbeiten.

Januar
Tanzmusikkonferenz in Lauchhammer: Der »Lipsi« wird gegen den Rock'n'Roll ins Rennen geschickt.

Januar
Filmpremiere »Die Elenden« nach Victor Hugo, Co-Produktion mit Frankreich und Italien.

Februar
Aus Anlass des 200. Todestages des Komponisten wird in seiner Geburtsstadt das Händel-Jahr eröffnet.

März
Auf einem authentischen Schmuggel-Fall mit optischen Geräten basiert der DEFA-Film »Ware für Katalonien«.

Januar
Die Jugendbrigade »Nikolai Mamai« im VEB Elektro-Kombinat Bitterfeld kämpft unter der Losung »Sozialistisch arbeiten, lernen, leben« als Erste um den Titel »Brigade der sozialistischen Arbeit«.

Februar
Die Aktion »6000 FDJler werden Lehrer« startet. Das Ziel ist am 28.2. erreicht.

März
Der Ausbau des Zentralflughafens Berlin-Schönefeld wird der FDJ als Jugendobjekt übergeben.

1959

März
Der sowjetische Parteichef Nikita Chruschtschow nimmt das »Berlin-Ultimatum« zurück, mit dem er den Abzug der Alliierten aus Westberlin erzwingen wollte.

März
600 Lehrer aus beiden deutschen Staaten treffen sich in Eisenach zu einer Pädagogentagung.

26. März
Der Ministerrat beschließt die Bildung von Betrieben mit staatlicher Beteiligung.

März
Ein Fernseh-Experiment, das Kinderkabarett »Blaue Blitze«, startet. Mit dabei: Pionier Carmen-Maja Antoni.

April
Ein neuer DEFA-Märchenfilm kommt in die Kinos: »Das Feuerzeug« mit Rolf Ludwig.

Wie ich mit einem Mähdrescher kämpfte

Bis zur siebenten Klasse hatten wir Werkunterricht in der Schule. Dort feilten wir Kerzenständer, sägten Schlüsselbretter oder bauten Sachen mit dem Stabilbaukasten. Der Werkraum befand sich im Keller gleich neben der Essensausgabe, und es roch die ganze Zeit lecker nach Schulspeisung. Im Werkraum stand jedem Schüler eine eigene Werkbank mit Schraubstock und allem Pipapo zur Verfügung. Werken hatten wir alle zwei Wochen, immer eine Doppelstunde. Ich war handwerklich uninteressiert und untalentiert und bekam nichts richtig hin. Stundenlang feilte und hämmerte ich an besagtem Kerzenständer herum. Aber es wurde keiner.

Wirklich deprimierend wurde es für mich dann in der 7. Klasse. Wir bekamen neue Fächer: Produktive Arbeit, Einführung in die sozialistische Produktion und Technisches Zeichnen, also PA, ESP und TZ. Während ESP und TZ in der Schule stattfanden, mussten ich und meine Klassenkameraden alle zwei Wochen für vier Stunden einen Blaumann anziehen, und es ging ans Ende des Städtchens in den KfL, den Kreisbetrieb für Landtechnik. Auf dem Hof roch es nach Benzin und Schmieröl. Große Hallen waren mit angsteinflößenden Traktoren und riesigen Mähdreschern gefüllt. Anfänglich waren wir noch in einem Lehrkabinett tätig, einer eigens für uns Schüler hergerichteten kleinen Werkstatt. Dort führten wir verschiedene Arbeiten durch, zum Beispiel entrosteten wir Maschinenteile und strichen sie dann an. Das war auszuhalten.

Schon beängstigender war es für mich, an einem großen elektrischen Bohrer zu stehen, den ich herunterdrücken musste, um Löcher in Metallplatten zu bohren. Dabei durfte ich nicht vergessen, den Bohrer ständig mit einer weißen Flüssigkeit zu wässern. Mehr als einmal drehte der Bohrer bei mir durch, weil ich die Platte aus lauter Angst einfach losgelassen hatte.

Bald mussten wir unseren Rundgang durch die Maschinenhallen antreten. Ich kam in eine Halle mit Mähdreschern. Oben lief eine Laufkatze mit Maschinenteilen hin und her. Überall wurde geschraubt und gehämmert. Ich bekam einen Platz unter dem Mähdrescher zugewiesen. Dort sollte ich riesige Schrauben abdrehen. Man drückte mir einen übermächtigen Schlüssel in die Hand. Ich konnte ihn kaum halten, geschweige denn an der entsprechenden Schraube ansetzen. Ich gab mir die vier Stunden lang redlich Mühe. Nicht eine einzige Schraube konnte ich entfernen! Das schien allerdings auch niemanden zu interessieren. Hauptsache war wohl, ich tat so, als ob ich beschäftigt wäre. So drehte ich imaginär an der Riesenschraube herum und kam dabei sogar richtig ins Schwitzen.

Im nächsten Schuljahr wurde unsere Klasse im PA-Unterricht aufgeteilt. Ob meine Unfähigkeit Schrauben zu lösen und Löcher zu bohren eine Rolle spielte, weiß ich nicht, aber ich kam mit drei anderen Mitschülern in eine Gärtnerei. Dort wirtschaftete ich auf großen Tomatenfeldern und zwischen grünen Gurken. Einmal war ich in einem Gewächshaus voller weißer Nelken. Sie waren alle verblüht, und ich sollte die Pflanzen ausreißen. Dabei fand ich zahlreiche Stiele, die noch Knospen trugen. Ich nahm sie alle mit nach Hause. Während es im März überall nur Crysanthemen und Alpenveilchen zu kaufen gab, hatten wir zwei Wochen später einen Strauß schönster Nelken. ■

Im Schuljahr 1958/59 wurde das neue Schulfach »Einführung in die sozialistische Produktion in Industrie und Landwirtschaft«, kurz ESP, eingeführt, verbunden mit einem »Unterrichtstag in der Produktion«. Damit wurde der polytechnische Charakter des Schulsystems untermauert. Schüler ab der siebten Klasse gingen nun einmal in der Woche in Industrie- oder Landwirtschaftsbetriebe.

April
Im Kombinat »Schwarze Pumpe« beginnt die Produktion von Braunkohlebriketts, und der erste Strom wird ans Netz gegeben.

Mai
In Berlin-Treptow wird ein Planetarium der Firma Zeiss/Jena eröffnet.

Juni
Die ersten Arbeiterfestspiele finden im Bezirk Halle statt.

Juni
Die Volkskammer verabschiedet das Gesetz über die Landwirtschaftlichen Produktionsgenossenschaften, das die endgültige Kollektivierung der Landwirtschaft einleitet.

Juli
Das auf der Rostocker Neptun-Werft erbaute 7000-t-Fährschiff »Saßnitz« wird auf der Linie Warnemünde-Gedser als erste Eisenbahnfähre der DDR in Dienst gestellt, wo es bis 1986 fährt.

Zwischen Hormonen und Hochkultur

Das ist nun mal das Recht der Jugend!, sagen Leute resigniert, wenn Mädel oder Buben Unsinn respektive Schabernack treiben. Die ostzonalen Kinder und Jugendlichen hatten außerdem diverse andere Rechte, wie in keinem anderen Land. Hinter den »Grundrechten der Jugend« lauerte natürlich kommunistische Heimtücke (sie waren z.B. SEDseitig lediglich »gewährt« und nicht etwa einklagbar). An Anrechten hatte die Jugend aber nur eines – das Kinder- und Jugendanrecht. Auch viele Erwachsene hatten ein Anrecht. Man kann sagen: Wenn es auch an rechtsförmigen Rechten mangelte – die DDR war ein An-Rechtsstaat.

Sie gab den Massen das Anrecht, Bühnenkunst in Echtzeit zu erleben, »life« sozusagen. Damit waren nicht Parteitage und Pressfestestraden gemeint, sondern das Theaterschaffen der staatlich angestellten, praktisch unkündbaren Theaterschaffenden. Die Erwachsenen abonnierten ein Theateranrecht, und zwar aus demselben Grund, aus dem sie millionenfach gleichgeschaltete kommunistische Presseerzeugnisse, wie den »Eulenspiegel«, abonnierten: weil sie beliebt und immer ausverkauft waren. Manche Leute, denen »die gebildete Nation« oder später die »allseitig gebildete sozialistische Persönlichkeit« in Fleisch und Blut übergegangen war, hatten sogar mehrere Anrechte – für Dramatik, für Ballett, für die Oper, für die Operette, fürs Konzert. Nur auf Kabarett war kein Anrecht zu bekommen.

1959

August
Premiere des Freilicht-Massenspektakels »Klaus Störtebeker« mit 1200 Berufs- und Laienschauspielern in Ralswiek/Rügen.

August
In Genf scheitert endgültig eine Vier-Mächte-Konferenz, die über die politische Zukunft Deutschlands entscheiden sollte.

August
Start der Fernsehkrimi-Reihe »Blaulicht« mit Bruno Carstens, Alexander Papendiek und Horst Torka als Ermittler.

September
Erste Fernsehsendung »Zu Besuch bei Prof. Dr. Dr. Dathe«.

Die meisten Anrechte, gemessen an der Einwohnerzahl, hatten die Dresdner mit ihren Ausläufern nach Pirna und Meißen, woraus sich ihr bis heute anhaltender Kulturdünkel speiste. Konservativ geschätzt war fast jeder Theaterbesucher ein Abonnent. Die Karten im Abo waren so wohlfeil, dass man sich, wie in einer Überflussgesellschaft, noch am Abend, wenn man sich vor dem Schlafzimmerspiegel »theaterfein« machte, entscheiden konnte, die Karten verfallen zu lassen und statt dessen »Ein Kessel Buntes« aus der Schrankwand zu gucken. Nicht hin ins Stadttheater ging man gern, wenn sogenannte Produktionsstücke gegeben wurden, wie »Golden glänzt der Stahl« oder die furchtbar gebrüllten Werke von Heiner Müller, die nur wenn sie verboten waren Erfolge wurden. Das Anrecht war nämlich vom Theater-Intendanten vorsorglich gemischt worden, folglich war es ein »gemischtes Anrecht«. Eine logistische Meisterleistung der Intendanz: Goethe, Rudi Strahl, Franz Lehár, ein sowjetisches Stück und Schwanensee – von allem sollte dabei sein, und man nahm, was kam. Ein wirklich freier Mensch würde sich natürlich niemals sein Anrecht mischen lassen, woran man mal wieder sieht, wie die Diktatur selbst das Anrechtsleben vergiftet hat.

Unter anderem mit den Anrechtbillets subventionierte die Diktatur die Theater. Das war natürlich ein perfides Verbrechen an den Künstlern und an ihrem Publikum, das in seiner ganzen Dimension noch der Aufklärung harrt. Als dessen Folge entstand die quantitativ und qualitativ reichste Theater- und Musiktheater-»Landschaft« Europas, wahrscheinlich der Welt. Diese perverse Entwicklung ist aber längst überwunden.

Manche Leute erwarben ihr Anrecht nicht vollständig freiwillig, sondern unter sanftem Druck. Dabei handelte es sich um Kollektivanrechte: Alle gehen – und du? Oder: Wenn du nicht mit ins Theater gehst, können wir nichts ins Brigadetagebuch schreiben, wenn wir nichts dahinein schreiben, sind wir keine allseitig gebildeten Persönlichkeiten und solche gewinnen nicht den Wanderwimpel der Gewerkschaft und auch nicht die Prämie und können sich ergo zu Plansilvester nicht im Sportlerheim besaufen. Und das nur, weil du »Die Räuber« fürchtest? »

Kindertheateraufführung in Altenburg.

September
»Blitz kontra Knollenschreck« – die FDJ startet eine Aktion zur Kartoffelernte.

September
Erste Sendung von »Herzklopfen kostenlos«. Bis 1973 stellt Heinz Quermann im Rostocker »National Café« junge Talente vor.

September
Die Sowjetunion landet mit »Lunik 2« den ersten Flugkörper auf dem Mond.

September
Erste Kinderfernsehen-Sendung mit Professor Flimmrich, mit bürgerlichem Namen Walter E. Fuß.

Oktober
Die Volkskammer ändert die Staatsflagge. Das Staatswappen – Hammer, Zirkel und Ährenkranz – wird nun auch auf der Flagge geführt.

Auf der Bühne im Schweriner Burggraben, findet 1963 ein Fest junger Talente statt.

» Wer dann nicht mitmachte, dem blieb bekanntlich nur das Arbeitslager bei Bitterfeld.

Das Jugendanrecht war ein Grenzübertritt in die Welt der Erwachsenen (ansonsten war die Grenze natürlich dicht). Für jüngere Jugendliche fand die Vorstellung am späten Nachmittag, für fast erwachsene schon am Abend statt. Für diese Fälle hatten die Mütter Bekleidung angeschafft, in denen ihre Kinder wie sonderbar klein und dünn gebliebene vollwertige Mitglieder der Gesellschaft aussahen, wie ihre Mütter und Väter. Die Jungen trugen dünne Schlipse zu JuMo-Jacken. Die Mädchen raschelten mit Dederon (das DDR-eigene Perlon) und Seide,

1959

Oktober
Die Rappbodetalsperre wird nach siebenjähriger Bauzeit fertiggestellt.

Oktober
Der bisher geltende Fünfjahrplan wird rückwirkend durch den Siebenjahrplan zu Anfang 1959 ersetzt. Er enthält erstmals ein Wohnungsbauprogramm – bis 1965 jedem eine Wohnung!

Oktober
Im Berliner Pergamon-Museum wird der Saal mit dem Altarfries, der während des Kriegs ausgelagert wurde, wiedereröffnet.

Oktober
Zum Jahrestag der DDR wird erstmals der Titel »Brigade der sozialistischen Arbeit« verliehen.

Oktober
Beginn des Baus des Wärmekraftwerks in Vetschau.

für die Jungs war es elektrisierend, es rascheln zu hören und im schweren Duft der Platznachbarinnen zu baden. In der Pause rannten alle vor die Tür, die Mädchen schaukelten mit der Handtasche und die Jungen versteckten eine Zigarette in der hohlen Hand. Es wurde »Timur und sein Trupp gegeben« (sowjetisches Selbsthelfertum) oder »Frühlingserwachen« von Wedekind (am Schicksal der Wendla konnte man sehen, wie schnell die Männer bei der Sache sind, wenn ein Mädchen sich leichtfertig umdreht) oder »Der Vetter aus Dingsda«. Das Kinder- und Jugendanrecht war vor allem ein erotisches Bildungserlebnis, denn es ging auf der Bühne – ganz anders als im Literaturunterricht – fast immer um das Eine. Manchmal trat der Intendant zwischen zwei Bildern vor den Vorhang (oder er schickte einen Dramaturgen) und sagte etwa in »Andorra«: Jetzt kommt eine sogenannte Stelle, ihr wisst schon, was ich meine. Und wenn ich auch nur einen dreckig lachen höre oder eine schmutzige Bemerkung, dann machen wir hell und in zwei Minuten seid ihr alle draußen und müsst zu Hause erklären, warum das Theater schon zu Ende ist.

Damit man auch etwas lernte, gab es Theaterpädagogen. Sie ordneten die Stücke in den gesetzmäßigen Gang der Geschichte ein und baten einen verschwitzten Darsteller, zumeist den sehnigen jugendlichen Helden, herbei. Der lümmelte mit aufgerissenem Bühnenhemd auf der Foyertreppe, die Mädchen schenkten ihm glühende Blicke.

Einmal im Schülerleben reiste die Klasse nach Weimar, um den großartigen »Faust« nebst dem Gretchen zu genießen und das KZ auf dem Ettersberg zu besuchen.

All dies zusammen – das Jugendanrecht, der »Faust«, das KZ – aber auch die Pausenmilch, der »Goldene Rodel« und die Flaschensammlungen an den Türen der Arbeiterwohnungen hat aus Kindern Leute gemacht, sonderbare Leute, die Bücher wie dieses in die Hand nehmen … ■

November
Von nun an immer wieder: 15minutige Filme mit Jiří Vrštála in »Clown Ferdinands Abenteuer«, einer Gemeinschaftsproduktion mit dem tschechischen Fernsehen.

Dezember
Abkommen über den Bau einer Erdölleitung vom sowjetischen Wolga-Ural-Gebiet nach Schwedt.

Oktober
Das letzte Pferdefuhrwerk der Berliner Müllabfuhr wird verabschiedet.

November
Erstmals erscheint um 18.50 Uhr das »Sandmännchen« im Abendgruß.

Dezember
Stapellauf des ersten 9500-t-Kohle Erzfrachters auf der Warnowwerft Warnemünde.

Mein Leben in der Wilhelm-Pieck-Straße

Ja schiwu na ulize wilem ma piecka, sagte ich im Russischunterricht und meinte damit, dass ich in der Wilhelm-Pieck-Straße wohnte. Diese befand sich am äußersten Rand des kleinen niederlausitzer Städtchens, in dem ich mit meiner Familie lebte. Unsere Wohnung lag in einem Neubaugebiet mit ca. zehn vierstöckigen Wohnblöcken. Zu meiner Freude wohnte ein großer Teil meiner Mitschüler hier. In der Mitte des Carrés standen drei Blöcke, außen herum im Viereck waren die anderen angeordnet. Ganz hinten wohnten die Berufsoffiziere der NVA mit ihren Familien. Zu allen DDR-Feiertagen wurde ordentlich geflaggt. Wenn jemand seine Fahne nicht raushängte, dann fiel das auf, und man sprach darüber. Die äußeren Blöcke waren durch die Keller miteinander verbunden. Diese sogenannten Kellerdurchgänge waren einer der Lieblingsorte von uns Kindern. Es war einfach herrlich, dort hindurch zu toben. Von einem Haus ins andere. Rums fielen die Türen ins Schloss. Und wir bekamen Ärger mit den älteren Mitbürgern. Manchmal waren dann die Türen verschlossen. Zum Glück gingen aber alle Türen mit einem Einheitsschlüssel zu öffnen, und den konnten wir uns immer irgendwie besorgen. Die älteren Mitbürger holten wir uns dann mit gezielter Timurhilfe wieder auf unsere Seite. Wir schleppten ihre Einkäufe nach oben oder trugen den Müll runter. Obwohl ja Timurhilfe umsonst sein sollte, steckten sie uns immer etwas Geld zu.

Ein anderer guter Spielort waren die Dachböden, die ebenfalls alle miteinander verbunden waren. Auf denen lagerte allerlei herrliches Gerümpel, das, was die Leute nicht in ihren kleinen Neubauwohnungen untergekriegt hatten. Denn die einzigen großen Wohnungen waren die Wohnungen über den Durchgängen. Da wohnten wir. Wir drei Kinder hatten zwei riesige Zimmer zur Verfügung. Sie befanden sich allerdings über dem zugigen, unisolierten Durchgang. Was zur Folge hatte, dass es im

1960

Januar
Zirkus Barlay und Zirkus Busch werden zum VEB Zentralzirkus, 1961 kommt Zirkus Aeros hinzu.

Januar
Walter Ulbricht schreibt an Konrad Adenauer, in ganz Deutschland Volksabstimmung über Abrüstung, Friedensvertrag und deutsche Konföderation durchzuführen. Das Schreiben kommt ungeöffnet zurück.

Februar
Erster Volkssporttag in der DDR.

Februar
Die Volkskammer beschließt das Gesetz über die Bildung des »Nationalen Verteidigungsrates«, Vorsitzender wird Walter Ulbricht.

Februar
Die »Gesellschaft zur Förderung des Olympischen Gedankens« wird gegründet. Präsident ist Manfred von Brauchitsch

Winter so kalt wurde, dass sich auf dem Fußboden Eis bildete. Ich erinnere mich, dass wir manchmal im Zimmer darauf herumgeschlittert sind. Aber der Durchgang hatte auch Vorteile. Er war einer meiner liebsten Spielorte, besonders dann, wenn Sturm war. Den ganzen Tag freute ich mich schon darauf, mich in den Durchgang auf den Wind zu legen. Da stand ich dann hingerissen mit ausgebreiteten Armen und flatterndem Anorak und genoss die Kräfte der Natur, die sich hier so wunderbar ballten. Einmal gab es einen so schlimmen Sturm, dass eine große Pappel hinter dem Haus mitsamt Wurzel einfach umfiel. Wegen der Pappel wurde eine Hausgemeinschaftsversammlung einberufen. Die fanden in der Waschküche im Keller statt. Herr Wunderlich übernahm das Kommando. Er mobilisierte alle Männer des Wohngebietes. Sie stützten die Pappel mit Balken ab und banden sie am Geländer der Müllecke fest. So wuchs sie wieder an.

An der Waschküche hing ein Buch. Die Mitglieder der Hausgemeinschaft konnten sich darin für ihren Waschtag eintragen. An so einem Waschtag wurden die weißen Stücke und die Handtücher in einem gasbetriebenen Kessel gekocht. Es gab auch eine kleine Waschmaschine, die aber die Wäsche nur so ein bisschen hin und her bewegte. Danach wurde alles mit den Händen geschrubbt und in verschiedenen Blechwannen eingelegt, gespült und ausgewrungen.

Dort, in der Waschküche, wurden außer dem Waschen und den Versammlungen auch viele Feste gefeiert. Dann versammelte sich das gesamte Haus – vom Schuldirektor über die Köchin und den Alkoholiker – und feierte und debattierte zusammen. Es wurden Arbeitseinsätze zur Pflege des Vorgartens besprochen und Geld für Geburtstagsgeschenke eingesammelt. Alle waren per Du, und zu Geburtstagen, Jugendweihen, Hochzeiten und Beerdigungen besuchten wir uns gegenseitig.

In unserem Haus wohnte oben zum Beispiel eine Arztfamilie mit vier Kindern, darunter ein Zahnarzt, der inzwischen geschieden war und im hinteren Durchgangszimmer getrennt von seiner Familie wohnte. Er hatte damals das einzige Auto im Haus. Als ich mal im Flur stürzte und ein Loch im Kopf hatte, fuhr er mich ins Krankenhaus. Darunter wohnten wir.

Herr Schulze wohnte mit seiner Familie oben rechts. Er soff und verbrachte seine Abende in der Eckkneipe unten in der Stadt. Zu den Versammlungen und Festen der Hausgemeinschaft ist er immer gekommen. Hat sich fein gemacht und an diesen Abenden nichts getrunken.

Sehr gern war ich bei Frau Anders, die im ersten Stock lebte. Sie war alleinstehend und hatte keine Kinder. Dafür war sie immer lustig. Wenn wir über ihrem Wohnzimmer Fernsehen guckten, hörten wir sie oft laut lachen. Uns war klar, dass sie nicht DDR-Fernsehen schaute, sonst hätten wir ja auch lachen müssen. ■

Februar
Ein schweres Grubenunglück fordert in der Steinkohlenzeche »Karl Marx« in Zwickau 123 Tote.

Februar
Das FDGB-Urlauberschiff »Völkerfreundschaft« geht auf seine erste Reise.

Februar
»Der schweigende Stern«, ein Science-Fiction-Film nach einer Vorlage von Stanislaw Lem, hat Premiere.

Februar
An den Olympischen Winterspielen in Squaw Valley/USA nehmen 35 DDR-Sportler im Rahmen einer gesamtdeutschen Mannschaft teil. Gold für Helmut Recknagel und Gold und Silber für Helga Haase im Eisschnelllauf.

März
Die erste volkseigene Großhandelsgesellschaft wird gebildet, die HO, Konsum und private Händler mit Gemüse und Obst versorgen soll.

Jeans an der Penne

Zugegeben, wenn alle Jeans trugen, war das uniformer als jede Uniform. Doch die Gefahr war vergleichsweise gering: In den späten 60er Jahren liefen mehr Eisenbahner, Volkspolizisten, NVA- und Sowjetsoldaten durch unsere Kreisstadt als Jeansträger. Das kam daher, dass es hierzulande zwar volkseigene Uniformschneidereien gab, aber keine, die sich auf jenes blaue Beinkleid kaprizierten, welches ein jüdischer Goldgräber namens Löb Strauß erfand. Die Entstehungsgeschichte der Hose lieferte allerdings eine Begründung für ihre Ablehnung. Sie sei schließlich Arbeitskleidung. Das wäre wohl kaum die geeignete Gewandung für die Erweiterte Oberschule und angehende Abiturienten.

Tatsächlich war Strauß aus Oberfranken mit etlichen Geschwistern Mitte des 19. Jahrhunderts ausgewandert und hatte sich als amerikanischer Staatsbürger namens Levi Strauss den Goldgräbern in San Francisco angeschlossen. Diese benötigten strapazierfähige Hosen, die er zunächst aus Zeltplanen fertigte. Später stieg er auf Denim, einem Baumwollstoff, um, den er

1960

März
Lieferung des ersten Stroms durch das Großkraftwerk »Artur Becker« in Trattendorf.

März
Die Ausstellung »Frauenschaffen und Frauengestalten in der bildenden Kunst« in Berlin eröffnet.

März
Erste Sendung »Der schwarze Kanal« mit Karl-Eduard von Schnitzler.

April
Zum 15. Jahrestag des Aufstandes in Buchenwald wird der Fernsehfilm »Nackt unter Wölfen« nach dem Roman von Bruno Apitz gezeigt.

April
Im ersten fertiggestellten Bauabschnitt des Rostocker Hafens legt der erste Frachter an.

mit Indigo blau färbte. Allerdings rissen ständig die Taschen aus, weshalb man auf die Idee verfiel, diese mit Nieten, wie man sie bei Pferdegeschirren verwandte, an der Hose festzutackern. Das tat man nun schon seit über hundert Jahren, weshalb die Jeans nicht Jeans, sondern in der DDR Niethose hieß. Möglicherweise auch, um den Träger eines solchen Beinkleids zu einer Niete erklären zu können.

Denn der Grund, weshalb man in der DDR Jeans nicht mochte, war weniger ihrer proletarischen, sondern mehr ihrer geografischen Herkunft geschuldet, zumal diese auch ideologisch aufgeladen war. Levi's gehörte wie Coca Cola oder McDonald's zu den Ikonen des imperialistischen Way of Life und musste schon deshalb abgelehnt werden. Aber auch das lieferte nur die politische Begründung für ein zutiefst wirtschaftliches Problem, womit Karl Marx wieder einmal Recht bekam: Letzten Ende löst sich alles in Ökonomie auf. Die außenpolitische Isolierung der DDR dank Bonner Alleinvertretungsanspruch und Hallstein-Doktrin verhinderte nämlich, dass unsere Außenhändler auf dem Weltmarkt jene langfaserige Baumwolle kaufen konnten, die zur Herstellung des schweren Denim-Stoffes benötigt wurde. Die kurzfaserige aus Kasachstan hingegen taugte allenfalls für Feinripp-Unterwäsche. That's the point, wie Mr. Karl-Heinz Lange, unser Englisch-Lehrer an der Penne, in solchen Fällen zu sagen pflegte.

Dennoch kamen genügend Jeans mit der Post ins Land. Und obgleich alle Westpakete vorschriftsmäßig die Aufschrift trugen »Geschenksendung – keine Handelsware«, florierte der Handel mit den Levis' und Wranglers. Sie waren gefragt wie sonst nichts. Insofern hatte der Direx durchaus Recht, dass das Tragen von Niethosen Ausdruck einer Weltanschauung wäre. Natürlich. Aber nicht in dem von ihm gemeinten Sinne. Wir hatten mit den Amis, die Vietnam in die Steinzeit zurückbomben wollten, sowenig am Hut wie mit den prügelnden Polizisten in Westberlin, die protestierende Studenten auseinandertrieben. Deren Parteigänger aber würden wir nach Lesart unserer Lehrer werden, schlüpften wir in solche Niethosen. Nein, die Weltanschauung, die wir damit verbanden, war ganz anderer Natur. Es war das Ungezwungene, Unkonventionelle, was wir daran schätzten: Mochten andere gebügelte Stoffhosen tragen, vielleicht noch mit Jackett und Krawatte – wir trugen ungebügelte Jeans, mit denen wir zuvor in die Badewanne gestiegen waren, damit sie jene Passform bekamen, welche jede uniforme Hose zu einem Unikat machte.

Der Direx pflegte am Morgen neben dem Schulportal zu stehen und eine unauffällige Musterung vorzunehmen. Hatte jemand sein Verdikt ignoriert, musste er auf der Stelle nach Hause eilen und sich eine »ordentliche Hose« anziehen. Da störte es nicht, wenn er die erste Stunde versäumte. Ordnung musste sein. Und deshalb gab es auch einen Eintrag ins Klassenbuch.

Jahre später gab's in der JUMO, den Jugendmodegeschäften, Jeans aus eigener Produktion. Die trugen den Namen WISENT.

Waren das nicht amerikanische Büffel? ■

Boxer, Wisent, Shanty, Bison, Goldfuchs, College, Kanada – bei der Namensgebung für die einheimische Jeans-Produktion bewies die volkseigene Bekleidungsindustrie Phantasie. Aber das half nicht darüber hinweg, dass es eben keine »echten« Jeans waren. Es sollte schon eine Levi's sein, eine Wrangler ging auch noch. Fleißige vietnamesische Vertragsarbeiterinnen entdeckten die Marktlücke und boten in den Achtzigern »maßgeschneiderte« Jeans an.

April
Auf Anordnung des Ministerrats wird auf Landkarten der Begriff »Deutschland« nicht mehr verwendet.

Mai
Baubeginn des Chemiefaserwerks in Guben.

Mai
Die rekonstruierte Neue Wache Unter den Linden wird anlässlich des 15. Jahrestages der Befreiung als Mahnmal für die Opfer des Faschismus eingeweiht.

Mai
Zum Stichtag bestehen 19 345 LPGen, die 83,6 Prozent der landwirtschaftlichen Fläche bewirtschaften. Der »Sieg der sozialistischen Produktionsverhältnisse auf dem Land« wird verkündet.

Mai
Ermals sendet Rudolf Kroboth den »Tipp des Fischkochs«

Die Russen kommen

1960

22 Juli
Das »Solidaritätskomitee der DDR« wird unter Teilnahme von Vertretern aus 14 afrikanischen Staaten gegründet.

August
Die erste Anti-Baby-Pille kommt auf den Markt.

August
In »Sputnik 5« landen erstmals zwei Lebewesen (die Hündinnen Strelka und Belka) nach einem Raumflug sicher auf der Erde.

August – September
Bei den XVII. Olympischen Sommerspielen in Rom gibt es 3 Gold-, 9 Silber- und 7 Bronzemedaillen für DDR-Sportler. Ingrid Krämer erkämpft zweimal Gold im Turm- und Kunstspringen.

Solange ich denken kann, wohnten wir in einem Neubaugebiet, das gleich an der F96 lag. Diese Fernverkehrsstraße führte nach Herzberg und dann weiter nach Leipzig. Eigentlich war dort immer tote Hose. Außer es ging mal zufällig die Friedensfahrt durch unser Städtchen oder die Russen fuhren.

Mein Kinderzimmer lag zur Straße raus. Es hatte ein Fenster, das vom Boden bis zur Decke reichte. Wenn ich im Bett lag, fuhren oft die Russen vorbei. Eine Kolonne von mindestens 100 Autos schob sich laut brummend über die Straße. Dabei wanderten die Autolichter anheimelnd durch mein Kinderzimmer. Das war für mich der Ausdruck des vollkommenen Friedens, der absoluten Geborgenheit. Zufrieden eingekuschelt schlief ich ein.

Als ich größer wurde, saß ich mit meiner Freundin Kathrin oft im Kornfeld an der F96. Dort sangen wir unsere Lebenssehnsucht mit Hilfe berühmter Schlager heraus.

Im Hochsommer fuhren besonders oft Russenkolonnen vorüber. Doch noch öfter standen die LKWs mit den erschöpften und überhitzten Soldaten viele Stunden still. Es kursierten Geschichten von vom Hitzschlag getroffenen Soldaten. Sie sollten stundenlang ohne Wasser und Essen sein. Mir taten die Russen leid. Bald hatte ich eine Idee. Ich schmierte jede Menge Wurststullen und wollte diese den Soldaten vorbeibringen. Ich war sehr aufgeregt und bettelte meine Freundin an mitzukommen. Schließlich willigte sie ein.

Klopfenden Herzens pochten wir zaghaft an die erste Fahrerkabine. Ein junger Mann, fast noch ein Junge, öffnete uns müde die quietschende Tür. Obwohl wir in der Schule über viele Jahre Russisch gelernt hatten, verschlug es uns die Sprache, und so machten wir Zeichen, dass er unsere Wurststullen ruhig aufessen könne. Ein breites Grinsen ging über sein Jungengesicht. Gierig biss er in die Stulle und schmatzte genüsslich. Dann rieb er sich zufrieden den Soldatenbauch und verlangte nach Wasser. Wie von der Tarantel gestochen rannte ich nach Hause und holte eine Brauseflasche. Als er hastig getrunken hatte, machte er einen zufriedenen Rülpser. Dann steckte er sich genüsslich eine Zigarette an. Fasziniert beobachteten wir das Prozedere.

Zum Abschied schenkte er uns eine von seinen Fluppen. Sie hatte ein Mundstück aus Pappe und war mit groben Tabak gestopft. Die Zigarette trug den Namen Machorka, hatte uns der russische Soldat erklärt.

Wir warteten einen Tag ab, an dem Kathrins Eltern nicht zu Hause waren. Dann schmiss meine Freundin ihren Sternrecorder an. Wir hörten »Like a hurricane« von Neil Young und pafften die Machorka. Sie schmeckte grässlich und roch noch schlimmer. Doch wir fühlten uns sehr erwachsen und ziemlich verrucht.

Für meine restlichen Wurststullen hatte ich sogar Geld bekommen, denn die Russen wollten keine Geschenke annehmen. So machte ich bald ein kleines Geschäft aus meiner Essensausgabe. Ich kochte professionell grüne Bohnensuppe. Den Topf Suppe gab's für 50 Pfennig. Zigaretten habe ich als Zahlungsmittel nicht akzeptiert – rauchen wollte ich nie wieder. ■

1989 waren 386 000 Soldaten der Roten Armee in der DDR stationiert, GSSD, Gruppe der Sowjetischen Streitkräfte in Deutschland genannt. Dazu kamen 200 000 Familienangehörige von Offizieren sowie Zivilangestellte, darunter etwa 90 000 Kinder. Sie belegten 777 Kasernenanlagen an 276 Orten. Für die einfachen Soldaten gab es Ausgang nur in Gruppen.

September
Bundesbürger dürfen nur noch mit Aufenthaltsgenehmigung nach Ost-Berlin einreisen. Die BRD kündigt daraufhin das Interzonen-Handelsabkommen.

September
Die Reisepässe der Westberliner werden nicht mehr anerkannt.

7. September
Wilhelm Pieck stirbt. Das Amt des Staatspräsidenten wird durch den Staatsratsvorsitzenden ersetzt, das Walter Ulbricht am 12. September übernimmt.

September
In Magdeburg eröffnet die Elbe-Schwimmhalle.

September
Gründung der Gesellschaft für experimentelle Medizin der DDR.

1960

Oktober
Ulbricht erklärt die »geschichtliche Mission« der DDR.

Oktober
Die Deutsche Reichsbahn nimmt den Städteschnellverkehr zwischen Berlin und den Bezirksstädten Rostock, Dresden, Karl-Marx-Stadt, Leipzig, Magdeburg und Erfurt auf.

Oktober
»Die Aktuelle Kamera« wird auf 19.30 Uhr vorverlegt, um Überschneidungen mit der »Tagesschau« der ARD zu vermeiden.

Oktober
Eröffnung des neu erbauten Opernhauses in Leipzig mit den »Meistersingern«.

Sigrids wundersame Verwandlung

Am Samstag während des Unterrichts – wir lebten in jener Zeit, als auch am sechsten Tag der Woche die Schulen geöffnet hatten – sah Sigrid noch aus wie immer. Am Sonntag jedoch, als wir uns in der Kirche neben der Schule einfanden, hatte sich eine wundersame Veränderung vollzogen, die selbst uns 14-jährigen Jungen, die sich bis dato für Mädchen kaum interessierten, geradezu ins Auge, ja, stach.

Offenkundig nahm ihre Mutter den Umstand, dass wir bei der Konfirmation in den Kreis der Erwachsenen aufgenommen werden sollten, sehr genau und half mit Watte nach, wo bislang die Natur hinterherhinkte. So stand denn Sigrid in ihrem schwarzen Samtkleid und gestopftem Busen zwischen uns Dutzend Konfirmanden und ein wenig neben sich vor dem Gotteshaus und wartete darauf, mit dem Pfarrer durchs selbige nach vorn an den Altar geführt zu werden, um die heiligen Sakramente und einen Sinnspruch fürs Leben zu empfangen.

Es war Mitte der 60er Jahre, als sich der heiße Klassenkampf auf dem Dorf bereits gelegt hatte. Alle Bauern waren in der LPG, der neue Bürgermeister – ein Bergarbeiter mit Staublunge, den die Partei auf seine letzte Tage noch frische Landluft atmen ließ – besaß jene souveräne Gelassenheit seiner Klasse, die dem Vorgänger abging. So setzte denn bald die Entspannung im Dorf ein, auch dergestalt, dass sich Kirche und Staat wechselseitig nicht mehr ins Handwerk pfuschten. Wurde vor Jahren noch um jeden Jugendlichen gerungen, der die Konfirmation der Jugendweihe vorzog – und steckte man dabei eine Niederlage ein, führte das dazu, dass anschließend die obligate Danksagung für die Konfirmations-Geschenke im Namen der Eltern auf der Kreisseite zu drucken abgelehnt wurde –, so tolerierte jetzt die Obrigkeit diese Glaubensfrage, indem man sie nicht mehr wie eine Glaubensfrage behandelte. Wer sich konfirmieren lassen wollte, bitteschön, sollte es tun und wurde fortan nicht mehr geächtet. Und obendrein durfte er sich anschließend auch jugendweihen lassen. Von dieser Möglichkeit machte die Mehrheit gern Gebrauch. Alles wurde dadurch verdoppelt – die Feier, das Besäufnis, die Geschenke.

Allerdings war auch die Vorbereitung doppelt. Man musste sowohl den Konfirmandenunterricht wie auch die Jugendstunden besuchen. Erster wurde im Pfarrhaus erteilt, zweiter in der Schule. Die räumliche Distanz zwischen beiden Häuser war so gering wie die inhaltliche des jeweils Mitgeteilten. Es ging in beiden um die moralische Aufrüstung der Heranwachsenden, um ihre künftige Verantwortung für sich und andere. Bei dem einen stärkte die Heilige Schrift uns den Rücken und war Jesus unsere Zuversicht, bei den anderen tat dies die wissenschaftliche Weltanschauung mit Marx, Engels und Lenin an der Spitze. Die ideellen Handreichungen lagen ziemlich dicht beieinander, was, sprach man den Herrn Pfarrer oder den Genossen Parteisekretär der Schule darauf an, jedoch beide heftig bestritten. So weit ging die Konvergenz denn nun doch nicht.

Aber das war am Ende wurscht. Denn in der Rückschau wird bewusst, dass die gemeinschaftliche, angeblich unterschiedliche Aufrüstung in den beiden Häusern wirkte und allen fürs Leben nützte. Konfirmanden und Jugendweiheteilnehmern.

Sigrid bekam später übrigens noch einen echten Busen, der in FDJ- und Chorbluse beeindruckte. ■

Joachim Kardinal Meisner, zum Dresdner Katholikentag 1987 angereist, sorgte sich angesichts der Sowjetsterne auf öffentlichen Gebäuden. »Das Land zwischen Oder, Neiße und Werra ist Land Gottes, für das wir Verantwortung tragen. Und die Menschen in diesem Territorium sind Kinder Gottes, für die wir einzustehen haben. Wir bekennen uns zu unserem Weltauftrag in diesem Land nach den Worten des Psalms: Auf dieses herrliche Land ist unser Los gefallen. Wir wollen dabei keinem anderen Stern folgen als dem von Bethlehem.«

Oktober
Auf der 15. UNO-Vollversammlung hämmert Nikita Chruschtschow mit seinem Schuh aufs Rednerpult, um gegen die Bezeichnung »Moskaus osteuropäische Satellitenstaaten« zu protestieren.

November
Grundsteinlegung für das Erdölverarbeitungswerk in Schwedt.

November
Buchklub der Kinder gegründet.

Dezember / Januar
Umtauschaktion für SED-Mitgliedsbücher und Kandidatenkarten zur Überprüfung der »ideologischen Zuverlässigkeit«.

1961

März
Das Zentralkomitee der SED beschließt den »Plan Neue Technik«, um die Kollektivierung der Landwirtschaft und die Entwicklung der Industrie voranzutreiben.

April
Das Arbeitsgesetzbuch wird von der Volkskammer angenommen und tritt am 1. Juli in Kraft. Alle Werktätigen erhalten das Recht auf einen Arbeitsplatz entsprechend ihren Fähigkeiten sowie auf eine Bezahlung gemäß ihrer geleisteten Arbeit.

Januar
Die vorbeugende Impfung gegen Diphtherie und Wundstarrkrampf wird Pflicht.

März
Das »Erste sozialistische Armeemuseum« wird im Marmorpalais in Potsdam eröffnet.

April
Juri Gagarin fliegt als erster Mensch ins Weltall und umkreist in der Raumkapsel »Wostok 1« die Erde.

April
Die I. Internationale Gartenbauausstellung wird in Erfurt eröffnet.

Mai
Die MS »Fritz Heckert«, das erste in der DDR gebaute Urlauberschiff des FDGB, geht auf Jungfernfahrt.

Juni
Im Bezirk Magdeburg finden die 3. Arbeiterfestspiele unter Teilnahme von 20 000 Laienkünstlern statt. Preise für künstlerisches Volksschaffen erhalten das Dorftheater Ebersdorf, das Ensemble des VEB Maxhütte und das Lehrersinfonieorchester.

April
Die Nationale Mahn- und Gedenkstätte Sachsenhausen mit einer Plastik-Gruppe von Waldemar Grzimek wird eingeweiht.

Mai
Uraufführung der Komödie »Frau Flinz« von Helmut Baierl am Berliner Ensemble, in der Hauptrolle Helene Weigel.

Juni
Willi Stoph räumt im »Neuen Deutschland« ein, dass es Versorgungsprobleme bei Fleisch und Milch gibt.

1961

Juni
Walter Ulbricht erklärt auf einer internationalen Pressekonferenz zu innerdeutschen Absperrmaßnahmen: »Niemand hat die Absicht, eine Mauer zu errichten.«

Juli
Der »Haushaltstag« für berufstätige Frauen wird eingeführt.

August
In Moskau beraten die Mitgliedsstaaten des Warschauer Vertrages über »Maßnahmen zur Sicherung des Friedens«.

13. August
Schließung der Grenzübergänge nach West-Berlin. Der Mauerbau beginnt.

16. August
Für alle Bewohner der DDR und Ost-Berlins wird die Grenze zur Bundesrepublik Deutschland gesperrt.

Teewurst mit Walter Ulbricht

Ich war dreizehn, da begab es sich, dass am 30. Juni 1968 unser aller Landesvater das fünfundsiebzigsten Lebensjahr vollendete.

Walter Ulbricht war bei den Berlinern denkbar unbeliebt. Der Bau der Mauer wurde ihm angelastet. Und als Sachse hatte er überhaupt schlechte Karten.

Der sächsische Dialekt wurde auf der Bühne schon in den Schwänken zu Urgroßvaters Zeiten gern eingesetzt, um eine Person komisch wirken zu lassen. Des Erfolges mit diesem simplen Trick konnte und kann man sicher sein.

Die vielen Witze über Ulbricht sind hinlänglich bekannt, füllen Bücher. Er hatte den Modegeschmack der 40er Jahre konserviert, sein Hosenbund endete kurz unterhalb der Achseln; Ulbricht sah also nach unserem damaligen Empfinden unmöglich aus. Zu fortgeschrittener oder beschwingter Stunde legte er auch gern freudig das Jackett ab, unter dem er verschnitten wirkende, nicht selten kurzärmelige Hemden trug. Beim Deutschen Turn- und Sportfest beteiligte er sich so gekleidet an der Massengymnastik und ließ im Winter auch zu, dass Fotografen ihn in Trainingshosen und mit Teufelsmütze beim Schlittschuhlaufen ablichteten. Den Mann aus Leipzig hat es wohl einfach nicht interessiert, wie er angezogen war und wie er aussah. Es war die Zeit, als Politiker noch nicht von Modedesignern und Imageberatern umringt waren und die Frisur oder das Dekolleté einer Regierungschefin es noch nicht als Thema in die Medien schafften.

Ulbrichts Fistelstimme hat der große Komponist Paul Dessau später einmal mit atonaler Musik verglichen: Man kann sie lieben, man kann sie hassen, aber man ist auf alle Fälle gezwungen, hinzuhören! Das traf es.

1968 also wurde Walter Ulbricht fünfundsiebzig.

Auch westlichen Journalisten gegenüber hielt er hartnäckig daran fest, es gäbe in der DDR keinen Personenkult. Das hinderte niemanden daran, den Geburtstag als Staatsakt zu planen und mit einer Großveranstaltung im Berliner »Walter-Ulbricht-Stadion« in der Chausseestraße zu feiern, mit ein paar Tausend der engsten Freunde des Staatsratsvorsitzenden und der Freunde seiner Freunde.

Das Stadion fasste 70 000 Gäste und wurde im Volksmund wegen Walter Ulbrichts Bart »Zickenwiese« genannt. »

Pioniere und FDJler tragen zur Demonstration am 1. Mai 1965 in Berlin ein großes Bild des Staatsratsvorsitzenden Walter Ulbricht.

August
Regisseur Winfried Junge beginnt mit den Dreharbeiten für »Die Kinder von Golzow«. Es wird der längste Dokumentarfilm der Filmgeschichte.

August
Der ZRA 1 von Carl Zeiss Jena, der erste serienmäßig produzierte Rechenautomat, wird in Betrieb genommen.

September
»Gewissen in Aufruhr« mit Erwin Geschonneck wird gesendet, ein Fünfteiler nach den Aufzeichnungen von Rudolf Petershagen.

September
Ost-Berlin wird als Hauptstadt der DDR zum 15. Bezirk der DDR erklärt.

September
Die FDJ ruft zu ihrer Aktion »Blitz kontra Nato-Sender« auf, die sich gegen das Hören von Westsendern richtet.

September
Die bisherige Deutsche Grenzpolizei wird Kommando der Grenztruppen und eine Teilstreitkraft der NVA.

» Die Benennung von Straßen, Betrieben oder Einrichtungen nach noch lebenden Politikern oder Arbeiterfunktionären war im Politbüro äußerst umstritten. Walter Ulbricht war die Ausnahme.

Die Pionierleiterin kam in alle Klassen, um uns auf das Großereignis vorzubereiten. Wichtig war, dass wir alle in Pionierkleidung erschienen. Mit blauem Halstuch und in makellosem Weiß, ohne irgendetwas Andersfarbiges über das Pionierhemd zu ziehen, um auch mit der Einheitlichkeit der Kleidung zu demonstrieren, dass die Kinder und Jugendlichen geschlossen hinter der Politik der Partei standen.

Die Versuchung, etwas über die weiße Pionierbluse zu ziehen, bestand an jenem 30. Juni nicht. Schon seit den Morgenstunden herrschte glühende Hitze, und die Gulaschkanonen der Polizei und der Gesellschaft für Sport und Technik, deren »Kämpfer« rund um das Stadion Stellung bezogen hatten, kochten hektoliterweise Kräutertee.

Als wir uns in der Oranienburger/Ecke Tucholskystraße zum »Marschblock formierten«, gelangte noch eine andere liebgewordene Gewohnheit aus dem realsozialistischen Brauchtum zur Anwendung: die Ausgabe von Verpflegungsbeuteln.

Obwohl es 1968 längst ausreichend Lebensmittel gab, wurde bei Demonstrationen, Festivals und Jugendtreffen immer so getan, als wären wir schon zwei Wochen zu Fuß ohne feste Nahrung auf Berlin marschiert.

Der Verpflegungsbeutel war integraler Bestandteil des sozialistischen Feiergeschehens. Er enthielt in aller Regel: ein steinhart gekochtes Ei (gern auch als Wurfgeschoss gegen Mitschüler im Einsatz), ein trockenes Brötchen, eine kleine Tafel »Zetti«-Schokolade mit Herrn Fuchs, Frau Elster oder Pittiplatsch auf der Verpackung sowie eine kalte, schrumpelige kleine Dauerwurst.

War es nun, dass bei der Zusammenstellung dieser Köstlichkeiten ein Fehler unterlaufen war oder die sozialistische Versorgung ausgerechnet an Ulbrichts Fünfundsiebzigstem versagte – jedenfalls erhielten an diesem 30. Juni 1968 Tausende und Abertausende junger und nicht mehr ganz junger Menschen, die zu Walter Ulbrichts Geburtstagsparty ins Walter-Ulbricht-Stadion drängten, statt der üblichen Dauerwurst je eine Teewurst!

Teewurst fällt wegen ihres alles andere verdrängenden Fettanteils bei Deutschlands Hausfrauen unter den Oberbegriff der Schmierwurst, was nicht nur heißt, dass man sie sich aufs Brot schmieren kann, sie ist auch eine besonders

1961

Oktober
In Leipzig findet die DDR-Erstaufführung der Oper »Krieg und Frieden« von Sergej Prokofjew statt.

Oktober
Erstmals erscheint das knollige DDR-Ampelmännchen in einer Berliner Verkehrsampel.

Oktober
Am Checkpoint Charlie stehen sich amerikanische und sowjetische Panzer gegenüber. DDR-Grenzer hatten Angehörigen der US-Militärmission den Zugang nach Ostberlin verweigert.

November
Auf der 6. Bezirkskunstausstellung in Leipzig werden Werke von Heisig, Tübke und Mattheuer präsentiert.

November
Stalinstadt heißt nun Eisenhüttenstadt. Die Ostberliner Stalinallee wird umbenannt, das Stalindenkmal abgebaut.

schmierige Angelegenheit. Und auf offener Straße bei 27 Grad im Schatten, vor dem und um das Walter-Ulbricht-Stadium herum, sowieso.

Zudem war die witterungsbedingt schmierige Wurstmasse von einer weichen, aber äußerst widerstandsfähigen PVC-Hülle umgeben. Ergo: Wer nicht ein äußerst scharfes Messer bei sich hatte – und wer ging zu Ulbrichts Geburtstag schon mit dem Dolch im Gewande –, konnte diese Wurst unmöglich verzehren. Sie war ihm einfach nicht zugänglich.

Jungens aus meiner Klasse, die – was nicht schwer war – in Physik besser Bescheid wussten als ich, machten sich diesen Umstand zunutze: Pfiffig legten sie die in der Junihitze dahinschmelzenden Teewürste auf die Straße, stellten sich auf den Bordstein und sprangen mit vollem Körpergewicht auf die Plastikpelle. Die wich dann zumindest an einem Ende der Wurst, wo sie irgendwie zusammengekräuselt war, der Gewalt, und das Innere der Teewurst, ein glibbriger rotbrauner Bolzen, schoss heraus wie ein Projektil und traf Schuhe, Waden, in günstigeren Fällen die Kleidung von Mitschülern und Passanten.

Es war auch für die Mädchen ein großer Spaß, den Geschossen kreischend auszuweichen.

Lehrer und Pionierleiter mühten sich ohne Erfolg, diesem unwürdigen Treiben Einhalt zu gebieten. Aber wie sagte schon Karl Marx: Die Theorie wird zur materiellen Gewalt, wenn sie die Massen ergreift.

An den Festakt selbst habe ich wenig Erinnerung. Ulbricht sah ich nur von Weitem. Er trug einen hellen Sommeranzug und einen seiner ententeichgroßen Hüte. Wahrscheinlich hat Lotte ihm irgendwann gesagt, er hätte ein Hutgesicht.

Ein Festredner reihte endlos die Verdienste Ulbrichts auf, die Feier zog sich hin, Sportwettkämpfe, kommentiert von der markigen Stimme des Stadionsprechers …

Mich beschäftigte vielmehr eine bunte Zeitung mit Fotos, die ich vor dem Marsch zum Stadion von einem Stapel mitgenommen hatte. Die Farben stachen mir sofort ins Auge. Im ersten Moment hielt ich die Zeitung wegen ihrer für DDR-Verhältnisse knalligen Aufmachung für eine Westzeitung. Diesen Gedanken verwarf ich, wo sollte bei einer solchen Veranstaltung eine Westzeitung herkommen? Oder vielleicht doch? In der Zeitung waren aber vorrangig DDR-Schauspieler abgebildet …

Nach eingehender Prüfung stellte sich heraus, dass die Fernsehzeitung »FF-Dabei« in einem neuen Gewand erschien. Sie kündigte den Start des Farbfernsehens in der DDR an. Er war für März 1969 geplant. Sicher war mit dieser Werbeaktion auch die Hoffnung verbunden, die Leute würden dann neue Fernsehgeräte kaufen und mehr DDR-Fernsehen gucken.

Beim Verlassen des Stadions verstaute ich sehr vorsichtig neben meiner Teewurst, die ich als Beweisstück schon gut verpackt hatte, auch die bunte Zeitung.

Unser Weg zurück die Chausseestraße / Friedrichstraße hinunter bis zum Bahnhof Friedrichstraße war gesäumt von Tausenden ausgetretener Teewürste.

Nach Ulbrichts Tod benannte man das Stadion um in »Stadion der Weltjugend«.

Honecker kleidete sich zwar modischer, sein Redestil mit dem saarländischen Singsang und dem Hang, längere Wörter wie »demokratischen« oder »sozialistischen« in verkürzter Form wiederzugeben, stellten gegenüber dem Redetalent Walter Ulbricht keinen nennenswerten Fortschritt dar. Auch für Erich Honecker haben wir noch manchen Marschblock gebildet, Winkelemente bewegt und Verpflegungsbeutel empfangen.

Das Stadion wurde 1992 für einen geplanten Bau zur Olympiade 2000, die dann nicht an Berlin vergeben wurde, abgerissen. Jetzt wird der gewaltige Gebäudekomplex des BND errichtet. Aber die ausgetretenen Teewürste sehe ich dort noch immer liegen. ■

»Wir Jungpioniere tragen mit Stolz unser blaues Halstuch«, so stand es in den Pionier-Geboten. Das rote Halstuch gab es – ab 1974 – für die Kinder der vierten bis achten Klasse, die Thälmannpioniere. Mit vierzehn Jahren wurden aus den Pionieren FDJler, die Verbandskleidung war die blaue Bluse, mit dem Emblem der aufgehenden Sonne am Ärmel geschmückt.

Dezember
Grundsteinlegung für das »Haus des Lehrers« am Alexanderplatz.

Dezember
Gründung der Liga für Völkerfreundschaft, die alle DDR-Freundschaftsgesellschaften umfasst.

Dezember
In einem Interview mit der Prawda beziffert Walter Ulbricht die durch Abwerbung und Flucht entstandenen Schäden mit rund 30 Milliarden Mark.

November
In einem Brief schlägt Ministerpräsident Grotewohl Bundeskanzler Adenauer Schritte zur Normalisierung der Beziehungen vor. Das Bundeskanzleramt verweigert die Annahme des Briefes.

Dezember
Das Politbüro beschließt das Kommuniqué »Die Frau – der Frieden und der Sozialismus«.

1962

Januar
Die vorbeugende Impfung gegen Keuchhusten wird als Pflichtimpfung eingeführt.

Januar
Auf der Frauenkonferenz des Zentralkomitees der SED wird beschlossen, die Mitarbeit von Frauen in Staat und Wirtschaft zu verstärken. Bisher sind 46 % aller Beschäftigten in der DDR Frauen.

Januar
Der DEFA-Film »Auf der Sonnenseite« mit Marita Böhme und Manfred Krug hat Premiere.

Januar
Die Bauarbeiten am Rostocker Hafenbecken werden abgeschlossen.

Januar
Die Volkskammer beschließt das »Gesetz über die allgemeine Wehrpflicht«.

Der Rasierpinsel

Das Wichtigste an meiner Jugendweihe waren: Der Besuch einer Faust-Inszenierung am Deutschen Nationaltheater Weimar. »… dass ich erkenne, was die Welt / im Innersten zusammenhält.« Ich wollte vielleicht Theaterregisseur werden.

Der Besuch im VEB Chemiefaserkombinat Schwarza. Wie die flüssige Kunstseide durch eine Art Duschtasse mit unvorstellbar kleinen Löchern gepresst wird, um danach in einem chemischen Bad zu ganz feinen Fäden zu erhärten. Ich wollte vielleicht Chemiker werden.

Der Besuch des VEB Maxhütte Unterwellenborn. Wir sahen den Abstich eines Hochofens. Ein gelber Bach aus flüssigem Eisen. Das hat mich gewaltig beeindruckt, aber Stahlarbeiter wollte ich nicht werden, nein.

Das Buch »Weltall Erde Mensch«. Noch die alte Ausgabe. Mit einem Vorwort von Prof. Robert Havemann, von dessen künftigem Schicksal ich damals natürlich keine Ahnung haben konnte, Ulbricht und Honecker, die beiden Grußwortunterschreiber des Buches, auch nicht. Havemann schreibt: »In diesem unersättlichen Streben nach Erkenntnis der Natur gestaltete sich der Mensch kraft seiner Vorstellung ein allgemeines Weltbild, eine zusammenhängende Vorstellung von allen Dingen, die auch auf Fragen Antwort verheißt, die noch voller Rätsel sind. So entwickelte sich historisch das Weltbild des Menschen als ein getreuer Spiegel seines Wissens, seines Strebens, seiner Unwissenheit und schließlich auch der inneren Widersprüche seines eigenen gesellschaftlichen Lebens.« Neben den Schwarzweiß-Bildern vom Weltall faszinierten mich vor allem die ausklappbaren Farbtafeln eines tschechischen Künstlers namens Zdenék Burian. Ich konnte mich nicht sattsehen an Steinkohleurwald, Dinosaurier, Archeopteryx, Säbelzahntiger, Mammut, Affenmenschenhorde, Neandertalern (das Kind hockt rechts unten), Jägern und Sammlern der letzten Eiszeit (die sahen schon aus wie wir, nur waren sie ungekämmt).

Die poetische Rede des Dichters Louis Fürnberg. »Wenn ich einmal heimgeh, / dorthin, woher ich kam, / werde ich ein Fremder sein / an meinem Ursprung.« Fürnberg als Dichter hat mich in meiner Jugend beeindruckt wie kein anderer.

Allein das Wort »Jugendweihe« hat mir nicht gefallen: Warum denn »Weihe«? Sicher, die Aufnahme von uns Jungen und Mädchen in den Kreis der Erwachsenen musste festlich sein. Das erwarteten die Eltern und vor allem die Großeltern. Heute finde ich: Die Feierlichkeit eines solchen Festes sollte sich aus dem forschenden Wissen um die spannenden Zusammenhänge unserer Welt und aus dem Wunsch nach brüderlichem Zusammenleben aller Menschen innerhalb der Gemeinschaft ergeben. Ein mystisches Vokabular, wie es allen Religionen und jedem Kult eigen war oder ist, hat dabei nichts zu suchen. Weihwasser, Weihrauch, Weihestätten und weihevolle Momente, in denen das Denken beurlaubt ist, gehören nicht zu dieser würdevollen Begrüßung von Herangewachsenen.

Apropos ungekämmte Jäger und Sammler: Ich bekam zum Eintritt ins Erwachsenenleben weder eine Kofferheule noch gar ein Moped geschenkt, so weit war die DDR dazumal noch nicht. Das Hauptgeschenk zu meiner Zeit war ein sogenanntes Reisenecessaire, bestehend aus Kamm, Bürste, einem Scherchen mit dünnen und einem mit etwas kräftigeren Beinchen, Seifenschale, Fingernagelreinigungsbesteck und dickbäuchigem (niemals benutztem) Rasierpinsel. So ausgerüstet, konnte ich getrost erwachsen werden. ■

Jugendweihe war die weltliche Alternative zur Konfirmation. Jugendweihe, das hieß Aufnahme in den Kreis der Erwachsenen. Von nun an wurden die Schüler von den Lehrern gesiezt. Nach dem offiziellen Feierakt mit Rede, Kulturprogramm, dem Gelöbnis und der Überreichung eines Buchgeschenks wurde in den Familien gefeiert. Jugendweihe hieß auch: Geschenke für den Jugendweihling. Je mehr Zeit ins Land ging, desto üppiger fielen sie aus. Eine nicht selten anzutreffende Erinnerung an diesen Tag: Das erste Glas Sekt wurde unter den gestrengen Blicken der Eltern geschlürft. Ansonsten galt natürlich das Jugendschutzgesetz der DDR, das Jugendlichen den Alkoholkonsum untersagte.

Februar
Frankreich verweigert der DDR-Mannschaft die Einreise zu den Skiweltmeisterschaften in Chamonix.

März
In Magdeburg tagt der VII. Bauernkongress unter der Losung »Für gute genossenschaftliche Arbeit in jeder LPG – für Frieden und Sozialismus!«

März
Bundesbürger, die in die DDR einreisen wollen, benötigen jetzt ein Visum.

März
Die DDR-Regierung stiftet den Ehrentitel »Kollektiv der sozialistischen Arbeit«.

März
Die DDR erklärt in einem Schreiben an den UNO-Generalsekretär den Verzicht auf Erwerb, Herstellung und Stationierung atomarer Waffen.

April
Der DEFA-Kinderfilm »Christine und die Störche« hat Premiere.

1962

Juni
Der »Nationalkongress der Nationalen Front« verabschiedet ein »Nationales Dokument«, das unter anderem die Koexistenz beider deutscher Staaten und eine Konföderation vorsieht. Der Beschluss basiert auf der Forderung der SED nach völkerrechtlicher Anerkennung beider deutscher Staaten.

Juni
Die erste Schulsportgemeinschaft für körperbehinderte Kinder und Jugendliche wird in Magdeburg gegründet.

Juli
Ankündigung, dass die Arbeiter-und-Bauern-Fakultäten 1963 ihre Arbeit einstellen.

Juli
Erstmalige Durchführung der Sommerfilmtage der DDR in den Bezirken Dresden, Rostock, Gera, Berlin. Eröffnung in Berlin mit dem DEFA-Film »Das verhexte Fischerdorf«.

Die Ausgezeichnete

Feilen, feilen, feilen und immer noch kein Rechter Winkel. Ich werde wahnsinnig! Der Lehrmeister, hämisch: »Bloß weil du Abitur hast, hast du noch lange keine Ahnung von Genauigkeit!« Das weiß ich ja selber! Aber was soll ich denn machen? Ich wäre auch lieber nicht hier! Viel richtiger wäre ich jetzt mit dem Rollenstudium des Gretchens beschäftigt! Aber: Die Banausen haben mich ja abgelehnt!

Zwischen dem Abitur und dem Studium verbrachte ich drei Jahre in der sozialistischen Produktion. Am 1.9.1962 begann meine Lehre als Industrieuhrmacherin. Mit meinen Wünschen und Träumen hatte diese Lehre nichts zu tun. Ich hatte mich für die Schauspielschule in Leipzig beworben – und wurde nach der Aufnahmeprüfung nach Hause geschickt. Mein Kommentar vor der Prüfungskommission lautete: »Das ist zwar bedauerlich für die deutsche Bühne, aber dann werde ich eben Krankenschwester. Hauptsache, ich werde gebraucht!«

Nun musste ich also eine Lehrstelle finden, wo ich gebraucht würde. Die Krankenschwesterlehrstellen in Weimar waren alle schon vergeben. Kfz-Schlosser? Immer diese dreckigen Hände! Blieb nur noch Industrieuhrmacher.

Die Lupe im rechten Auge vergrößerte fünffach, die im linken zehnfach. Wie ein übergroßes Insekt! Für mich als Abiturientin dauerte die Lehre nur ein Jahr. Danach zwei Jahre Arbeit am Fließband. Zwei Jahre lang still sitzen. Aus Notwehr erfüllte ich die Norm irgendwann in sechs statt in acht Stunden. Im zweiten Berufsjahr wurde ich »Aktivist der sozialistischen Arbeit«. Ich hatte wesentlich dazu beigetragen, die Ausschussquote um 80 Prozent zu senken. Natürlich war ich stolz auf diese Auszeichnung. Einige Jahre später schon war ich sicher: Die Auszeichnung war weniger der Beweis meiner Kompetenz als Uhrmacherin, sondern vielmehr Ausdruck der Hilflosigkeit des Uhrenbetriebes.

Hinsichtlich meiner menschlichen Erfahrungen waren diese drei Jahre sehr reich. Ich lernte am Fließband Frauen kennen, die allein mehrere Kinder aufzogen, die morgens um vier aufstanden, um ihre Kinder für die Schule fertig zu machen, die dann mit dem Zug zur Arbeit fuhren, ihre Schicht absolvierten, wieder mit dem Zug nach Hause fuhren, dann die Hausarbeit, die Schulaufgaben mit den Kindern, das Einkaufen unter schwierigen Bedingungen, und in aller Regel waren sie auch noch freundlich zu uns jungen Hühnern und zeigten uns den einen oder anderen Trick.

Mein Meister überraschte mich eines Tages mit der Idee, ich solle doch Ökonomie studieren und dann Leitungsverantwortung im Betrieb übernehmen. Ökonomie! Ich! Meine schnelle Bereitschaft, den durch meine Freundin vorbereiteten Fragebogen für die Bewerbung zum Lehrerstudium zu unterschreiben, hing wohl auch mit meiner Angst zusammen, jemand könne auf die Idee mit dem Ökonomiestudium zurückkommen.

Im Frühjahr 1964 lieferten uns die »Freunde« nicht die bestellten Rubine. Diese Halbedelsteine benötigten wir für die Unruhen der Uhren. Sie lagerten mit ihren feinen Stiften in den Rubinen. Nun fehlten diese wichtigen Teile für mehrere Wochen. Die Fließbänder standen still. Wir saßen am Fließband und strickten.

Wir bekamen unseren Lohn. Er war uns sicher. Er wurde von der Sparkasse geholt. Aber wir fertigten keine Uhren.

Alle hatten einen Arbeitsplatz – eine herausragende historische Errungenschaft. Zweifellos. Aber: An diesem Platz hatten manche manches Mal keine Arbeit. ■

Als Azubis noch Lehrlinge hießen, wurde diese Gruppe junger Leute aus dem VEB Motorradwerk Zschopau aufgenommen, die dort in technischen und kaufmännischen Berufen lernten. 1922 begann die Motorradproduktion in Zschopau, Ende der zwanziger Jahre war das damals unter dem Namen DKW betriebene Werk mit 60 000 Motorrädern das größte der Welt. 1950 wurde die Produktion wieder aufgenommen. Die Modelle hießen nun alle MZ. Mit der Baureihe ETS 125/150 und TS 125/150 stellte der VEB mit rund 900 000 Maschinen das bis heute meist gebaute deutsche Motorrad her. Das ein millionste Motorrad, eine MZ ETS 250 Trophy Sport, lief 1970 vom Band, 1983 das zweimillionste Motorrad, eine MZ ETZ 250. Die Produktion wurde 2008 eingestellt.

Juli
Beim Schlagerfestival der Ostseeländer in Rostock gewinnen Fred Frohberg und Bärbel Wachholz den Wettbewerb.

September
I. Gehörlosen-Spartakiade des Deutschen Verbandes für Versehrtensport in Leipzig.

September
Mit der Gründung des »Rates für Industrieform« reagiert die DDR auf den steigenden Konsum technischer Gebrauchsgüter in den Privathaushalten. 1964 wird die »ästhetische Prüfpflicht« für Konsumprodukte in der DDR eingeführt.

September
Walter Ulbricht bezeichnet die Mauer als »antifaschistischen Schutzwall«.

September
Die V. Kunstausstellung der DDR im Albertinum in Dresden wird eröffnet. Bis Juni 1963 kommen 210 000 Besucher.

September
In allen Betrieben, Verwaltungen, Hoch- und Fachschulen werden Reservisten-Kollektive gebildet.

Häubchen mit Streifen

1962

Oktober
Auf der 17. Tagung des Zentralkomitees der SED heißt es, dass die »Aufgaben der Übergangsperiode« vom Kapitalismus zum Sozialismus »im Wesentlichen gelöst« seien.

Oktober
Die Werktätigen aus dem VEB Büromaschinenwerk Sömmerda rufen zum sozialistischen Massenwettbewerb auf: »Gründlich denken, ehrlich arbeiten, wirtschaftlich rechnen, wissenschaftlich forschen, froh und kulturvoll leben.«

Oktober
Beschluss zur Bildung von Kommissionen zur sozialistischen Wehrerziehung.

Oktober
Der Premierenapplaus bei der Uraufführung von Hacks »Der Frieden« (nach Aristophanes) am Deutschen Theater dauert 45 Minuten.

November
Die ersten Telemann-Festtage finden in Magdeburg statt.

Das kriege ich nie hin! Verzweifelt stehe ich neben den anderen 26 Schwesternfachschülerinnen des 1. Studienjahres und versuche, aus einer gestärkten weißen Halbkreisfläche mit aufgesticktem roten Streifen ein Häubchen zu falten. Selbiges ist sodann hinten zuzubinden und mit zwei Haarklemmen am Kopf zu befestigen. Mein Gebilde, das sich zu seltsamen Trichterformen aufwölbt, wird nie und nimmer eine Haube! Die Ersten haben es geschafft, eine trägt ihr Häubchen bereits auf dem Kopf und marschiert zum Eimerfassen auf die Station. Wir sollen lernen, die Patiententische und Betten mit Desinfektionsmittel zu reinigen. Ich biege und falte, haue entnervt auf die Haube, bis eine Schwester mir grinsend zu Hilfe eilt.

Wie schön ist es da doch in der Fachschule! Nach sechs Wochen Praxis haben wir sechs Wochen Schule. Da lernen wir, wie man sich am besten bei einem Atombombenabwurf schützt, aus welchen Teilen der menschliche Körper besteht, wie Demokratischer Zentralismus in einer Diktatur des Proletariats funktioniert und die Sprache unserer Freunde. Meine Russischkenntnisse sind frappierend angewachsen, nunmehr lernen wir über Kopfhörer im Sprachkabinett, und beim Empfang russischer Delegationen im Krankenhaus darf ich die Gäste auf unsere Sehenswürdigkeiten hinweisen. Alles besser als Haubenfalten. Freiwillig habe ich den Posten der Wandzeitungsgestaltung übernommen, den ohnehin keiner haben wollte. Ich klebe und bastle zweiwöchentlich aus Schnipseln des Neuen Deutschland, der Jungen Welt und des Jugendmagazins Neues Leben ein buntes Potpourri von Informationen und Bildern zusammen, bis hin zu Einladungen in unsere Lieblingsdisko Lindenhof.

Als die Hauben zwei Streifen tragen, bin ich schneller, aber noch beulen und wuchten sie an manchen Stellen aus der Form. Wir lernen Blut-Abnehmen und Spritzen-Geben, schmieren Brötchen, drehen Tupfer und waschen Instrumente aus. Im Herbst müssen wir für ein paar Tage in ein Lager, Katastrophenübung. Ein Flugzeug soll abgestürzt sein, überall im Wald liegen geschminkte Verwundete herum, denen Zettel an Brust oder Schulter geheftet sind. »Offene Bauchverletzung, flacher Puls« oder »bewusstlos, Puls nicht mehr fühlbar«. Eine hat einen wunderbar gestalteten offenen Beinbruch, aus dem ein Plastikknochenstück herausragt. Unschlüssig laufen wir von einer Schauspielerin zur anderen und beraten. Wir müssen innerhalb weniger Minuten entscheiden, wen von »unseren« zehn Verletzten wir zuerst retten wollen, und wen gar nicht. Wir haben nur fünf Tragen. Aus der Ferne hören wir die Befehle der anderen Gruppenführerinnen, sehen Mädchen mit vollen Tragen flitzen.

Unsere Gruppe macht alles falsch, wir retten die Tote und die Schwerstverletzte, die es auch nicht schaffen würde, lassen die Leichtverletzten liegen. Vor dem letzten Platz rettet uns nur die Sauberkeit unserer Bungalows. Wir ziehen als vorletzte von 32 Gruppen zur wohlverdienten Lagerabschlussfeier mit Filmvorführung »Kramer gegen Kramer«, anschließend Disko.

Wir arbeiten in Schichten, oft feiertags und an den Wochenenden. Wir trinken und tanzen in den Clubs der Stadt, sind verliebt oder haben Liebeskummer. Wir rauchen heimlich im Klo. Wir sehen Menschen sterben. Wir sprechen Trost zu, wir leiden mit. Wir haben drei rote Streifen auf dem Häubchen. Es wird Sommer, die ersten von uns heiraten. Die Prüfungen sind hart, die Wege trennen sich. Wir kommen unter in der Chirurgie, dem OP, der Kinder- und der Inneren Station, jede hat einen Arbeitsplatz mit dreijähriger Bindung. Und endlich kommt der Tag, an dem ich von der Wäscherei meine neuen gestärkten Scheiben mit Bändchen in Empfang nehme.

Noch im Gehen falte ich ein Häubchen, tadellos, blendend weiß. Auf dem Flur meiner Station steht eine kichernde Schar Mädchen, die mit ihren einstreifigen Halbkreisen ringen. Ich geh grinsend auf sie zu. ■

In der Sowjetischen Besatzungszone hatte man 1946 begonnen, zusätzlich zu den kommunalen Berufsschulen Betriebsberufsschulen einzurichten. 1950 existierten bereits rund 700 dieser staatlichen Bildungseinrichtungen für den berufspraktischen und -theoretischen Unterricht von Lehrlingen. Sie waren den Betrieben angegliedert, verfügten über Unterrichtskabinette für den theoretischen Unterricht, meist unterstanden ihnen auch Lehrwerkstätten für die berufspraktische Ausbildung, und praktischerweise gab es oft auch gleich das Lehrlingswohnheime nebenan.

November
Die Berliner Zeitung fragt erstmals nach den »Fernsehlieblingen«, die sie in ihrer Ausgabe vom 16. Dezember veröffentlicht.

November
Bei der V. Internationalen Dokumentar- und Kurzfilmwoche in Leipzig geht der Große Preis an den kubanischen Film »Geschichte eines Balletts«.

Dezember
Im Friedrichstadtpalast findet eine Gala zum zehnjährigen Bestehen des Fernsehens statt – Walter Ulbricht wird begrüßt.

Dezember
Die Intershop-Handelsorganisation wird gegründet. Einkaufen dürfen nur Ausländer mit konvertierbarer Währung.

Dezember
In Zwickau beginnt die Produktion des Trabant P 60. Bis 1965 werden 106 628 Stück gebaut.

Dezember
Der Ministerrat beschließt ein Wohnungsbauprogramm.

Schule des Lebens

1963

Januar
Die DDR und Kuba beschließen die Umwandlung ihrer Missionen in Botschaften. Die DDR unterhält jetzt mit 13 Staaten diplomatische Beziehungen.

Januar
VI. Parteitag der SED. Walter Ulbricht wird erneut zum Ersten Sekretär der Partei gewählt.

Januar
Nikita Chruschtschow, der zum Parteitag angereist ist, besichtigt am Checkpoint Charlie die Mauer.

Februar
Das »Sportecho« wird Tageszeitung.

März
Ein neues politisches Fernseh-Magazin startet: »Prisma«, zunächst von Gerhard Scheumann, später von Karl-Heinz Gerstner moderiert.

März
Grenzsoldaten entdecken in Glienicke einen Fluchttunnel. Zwei Tage zuvor sind hier 13 DDR-Bürger geflüchtet.

Gysi ist eigentlich Rinderzüchter. Und mancher meint, er hätte es besser bleiben sollen. Diestel, der prominente Rechtsanwalt, ist ebenfalls gelernter Rinderzüchter. Und mancher andere auch. Oder Maurer. Oder Spezialglasfacharbeiter wie ich beispielsweise. Die Erst-Profession rührt aus einer Zeit, als die Volksbildung verschiedene reformpädagogische Überlegungen ausprobierte. Die fußten in der Regel auf der sinnvollen Verbindung von Schule und Leben und brachten unter anderem die polytechnische Oberschule hervor. In den 60er Jahren wollte man dieses Prinzip auf die höhere, also die erweiterte Oberschule, ausdehnen. Mit dem Abitur nach zwölf Schuljahren sollte es auch einen Facharbeiterbrief geben. Die Theorie ist bekanntlich das eine, die Praxis das andere.

Bereits in der 8. Klasse, bevor man von der POS die EOS wechselte, musste man sich für einen der angebotenen Ausbildungsberufe entscheiden. Die hingen natürlich von der Struktur in der Region ab. Bei uns konnte man Maurer, Elektriker und ähnliches werden. Oder für den größten Betrieb im weiten Umkreis votieren. Das war das Flachglaskombinat mit einigen Tausend Beschäftigten. Weshalb ich mich entschloss, Spezialglasfacharbeiter zu werden, vermochte ich weder damals noch heute schlüssig zu begründen. Bedauert habe ich es nie. Unsereiner wurde dadurch auf überzeugende Weise »geerdet«. Man erlebte nicht nur die idealisiert dargestellte, heroisierte Arbeiterklasse, sondern wurde deren Teil. Spürte, wie die Menschen tickten, die die Werte in der Gesellschaft schufen und auf deren Arbeit alles gründete. Sah, wie die Proleten miteinander umgingen, meist derb, direkt und zotig, begriff, was ihnen wichtig, was unwichtig war, wie sie liebevoll über ihren Kleingarten und die Karnickel sprachen, die sie dort züchteten, und über die »da oben« höhnten. Zugleich aber spürte man auch das Zupackende, die bedingungslose Entschlossenheit in entscheidenden Momenten. Eh, pass uff, am Wochenende wird die Scheiße hier weggeräumt, damit die Baukolonne am Montag die Wanne abreißen kann. Drei Tage später und wir können den Plan vergessen. Wat, du hast am Sonntag schon was vor? Is nich. Entweder du tanzt hier an wie wir alle, oder du schrubbst ein Vierteljahr Nachtschicht. Ham wir uns verstanden? …

Das war unmittelbares Eigentümerbewusstsein und Verantwortungsgefühl. Man war sich seines Platzes in der Gesellschaft bewusst und forderte selbstbewusst auch den Respekt ein, den diese Rolle erheischte. Mit diesem ausgeprägten Gerechtigkeitsempfinden hatte jeder Kombinatsdirektor zu kämpfen. Über »Demokratie am Arbeitsplatz« sprach keiner, den Begriff kannte keiner. Aber sie war existent.

In der ersten Zeit der Lehrlingsausbildung waren wir eine Woche im Kombinat und drei in der Schule. Die Folge: Im Betrieb vergaßen wir den Schulstoff und in der Schule, was wir über die Glasherstellung gelernt hatten. Daraufhin wurde umgestellt. Jede Woche einen Tag in der Produktion, den Rest in der Schule. Aber auch das war nicht sehr sinnvoll. Nun, man brachte das Experiment mit Anstand zu Ende. Die Jahrgänge, denen man es zugemutet hatte, erhielten am Ende der 12. Klasse ihre Hochschulreife bescheinigt und den Facharbeiterbrief ausgehändigt. Dann aber zog man es vor, die Sache anders anzugehen: Nach der 10. Klasse konnte man sich für einen zweijährigen Abiturgang an der EOS entscheiden oder für eine Berufsausbildung mit Abitur, was ein Jahr länger dauerte.

In jener Zeit produzierten wir neben dem Tafelglas auch Windschutzscheiben für Fahrzeuge und Fassadenverkleidungen. Darunter auch die Scheiben für das RGW-Gebäude in Moskau. Als Lehrlinge standen wir an der Maschine, die die Tafeln mit Farbpulver beschichtete. Jungs, sagte der Brigadier, arbeitet ordentlich. Die Scheiben sollen den Rat überleben.

Der Mann behielt recht. Er besaß das feine Gespür seiner Klasse. ■

Nur kurze Zeit, nämlich für die Schüler der Einschulungsjahrgänge 1954 bis1958, galt die Regelung, dass gleichzeitig während des vierjährigen Besuches der Erweiterten Oberschule eine Berufsausbildung erfolgte. Die Abiturjahrgänge 1966 bis 1970 erhielten also zu ihrem Abi-Zeugnis auch ein Facharbeiterzeugnis.

April.
Zum ersten Mal nach dem Krieg findet wieder eine Tagung der Shakespeare-Gesellschaft in Weimar statt.

Mai
Bei der XVI. Internationalen Friedensfahrt siegt Klaus Ampler in der Einzelwertung, die DDR in der Mannschaftswertung.

April
Nach dem Fernsehen hat nun die DEFA den Roman »Nackt unter Wölfen« von Bruno Apitz verfilmt, Regie Frank Beyer.

Mai
Die Einführung einer »Arbeiter-und-Bauern-Inspektion« als »Gesellschaftliches Kontrollorgan« wird beschlossen.

Juni
Die DDR gewinnt die letztmalig ausgetragene Weltmeisterschaft im Feldhandball gegen die BRD.

1963

Juni
Nach achttägigen Verhandlungen in Peking vereinbaren Vertreter aus China und der DDR einen Austausch von Wissenschaftlern und Fachleuten.

Juni
Alle Pioniereisenbahner erhalten Uniformen nach dem Muster der Deutschen Reichsbahn.

Juni
Valentina Tereschkowa, die erste Frau im Weltall, umkreist in »Wostok 6« die Erde.

Juni
Auf der Wirtschaftskonferenz des ZK der SED werden die Richtlinien für das »Neue Ökonomische System der Planung und Leitung« beschlossen. Qualität soll an die Stelle der bisherigen »Tonnenideologie« treten. Die Betriebe bekommen mehr Spielraum bei der Materialbeschaffung, bei Kreditaufnahmen, Preisfestsetzung und Absatz.

Mit der Maurerkelle zum Studium

1969 war es, ich war in der neunten Klasse, da schrien die Berufsberater begeistert auf die vor ihnen lümmelnden pickligen Schüler ein: Aber ja! Klar kannste Klempner werden. Auf dem Bau! Und Elektriker, na selbstverständlich: auf dem Bau! Schlosser? Auf dem Bau! Technischer Zeichner, Sekretärin, Kraftfahrer, Tischler … alles, was du willst. Auf dem Bau!

Nicht erst mit Honeckers Wohnungsbauprogramm hatte die Baueuphorie das Land ergriffen; die DDR war 40 Jahre in Bau- und Aufbaulaune. Und immer fehlte es an Arbeitskräften. So war jeder willkommen – natürlich auch vor und nach 1969, als ich gerade dran war.

Die »richtigen« Abiturienten hatten sich nach der achten Klasse zur Erweiterten Oberschule abgemeldet, übriggeblieben waren jene, die es zum Abitur nicht bringen würden – weil sie nicht wollten, weil sie nicht konnten, oder eben, weil sie nicht durften. Sie, diese letzteren, fühlten sich als die kommende, aber bereits verkannte intellektuelle Elite des Landes. Und sie hatten alles, was man für dieses Selbstbewusstsein brauchte. Sie hatten schlechte Zensuren, denn Musik, Bücher und abendelanges Rumhängen waren ihnen lieber als die langweilige Schule. Sie waren vom Staat geächtet, denn sie waren keine Arbeiterkinder, keine Kinder von Prominenten, Funktionären, Proporz-Pastoren, Chefärzten, die es trotz mangelnder proletarischer Abkunft und kraft Beziehungen immer noch schafften zur Oberschule – »auf die EOS« nämlich, wie das Gymnasium nach Brechung des bürgerlichen Bildungsprivilegs hieß. Und sie hatten Berufswünsche wie Künstler, Literaturwissenschaftler, Journalist, Schauspieler, Arzt. Das alles konnte man nun wirklich nicht werden auf dem Bau. Aber der Staat und seine Parias konnten einander nützlich sein: Man kam als begehrte Arbeitskraft an das nicht minder begehrte Abitur. Diese Gruppe profitierte nämlich von einer Einrichtung, die es noch nicht lange gab; sie hieß: Berufsausbildung mit Abitur. Lehrer und Berufsberater waren froh; sie brauchten frische Maurerlehrlinge. Und die Eltern waren es auch, denn Sohnemann machte nun doch noch Abitur. Und dazu lernte er sogar was Ordentliches, denn man weiß ja nie … So war allen geholfen. »

Juni
Verordnung über »Maßnahmen zum Schutze der Staatsgrenze«. Errichtung eines Grenzgebietes zwischen Westberlin und der DDR.

30. Juni
Walter Ulbricht wird 70. Fast alle Partei- und Regierungschef des Ostblocks kommen, auch Nikita Chruschtschow. Das Theater Halle führt Walter Ulbricht zu Ehren das Lustspiel »Das Brigadekind« auf.

Juli
In Magdeburg eröffnet das erste Interhotel der DDR.

Juli
Beschluss zur Einrichtung von Spezialschulen und -klassen im mathematisch-naturwissenschaftlichen Bereich. Es gibt bisher Sport-Spezialschulen und Schulen mit erweitertem Russischunterricht.

August
Die Ausstellung »Schönste Bücher aus aller Welt« findet im neuerbauten »Messehaus am Markt« in Leipzig statt.

» Dann ging es los. Weiße Anzüge, Helme, Zollstock am Bein, Hammer in der Gürtelschlaufe, lässig-breitbeiniger Gang … Ich bin Arbeiter, wer ist mehr? Ein ungekanntes proletarisches Lebensgefühl ergriff diese heranwachsenden Intellektuellen und ließ sie auf die einstigen Mitschüler, die nun in der EOS weiter die Schulbank drückten, herabblicken. Man kann sich heute weder das Selbstmitleid noch andererseits das Überlegenheitsgefühl vorstellen, das die Jungs und Mädchen durchströmte, die da täglich in der kalten Morgendämmerung am Mörteltrog standen und im Kalk rührten. Auf zwei Wochen Schule folgte eine Woche Bau, und wenn die Gleichaltrigen von der Penne Schulferien hatten, dann standen wir auf dem Gerüst wie die anderen Arbeiter des Landes. Wir waren ja Lehrlinge und hatten nur den tarifgemäßen Urlaub. Wie denn? Mädchen auch? Tatsächlich, es gab nicht nur die paar Vorzeigekranfahrerinnen in der DDR, ein Viertel so einer Lehrlingsklasse war weiblich, mauerte und huckte, trieb Ziegel, flocht Bewehrungsstahl, warf Putz an die Wand, goss Beton und machte Mörtel weich wie die männlichen Lehrlinge auch. Nicht selten, besonders nach langen Sumpfnächten der frisch mit Bier getauften Jung-Proletarier, machten sie es besser und gründlicher als die.

Früh halb fünf durch die schlafende Stadt tuckeln, sommers wie winters, beim Umzug auf eine andere Baustelle das sperrige Werkzeug sichtbar auf dem Buckel und provozierend in die Gänge von Bus oder Straßenbahn geschoben – so bewegten wir uns lärmend und selbstbewusst durch ein Arbeitsleben, von dem wir wussten, dass es endlich war.

Wir hatten ein Arbeitsethos, das an Selbstkasteiung grenzte, abgeguckt von alten Bauarbeitern, und wir frönten einem Sport, der Krankschreibenlassen hieß. Beides ging unverständlicherweise gut zusammen. Wer bis früh um vier gezecht hatte, stand Punkt sechs an seinem Arbeitsplatz – auf Biegen und Brechen, oft nur auf Brechen. Dafür erntete man ringsum die gleiche Bewunderung wie für eine geschickt eingefädelte Krankschreibung – die Ärzte, bei denen man mit einer simulierten Sehnenscheidenentzündung oder Gastritis gut durchkam, waren bekannt. Aber man ging eben zu ihnen, wenn man das wollte – wegen einer Reise, eines Konzerts –, und nicht, wenn es einem schlecht ging. Das galt als verächtlich.

Auf dem Bau gab es Wind und Wetter, Dreck und Knochenarbeit, vorm 1. Mai trugen wir

1963

August
Die DDR tritt dem Abkommen über das Verbot von Kernwaffenversuchen in der Atmosphäre, unter Wasser und im Weltraum bei.

August
Der Wiederaufbau des Dresdner Zwingers ist abgeschlossen.

September
Vier Verordnungen zur Untermauerung des neuen Wirtschaftskurses: Einführung des Drei-Schicht-Systems, Zusatzurlaub bei Planerfüllung, Verlängerung des Schwangerschaftsurlaubs für berufstätige Frauen auf 14 Wochen, Rentenerhöhung.

September
Das Politbüro verabschiedet ein Jugendkommuniqué. »Der Jugend Vertrauen und Verantwortung!«

September
Premiere der legendären Felsenstein-Inszenierung von Offenbachs Oper »Ritter Blaubart« an der Komischen Oper.

Die begehrtesten Lehrberufe bei den Jungen waren KFZ-Schlosser, bei den Mädchen Friseuse. Mitte der Siebziger kamen jährlich rund 7500 Jungen und 1500 Mädchen zu diesen, ihren Traumberufen. Immerhin 26 000 Jungen und Mädchen erlernten einen Bauberuf, unter ihnen auch etliche, die sich für eine Berufsausbildung mit Abitur entschieden hatten. Das war eine Möglichkeit, nach Ablehnung für die Erweiterte Oberschule doch noch die Hochschulreife oder aber beste Voraussetzungen für das Studium in einer entsprechenden Fachrichtung zu erlangen. Nach drei Jahren Lehrzeit hatte man auch sein Abitur in der Tasche.

eine rote Nelke am Helm wie die Bauarbeiter auf den Plakaten, aber leider: das war verboten und brachte viel Ärger – die Nelke sollte am 1. Mai noch frisch sein. Meist machte es Spaß wie Ferienlager, denn für uns Jugendliche war der Bau ein großer Abenteuerspielplatz. Die Berufsschule erwies sich am Ende als der weitaus schwierigere Teil. In drei Jahren mit nicht so sehr vielen Schulwochen war das volle Abiturprogramm zu bewältigen, dazu die Facharbeiterausbildung: Technologie, Fachrechnen, Werkstoffkunde …

Die Zeugnisse waren am Ende das gleiche wert wie die der Oberschüler, aber für uns waren sie unendlich viel wertvoller. Wir fanden, dass wir nicht auf Kosten der Arbeiterklasse studieren würden, wie man Abiturienten gerne vorhielt. Arbeiterklasse, das waren wir selber!

Später dann, beim Studium, zogen die gelernten Maurer noch einige Semester lang wochenends oder in den Ferien auf private Baustellen, zum Eigenheimbau, um sich das Stipendium aufzubessern. Mit der Zeit ließ das nach, aber manch einer hat noch heute irgendwo im Keller sein altes Reibebrett, die Kartätsche und die Kelle hängen. Für alle Fälle. ■

Oktober
DEFA-Märchenfilmpremiere »Frau Holle«.

November
Margot Honecker wird Volksbildungsministerin.

Dezember
Unterzeichnung des 1. Passierscheinabkommens zwischen der DDR und dem Senat von West-Berlin. Damit öffnen sich erstmals seit dem Mauerbau die Sektorenübergänge.

Dezember
Walter Ulbricht erklärt seine Bereitschaft zu Verhandlungen mit Bundeskanzler Ludwig Erhard.

Dezember
Feierliche Inbetriebnahme der Erdölleitung »Drushba« in Schwedt.

Dezember
DEFA-Filmpremiere »Karbid und Sauerampfer« mit Erwin Geschonneck und Marita Böhme.

Nur »Abhängen« in der Freizeit, das gab es nicht. Der Forderung nach »sinnvoller Freizeitgestaltung« standen entsprechende Angebote gegenüber. Bereits 1948/49 wurden die Betriebe verpflichtet, Kulturräume und -häuser bereitzustellen. 1963 verlangte der Kulturminister von den Leitern kultureller Einrichtungen, Jugendklubs zu eröffnen, ein Jahr später existierten bereits 500. Anfang der siebziger Jahre entstanden zunehmend »Jugendklubs der FDJ«, es gab auch Jugendklubs bei der URANIA, bei Bibliotheken und Theatern, in Wohnheimen der Studenten und Lehrlinge und an Schulen. Foto: Im Dezember 1976 verschönern Mädchen und Jungen des Klubrates vom Haus der Jugend »Ernst Thälmann« in Neubrandenburg ihr Freizeitdomizil.

Dialog mit den Urenkeln

Man kennt das ja: Die Klingel, die das Ende der letzten Schulstunde verkündet, war schon immer beliebt. Mädchen und Jungen stürzten aus dem Gebäude – ob zum Mittagessen, zum Spielplatz oder um nach Hause zu gehen. Aber wenn es nachmittags die Kinder und Jugendlichen jenseits der Hortbetreuung doch noch in der Schule hielt, dann konnte das gute Gründe haben: Einer davon war der Schulklub.

In den meisten der zehnklassigen allgemeinbildenden und auch an den erweiterten Oberschulen im Lande gab es solche Initiativen, die ohne großen Aufwand, aber mit viel persönlichem Engagement Kultur und Unterhaltung jenseits des offiziellen Unterrichts beisteuern sollten. Meist wurde der Essensraum, in dem auch die tägliche Schulmilch ausgegeben wurde, zugleich als Klubraum genutzt. Poster an den Wänden, ein Plan mit den Veranstaltungen an der Tür und natürlich ein Tresen, an dem Cola oder Limonade ausgeschenkt wurden, sorgten für eine gemütlichere Atmosphäre. Der Klubrat, der sich aus einer Handvoll Schüler zusammen-

1964

Januar
Die Ausgabe neuer Personalausweise mit dem Eintrag »Bürger der Deutschen Demokratischen Republik« beginnt.

Januar
Walter Ulbricht schreibt an Bundeskanzler Ludwig Erhard über den Vertrag zwischen BRD und DDR über den Verzicht auf Kernwaffen. Der Brief wird ungeöffnet zurückgeschickt.

Januar
Der DEFA-Kinderfilm »Lütt Matten und die weiße Muschel« nach Benno Pludra hat Premiere.

Januar / Februar
Olympische Winterspiele in Innsbruck. Ortrun Enderlein und Thomas Köhler gewinnen Goldmedaillen im Rennschlitten-Einsitzer.

Februar
Der Kleinroller KR 51, die »Schwalbe«, geht in Serie. Er ist das erste Modell der beliebten »Vogelserie« (Spatz, Star, Sperber, Habicht).

setzte, hatte bei der Programmgestaltung vergleichsweise freie Hand. Vom Kuchenbasar, für den die Eltern Leckereien mitschickten, oder von Spenden aus den Betrieben einiger Eltern wurde die Ausgestaltung finanziert, selber zu Malern war Ehrensache. Am Nachmittag oder auch am Abend gab es regelmäßig Diskos. Aber auch Diskussionen und Vorträge gehörten zum Repertoire des Klubs. Bei uns trat beispielsweise Waldemar Cierpinski auf, jener Marathonläufer, der es neben dem Äthiopier Abebe Bikila bislang als einziger schaffte, zweimal in Folge die Olympischen Spiele zu gewinnen. Wir wollten wissen, wie das war mit dem Läufen in Moskau und Montreal, wie er trainierte, und was er für seinen zweiten Sieg bekommen hatte: »Einen Trabi«, verriet er uns. Und natürlich war es etwas Besonderes, Olympisches Gold einmal selbst in den Händen zu halten: wenn auch nur für einen kurzen Augenblick.

Später, während des Abiturs Mitte der achtziger Jahre, waren die Themen dann andere, auch ernsthaftere. Zu uns wurden Ausländer eingeladen, die über ihr Leben in den DDR berichteten: ein Ungar, der als Wirtschaftsfachmann in der DDR arbeitete und viel in Europa herumkam. Ein Palästinenser, der wegen des Nahostkonflikts aus seiner Heimat hatte fliehen müssen. Wir luden DT64-Reporter ein, die tatsächlich erschienen und von unseren Diskussionen berichteten. Ermutigt von der neuen Offenheit, die mit Gorbatschow in der Sowjetunion Einzug gehalten hatte, schrieben wir einen Brief an den legendären Wissenschaftler Jürgen Kuczynski, der mit seinem Buch »Dialog mit meinem Urenkel« viele Tabuthemen berührt hatte. Wir fragten ganz einfach an, ob er uns nicht zu einer Veranstaltung besuchen wolle. Was keiner glaubte, wurde wahr: Kuczynski – der einerseits Honecker beriet und zugleich sein größter Kritiker war – schrieb zurück, dass er gerne kommen würde und im Übrigen das Land in Sachen Offenheit »schon bald der Sowjetunion folgen« werde. Und so machte sich der damals 83-Jährige in die Provinz auf und stellte sich den Fragen von uns 18-Jährigen.

Ein Fotograf gibt den Mitgliedern des Fotozirkels vom Dorfklub Steinpleis Tipps zum Umgang mit der Kamera.

Einmal bestätigt in dem, was alles so möglich war, legten wir nach. Wir schrieben Erik Neutsch, dem aus unserer Stadt stammenden Schriftsteller, einem der damals wichtigsten Autoren des Landes. Er schickte eine vorgedruckte Postkarte zurück: keine Zeit. Dann fragten wir bei Willi Sitte an. Sitte, einer der berühmtesten Maler der DDR und Vorsitzender des Verbandes bildender Künstler, sagte spontan zu. Als wir seine Sekretärin im Büro anriefen, wollte sie wissen, wo denn diese Schule sei. Das hänge davon ab, mit welcher Straßenbahn er komme, antworteten wir im Gegenzug – und sorgten angesichts jugendlicher Naivität für ein herzhaftes Lachen. Sitte wurde mit dem Auto gebracht und verbrachte zwei Stunden mit uns. Er erzählte, wie er aus der Wehrmacht geflohen war und als Partisan gekämpft hatte, wie er als Künstler quer durch Europa gereist war, er diskutierte mit uns über Kunst und erklärte, warum er es liebte zu malen.

An diesem Nachmittag hörten wir keine Klingel das Ende irgendwelcher Schulstunden verkünden. ■

Februar
Zum ersten Mal findet ein Volkssporttag im Winter statt – mit 760 000 Teilnehmern.

März
Das VEB Chemiefaserwerk »Friedrich Engels« in Premnitz schlägt vor, den sozialistischen Wettbewerb zu Ehren des 15. Jahrestages der DDR unter das Motto »Dem Volke zum Nutzen – der Republik zu Ehren« zu stellen.

März
Über dem Thüringer Wald schießt ein sowjetischer Abfangjäger ein amerikanisches Militärflugzeug ab.

April
Die zweite Bitterfelder Konferenz berät über die Aufgaben der sozialistischen Nationalkultur der DDR, die zur Bildung sozialistischer Persönlichkeiten beitragen soll.

Mai
Das neue Jugendgesetz heißt »Gesetz über die Teilnahme der Jugend am Kampf um den umfassenden Aufbau des Sozialismus und die allseitige Förderung ihrer Initiative bei der Volkswirtschaft und des Staates, in Beruf und Schule, bei Körperkultur und Sport«.

1964

Mai
Das dritte und letzte Deutschlandtreffen der Jugend findet in Berlin mit 560 000 Jugendlichen statt. Das Jugendstudio DT 64 nimmt seine Tätigkeit auf.

Juni
Fünf große DDR-Verlage schließen sich zum »buchclub 65« zusammen, er arbeitet als Versandhandel.

Juni
Der Trabant 601 geht in Serienproduktion.

Juni
Der erste Frauenkongress der DDR berät über die Rolle der Frau beim Aufbau des Sozialismus. »Unsere Republik braucht alle Frauen – alle Frauen brauchen die Republik«.

Juli
Der Grundstein für den Bau der Chemiearbeiterstadt Halle-Neustadt wird gelegt.

Juli
Martin Luther King predigt in der Berliner Sophien-Kirche.

August
Die Ausgabe neuer Geldscheine beginnt. Sie zeigen Alexander von Humboldt, Schiller, Goethe, Engels und Marx.

September
Das Gesetz über die Nichtverjährung von Nazi- und Kriegsverbrechen wird von der Volkskammer der DDR beschlossen.

September
Der DEFA-Film »Der geteilte Himmel« nach Christa Wolf mit Eberhard Esche und Renate Blume hat Premiere.

Juli
Der Name der Währung der DDR wird von »Deutsche Mark der Deutschen Notenbank« in »Mark der deutschen Notenbank« geändert.

September
Der Ministerrat der DDR gibt bekannt, dass DDR-Bürger im Rentenalter jährlich eine auf vier Wochen beschränkte Besucherreise in die Bundesrepublik oder nach West-Berlin machen dürfen.

Bewaffneter Friede

Fahneneid an der Flottenschule »Walter Steffens« in Stralsund-Parow im Mai 1986, verbunden mit der symbolischen Waffen-Übergabe durch Angehörige der Kampfgruppen der Arbeiterklasse an junge Matrosen. An der Flottenschule wurden Matrosen und Maate für die Schiffs- und Bootsbesatzungen in verschiedenen Waffengattungen ausgebildet.

Die Frage, ob man »zur Fahne« gehen sollte oder es unterließ, stellte sich nicht. Ab 1962 erwischte es jeden. Bis auf Rudi, meinen Onkel. Der zählte zu den sogenannten weißen Jahrgängen. Für Adolf zu jung und für Heinz zu alt, wie seine Mutter, meine Großmutter, meinte. Obgleich eine sehr friedfertige und dem Militär keineswegs zugeneigte Frau, schwang in dieser gelegentlichen Feststellung stets ein gewisser Unmut mit. Die Bemerkung fiel immer dann, wenn der linkische Rudi mal wieder an einer praktischen Aufgabe gescheitert war. Großmutters Vater war unterm Kaiser Militärbeamter gewesen und hatte offenkundig seiner Tochter den Irrglauben vermittelt, dass die Armee Lehren fürs Leben erteilte. Sofern der Dienst nicht tödlich endete. Was er jedoch oft tat.

Gleichviel, die Vorstellung, dass die Armee aus halbwüchsigen Halbstarken ganze Männer mit Liebe zu Ordnung und Disziplin machte, schien unausrottbar und von vielen geteilt zu werden. Die durchaus mit Hoffnung ausgesprochene Drohung »Warte, bis sie dir bei der Fahne die Hammelbeine lang ziehen« begleitete auch mich. Dann kam eines Tages die Aufforderung per Postkarte, sich zur »Musterung« im Wehrkreiskommando einzufinden. Die Übergabe der Einladung wurde vom Vater garniert mit einem erstaunlichen Bericht, wie es ihm seinerzeit dabei ergangen war, denn ihn hatte die Strafe der frühen Geburt ereilt. Er hatte nicht das Glück seines jüngeren Bruders Rudi und durfte als Teenager noch etliche Zeit in Kriegsgefangenschaft zubringen. Davon kündete lediglich ein Brieföffner auf seinem Schreibtisch, den er dort im Lager gefertigt hatte. Ansonsten schwieg er über jene Jahre eisern. Nur als die Karte kam, brach er mit dieser Regel und erzählte von seiner eigenen Musterung. Er wäre 17 gewesen wie ich jetzt. Seine Geschichte schien mir bei Felix Krull geklaut. »Und die haben euch wirklich in den Arsch geschaut?« Er nickte und grinste.

Fortan fürchtete ich nichts so sehr wie jene kollektive Aufforderung einer Ärztekommission, meinen Oberkörper nach vorn zu neigen, damit sie eine bessere Aus- und Einsicht bekäme. Die Furcht erwies sich als unbegründet. Der medizinische Teil der Untersuchung war harmlos wie irgendwas. Ich will nicht hoffen, dass es den Weißkitteln einzig darum gegangen war, niemanden als untauglich abzustempeln. Die Senk-, Spreiz- und Plattfüße, die mancher schützend vorschob, waren kein Grund, sie nicht in Knobelbecher zu versenken. Tauglich, hieß es, und es gab in den Unterlagen einen entsprechenden Vermerk.

Die Runde mit den drei, vier Militärs, die sich Musterungskommission nannten, nahm streckenweise durchaus Anleihen bei Thomas Mann. Also doch. Allerdings simulierte nicht ich einen epileptischen Anfall – es entgleisten die Gesichtszüge der Uniformträger, als ich ungefragt erklärte, ich wolle drei Jahre freiwillig dienen, und zwar bei der Volksmarine. Üblicherweise bissen sie bei den meisten Jungs auf Granit, weil die nur ihre 18 Monate Grundwehrdienst abzuleisten wünschten, wie das Gesetz es befahl. Da aber eine Armee nicht nur aus Soldaten, sondern auch aus Unteroffizieren und Offizieren besteht, musste die Kommission zwangsläufig Längerdienende rekrutieren. Doch länger dienen wollte niemand. Anderthalb Jahre würde man seinem Vaterlande dienen, aber keinen Tag mehr. Und nun kam da plötzlich einer, der unaufgefordert den doppelten Einsatz anbot.

Das musste Irritationen auslösen.

1964

21. September
Otto Grotewohl stirbt, Willi Stoph wird als Nachfolger zum Vorsitzenden des Ministerrats gewählt.

September
Das Haus des Lehrers und die Kongresshalle am Alexanderplatz in Berlin werden eröffnet.

September
Der Wehrdienst ohne Waffe wird unter der Bezeichnung »Bausoldat« eingeführt.

Oktober
Der neuerbaute Amtssitz des Staatsrats am Marx-Engels-Platz wird eingeweiht. Blickfang ist das eingebaute Portal des Berliner Stadtschlosses, von dessen Balkon 1918 Liebknecht die sozialistische Republik ausgerufen hatte.

Oktober
Das Postleitzahlensystem wird eingeführt.

»Warum?«

»Ich bin überzeugt, dass gegenwärtig und überhaupt der Frieden bewaffnet sein muss. Die DDR ist ein Igel, ich fühle mich dem Tier verbunden.«

»Hä?«

»Nun, es hat einen effektiven Schutz, ohne aggressiv zu sein.«

»Sie wollen Biologie studieren?«

»Ja, Meeresbiologie. Und darum, denke ich mir, wäre die Volksmarine eine gute Vorbereitung. Und außerdem tue ich meinem Vaterland noch was Gutes.«

»Schönschön, junger Freund«, meldete sich daraufhin der Älteste, welcher bislang geschwiegen hatte. »Sie wollen also drei Jahre zur Volksmarine? Da sind Sie auf dem offenen Meer unterwegs.«

Ich nickte zustimmend. »Genau. Das Meer ist grenzenlos.«

»Willste vielleicht abhauen?« Die Frage kam scharf von rechts.

Ich schaute irritiert. Der alte Major machte eine wegwerfende Geste.

»Drei Jahre sind 1096 Tage. Eine lange Zeit.«

»Gewiss. Aber auch eine nützliche, wie ich finde.«

Der Raupenschlepper tuschelte mit seinen Nachbarn. »Akzeptiert. Drei Jahre Volksmarine. Der Nächste, bitte.«

So kam es, dass ich meinem Vaterland, das ich auch wirklich als ein solches empfand, mindestens 1096 Tage in blauer Uniform und in Treue diente. Im Frieden. Und ich bin unverändert überzeugt, daran meinen Teil gehabt zu haben.

In jener Villa in der Kreisstadt wird übrigens noch immer gemustert. Es gibt systemübergreifende Traditionslinien. Nur von einer ungebrochenen Kontinuität mag ich nicht reden. Die Jungs, die heute dort mit ihrer Vorladung erscheinen, sind nicht so gut dran wie unsereiner. Tauschen möchte ich mit ihnen wahrlich nicht. ■

Oktober
Zum 15. Jahrestag der Gründung der DDR beschließt der Staatsrat die Amnestie von 10 000 Strafgefangenen.

Oktober
Zu den olympischen Sommerspielen in Tokio tritt letztmals eine gesamtdeutsche Mannschaft an. Ingrid Krämer ist Fahnenträgerin. Die DDR-Sportler holen 3 Gold-, 11 Silber-, 5 Bronzemedaillen.

November
Ab sofort dürfen Rentner einmal im Jahr für vier Wochen im Jahr in die Bundesrepublik reisen.

November
In der Berliner Kongresshalle findet eine legendäre Veranstaltung im Rahmen der vom Verlag Volk und Welt initiierten Reihe »Jazz – Lyrik«, später »Jazz – Lyrik – Prosa« statt.

Dezember
Die DDR-Regierung führt für alle Besucher aus dem westlichen Ausland eine Mindestumtauschpflicht ein: Es müssen mindestens 5 DM pro Person und Tag bei einem 1:1-Wechselkurs von West- in Ostmark getauscht werden, Rentner und Kinder ausgenommen.

Otto – Erfinder und Meister

Zehntausende säumten die Straßen der Friedensfahrt und jubelten. Die Kinder lärmten am lautesten und wollten am liebsten den Rennfahrern mit ihren Rollern folgen. Meinte jemand: Sie könnten vornweg fahren, denn die Straßen sind zwei Stunden vorher gesperrt. So wurde die »Kleine Friedensfahrt« erfunden. Wer einen fahrbaren Untersatz auftrieb, meldete sich, und da die Zuschauer meist lange vor den Rennfahrern erschienen, hatten schon die Teilnehmer der »Kleinen Friedensfahrt« ein begeistertes Publikum. Bald tauchte eine neue Idee auf: Warum »Kleine Friedensfahrt« nur da, wo die Rennfahrer langkamen? Man versuchte sich hier und da, scheiterte aber daran, dass es an der Erfahrung fehlte, die man braucht, um ein Radrennen zu organisieren. Da müssen die Altersklassen eingeordnet werden, gefährliche Kurven umgangen, vor allem aber die Straßen vorübergehend gesperrt werden. Eines Tages erschien im Anhaltinischen Otto auf der Bildfläche und schaffte alle Probleme aus der Welt. Kein Beschluss der Partei, keine Rückfrage bei den Sicherheitsorganen, sondern nur Otto und sein guter – unbezahlter – Rentnerwille. Um die Dimensionen klarer werden zu lassen: Es gab Jahre, in denen Zehntausende Kinder und Jugendliche den Friedensfahrern nacheiferten!

Wer nun dieser Otto war? Mit vollem Namen hieß er Otto Nitze, in seinen Jugendjahren war er Radrennfahrer, wurde sogar von den Profis engagiert und träumte immer davon, einmal als Sieger über den weißen Zielstrich zu fahren. Irgendwann in den dreißiger Jahren war er ganz nahe daran, seinen Traum zu verwirklichen. Bei der schweren Harzrundfahrt hatte er sich in die Spitzengruppe gestiefelt, und als die letzten harten Anstiege vorüber waren, kam der Traum immer näher. Sie waren nur noch zu fünft, und es ging nur noch bergab, hinunter nach Magdeburg, wo das Ziel war. Plötzlich riss der Schweizer Suter den Arm hoch – Reifenschaden. Otto mag sich vielleicht sogar ein wenig gefreut haben, denn nun waren sie nur noch zu viert! Aber diese stille Freude verging ihm in Sekunden. Suter fuhr im gleichen Rennstall wie Nitze, war aber als Schweizer für den Stall wichtiger und nützlicher als Nitze. Also rauschte der Mannschaftswagen heran und gab Otto Order,

1965

Januar
Das Institut für Meinungsforschung beim ZK der SED nimmt seine Arbeit auf.

Februar
DEFA-Filmpremiere »Die Abenteuer des Werner Holt« nach Dieter Nolls Roman mit Manfred Karge und Klaus-Peter Thiele in den Hauptrollen.

Februar
Die Volkskammer beschließt das »Gesetz über das einheitliche sozialistische Bildungssystem«, das die Organisation der Vorschulerziehung, der zehnklassigen polytechnischen Oberschulen, der Berufsschulen sowie der Universitäten und Hochschulen regelt.

Februar
Grundsteinlegung für den Bau der Prager Straße in Dresden.

abzusteigen und Suter sein Rad zu geben. Tränen der Verzweiflung in den Augen schob Otto Nitze Suters unbrauchbares Rad zum nächsten Bahnhof und stieg in den nächsten Personenzug nach Magdeburg. Danach träumte er nie wieder von einem großen Sieg und geriet langsam in Vergessenheit.

In den Nachkriegsjahren, als die neue Sportbewegung ihre ersten Schritte wagte, gab es keine Profiställe mehr und auch keine Stallchefs. Da machte sich Otto einen Namen als Übungsleiter, Trainer und Organisator. Und eines Tages nannte man ihn den »Erfinder der Kleinen Friedensfahrt«. Niemand machte ihm je diesen Ruf streitig. Wenn er aufbrach, hatte er einen Koffer voller Startnummern bei sich, in dem auch eine Glocke steckte, mit der er zum Spaß aller die letzte Runde einzuläuten pflegte. An jedem Wochenende zog er von Kreisstadt zu Kreisstadt und lehrte, wie man Radrennen organisiert und damit die Jugend begeistert.

Auf dem Magdeburger Westfriedhof endete Otto Nitzes letzte Fahrt. Die Rennställe, für die er sich so manches Mal harzauf gequält hatte, hatten ihn längst aus ihren Listen gestrichen und vergessen. Kein Blumenstrauß kam von ihnen. An seinem Sarg aber standen viele Freunde, die er in der zweiten Hälfte seines Lebens gewonnen hatte: Weltmeister, Friedensfahrtsieger, Olympioniken, Rennfahrer, die er für den Radsport begeistert hatte.

Auf dem Sarg lag ein Samtkissen mit den Auszeichnungen, die ihm die neue Sportbewegung verliehen hatte. Die höchste ganz oben, die für den Verdienten Meister des Sports. Wenn je dieser Titel zu Recht verliehen worden war, dann an ihn, den Erfinder der Kleinen Friedensfahrt. ■

Radsportlegende Täve Schur gibt im Jahr 2009 seiner Freude Ausdruck: »Die Kleine Friedensfahrt ist in den neuen Bundesländern nach wie vor populär. An die zehn dieser Nachwuchsrennen fanden dieses Jahr statt. Ich war bei einigen dabei und war angetan von der Begeisterung. Am 1. Mai waren in Elsterwerda über 200 Vor- und Grundschulkinder auf verschiedenen Strecken am Start.«

Februar / März
Auf Einladung von Präsident Nasser wird Ulbricht in Ägypten erstmals in einem nichtsozialistischen Land mit allen Ehren eines Staatsoberhauptes empfangen.

Februar
Nach Motiven von Leonhard Frank in der Regie von Jo Hasler dreht die DEFA »Chronik eines Mordes« mit Angelica Domröse und Ulrich Thein.

März
Der erste Teil der vierteiligen Fallada-Verfilmung »Wolf unter Wölfen« wird gesendet. Die Besetzung ist hochkarätig: Wolfgang Langhoff, Inge Keller, Ekkehard Schall, Armin Mueller-Stahl, Jürgen Frohriep.

März
Louis Armstrong mit seiner All-Star-Band gibt im Friedrichstadtpalast sein erstes von insgesamt 16 Konzerten seiner Tournee. Er ist der erste große US-Showstar, der in der DDR auftritt.

Meine Wege übers Land

In den großen Ferien fuhr ich stets für mehrere Wochen zu meiner Großmutter. Dort lebte eine großbäuerliche Verwandtschaft, da gab's einen Jungen meines Alters, er war mein Spielkamerad, und ich besuchte ihn fast jeden Tag. Eine Ernte-Szene von Frühkartoffeln ist mir in Erinnerung geblieben. Der Nachmittag war fast vorbei, die Schatten wurden länger, und die Umsiedlerfrauen, die auf dem Hof für Kost, Logis und ein wenig Bares arbeiteten, bückten emsig die Rücken. Auf dem Nachbarfeld hingegen machten die Habenichtse von der LPG den Rücken gerade und brachen in den Feierabend auf. Es ist die Gegend um das dazumal berühmte Dorf Merxleben mit der ersten Genossenschaft in der DDR. Deren Name war »Walter Ulbricht«, der sich im Jahre 1955 dort mit großem Protokoll gewissermaßen selbst besuchte.

1965

März
Premiere der legendären Inszenierung des Stückes »Der Drache« von Jewgeni Schwarz mit Eberhard Esche und Rolf Ludwig am Deutschen Theater Berlin.

April
Der Dietz Verlag veröffentlicht den ersten Band einer vierzigbändigen Lenin-Ausgabe.

April
Erste Beatles-Langspielplatte bei AMIGA.

Mai
Der FDGB-Feriendienst meldet den 15millionsten Urlauber.

Juni
Staatsbesuch des jugoslawischen Staatspräsidenten Josip Broz Tito.

Juni
Im Bezirk Frankfurt/Oder finden die 7. Arbeiterfestspiele statt.

Der Altbauer kam auf seinem Lanzbulldog angetuckert, um bei seiner Truppe nach dem Rechten zu sehen. Zehn Minuten lang zeigte er den Frauen, wie flott man Kartoffeln lesen kann, vor allem, wenn man das nicht schon den ganzen Tag getan hat. Als die Hungerleider von Ulbrichts Nachbaracker auf ihren Gummihänger gestiegen waren und losfuhren, begleitete sie das Lächeln der Unsrigen, angeführt von unserem hohnlachenden Chef. Der fuhr dann auch bald ab, wir blieben noch, Erntezeit, schwere Zeit.

Natürlich gab's beim Bauern immer gut zu essen, mehr und besser als zu Hause, und ich lernte schon mit zehn Jahren Traktorfahren. Das kam mir später bei den ungezählten herbstlichen Ernteeinsätzen während meiner Oberschul- und Studentenzeit sehr zugute. Ich brachte es bei den LPG-Bauern als willkommener Aushilfs-Traktorist so weit, mit zwei Anhängern einigermaßen punktgenau rückwärts fahren zu können. Als wir das erste Mal nach Mecklenburg kamen, waren dort viele der Äcker und Höfe devastiert. Dieses amtliche Wort, ich kannte es bis dahin nicht, bedeutet: verwüstet. Die Eigentümer, Gutsbesitzer, Verwalter, Groß- und Mittelbauern, waren über alle Berge, und die wenigen Leute von der jeweilig zuständigen LPG bestellten die verlassenen Äcker schlecht und recht mit. Während bei uns zu Hause die Kartoffelsorten fein säuberlich getrennt angebaut wurden, Namen hatten (Adretta, Aqilla, Ackersegen) und mehlig kochend oder für Sa-lat geeignet, war hier alles durcheinandergemischt.

Die kühlen und klaren Spätsommermorgen in Mecklenburg waren wunderbar, an den freien Nachmittagen gingen wir baden (FKK), die Mädchenschar aus Klasse oder Seminargruppe war in der Nähe oder dabei, Bier und Schnaps in der Kneipe schmeckten, die Lehrer waren rührend um unser Wohl besorgt. In einer denkwürdigen Nacht beobachteten wir den soeben in den Himmel geschossenen Sputnik Nummer eins. Das ungewohnte Essen (Grützwurst zum Beispiel) schmeckte gut. Irgendwann sollten wir die Bauern dazu bringen, ihre Ochsenkopf-Antennen auf den Dächern zu drehen. Statt auf unsere mühsam zurechtgelegten Argumente zu hören, drohten sie kurzerhand damit, den Hofhund loszumachen. Aber abends in der Kneipe saßen wir wieder friedlich beisammen – wir wurden ja wirklich gebraucht.

Im Laufe der Jahre ging's aufwärts, die DDR kam auf dem Lande mit den Problemen immer besser klar, und die Gesprächsinhalte änderten sich: Wo ein Feldweg von den großen Maschinen ausgefahren war (die letzten Pferde hatten wir allerorts in den Ponybars längst aufgegessen), fuhr der Traktorist einfach daneben einen neuen, das private Land war's ja nun nicht mehr, aber das eigene eben doch. Der schwere Russentraktor, der einen Sechsscharpflug ziehen konnte, verfestigte den Boden, der deshalb schlechter atmen konnte und weniger hergab. Die Industrialisierung der Landwirtschaft schritt fort, Stallungen und Felder wurden immer größer, die Gülle musste über immer größere Strecken gefahren werden.

»Ernteschlacht« und »Erntekapitän« empfand ich als Agitationsworte. Ein wenig mehr Sachlichkeit hätte der Sache gutgetan, dem Volke aber mitzuteilen, wie weit die Bauern mit der Ernte waren und ob es im Winter genug Brot und Kartoffeln geben würde, war die schlechteste Art von Fernsehnachricht nicht. Und auch »Wege übers Land« war der schlechteste Fernsehroman nicht – besser jedenfalls als jene Sontagabend-Schmonzetten von heute mit dem imaginären Gestüt auf dem Lande als bevorzugtem Handlungsort. Kein Strittmatterscher Ole Bienkopp oder Martin Stades Windsucher ist in der Nähe.

Stades Geschichte im »Himmelblauen Zeppelin« vom Altbauern Vetter ist übrigens die allerbeste DDR-Geschichte vom Lande. ■

Hilfe bei der Ernte ist immer gefragt. Polen aber war ein Bruderland und nicht Lieferant unterbezahlter polnischer Erntehelfer. Da mussten die LPG-Bauern woanders um Hilfe bitten, zum Beispiel bei NVA-Soldaten und Studenten. Selbst Verwaltungs- und Industriebetriebe stellten Erntehelfer. Vor allem aber freuten sich die größeren Schulkinder auf einen Zuverdienst auf den Kartoffel- und Rübenfeldern an den Nachmittagen oder in den Herbstferien, die deswegen ja auch Stoppelferien hießen.

Juni
Aus Gesundheitsgründen tritt Außenminister Lothar Bolz zurück; sein Nachfolger wird Otto Winzer.

Juni/Juli
Erste Kreis-Kinder und Jugendspartakiaden in den Sommersportarten in allen Kreisen der DDR.

Juli
DEFA-Märchenfilmpremiere »König Drosselbart« mit Manfred Krug.

Juli
Abkommen mit Moskau über den Bau von Atomkraftwerken in der DDR.

Juli
In Neubrandenburg wird das »Haus der Kultur und Bildung« eröffnet.

August
Carl Zeiss Jena stellt für Sternwarten in der CSSR und der UdSSR neue Spiegelteleskope her.

Parteiloser Sekretär

Der RGW hatte es beschlossen, und so sollte es sein. Eine 2750 Kilometer lange Ergasleitung sollte von Orenburg nach Uschhorod an der sowjetischen Westgrenze führen, und die Bruderländer sollten sie miterbauen. Für die DDR war es die größte Investitionsbeteiligung ihrer Geschichte. Alle Kosten für ihren Bauabschnitt – die benötigte Technik für bis zu 10 000 Beschäftigte, die nötige Infrastruktur usw. – hatte sie zu tragen. Refinanziert wurde über die kostenlose Abgabe von Erdgas – übrigens bis über das Ende der DDR hinaus.

Hauruck, wir fahren nach Krementschug. Die Singeklub-Poesie schlägt sofort und erbarmungslos zu, als 1976 ein 500 Kilometer langer Abschnitt der RGW-Erdgasleitung als Jugendobjekt an die FDJ übergeben wurde. Der große Bruder hatte seine vielen kleinen Brüder gebeten, das Erdgas nicht mehr mit Rubeln, sondern gefälligst mit Mensch und Material zu bezahlen. Zwar werden dann an der Drushba-Trasse nur 250 Kilometer Leitung gebaut, aber alle 120 Kilometer musste eine Verdichterstation installiert werden. Und das waren jeweils kleine Betriebe. Selbstverständlich gehören Wohnungen, Straßen, Kindergärten und eine gewaltige Dispatcherzentrale mit zum Paket.

Der Rayonparteichef von Talnoje steht regelmäßig und zäh bei der Baustellenleitung auf der Matte, ob nicht auch noch ein kleines, schickes Stadion mit drin wäre. Das würde dann natürlich »Stadion der deutsch-sowjetischen Freundschaft« heißen. Da dieser Genosse Tschaika beim Kampf um Berlin 1945 Auge und Arm verlor, wird höchstes diplomatisches Geschick von den Baustellenchefs verlangt, den Befreier darauf hinzuweisen, dass in der DDR Planwirtschaft herrsche.

Die Episode, dass alle Bürgermeister mit der Frage vorstellig werden, an welcher Stelle der Abzweig für ihre Kommune geplant sei, wird nach Jahrzehnten wieder erinnerlich, als sich sehr viel Gas auf dem langen Weg durch die Ukraine in Luft auflöst.

Dem damaligen Jugendobjekt folgten noch weitere, und die letzten Erdgasleitungsbauer kehrten erst 1993 zurück.

Waren die ersten Trassenerbauer zumindest nach Schulungen noch von der sozialistischen Integration beseelt, sprach es sich sehr schnell herum, dass es nach zwei Jahren Montageeinsatz Wohnungen und Trabis ohne Warteliste gab und ein Teil des Lohnes aufs Genex-Konto ging, mit dem Westwaren gekauft werden konnten. Dass so eine Entpolitisierung die Bauarbeitermassen ergriff, kann zumindest mit einem Beispiel widerlegt werden.

In einem Wohnlager mit Dorfgröße findet sich überraschend problemlos ein ehrenamtlicher FDJ-Sekretär. Qua Amt gehört er auch der Parteileitung an und versitzt dort viele der

1965

August
Baubeginn des Fernsehturms in Berlin.

September
»Solange Leben in mir ist« – ein Film von Günter Reisch über Karl Liebknecht – kommt in die Kinos.

September
Die Messestadt Leipzig begeht ihr 800jähriges Jubiläum. Der gebürtige Leipziger Walter Ulbricht nimmt an den Feierlichkeiten teil.

Oktober
Das IOC beschließt auf Antrag des NOK der DDR, künftig eine eigene Olympiamannschaft der DDR unter gemeinsamer Fahne zuzulassen und erkennt das Nationale Olympische Komitee der DDR an.

lauschigen ukrainischen Abende. Das Unglück nimmt in Form einer Besprechung beim Komsomol seinen Lauf oder seine Fahrt, denn die endet per Moskwitsch in einem privaten Vorgarten, weil Wodka Auge und Reaktionsvermögen gelähmt hatte. Als es eine Parteistrafe geben soll, spaltet sich das Wohnlager. Dienstliches Saufen auf Geheiß des ruhmreichen Komsomol muss straffrei bleiben, meinen die einen. Außerdem seien auch die sowjetischen Verhandlungspartner alle wieder per Pkw abgefahren. Das sei so guter sowjetischer Brauch.

Jedenfalls setzt sich die Fraktion durch, die Verkehrsunfälle unter Alkohol prinzipiell mit dem Parteirauswurf ahndet. Dem Delinquenten kann das Parteibuch aber nicht sofort abgenommen werden, weil es generell bei der heimatlichen Leitung im Safe lag. Also bitten die Trassengenossen das ZK, alle notwendigen Schritte zu unternehmen.

Die Antwort vom Großen Haus aus Berlin: Wir wissen zwar nicht, wen ihr da rausgeschmissen habt, bei uns ist er jedenfalls nicht gemeldet.

Womit bewiesen ist: Es gab auch parteilose Parteileitungsmitglieder. ■

Oktober
ZK-Beschluss »Zu einigen Fragen der Jugendarbeit und dem Auftreten von Rowdygruppen«. Die offizielle Förderung des Beat wird zurückgenommen.

Oktober
Premiere von Hacks' »Moritz Tassow«, im Dezember beim SED-Plenum als »Pornografie von europäischem Rang« bezeichnet.

Oktober
Galerie Neue Meister in Dresden eröffnet.

Oktober
Manöver »Oktobersturm« der Warschauer Vertragsstaaten in Thüringen.

Oktober
»Beatdemonstration« in Leipzig: Hunderte Jugendliche protestieren gegen das Verbot von nahezu sämtlichen Beatgruppen in der Region, es kommt zu Festnahmen.

Oktober
Die Sendereihe »Der Staatsanwalt hat das Wort« startet – sie wird bis 1991 ausgestrahlt.

November
Die Diana Show Band (Mitbegründer Achim Mentzel) erhält Auftrittsverbot.

3. Dezember
Der Vorsitzende der Staatlichen Plankommission der DDR Erich Apel erschießt sich in seinem Dienstzimmer. Er sieht die Politik des »Neuen ökonomischen Systems der Planung und Leitung« durch ein langfristiges Handelsabkommen mit Moskau gefährdet. Nachfolger wird Gerhard Schürer.

1965

November
Das Zentrale Institut für Arzneimittelwesen lässt die Anti-Baby-Pille »Ovosiston« von Jenapharm zu.

Dezember
11. Plenum des ZK der SED: Erich Honecker propagiert eine »Saubere Leinwand« – Verbot von 12 Filmen. Die zweite Etappe des Neuen Ökonomischen Systems wird beschlossen.

Eine friedliche Lösung

Was immer man der DDR nachsagen wird, eines bleibt unbestreitbar: Sie hat die Friedenstaube zu ihrem gehegten und gepflegten Haustier gemacht. Die Kindergärten sangen Lieder für sie. Die Schulen zierten mit ihrem Bild die Wandzeitungen. Die Betriebe starteten unter ihrem Zeichen viele Wettbewerbe. Die Universitäten ließen Historiker begründen, warum das so ist. Die Künstler wirkten im Friedensrat. Die Armeeführer stellten sich unter die Schwingen dieses Vogels und beteiligten sich an keinerlei Krieg. Die Hauptstadt bekam daher vom Weltfriedensrat den Ehrentitel »Stadt des Friedens«.

Und so kam der Parteisekretär einer Kunsthochschule auf den Einfall, im Rahmen der praxisnahen Ausbildung der Studenten den Auftrag zu erteilen, eine halbmetergroße Keramikschale zu entwerfen, in deren Mitte als Relief die Friedenstaube hervortreten sollte. Das Endprodukt sollte dann im Rahmen der Massenbedarfsgüterproduktion in großer Stückzahl für Aktionen und Auktionen auf den Solidaritätsbasaren zur Verfügung stehen, was großen Anklang fand.

Die Studenten zeichneten und modellierten, einzeln und in Gruppen, bei Tag und in der Nacht, prüften unterschiedliche Glasuren und Beleuchtungseffekte und reichten schließlich drei besonders schöne Objekte bei der Jury ein. Der Rektor als Vorsitzender lobte jene Schale, wo auf weißem Hintergrund, mehr geahnt als gesichtet, die Konturen der Taube erkennbar waren. Dies sei der verinnerlichte Traum vom ewigen Frieden!

Der Chefdesigner der Hochschule gab zu bedenken, dass ein zartes Bleu für den Background der Taube, die ja ein Götterbote sei, das himmlische Ziel unseres Ringen emotional noch stärker erlebbar machen könnte.

Der Parteisekretär war vom Vorbeiflattern des »himmlischen Götterboten« etwas irritiert und sprach: »Ja schön, aber hockt der Vogel nicht gar zu friedlich auf dem Teller? Sagen wir nicht, dass der Friede bewaffnet sein muss? Hat nicht auch die Taube ihre Krallen zur Verteidigung der Brut?«

Weil damals die führende Rolle der Partei allen Geführten geläufig war, wagte auch niemand in der Jury daran zu rütteln, und man teilte per Ausgang mit: Es wird kein 1. Preis vergeben. Die eingereichten Entwürfe sind zu pazifistisch geraten. Die Teilnehmer mögen weiter grübeln und kneten.

Das gab Gemurre und erbitterten Streit: Wie friedlich darf eine Friedenstaube sein? Es gab aber auch neue Gestaltungsversuche.

Am weitesten bei der Ausformung einer wehrhaften Taube war ein Student vorgeprescht, den seine Kommilitonen »Michelangelo« getauft hatten, weil er mit viel Talent begnadet war. Doch dem ging es, wie jenem »Herrgottsschnitzer« in Oberammergau, der auf Bitten eines amerikanischen Touristen eine Darstellung des gekreuzigten Jesus mit »etwas mehr Gram« in der Mundpartie ausstatten sollte. Worauf er hier einen Schnitt und dort eine Kerbe in das Lindenholz einbrachte, bis er erstaunt ausrief: »Jo mei, jetzt lacht er!«

Die preisgekrönte Taube mit Krallen erinnerte dann so stark an die Raubvögel in den Wappen der Bundesrepublik, dass der Parteisekretär meinte: »Für diesen Drachen keine Handvoll Ton!«

Man blieb fortan bei den Kopien der lieblichen Taube von Pablo Picasso, denn wer hat schon einen Picasso in der Heckscheibe seines Autos? ■

Auch wenn die Taube als zänkischer Vogel gilt, die biblische Tradition sieht sie als Friedensbringer, und als solcher avancierte sie im 20. Jahrhundert zum Friedenssymbol. Insbesondere durch Pablo Picassos Lithografie, die er für den Pariser Weltfriedenskongress 1949 entwarf. Das Lied von der »Kleinen, weißen Friedenstaube«, die über Land fliegen und allen Menschen Frieden bringen sollte, kannte in der DDR jedes Kind.

Dezember
Die Rekonstruktion des kriegsbeschädigten Leipziger Hauptbahnhofs ist abgeschlossen.

Dezember
Der 1. FC Magdeburg wird als erster Fußballclub der DDR gegründet.

Dezember
Die Volkskammer verabschiedet das »Familiengesetzbuch der DDR«, das unter anderem eheliche und uneheliche Kinder rechtlich gleichstellt und bei Scheidungen das Schuldprinzip abschafft.

Dezember
Beschluss des Ministerrates der DDR über die Auflösung des Volkswirtschaftsrates und die Einrichtung von neun neuen Industrieministerien. Einführung der Fünf-Tage-Woche in jeder zweiten Woche und Verkürzung der wöchentlichen Arbeitszeit auf 45 Stunden wird beschlossen.

Training und Tore

Ein Ikarus als Meisterprämie

1955 lobte das staatliche Fußball-Lotto für den kommenden DDR-Meister einen nagelneuen ungarischen Reisebus der Marke »Ikarus« als Preis aus. Das motivierte die Erzgebirgler von Wismut Aue derart, dass sie zu einem Höhenflug ansetzten, welcher sie in den 50er Jahren dreimal auf den Meister-Thron führen sollte. Sie spielten daneben als erste Mannschaft der DDR im europäischen Meistercup. Vor ihrem ersten Spiel, welches sie bei Polens Prinzipal Gwardia Warschau absolvieren sollten, ergab sich Folgendes. Die Auer Mannschaft übernachtete im Hotel »Chemnitzer Hof«. 6 Uhr in der Früh sollte sie ihr Ikarus-Bus nach Warschau bringen, doch ein Spieler fehlte. Der Verteidiger »Töppel« Bauer wurde in der Folge durch Klopfzeichen ausgemacht. Er war mit dem Hotelfahrstuhl steckengeblieben. Nach seiner Befreiung ging es nach Warschau, wo Aue die Premiere mit 1:3 vergeigte. Das Rückspiel in Aue wurde mit 3:1 gewonnen. Das nun laut Reglement folgende Entscheidungsspiel endete 1:1. Es

1966

Januar
Bildung eines Rates für gesamtdeutsche Fragen, Staatssekretär Joachim Herrmann erklärt die Bereitschaft zu Verhandlungen mit der Bundesrepublik auf der Grundlage völliger Gleichberechtigung.

Januar
Die Gesellschaft zur Verbreitung wissenschaftlicher Kenntnisse – gegründet 1954 – gibt sich den Namen URANIA.

Februar
Mit »Luna 9« gelingt der UdSSR die erste weiche Landung einer Sonde auf dem Mond.

Februar
Der erste große Dokumentarfilm von Heynowski/Scheumann hat Fernsehpremiere: »Der lachende Mann – Bekenntnisse eines Mörders«, des »Kongo-Müllers«.

wurde Fortuna zu Rate gezogen, der Schiedsrichter warf eine Münze – und Aue zog eine Runde weiter.

Nicht teuer erkauft

Sir Stanley Rous, der spätere FIFA-Präsident, fuhr 1959 als Leiter der Delegation mit der englischen Junioren-Auswahl zu einem Länderspiel nach Zwickau. Spielerisch war es ein dramatisches Treffen. Nach nur 17 Minuten lag die DDR-Auswahl mit 0:3 zurück. Bis zur 36. Minute gelang jedoch der Ausgleich, und fast mit dem Schlusspfiff lagen die DDR-Junioren mit 4:3 vorn. Sieg für die DDR.

Nach dem Spiel überreichte Sir Rous als Delegationsgeschenk der Engländer ein großes Messer und sagte: »Mit dieser Gabe ist bei uns eine gute, alte Sitte verbunden. Man verschenkt es, wenn man neue Freunde gefunden hat, Freunde, die einem teuer sind. Damit aber das gerade geknüpfte Band der Freundschaft nicht durch eine so scharfe Klinge zerschnitten wird, fordern wir von dem, der es erhält, die kleinste Münze, die er bei sich trägt.« Und Sir Rous erhielt einen Pfennig. Damit war der offizielle Spielverkehr zwischen der DDR und England aufgenommen.

Kartoffelernte

1963 war der Ungar Karoly Soos Trainer der DDR-Nationalmannschaft. Er bereitete im Oktober in der Sportschule Kienbaum vor den Toren Berlins die Mannschaft auf die Tokioter Olympiade vor. Unerwartet wandte sich die LPG Kienbaum mit einer Bitte an ihn. Die Bauern fragten, ob ihnen die Mannschaft nicht bei der Kartoffelernte behilflich sein könne.

»Hat man so etwas schon gehört? Eine Nationalmannschaft auf dem Kartoffelacker! In diesem Land will jeder ein Natschalnik sein!« ereiferte sich Soos.

Aber in der DDR galt zuerst die Einsicht in Notwendigkeiten. Soos ließ sich erweichen, schließlich wollten auch seine Spieler Kartoffeln essen. Eine Trainingseinheit wurde der Ernte geopfert, die Nationalmannschaft belud zwei Wagen mit Kartoffeln.

Ein knappes Jahr später holte die DDR-Auswahl bei Olympia in Tokio völlig überraschend die Bronzemedaille. Auf die Frage nach der Besonderheit seiner Trainingsmethodik antwortete der Nationaltrainer den erstaunten Journalisten: »Wir waren Kartoffeln lesen.« ■

Das erste Spiel der DDR-Fußballmanschaft fand 1952 gegen Polen statt, das letzte 1990 gegen Belgien. Nur einmal konnte sich die Mannschaft für eine Weltmeisterschaft qualifizieren, das war 1974: Hier fiel in der Vorrunde das legendäre »Sparwasser«-Tor zum 1:0-Sieg über den späteren Weltmeister, die Bundesrepublik. Die DDR-Olympia-Auswahl feierte mit der Goldmedaille 1976 in Montreal ihren größten Erfolg. Foto: Verleihung der Bronzemedaille an die Mannschaften der UdSSR und der DDR bei den Olympischen Spielen 1972 in München. Das kleine Finale war nach der Verlängerung unentschieden ausgegangen, die Regeln sahen kein Elfmeterschießen vor, so teilten sich großer Bruder und kleiner den dritten Platz.

Februar
Der erste DEFA-Indianerfilm, »Die Söhne der großen Bärin«, hat Premiere.

Februar
Mit der Gründung des »Oktoberklubs« – zunächst Hootenanny-Klub – wird die FDJ-Singebewegung ins Leben gerufen.

Februar
In Oberhof findet die erste Zentrale Kinder- und Jugendspartakiade in den Wintersportarten statt.

Februar
DEFA-Kinderfilmpremiere »Alfons Zitterbacke« nach dem beliebten Buch von Gerhard Holtz-Baumert.

Februar
Die DDR beantragt die Aufnahme in die UNO, die Westmächte im Sicherheitsrat legen ihr Veto ein.

Abschied, Anfang und Akteure

1966

März / April
Eine Delegation unter Leitung von Walter Ulbricht nimmt am XXIII. Parteitag der KPdSU in Moskau teil.

April
Das Familiengesetzbuch tritt in Kraft und für alle Werktätigen gilt die 45-Stunden-Woche.

9. April
Der erste arbeitsfreie Sonnabend.

April
Der Ministerrat beschließt für 1967 die Zahlung von Jahresendprämien.

Mai
Im Stendaler Milchwerk beginnt die Produktion von »Milasan«-Säuglingsfertignahrung.

April
Der erste Wohnblock des Neubaugebiets Rostock-Lütten Klein wird übergeben.

Im Berliner Glühlampenwerk gastierte ein Kabarett mit dem Namen »Die Kneifzange«. Ich konnte mir nur Teile des Programms ansehen, weil ich zur gleichen Zeit Spätschicht hatte. Als Einrichter in der Leuchtstofflampen-Abteilung musste man aber nicht unbedingt ständig am Arbeitsplatz sein. Es war so eine Art »Schlosserbereitschaftsdienst« – falls einer der Automaten nicht hundertprozentig arbeitete. An manchen Tagen war der Wurm drin. Heute arbeiteten meine Automaten wie geschmiert. Deshalb konnte ich mit dem Fahrstuhl schnell mal hoch in den Kultursaal sausen.

»Die Kneifzange« war ein hauptberufliches Amateur-Kabarett. Ich wusste, dass dieses Kabarett irgendetwas mit Armee zu tun hatte, aber was ich sah und hörte, machte auf mich einen sehr zivilen Eindruck. In Erinnerung ist mir eine Szene mit Adam und Eva geblieben, die beide im Paradies in einer kaschierten Tonne saßen. Eva schrubbte Adam den Rücken mit einer Klobürste und bat um den berühmten Apfel, der aber unerreichbar in Nachbars Garten hing. Eva wollte ersatzweise auf Banane ausweichen, aber Adam sagte zum Gaudi der Zuschauer: »Bananen sind ein Engpass – Rote Beete kannst du kriegen.«

Das fand ich großartig. Am Schluss des Programms folgte ich einer spontanen Idee. Noch in meiner Arbeitskleidung und wohl auch nicht sehr sauber, ging ich hinter die Bühne und verlangte, den Leiter zu sprechen. Ich stellte mich vor, sagte ihm, dass ich im BGW-Betriebs-Kabarett wäre – wir also gewissermaßen Kollegen seien –, und fragte kess, ob »Die Kneifzange« nicht so »eenen kleenen, schnodderigen Berliner« wie mich brauchen könnte. Ich sah mit zwanzig Jahren immer noch wie ein verwahrloster Oberschüler aus. Mein Berliner Dialekt tat ein Übriges. Der lange Leiter betrachtete mich jedenfalls von oben herab bis unten herauf und war wohl so erschrocken, dass er weder ja noch nein sagen konnte. Er schrieb mir aber eine Telefonnummer auf, unter der ich in drei, vier Tagen Genaueres erfahren könne, und ich ging frohen Mutes an meinen Arbeitsplatz zurück.

Nach drei Tagen rief ich an.

»Ach, Sie sind der aus diesem Glühlampenwerk«, sagte eine Stimme. »Ja, ich weiß bescheid. Kommen Sie mal am nächsten Dienstag, 11 Uhr, zu einem Informationsgespräch.«

Ab 1962 gab es die Wehrpflicht in der DDR. 18 Monate dauerte der Grundwehrdienst. Eggesin sowie das benachbarte Torgelow waren für Tausende von Wehrpflichtigen das Synonym für die Armee schlechthin. Foto: Bei der Grundausbildung im Raketenregiment Eggesin.

Er nannte mir eine Adresse in der Nähe von Königs Wusterhausen. Ich jubelte.

Am verabredeten Tag stand ich pünktlich vor einer Kaserne. Als ich den Wachposten mit Stahlhelm und Maschinengewehr sah, beschlich mich Angst. Ob man hier jemals wieder heil herauskäme? Ich nahm all meinen Mut zusammen und klopfte schließlich an eine Tür, auf der das Wort »Kader« stand.

»Herein.«

Hinter einem Schreibtisch saß ein Mann in Uniform. Er hatte silber-geflochtene Schulterstücke und zwei goldene Sterne.

»Ick komme wejen der Kneifßange«, sagte ich.

»Nehmen Sie Platz«, forderte er mich auf. Er ließ eine lange Pause, blätterte in einem Ordner. Ich setzte mich.

»Also«, sagte er schließlich, »machen wir's kurz. Die Kneifzange sucht einen Darsteller. Wenn Sie die Stellung annehmen wollen, sind allerdings noch zwei Voraussetzungen nötig. Erstens: Sie müssen sich auf zwei Jahre verpflichten. Und Sie müssen sich zweitens einer militärischen Grundausbildung unterziehen. – Hier unten können Sie dann gleich unterschreiben.«

Ich wusste weder, wie mir geschah, noch, was ich sagen sollte. Plötzlich stand ich zwischen Baum und Borke. Einerseits wollte ich unbedingt auf die Bühne, andererseits war mir alles Militärische äußerst unangenehm. Ich suchte nach einem Ausweg, aber der Offizier ließ nicht mit sich handeln. Er schob mir ein Formular und seinen Füllfederhalter über den Schreib- »

Mai
Das erste mit sowjetischer Hilfe errichtete Atomkraftwerk geht in Rheinsberg ans Netz.

Mai
Unterzeichnung eines Freundschaftsvertrages zwischen Sportleitungen der UdSSR und DDR durch Manfred Ewald und Juri Maschin.

Mai
Heiner Carow dreht nach einem Buch von Benno Pludra den Kinderfilm »Die Reise nach Sundevit«.

Mai
SPD und SED vereinbaren ein Kommuniqué über den sogenannten Redneraustausch zwischen beiden Parteien, der nicht zustande kommt.

Mai
Neu im Fernsehen: Ratgeberreihe »Das Verkehrsmagazin«.

» tisch. Ich tat so, als würde ich mir das Schreiben durchlesen, aber ich dachte an meine Mutter, an meinen Großvater, an zu Hause. Meine Arbeitskollegen fielen mir ein, meine Kindheit, mein Vater, der Krieg ... Ich starrte immer noch auf das Papier.

Am 7. Oktober 1989 fand letztmalig in der Geschichte der DDR im Zentrum Berlins eine Militärparade der Nationalen Volksarmee statt.

Er schien meine Unsicherheit gänzlich misszuverstehen.

»Sie stehen hier auch auf Friedenswacht«, sagte er.

»Ick weeß nich ...«

»Was wissen Sie nicht?«, fragte er scharf.

»... es kommt alles so überraschend. Ick sollte vielleicht doch erst noch ma mit meine Mutta reden ...«

»Sie sind doch volljährig«, sagte er.

»Ja, ja – schon. Aba ...«

»Was, aber? Jeder muss sich mal abnabeln. – Ja, wollen Sie nun zur ›Kneifzange‹, oder nicht?«

Es ratterte in meinem Kopf. Was sollte ich tun? Was war richtig? Ich hatte kein gutes Gefühl. Der Mann gefiel mir nicht. Seine Augen waren so unruhig. Ich blickte auf das Formular. FREIWILLIGE DIENST-VERPFLICHTUNG der DEUTSCHEN GRENZPOLIZEI stand in Druckbuchstaben oben drüber. Die Tür ging auf. Ein hoher Offizier betrat das Büro. Er hatte breite grüne Streifen an seinen äußeren Hosenbeinen. Mein Gegenüber erhob sich.

»Is gut«, sagte der Hohe. Er gab mir die Hand. »Tach, Generalmajor Breitfeld«, stellte er sich vor.

»Wir haben hier einen Kandidaten für die ›Kneifzange‹«, stellte der Unsympathische fest und deutete mit dem Kopf militärisch kurz auf mich.

»So? Aha.« Der General sah mich freundlich an. Er war groß, hatte ein volles, rundes Gesicht und irgendwas Väterliches an sich. »Nur zu«, sagte er. »Wir können jeden guten Mann gebrauchen.« Er nickte mir aufmunternd zu, nahm sich eine Akte aus einem Panzerschrank und mit den Worten: »Machen Sie weiter, Genosse Major«, verließ er das Büro.

Ich hatte noch nie in meinem Leben einen leibhaftigen General gesehen. Nur immer die Prinzengarde beim Karneval. Komisch, diese Klimperorden hingen auch an einer richtigen Uniform. Trotzdem war mir der General sympathisch. Der Major hielt mir schon wieder seinen Füller unter die Nase. Er ließ keine Ruhe. Ich las mir das Schreiben jetzt oberflächlich durch. Da stand etwas von »vorläufiger Einstellung«. Mir kamen schon wieder Zweifel.

»Hier steht gar nichts von der ›Kneifzange‹«, sagte ich.

»Darüber machen wir später ein Zusatzprotokoll«, antwortete der Major. Er wurde langsam ungeduldig. »Und wie der Genosse General eben schon richtig sagte, brauchen wir jeden guten Mann. Das müssen Sie nun aber erst beweisen«, fügte er hinzu.

»Wie?«, fragte ich.

Er holte tief Luft: »Also, Sie müssen sich zunächst einer Grundausbildung unterziehen.«

»Wat is'n dit?«

»Na, Sie müssen doch erst lernen, wie man läuft, wie man grüßt, wie Sie sich zu kleiden haben ... Sie werden doch eingekleidet, von oben bis unten. Socken, Schuhe, Stiefel. Sie kriegen eine Uniform ... Bei der ›Kneifzange‹ ist die sogar aus Offiziersstoff, nicht aus Dril-

1966

Juni
DEFA-Filmpremiere »Spur der Steine« mit Manfred Krug und Eberhard Esche. Nach einigen Vorführungen wird der Film wegen »Herabwürdigung der Partei« verboten.

Juni
Konferenz über Rationalisierung und Standardisierung in Leipzig.

Juni
In Bautzen findet das erste Festival der sorbischen Kultur statt.

Juni
An den 8. Arbeiterfestspielen im Bezirk Potsdam nehmen 4900 Volks- und 1100 Berufskünstler teil.

Juli
In Weimar wird das erste Restaurant der Kette »Gastmahl des Meeres« eröffnet. Es folgen Berlin, 1967 dann Leipzig, Rostock, Magdeburg, Jena, Erfurt.

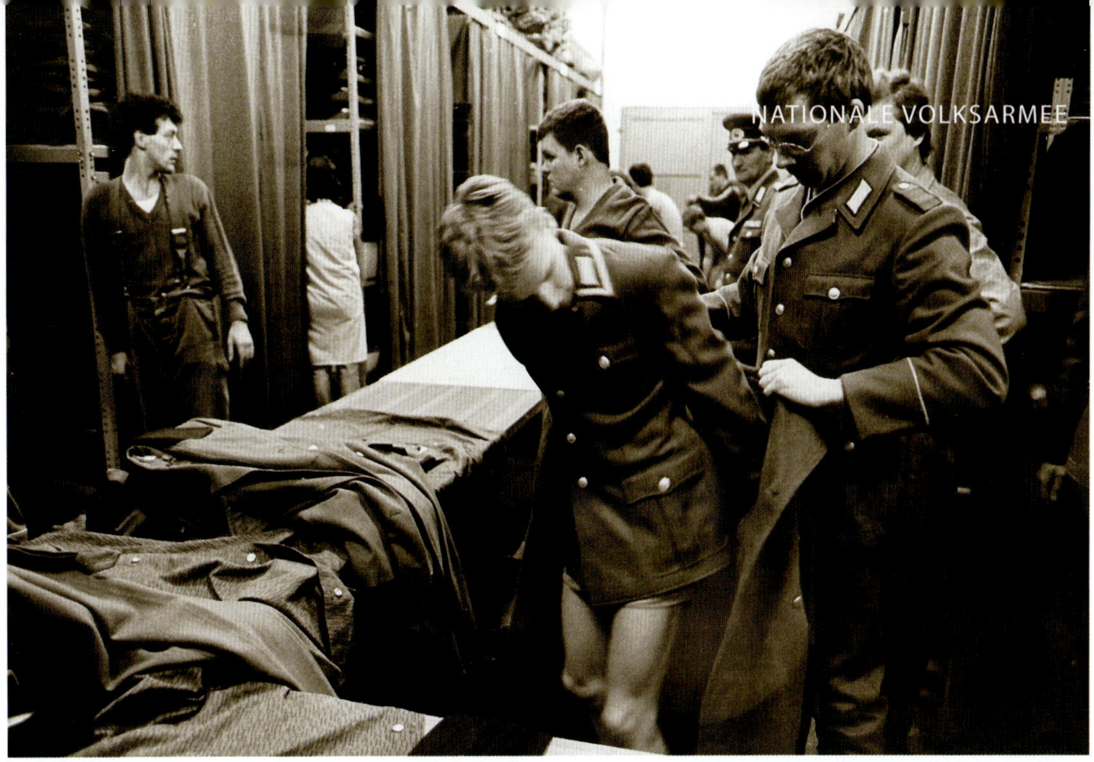

Waren die Wehrpflichtigen in die Kasernen eingerückt, ging es erst einmal zum Haareschneiden. Die strittige Frage, wie kurz ist ein kurzer Haarschnitt?, wurde auch in der »Armeerundschau«, dem »Magazin für Soldaten« diskutiert. Dann ging es in die Kleiderkammer zur Ausgabe der Uniformen. Kleine Uniformkunde: Die ersten Militäreinheiten der Hauptverwaltung für Ausbildung waren in Polizeiblau gekleidet. Mit der Umstrukturierung zur Kasernierten Volkspolizei 1952 wurden khakifarbene Uniformen eingeführt, die in Schnitt und Farbton stark denen der sowjetischen Armee ähnelten. Mit Gründung der NVA 1956 wurden neue Uniformen aus steingrauem Tuch eingeführt.

lich. Also – das müssen Sie doch erst mal alles lernen. Innendienstvorschriften, Befehle, Sport und alles …«

»Sport ooch?«, unterbrach ich ihn.

»Na, klar«, sagte er. Aus seiner Stimme klang plötzlich Begeisterung. »Sport wird bei uns ganz groß geschrieben! Spielen Sie Volleyball?«

»Volleyball? Nee, Tischtennis.«

»Tischtennis«, wiederholte er. »Na ja, auch nicht schlecht. Geht so. Aber Volleyball, Volleyball müssen Sie spielen! Das ist ein Sport, kann ich Ihnen sagen! Unsere Waffenbrüder, die ganze Rote Armee spielt Volleyball. Nur Volleyball! Also, Sie müssen unbedingt Volleyball spielen!«

»Ick wollte eigentlich bei der ›Kneifzange‹ spielen«, sagte ich.

»Na, klar.« Er drückte mir den Füllfederhalter in die Hand. »Unterschreiben Sie mal.«

Ganz langsam unterzeichnete ich mit Vor- und Zunamen.

»Ich gratuliere Ihnen im Namen der Deutschen Demokratischen Republik«, sagte er feierlich und drückte mir die Hand. Er hatte große, kräftige Hände. Eben wie ein Volleyballspieler.

»Ach, ja, noch was«, fügte er hinzu, »falls Sie mal nach Ihrem Beruf gefragt werden sollten, sagen Sie einfach ›Behördenangestellter‹. Ab jetzt sind Sie Behördenangestellter.«

Als ich nach Hause kam, erzählte ich meiner Mutter sofort von dem Ereignis. Ich hatte erwartet, dass sie meine Entscheidung nicht gutheißen würde, aber ihr Erstaunen hielt sich in Grenzen.

»Der hat Druck auf mich ausgeübt«, sagte ich, »der hat mich irgendwie gezwungen. Dabei wollte ich nur zur ›Kneifzange‹.«

»Mit Unterschriften muss man vorsichtig sein. Das habe ich dir schon immer gesagt. Na, die zwei Jahre wirst du ja durchhalten. Dann wird man weitersehen.«

»Ich muss aber erst drei Monate Grundausbildung machen.«

»Die werden dir nicht schaden«, sagte sie. »Ordnung, Pünktlichkeit, Sauberkeit sind nicht deine Stärken. Und obwohl dein Vater nicht gerne Soldat war, hat er immer gesagt, Kameradschaft ist das A und O beim Militär. Merk dir das. – Und jetzt muss ich erst mal einen Schnaps trinken.« ■

Juli
Bukarester Deklaration – Forderung der Warschauer Vertragsstaaten nach der Schaffung eines Klimas der Entspannung und der Beseitigung der Überreste des Kalten Krieges.

August
Das ZK der KP Chinas ruft die »Große Proletarische Kulturrevolution« aus.

Juli
Die erste Zentrale Kinder- und Jugendspartakiade findet in Ost-Berlin statt.

Juli / August
Als erster Fallschirmspringer der Welt landet Günter Gerhardt drei »Null«-Sprünge und siegt im kombinierten Einzelspringen bei der Weltmeisterschaft in Leipzig.

August
Die Montage des ersten Wohnblocks in Jena-Lobeda beginnt.

1966

Oktober
Die Mannschaft der DDR verlässt vorzeitig die vorolympischen Spiele in Mexico, da ihr vom Internationalen Olympischen Komitee untersagt wurde, unter der Bezeichnung »DDR« anzutreten und stattdessen die Bezeichnung »Ostdeutschland« empfohlen wurde.

Oktober
Peter Weiss' »Die Ermittlung« erlebt eine Ring-Uraufführung an 16 ost- sowie 5 westdeutschen Bühnen.

November
In Eisenach beginnt die Produktion des Wartburgs Typ 353 (bis 1989 verlassen 1 225 429 Autos das Werk).

November
Der VEB Strickmaschinenbau Karl-Marx-Stadt ruft zum Wettbewerb unter der Losung: »Rationeller produzieren – für dich, für deinen Betrieb, für unseren sozialistischen Friedensstaat – dem VII. Parteitag entgegen!«

Karl Marx und die Mitbestimmung

Der Marxsche Begriff der Emanzipation, dargestellt an seinem Werk ›Zur Judenfrage‹« – das Thema meines Referats gefiel mir. Emanzipation, dachte ich, das ist gut, das ist fortschrittlich. Mit freien, emanzipierten Menschen wollte ich leben. Wo? Natürlich in der DDR!

Im zweiten Studienjahr, im Seminar zur marxistischen Literaturtheorie, musste ich das Referat erarbeiten. Ich las das frühe Werk von Karl Marx »Zur Judenfrage« und verstand nichts. Ich las es wieder und verstand wieder nichts. Ich versuchte, ein Exzerpt des Werkes zu erstellen, es war länger als das Werk. Dann machte ich ein Exzerpt meines Exzerptes. Ebenso erfolglos. Mir flogen Begriffe um den Kopf, deren Bedeutung ich zu kennen geglaubt hatte. Ich verstand immer noch nichts. Ich las Wochen. Ich war verzweifelt.

Was wollte dieser Marx von mir? Was ich von ihm? Schließlich half mir eine einfache Frage. Nach meiner Berechnung war Marx zur Entstehungszeit seines Werkes jünger als ich zum Zeitpunkt meines Referats. Was hat ihn umgetrieben? Was wollte er rausfinden? Dasselbe wie ich! Unter welchen gesellschaftlichen Bedingungen sich freie und emanzipierte Menschen herausbilden. Ich bin mit Marx verwandt! So dachte ich. Die »Warum?«-Frage erwies sich als nützlich. Ich wendete mich wieder dem Text zu. Ich wollte es packen. Ich musste den Kern finden. Warum also ist das mit der Emanzipation so wichtig? Wie geht Emanzipation? Was muss man machen, um von sich sagen zu können, dass man zu ebendiesen emanzipierten Menschen zählt? Ich bezog das Werk auf mich. Plötzlich hatte ich den Schlüssel gefunden für das folgende wichtige Zitat: »Alle Emanzipation ist Zurückführung der menschlichen Welt, der Verhältnisse, auf den Menschen selbst … Erst wenn der wirkliche individuelle Mensch den abstrakten Staatsbürger in sich zurücknimmt und als individueller Mensch in seinem empirischen Leben, in seiner individuellen Arbeit, in seinen individuellen Verhältnissen, Gattungswesen geworden ist, erst wenn der Mensch seine ›forces propres‹ als gesellschaftliche Kräfte erkannt und organisiert hat und daher die gesellschaftliche Kraft nicht mehr in der Gestalt der politischen Kraft von sich trennt, erst dann ist die menschliche Emanzipation vollbracht.«

Das zündete, das war die Lösung. Die Trennung von privatem und öffentlichem Leben aufheben! Alle übernehmen Verantwortung für alles! Freiwillig! Keiner entzieht sich! Wir werden endlich die Vereinigung der Freien und Gleichen! Wir bauen die gerechte Welt! Das war's doch!

Damals sah ich nur das Erstrebenswerte dieses Zustands. Ich hielt es zeitweilig sogar für besonders fortschrittlich, keinen Wert auf das Private zu legen. Nur das Öffentliche zählte. So wollte ich leben. Das kleine Stückchen Rosa Luxemburg in mir. Toll.

Ich hielt das Referat. Wie es war, weiß ich nicht mehr.

An den Schluss erinnere ich mich. Begeistert von meiner Entdeckung von der freiwilligen Aufgabe des Privaten sagte ich: »Wenn alle Menschen nach der Losung leben ›Plane mit, arbeite mit, regiere mit‹, haben sie alle den Marx und seinen Traum von der wirklichen Emanzipation verstanden.«

Mein Professor war gleichermaßen verwirrt wie amüsiert über diesen beeindruckend einfachen Schluss, vielleicht hielt er ihn auch einfach für einfältig. Jedenfalls lachte er und sagte: »Weißt du, Mädchen, wenn ich es mir ganz genau überlege, hast du eigentlich recht.« ■

Ab 1953 hieß die Universität Leipzig »Karl-Marx-Universität«, 1991 wurde der Name getilgt. Für die Studenten der Alma mater Lipsiensis wie für alle anderen im Land war die marxistisch-leninistischen Philosophie Pflichtfach und Bestandteil des Grundstudiums. Sämtliche Lehrstühle für Marxismus-Leninismus wurden 1990 abgeschafft. Foto: Lesesaal der Karl-Marx-Universität Leipzig.

Dezember
Der »Verband der Theaterschaffenden der DDR« wird gegründet. Präsident ist der Intendant des Deutschen Theaters, Wolfgang Heinz.

Dezember
Mit Mozarts »Don Giovanni« wird die Komische Oper Berlin nach ihrer Rekonstruktion wiedereröffnet.

Dezember
Der neue Bundesminister für gesamtdeutsche Fragen, Hermann Wehner, erklärt, dass eine diplomatische Anerkennung der DDR erst nach deren »demokratischer Legitimation« möglich sei.

Dezember
Auf der 14. Tagung des Zentralkomitees der SED wird über den Vorschlag eines Minimalprogramms »zur Normalisierung der Beziehungen DDR-BRD« beraten.

1967

Januar
Die Dresdner Philharmonie geht auf Gastspielreise in die Vereinigte Arabische Republik und in den Libanon.

Februar
Gabriele Seyfert wird Europameisterin bei der EM im Eiskunstlauf in Ljubljana, Bronze im Paarlauf für Heidemarie Steiner und Heinz Ulrich Walter.

Februar
In Warschau tagen die Außenminister der Warschauer Vertragsstaaten. Die Anerkennung der Oder-Neiße-Grenze wird zur Voraussetzung der Aufnahme diplomatischer Beziehungen gemacht.

Februar
Das »Staatssekretariat für gesamtdeutsche Fragen« wird in »Staatssekretariat für westdeutsche Fragen« umbenannt.

Februar
Bei den WM im Rennschlittensport in Hammarstrand in Schweden gewinnen Ortrun Enderlein, Thomas Köhler und das Doppel Thomas Köhler/Klaus Bonsack alle Titel.

Februar
Die Volkskammer der DDR verabschiedet das »Gesetz über die Staatsbürgerschaft der Deutschen Demokratischen Republik« und proklamiert eine eigene DDR-Staatsnation.

Februar
Der DEFA-Film »Das Tal der sieben Monde« nach dem gleichnamigen Roman von Harry Thürk hat Premiere.

Februar
Laut Umfrage des »Neuen Deutschland« unter 2000 Werktätigen rechnen 68 Prozent Fernsehen zu ihrer beliebtesten Freizeitbeschäftigung, gefolgt von Spazierengehen (50 Prozent), Hausarbeit (49 Prozent), Lesen (47 Prozent) und Sport (9 Prozent).

Eierkuchen mit vier Sternen

1967

März
»Zehn Grundsätze der sozialistischen Jugendpolitik und ihre Verwirklichung« werden beschlossen.

März
Der DEFA-Film »Ein Lord am Alexanderplatz«, eine Komödie um einen Heiratsschwindler mit Erwin Geschonneck, hat Premiere.

April
Der Grundstein für das Heizkraftwerk Winzerla wird gelegt.

April
Bundeskanzler Kiesinger weist in einer Regierungserklärung auf Möglichkeiten zur Entspannung des deutsch-deutschen Verhältnisses hin. Die DDR-Regierung erklärt ihre Bereitschaft zu gleichberechtigten Verhandlungen.

April
Der VII. Parteitag der SED legt die »Aufgaben für die Gestaltung des entwickelten gesellschaftlichen Systems des Sozialismus« fest.

Es begab sich 1953/54 in der Kulturstadt Weimar, gleich neben dem Nationaltheater, vor dessen Portal Goethe und Schiller in Bronze über die Beschaffenheit der Welt nachdenken, und wo um die Ecke ein gutbürgerliches Restaurant mit Weinstube etabliert war, während die Hotelzimmer in den oberen Etagen requiriert waren von der Arbeiter-und-Bauern-Macht, um als Internat für die Hochschule für Architektur und bildende Künste zu fungieren. Das Restaurant war der HO unterstellt. Die HO lenkte den volkseigenen Einzelhandel sowie das volkseigene Gaststätten- und Hotelwesen. Das war damals, als die DDR gerade die Kindergartenreife hatte, ein kleiner Sektor mit 26 Prozent Anteil am Gesamtumsatz des Handels. Bis 1960 wurden es dann 37 Prozent. Man sieht, wie sachte »die planmäßige Erhöhung der Verkaufs- und Gaststättenkultur« vorankam, obwohl – oder weil? – die Gäste bereits vom Oberkellner platziert wurden.

In jener Zeit hatte sich ein Student, der in jenem Haus unter dem Dach schlief, angewöhnt, wenn er spätabends von einer Vorlesung oder Versammlung kam und ihm im Hausflur des Restaurants alle Wohlgerüche der deutschen und internationalen Küche entgegenschlugen, statt in sein Zimmer lieber in die Weinstube zu ge-hen, um den knurrenden Magen mit einem kleinen Mahl zu besänftigen. Das Mahl war immer ein Eierkuchen. Aber was sagt schon das Wort Eierkuchen? Da kam auf das schneeweiße Tischtuch zwischen der schneeweißen Serviette und den blankgeputzten Esswerkzeugen eine vorgewärmte Silberschale von der Größe eines Wagenrades. Darauf war eine zweite, kleinere Schale umgestülpt platziert, über die sich dann der goldgelbe Eierkuchen mit seinen braunen Bäckchen wölbte und einen unwiderstehlichen Duft nach Vanille, Krokant und Himbeeren verströmte, die darauf ausgebreitet waren. Ein Glas Most rundete die Mahlzeit ab, nach der man zwei Treppen höher mit seligen Träumen in die Kissen sinken konnte. Nachdem das mehrere Wochen und Monate so ging, steckte der Ober nur noch den Kopf durch die Tür der Weinstube und fragte den Gast: »Das Übliche?« Worauf der Gast antwortete: »Wie immer!«

Eines Abends fragte der Ober: »Der wie vielte Eierkuchen ist das eigentlich?«

Der Gast rechnete die Vorlesungs- und Sitzungstage zusammen und kam auf etwa 28. Worauf der Ober bei den künftigen Bestellungen nur noch fragte: »Darf es der 35. sein?«, und der Gast musste nur noch nicken.

Doch dann kam jener Abend, wo der Ober nicht kam. Der Gast wollte schon hinüber in das Restaurant, um nachzuschauen, ob eine Stromsperre, ein Unfall oder dergleichen dazwischen gekommen war. Doch ehe er aufstehen konnte, wurden die Flügeltüren der Weinstube geöffnet, es erschien ein Kochlehrling mit dem Kompott, der Chefkoch mit dem Eierkuchen und der Ober mit dem Most, um zu erklären: »Unser Haus beehrt sich, Ihnen den hundertsten Eierkuchen gratis zu servieren. Guten Appetit!«

Derlei war möglich in den Anfängen der Planwirtschaft. »Meyers Neues Lexikon« vom VEB Bibliographisches Institut Leipzig erklärt das so: »Die gesamte Arbeit der HO dient dazu, die ständig wachsenden Bedürfnisse der Bevölkerung möglichst vollständig zu befriedigen. Das sozialistische Eigentum und seine planmäßige Entwicklung … bestimmen die Überlegenheit gegenüber dem kapitalistischen Handel.«

Ich weiß nicht, ob der Koch oder der Kellner oder die Hühner damals von solchen Zusammenhängen wussten. Es verlangte auch niemand eine Eintragung in das Brigadebuch. Da waren nur ein Koch und ein Kellner, für die der Kunde König war, obwohl der Sozialismus nichts mit der Monarchie am Hut hatte. Und es gab noch eine privatwirtschaftliche Konkurrenz mit Zwei-Drittel-Mehrheit, die jedem Ober und ganz Oberen Feuer unter dem Frack machte. Warum musste das Feuer verglühen? ■

Wohngebietsgaststätten, Gastmahl des Meeres, Broilerstuben, Interhotels, Mitropa – die Erinnerung an die DDR-Gastronomie ist nicht ungetrübt. Die Plätze waren nicht nur rar, sondern meist durch die Hinweisschilder »Sie werden platziert« blockiert, die Freundlichkeit der Kellner hielt sich in Grenzen, Service und Qualität ließen nicht selten zu wünschen übrig. Das galt von Preisstufe I bis IV und gleichermaßen in HO- und Konsum-Gaststätten. Auf der Speisekarte fanden sich Soljanka, Hawaii-Schnitte, Würzfleisch, Champignon- oder Zigeunersteak, eine Salatbeilage aus Rotkraut, Weißkraut und Möhren ergänzte die Hauptgerichte. Zum Dessert das obligatorische »Eis mit Früchten«, für die Kleinen gern auch einen Pittiplatsch-Eisbecher. Eine vierköpfige Familie konnte sich beispielsweise in einem Ausflugslokal für 20 Mark satt essen: Bockwurst mit Kartoffelsalat und Beilage kostete 1,60 Mark, die Soljanka mit Brot 1,80, das Glas Bier 40, die Fassbrause 21 Pfennig.

Mai
In Karl-Marx-Stadt findet das Pfingsttreffen der FDJ statt.

Mai
An einem Sängertreffen auf der Wartburg nehmen 60 Chöre teil.

Mai
Der vom Parteitag angekündigte »Perspektivplan 1964–1970« wird verspätet vorgelegt. Schwerpunkte sind Petrolchemie, elektronische Datenverarbeitung, Städtebau und die Zusammenarbeit mit dem Rat für gegenseitige Wirtschaftshilfe.

Mai
Der Ministerrat beschließt die allgemeine Einführung der Fünf-Tage-Woche und die Herabsetzung der wöchentlichen Arbeitszeit auf 43 ¾ Stunden, der Mindesturlaub wird auf 15 Tage erhöht, die Mindestrente auf 150 Mark angehoben und das Kindergeld bis zur wirtschaftlichen Selbständigkeit des Kindes gewährleistet.

Juni
Ein neuer Indianerfilm mit Gojko Mitić hat Premiere: »Chingachgook, die große Schlange.«

Eine Bleibe für die Weinballons

Es fing mit den Äpfeln an. Seit ich an den Wochenenden zu diversen Partys über Land pilgerte, kehrte ich mit Rucksäcken voller Obst zurück. Irgendwann waren es einfach zu viele Äpfel, Birnen und weiß ich was, die da unter meinem Bett im 7. Stock unserer Neubauwohnung herumkullerten. Noch dazu teilte ich mir

1967

Juli
Beim schwersten Zugunglück in der DDR kollidiert in Langenweddingen bei Magdeburg ein Tanklaster mit einem Personenzug. 94 Tote, darunter 44 Schulkinder, die auf der Reise zu einem Ferienlager waren.

Juli
Der Maler Otto Nagel erhält den Käthe-Kollwitz-Preis.

Juli
Die Alpinisten Fritz Eske, Günter Kalkbrenner, Günter Warmuth und Kurt Richter verunglücken tödlich bei ihrem Versuch, die Eigernordwand zu durchsteigen.

August
In Berlin findet ein Prozess gegen 37 Fluchthelfer statt, sie werden zu langen Haftstrafen verurteilt.

August
Ingrid Krämer gewinnt das Kunstspringen beim III. Europapokal in Helsinki.

das Zimmer mit meinem Bruder. Ich sollte ausziehen. Meine Mutter wusste allerdings auch nicht, wie ihre Aufforderung in die Tat umgesetzt werden sollte; wenn ich nicht heiraten würde und/oder auf der Stelle Kinder bekäme, sähe es schlecht aus mit der Dringlichkeit. Ein Antrag auf eine Wohnung kam in der Bearbeitungszeit bald nach den Anmeldungen für Telefon oder das Auto.

Guter Rat war teuer. Ein Blueser, den ich auf einer Party kennengelernt hatte und ab und an in der Stadt traf, gab mir neben den dringend für die Weingärung benötigten Glasröhrchen, die ich durch die Korken meiner immerhin auf drei Stück angewachsenen Weinballon-Sammlung stecken sollte, den heißen Tipp. Zunächst musste eine Wohnung gesucht werden, die »schwer vermietbar« war. Zu den Merkmalen Ofenheizung und Toilette auf halber Treppe sollte demnach etwas Erschwerendes hinzukommen. Schimmel konnte gesundheitsgefährdend sein, auch nasse Wände an sich waren nicht sonderlich appetitlich. Aber ein fehlender Wasseranschluss in der Wohnung oder das Fehlen von Stromleitungen waren gute Argumente. Hatte man so eine Bude entdeckt, meist in einem fast unbewohnten Haus an der Peripherie eines Stadtviertels, nahe der Schlote irgendwelcher Industriekomplexe, zog man einfach ein. Von wohlmeinenden Nachbarn, die oft mit Altstoffen handelten und selten nüchtern zu erleben waren, bekam man den Abschnittsbevollmächtigten vorgestellt. Der ABV war in diesen Wohngegenden oft kooperativ. Das heißt, er fand es eigentlich ganz gut, dass Studenten und Lehrlinge in die baufälligen Häuser einzogen, gegen Ratten und Verfall ankämpften und den anderen Sozialfällen hin und wieder hilfreich zur Seite standen, sie bei Verletzungen ins Krankenhaus brachten oder auf dem Heimweg auflasen und nach Hause begleiteten. Hatte man den ABV kennengelernt, musste man nur noch rauskriegen, auf welches Konto die Miete einzuzahlen war und wie hoch sie etwa sein mochte. Dabei halfen wiederum ABV und Anwohner, ein Mittelwert wurde geschätzt, und die Sache war geritzt. Nach drei Monaten stand der Gang zur KWV an, mit den Einzahlungsbelegen. Die Kommunale Wohnungsverwaltung reagierte nach anfänglichem Misstrauen begeistert darauf, dass 1. schon Miete gezahlt wurde (sie lag für eine solche 2-Zimmerwohnung bei zirka 15 Mark), 2. die Wohnung von anscheinend ordentlichen Mietern bewohnt wurde, 3. kein neuer Antrag auf Wohnungssuche gestellt wurde. Man bekam einen Stempel auf den flugs ausgestellten Mietvertrag und die korrekte Mietsumme überreicht und schied auf unbestimmte Zeit in gegenseitigem Einvernehmen.

Gesagt, getan. Ich verfuhr genau nach »Kuttes« Plan und klopfte bald Löcher in die Wände meiner ersten Wohnung, als Verankerung für mein Hochbett. Die dunklen Schatten des Baumes, der direkt vor meinem Fenster wuchs, vertrieb ich, indem ich einen noch dunkleren Baum an die Wände des hinteren Zimmers malte, mit goldgelben Äpfeln daran. Siggi aus dem Vorderhaus sägte unter meiner Aufsicht aus dem Hinterhaus heraus munter Bretter im Hof. Stieg sein Alkoholpegel, was ich schnell an den unregelmäßigen Geräuschen der Kreissäge auszumachen lernte, verbot ich ihm das Weiterarbeiten. Er hielt sich dran. Ich hatte bald Fußbodenbalken des unbewohnten Seitenflügels in meinen Wänden verankert, schleppte mit Siggi und Kutte Türen, Bretter und Matratzen herbei.

Am Abend der ersten Nacht in meiner eigenen neuen Wohnung gluckerte es leise. Das Kerzenlicht malte wabernde Farbflecken an die Wände. Ich schielte erstaunt über den Rand der Hochbettfestung und sah Blasen in meinen nunmehr fünf Weinballons aufsteigen. Die Gärung war im vollen Gange, Wein hatte ich für den Winter genug, was brauchte es da Wasser oder Strom? ■

Bewohner eines Mietshauses im Berliner Stadtbezirk Prenzlauer Berg feiern ein Hof-Fest, 1977.

September
Heiner Müllers Dramatisierung von Reeds »Zehn Tage, die die Welt erschütterten« hat im BUNA-Kulturhaus Halle Premiere, Regie Christoph Schroth.

September
Verordnung zur »Lenkung des Wohnraumes« vor dem Hintergrund der Wohnungsknappheit.

September
Zum ersten Mal findet die Werkstattwoche der FDJ-Singeklubs statt, 16 Singegruppen nehmen teil.

September
Roland Matthes schwimmt in Leipzig über 100 m Rücken Weltrekordzeit.

Oktober
Die VI. Kunstausstellung der DDR im Dresdner Albertinum lockt bis zum Februar mehr als 250 000 Besucher.

Oktober
In Zwickau fällt der Startschuss zur »Lauf dich gesund«-Bewegung.

Auf Ex zur Exmatrikulation

Eine Reise nach Moskau, das hieß immer auch: ein Besuch im Lenin-Mausoleum an der Kremlmauer. Dort gab es stets lange Menschenschlangen, was den Hintergrund für ein Lied der FDJ-Singebewegung abgab: »Macht Platz, Genossen, für den da, der kommt weither aus Berlin, er will mit uns, Genossen, gemeinsam zu Lenin!«

Den Internationalen Studentensommer in der Sowjetunion auf den Baustellen des Komsomol mitzuerleben hieß, den Mechanismus des Aufbaus des Kommunismus von innen zu sehen und zu verstehen. Zwei Stunden im Bus von Nord nach Süd quer durch den Moloch Moskau zur Wohnungsbaustelle zu fahren, dort die meiste Zeit auf Arbeit sowie Material zu warten und dann zwei Stunden wieder von Süd nach Nord in das Massenquartier in einer Schule zurückzuschaukeln, ließ einen oft an das marxsche Wort denken, dass die wirtschaftliche Effektivität den Kampf der Systeme entscheiden werde.

Nur eines hielt der Komsomol strikt ein, das »suchoi sakon«. Das trockene Gesetz oder Alkoholverbot war aus triftigem Grund eingeführt worden. Da sich die weltstädtischen Moskauer Studenten hier ein wenig legerer als andere verhielten, traute sich der Schreiber dieser Zeilen im August 1973 in ein Restaurant am Gorkiprospekt. Von den anderen Gästen schnell als DDR-Deutscher ausgemacht, erschienen sie bei ihm mit übervollen Weingläsern und baten, gemeinsam auf Walter Ulbricht anzustoßen, der an jenem Tag verstorben war. Der Sachse war im Land erstaunlich populär, weil es Fotos von ihm im Schützengraben auf der richtigen Seite gab.

Der gute Staatsbürger leerte natürlich alle ihm angebotenen Becher auf Ex, wie es sich nach Landessitte bei solch traurigem Anlass geziemt.

Zur selben Zeit veranstaltete die Lagerleitung den allabendlichen Anwesenheitsappell. War jemand nicht da und die Kommilitonen riefen »on spiet« (er schläft), dann war die Sache abgehakt. Just in dem Moment, als die Mitstudenten beim Aufruf des staatstreuen Trunkenboldes flunkernd vermeldeten, dass er schon schnarche, schoss dieser wankend durch eine Pendeltür direkt in den Rücken der Lagerleitung. Der Kommissar bestellte den Nachzügler sofort zu einer hochnotpeinlichen Befragung in sein Büro, und hier hörte der Spaß abrupt auf. Eine Bestrafung vom Komsomol zog nicht selten eine Exmatrikulation in der Heimat nach sich.

Also fragte der Funktionär überaus streng, was passiert sei. Der inzwischen nicht mehr so betrunkene deutsche Erbauer des Kommunismus berichtete reuig.

Daraufhin schaute der sowjetische Kommissar-Kommilitone sehr, sehr ernst, schüttelte noch ernster den Kopf und verkündete sehr offiziell: Aufgrund der bekannten Gesetzeslage hätte er gerade keine Flasche zur Hand. Ansonsten wäre es ihm als Komsomolzen natürlich eine sehr große Ehre und Pflicht gewesen, ebenfalls auf den bedeutenden internationalen Arbeiterführer anzustoßen. ■

1967

Oktober
Auf Einladung des Deutschen Gewerkschaftsbundes gastiert das Berliner Ensemble erstmals in West-Berlin und zeigt Brechts »Aufhaltsamen Aufstieg des Arturo Ui«.

Oktober
Das Orchesterwerk »Meer der Stürme« von Paul Dessau wird uraufgeführt.

Oktober
Der DEFA-Film »Die Fahne von Kriwoj Rog«, Regie Kurt Maetzig, hat Premiere.

Oktober
In Ost-Berlin findet die bisher größte gemeinsame Truppenparade von DDR- und sowjetischem Militär anlässlich des 50. Jahrestages der russischen Oktoberrevolution statt.

November
Die Volksbuchhandlungen »Das sowjetische Buch« in Leipzig und Berlin werden eröffnet.

Dezember
Die Volkskammer beschließt, eine neue sozialistische Verfassung der DDR auszuarbeiten.

Dezember
Erneut hat der DFF Fallada verfilmt: Es läuft der Zweiteiler »Kleiner Mann – was nun?« mit Arno Wyzniewski und Jutta Hoffmann.

November
Siegfried Matthus' Oper »Der letzte Schuss« wird an der Komischen Oper Berlin uraufgeführt.

Dezember
Ein DDR-Kulturzentrum eröffnet in Stockholm.

Dezember
Der Kinderfilm »Der tapfere Schulschwänzer« hat Premiere.

Wie ich die erste deutsch-polnische Freundschaft erlebte

Die erste Friedensfahrt fand 1948 statt und hatte eine fast kuriose Vorgeschichte. Der Chefredakteur der polnischen Zeitung »Glos Ludu« träumte von einem Sportereignis, das das Verhältnis zwischen Polen und Tschechen aufbessern könnte und schlug ein Boxturnier vor, wohl, weil er ein Boxfan war. Seine Umgebung riet ab, weil sie fürchtete, aufeinander einschlagende Polen und Tschechen wären nicht das Ideale, um die Atmosphäre freundschaftlicher zu gestalten. Jemand hatte die Idee, ein Motorradrennen zwischen Warschau und Prag auszutragen, aber die scheiterte daran, dass die Straßen durch den Krieg so demoliert waren, dass sie nicht mal ein Motorradrennen zuließen. So kam man auf ein Radrennen, aber das drohte daran zu scheitern, dass man nicht genügend Rennräder fand. Der tschechoslowakische Präsident Gottwald bewilligte aus dem Staatshaushalt eine Summe, die ausreichte, die Teilnehmer eines ersten Rennens auszustatten. Also ließ man wissen, dass alle Teilnehmer am Ende der Fahrt die Räder wieder abgeben müssten. Da man sich nicht einigen konnte, ob das

1968

Januar
Die Volkskammer beschließt ein neues Strafgesetzbuch und eine neue Strafprozessordnung. Das Strafrecht sieht differenzierte Strafen, abhängig vom Grad der »Gesellschaftsgefährlichkeit« und der persönlichen Einstellung zum sozialistischen Staat vor.

Januar
Walter Ulbricht hält die Rede »Unser guter Weg zur sozialistischen Menschengemeinschaft«.

Februar
DEFA-Filmpremiere »Ich war neunzehn« von Konrad Wolf mit Jaecki Schwarz in der Hauptrolle.

Feburar
Bei den X. Olympischen Winterspielen in Grenoble treten zwei deutsche Mannschaften an. Eine Gold-, zwei Silber- und zwei Bronzemedaillen für die DDR.

März
Erstes Hallensportfest in der Leichtathletik für Hörgeschädigte in der Berliner Dynamo-Sporthalle.

erste Rennen in Prag oder Warschau beginnen sollte, kam man auf die tollkühne Idee, zwei Rennen auszutragen und bewies nobelpreisverdächtiges Organisationstalent. Die in Warschau Gestarteten fuhren eine kürzere Strecke und stiegen in Prag in den Zug nach Warschau, den sie in Radom verließen. Dort warteten sie auf die Teilnehmer der letzten Etappe der anderen Richtung und radelten ihnen hinterher. So gelangte der Haufen vereint in Warschau an und wurde dort inmitten der Trümmer von Zehntausenden jubelnd empfangen. Einzige Querele: Die Jugoslawen gaben ihre Räder nicht wieder ab und wurden deshalb das nächste Mal nicht wieder eingeladen.

1950 schlug einer der kühnen polnischen Organisatoren vor, das Motiv des Rennens auf die Deutschen auszudehnen, was ihm viel Ärger eintrug. Man wollte weder in Prag noch in Warschau Deutsche sehen. Und durchsetzen konnte der Pole Wlodek seine Idee am Ende nur, weil er schwor, dass da gerade ein deutscher Staat entstanden sei, der Freundschaft mit Polen und der Tschechoslowakei anstrebe und einen seiner berühmtesten Dichter – Friedrich Wolf – als Botschafter nach Warschau entsandt hatte. So kam es, dass die Deutsche Demokratische Republik ihre Nationalmannschaft im Mai 1950 nach Warschau schickte. Die sechs Rennfahrer und ihre Betreuer waren faktisch die ersten Straßenbotschafter der DDR. Sie erlebten viel Hass, aber zuweilen auch schon mal einen stillen Hauch von Sympathie. Der Mechaniker der Mannschaft hockte mit seinen Ersatzrädern zusammen mit dem polnischen Mechaniker auf einem Lastwagen, und jedes Mal, wenn sie an einer Ruine vorüberkamen – sie kamen nur an Ruinen vorüber –, schrie der Pole in schlechtem Deutsch: »Das Faschisten! Du Faschist!«

Am Abend nach der ersten Etappe sagte der deutsche Mechaniker, dem irgendwann irgendwo irgendjemand den Spitznamen »Schlingschlang« verpasst hatte: »Was ich brauche, ist eine Fahrkarte nach Berlin – sonst gar nichts!« Er wollte nicht mehr. Zwei Heinz Richters – Heiri I und Heiri II – und ich redeten auf Schlingschlang ein und versuchten ihn umzustimmen. Als wir es geschafft hatten, bewilligten wir uns gemeinsam einen Wodka, mussten aber sehr vorsichtig sein, weil wir in einem Hotel nächtigten, dessen eine Hälfte eine deutsche Granate weggerissen hatte, und man hatte nur ein Seil gespannt, wo der Korridor in die Trümmergrube führte. Am nächsten Tag rollte das Rennen weiter, quer durch Polen und die Tschechei. Kein deutscher Fahrer gewann eine Etappe und konnte es auch gar nicht, weil die Räder keine modernen waren. In Prag aber suchten wir verzweifelt nach Schlingschlang, weil das Flugzeug nicht warten würde. Wir fanden ihn in einer Kneipe, wo er mit dem Polen herzlich Abschied feierte. Das war die Geburt der ersten deutsch-polnischen Freundschaft, die ich erlebte.

Schlingschlangs Grab in Leipzig ist längst eingeebnet, aber das Bild der beiden, wie sie sich zum Abschied umarmten, werde ich nie vergessen!

Die Friedensfahrt, ab 1948 das alljährliche sportliche Großereignis im Osten, ist Geschichte. Aber Geschichten um sie herum werden noch erzählt.
Foto links: Der Leipziger Klaus Ampler, 1963 Gewinner der Internationalen Friedensfahrt.
Foto rechts: 1. Mai 1949, Start der II. Friedensfahrt in Prag.

März
Die Ausstrahlung des Fünfteilers »Ich – Axel Cäsar Springer« mit Horst Drinda beginnt.

März
Die erste Folge des vierteiligen Fernsehfilms »Wolf unter Wölfen« wird im ZDF ausgestrahlt. Der Film ist die erste DDR-Produktion, die vom bundesdeutschen Fernsehen gesendet wird.

April
Die Abstimmung über eine sozialistische Verfassung, der erste Volksentscheid in der Geschichte der DDR, ergibt 94, 49 Prozent Ja-Stimmen. Die Verfassung, in der die DDR als »sozialistischer Staat deutscher Nation« charakterisiert wird, tritt am 9.4. in Kraft.

April
»Die Aula« nach dem Roman von Hermann Kant wird am Landestheater Halle uraufgeführt.

Mai
Axel Peschel gewinnt in der Einzelwertung bei der XXI. Friedensfahrt.

Mai
Die Universitätskirche in Leipzig wird gesprengt. An dieser Stelle wird ein Gebäudekomplex der Karl-Marx-Universität errichtet.

Nehmen Sie Pur-Lack!

In jeder zweiten Ehe kommt es zu einer mittleren Katastrophe, wenn plötzlich die Schwiegermutter auftaucht, denn: Der liebe Gott sieht alles, aber die Schwiegermutter sieht mehr! Bei meinem Freund Kalle waren es die Fensterrahmen. Um das zu verstehen, muss man wissen, was in keinem Geschichtsbuch steht, nämlich: Zu den unnachahmlichen Errungenschaften der verblichenen DDR gehörten neben dem ÖKULEI, dem Ökonomisch-Kulturellen-Leistungsvergleich, auch PUR-Lack und das Kombinat LACUFA – was schlicht Lacke und Farben hieß. Daraus ergab sich für Kalle Folgendes:

Seine Schwiegermutter erscheint auf der Rückreise von Tante Lisbeth in Lübeck bei ihm zu Besuch. Während seine Frau den Begrüßungskaffee kocht, lehnt sich Schwiegermutter aus dem Fenster. Plötzlich ruft sie:

»Wat is denn det für'n Dreck an eure Fenster? Die ha'm doch seit Kaiser Wilhelm keene Farbe mehr jeseh'n! Stört dir det nich, Töchterchen? Hat dein Mann Tomaten uff de Oogen, dasser det nich sieht? Drück ihm doch mal 'n Pinsel inne Hand. Det sieht doch schäbig aus. Mir is det jerade bei Tante Lisbeth in Lübeck uffjefallen: Wenn die Fenster schön weiß jestrichen sind, denn wirkt die janze Bude picobello. Musste mal druff achten im Westfernseh'n. Oder hat Kalle schon wieder sein Rheuma?«

Kalle dachte: Lieber phlegmatisch als rheumatisch, das ist leichter zu beheben. Und schon war er unterwegs zum Farbladen. Der dortige Verkäufer war ein mürrischer Graukopf. Sein Hobby waren Kreuzworträtsel. Drum stand an der Ladentür: »Selbstbedienung«. Kalle ging hinein, tastete sich durch die Regale, stierte auf die Dosen in den Regalen und rief dann verzweifelt: »Ich suche Latex für außen.« Worauf der Mann an der Kasse erst mal den Grenzfluss »Elbe« in sein Rätsel eintrug und dann knurrte: »Wenn det nich da steht, hab ick keens.«

»Und was nehme ich dann für meine Fenster?«

1968

Mai
Sowjetische Truppen rücken zu Stabsmanövern in die Tschechoslowakei ein.

Juni
Auf dem 10. Deutschen Bauernkongress der DDR wird über die Forderung des VII. Parteitages der SED nach dem Übergang zu industrieller Organisation und Leitung in der Landwirtschaft beraten.

Juni
Die Volkskammer beschließt die Einführung der Pass- und Visapflicht im Reise- und Transitverkehr zwischen der Bundesrepublik Deutschland und West-Berlin.

Juni
Bei den VII. Sommerfilmtagen in Rostock gibt es gleich zwei DEFA-Filmpremieren: »Schüsse unterm Galgen« und »Spur des Falken«.

Juni
DEFA-Filmpremiere »Heißer Sommer« mit Frank Schöbel und Chris Doerk.

»Na, wat da is. Zum Beispiel PUR-Lack!«

»Was ist das denn?«

»Steht druff! Hält wie Hund. Muss bloß richtig anjerührt und uffjetragen werden!«

Kalle griff zu, kaufte noch Pinsel und Spachtel und machte sich gleich ans Werk. So konnte er Schwiegermutter aus dem Weg gehen. So konnte er NAW-Punkte für die »Goldene Haus-

nummer« sammeln. So konnte er seiner lieben Frau für die nächsten zehn Jahre die Vorwürfe ihrer Mutter ersparen.

Doch das war eine Rechnung ohne den Wirt, das hieß: Ohne das Kombinat LACUFA. Deutschland war zwar mal eine Weltmacht der Chemie, inklusive der IG Farben und der Farbwerke Höchst, aber die Patente dieser Firmen lagen in Frankfurt am Main und nicht in Frankfurt/Oder. Importe hätten Valuta gekostet und das Angebot an Bananen weiter reduziert. So mussten die Chemiker bei LACUFA ihre eigenen Erfindungen auf Basis einheimischer Rohstoffe machen. Eine dieser Erfindungen war der PUR-Lack mit den zwei Komponenten zum wetterfesten Aushärten.

Die Tragik beim Ost-West-Vergleich, bei dem der Osten immer grau in grau erschien, war ja nicht, dass hier seltener gestrichen wurde, sondern dass die Farben schneller blätterten und weniger strahlten, zumal knallige Werbung systemfremd war. Aber nun hatte Kalles Schwiegermutter eingegriffen, und am nächsten Tag strahlten Kalles Fenster schneeweiß. Doch nicht lange.

Kalle hatte mit dem Spachtel nicht den alten Lack herunterkratzen können, weil das die morschen Holzrahmen der Fenster nicht überlebt hätten. Er hatte auch versäumt, die Fensterleisten neu zu grundieren. Schließlich waren drei Eislöffel aus Plaste zerbrochen bei dem Versuch, das neue Zeug gut durchzurühren. Und das hat sich gerächt.

Als Kalles Schwiegermutter ein Jahr darauf in der gleichen Herbstwoche, auf der gleichen Rückreise, bei der gleichen Kaffeepause ihren Kopf durch das gleiche Fenster hinausschob, da ertönte wieder der gleiche Aufschrei: »Mein Jott, wie seh'n denn eure Fenster aus! Det blättert doch allet ab. Ick dachte, du hast Ahnung Kalle?«

Kalle seufzte: »Was nutzt mir Ahnung, wenn ich keine richtige Farbe habe.«

»Na, musste wat sagen, denn bring ick euch nächstet Jahr von Tante Elvira keene Dose Jutsherrnsuppe, sondern 'ne Dose Fensterfarbe mit!«

So ist es dann geschehen. Kalle war von dem Westlack tief beeindruckt. Seine Mitbewohner im Haus waren es auch. Nur die Krönung seiner Mühen durch die Verleihung der »Goldenen Hausnummer« blieb aus, weil die Wettbewerbsjury feststellte: »Das grelle Titan-Weiß der Fenster in der ersten Etage harmoniert nicht mit dem gelb-grauen Elfenbeinton der übrigen Fenster, was den Gesamteindruck der Fassade doch erheblich stört.«

Kalle störte das nicht, denn der Familienfrieden war ihm wichtiger als der Hausfrieden. ■

Nein, nicht jeden Sonnabend war Subbotnik. Aber Hausgemeinschaften gaben durchaus die ein oder andere Stunde am Wochenende dran, um sich um bessere Wohnbedingungen oder auch die Anlage und Pflege von Grünanlagen und Spielplätzen im Wohngebiet zu kümmern. Die Nationale Front war Trägerin des Wettbewerbs um die »Goldene Hausnummer«. Erfolgreiche Kommunen und Hausgemeinschaften erhielten ideelle und materielle Auszeichnungen wie Geldprämien oder die Ehrennadel der Nationalen Front.

Juni
Der Mindestumtausch für westliche DDR-Besucher wird auf 10 DM pro Person und Tag erhöht.

Juni
Der erste Containerzug fährt auf der Strecke Dresden-Berlin-Rostock.

Juli
Eine freiwillige Versicherung auf Zusatzrente wird angeboten, die Beiträge liegen zwischen 10 und 200 Mark monatlich. Mindestrente derzeit: 165 Mark.

Juli
Die DDR unterschreibt den Atomwaffensperrvertrag.

Juli
Partei- und Regierungsvertreter der UdSSR, der DDR, Polens, Ungarns und Bulgariens beraten in Warschau über die politische Entwicklung in der Tschechoslowakei.

Juli
In Warnemünde eröffnet im Rahmen der Ostseewoche die Gaststätte »Teepott«. Der markante Bau des Architekten Ulrich Müther wird zum Wahrzeichen des Urlaubsorts.

Alle Jahre wieder

1968

August
Eine Delegation des Zentralkomitees der SED unter Leitung Walter Ulbrichts trifft sich mit dem ZK der tschechoslowakischen KP unter Leitung von Alexander Dubček in Karlovy Vary.

21. August
Truppen des Warschauer Vertrages besetzen die ČSSR. NVA-Einheiten sind nicht beteiligt.

August
In Moskau enden die Verhandlungen zwischen der sowjetischen und der tschechoslowakischen Führung mit der Unterzeichnung des »Moskauer Protokolls«.

August
Das »Konsument«-Warenhaus »Am Brühl« in Leipzig öffnet nach dreijähriger Umbauphase. Es ist jetzt das größte und modernste Kaufhaus der DDR.

Irgendwie verlief die Weihnachtszeit in meiner Schulzeit jedes Jahr ähnlich. Vati suchte den Baum aus. Als ich größer war, durfte ich mitgehen. Egal, mit welchem Exemplar wir nach Hause kamen, Mutti war nicht zufrieden, zu Recht. Es waren Krücken, wie sie es nannte. Un-gerecht war ihre Kritik an uns. Als Weihnachtsbäume wurden schlecht gewachsene Bäume verkauft, die anderen wuchsen zum Waldbestand heran.

Wir kauften einen größeren, sägten unten ein Stück ab. Die überflüssigen Äste wurden angespitzt in gebohrte Löcher gesteckt, um kahle Stellen zu überdecken. Dank unserer Bastelarbeit wurde aus der Krücke immer ein brauchbarer Baum, auch Mutti war es zufrieden. Nach jeder ihrer deutlichen Kritiken sagte Vati, dass sie im nächsten Jahr den Baum aussuchen solle, was sie natürlich nicht machte.

Den Baum schmückte Vati allein, seine Aufgabe pflegte er wie ein Ritual. Es wurde immer gleich geschmückt, silberne Kugeln, Glöckchen und echte Kerzen. Sie anzubringen war schwierig, und es dauerte, bis sie gleichmäßig verteilt waren, aufrecht standen, damit sie beim Brennen nicht tropften und nichts anbrennen konnte.

Das Lametta war ein weiterer Streitpunkt zwischen Mutti und Vati. Sie wollte, dass es glatt nach unten hing. Das hatte sie im Westfernsehen gesehen. Er hängte es schwungvoll über die Zweige, weil DDR-Lametta aus leichterem Material war und nie glatt nach unten hängen konnte.

Am Heiligabend wurden die Geschenke unter den Baum gelegt, die Kerzen angezündet, im Radio gesucht, bis ein Sender Weihnachtsmusik spielte. Dann begann die Bescherung, wir wünschten uns gegenseitig ein schönes Fest, bei Mutti liefen Tränen. Ich schenkte auch, meist Selbstgebasteltes. Beim Auspacken lösten die Geschenke »von drüben« besondere Freude aus. Sie waren in Paketen gekommen, lagen zwischen Backzutaten und Esswaren, von denen die Westverwandten meinten, dass es sie hier nicht zu kaufen gäbe. Kleidung, Spielsachen und Süßigkeiten – darüber freuten wir uns. Schwer enttäuscht war ich einmal, als die heißersehnte Zündplättchenpistole – Objekt der Begierde aller Jungen meines Alters, aber es gab sie seinerzeit tatsächlich nur im Westen zu kaufen! – nicht eintraf. Die militaristische Erziehung im Osten wolle er nicht unterstützen, meinte der Onkel, weswegen er statt der Pistole eine eindeutig pazifistische Taschenlampe in das Paket gelegt hatte.

Wenn alles ausgepackt und bewundert war, wurden die Kerzen gelöscht, damit sie nicht zu schnell herunterbrannten oder Tropfflecken verursachten. Dann wurde der Fernseher eingeschaltet, nicht das DDR-Programm. »Das taugt sowieso nichts«, war die Position von Mutti und Vati. Um das gewünschte andere zu sehen, bedurfte es lange Zeit erheblicher technischer Anstrengungen. Wir hatten keine Antenne auf dem Dach; eine Stabantenne – ein etwa zwei Meter langer Metallstab – wurde im Zimmer an der Wand so lange hin und her geschoben, bis das Bild halbwegs zufriedenstellend war.

Unser Fernseher mit dem sehr kleinen Bildschirm hatte als Kanalwähler einen Schaltknopf für vier Einstellungen. Wer nur DDR-Fernsehen sah, brauchte nicht oft zu schalten. Wenn der Wähler kaputt ging, war das ein Indiz fürs Westfernsehengucken. Bei uns hielt der Schalter lange, weil das DDR-Fernsehen …

Gleich nach Weihnachten wurden Dankesbriefe geschrieben. Das war meine Aufgabe, es sollte zugleich eine Übung für Deutsch sein. Vati kontrollierte den Inhalt und eventuelle Fehler. Da es vorkam, dass Inhalte aus West-Paketen »verlorengingen«, musste ich zur Kontrolle, ob der Inhalt vollständig angekommen war, alles in den Dank einschließen, mit solchen Sätzen wie »Vielen Dank auch für die Seife, die Nudeln, das Backpulver, die Rosinen und …« Das war, alle Jahre wieder, das dicke Ende des Festes. Und der Taschenlampe musste ich sogar einen ganzen Absatz widmen! ■

Der Hinweis »Geschenksendung, keine Handelsware« durfte auf den West-Paketen nicht fehlen. Auch ein »Inhaltsverzeichnis« musste beigelegt werden. Die durchschnittlich 25 Millionen Pakete, deren Versand die westdeutschen Verwandten steuermindernd absetzen konnten, brachten pro Jahr etwa 1 000 Tonnen Kaffee und fünf Millionen (meist gebrauchte) Kleidungsstücke ins Land.

September
Fernsehpremiere des Fünfteilers »Wege übers Land« von Helmut Sakowski mit Manfred Krug und Ursula Karusseit.

September
In der Bundesrepublik wird mit der »Deutschen Kommunistischen Partei« wieder eine kommunistische Partei zugelassen.

Oktober
Der Schauspieler Wolf Kaiser erhält den Nationalpreis für seine Darstellung des Meister Falk in Benito Wogatzkis Fernsehspielen »Die Geduld der Kühnen« und »Zeit ist Glück«.

Oktober
An den Olympischen Spiele 1968 in Mexico City nehmen zwei deutsche Mannschaften teil, noch unter gemeinsamer Flagge. Weltrekord für Kugelstoßerin Margitta Gummel und Schwimmer Roland Matthes über 100 m Rücken. Manfred Wolke wird Sieger im Weltergewicht. Je neun Gold- und Silber- und sieben Bronzemedaillen.

Oktober
Das Duo Hauff-Henkler tritt in Mexico City während der Olympischen Spiele auf.

Schreck im Morgengrauen

Im Sommer 1969 trampte ich mit drei Freunden an die Ostsee. An der Mecklenburger Bucht zogen wir täglich von einem Zeltplatz zum anderen.

Für den ständigen Wechsel gab es einen wichtigen Grund: Camper ohne Anmeldung durften immer nur für eine Nacht bleiben. Die meiste Zeit das Tages waren wir daher damit beschäftigt, unsere Zelte abzubrechen, von A nach B zu tippeln, den Platzwart zu bequatschen, uns trotz Überfüllung aufzunehmen, und unsere Zelte wieder aufzubauen. Zweimal versagten unsere Überredungskünste. Diese Nächte verbrachten wir sehr unkomfortabel in Buswartehäuschen,

1968

Oktober
Das IOC beschließt, die DDR-Olympiamannschaft als gleichberechtigt anzuerkennen. Das NOK der DDR wird als gleichberechtigtes Mitglied in das IOC aufgenommen.

Oktober
»Abschied«, ein DEFA-Film nach dem Roman von Johannes R. Becher, hat Premiere.

Oktober
Willy Brandt erklärt die Bereitschaft, von der Existenz der DDR als eines zweiten deutschen Staates auszugehen und der Regierung der DDR auf gleichberechtigter Basis zu begegnen.

November
Der sowjetische Parteichef Leonid Breshnew erklärt die sogenannte Breshnew-Doktrin: Im Falle einer Bedrohung für das sozialistische Weltsystem verfügen die sozialistischen Staaten über beschränkte Souveränität.

in denen es nach Urin und Zigarettenkippen stank.

Nach 14 Tagen hatten wir genug vom Sand in den Haaren, dem ewigen Wind, dem nächtlichen Gestöhne in der Nachbarschaft, von den lästigen Mückenschwärmen, den perforierten Luftmatratzen, der morgendlichen Hitze im Zelt, den langen Schlangen an den Lebensmittelläden, den schmutzigen Waschräumen und den übergelaufenen Toilettenbecken. Unser eigentliches Ziel hatten wir sowieso verfehlt. Weil wir ständig weiterziehen mussten, war uns keine Zeit geblieben, Mädels »aufzureißen«. Drei von uns beschlossen, den Rest des Sommers zu Hause im Schwimmbad zu verbringen.

Mein Freund Thomas Wagner wollte noch bleiben. Wir trennten uns in Kühlungsborn. Er zog mit leichtem Gepäck, denn er hatte nur eine Armeeplane dabei. Tagsüber vergnügte er sich am Strand. Als die Sonne unterging, versteckte er seinen Rucksack in den Dünen und schlich sich in ein FDGB-Ferienheim ein. Dort war Tanzabend. Eine Rentnerband spielte Schlager. Im Saal gab es auch einige Mädchen ins Toms Alter. Er lernte eine Abiturientin aus Gera kennen und stellte sich ihr als Berliner Student vor. Es war Liebe auf den ersten Blick. Leider blieb es auch dabei. Am Ende der Tanzveranstaltung musste sie nach oben – dorthin konnte sie ihn nicht mitnehmen, weil ihr kleiner Bruder mit im selben Zimmer schlief. Sie verabredeten sich für den nächsten Tag.

Thomas beschloss, am Meer zu schlafen, obwohl das streng verboten war. Nach Einbruch der Dunkelheit wurde der Strand zum Grenzgebiet. Mein Freund holte sich seinen Rucksack aus den Dünen, blies die Luftmatratze auf, rückte ein paar Strandkörbe zusammen und machte es sich dahinter gemütlich.

Kurz nach Mitternacht kam ein Sturm auf. Die Wellen peitschten ans Ufer. Das Wasser stieg höher und höher. Mehrere Strandkörbe trieben hinaus auf das Meer und schickten sich an, republikflüchtig zu werden. Der Wind wirbelte den Sand durch die Luft. Thomas wickelte sich komplett in seine Zeltplane ein. Eine Weile hörte er noch das Tosen ringsum und das Schaben der Sandkörner auf der Leinwand. Dann schlief er ein.

Die Ostsee war Grenzgebiet und Urlauberparadies zugleich.

Im Morgengrauen marschierte eine Patrouille der Grenztruppen den Küstenstreifen entlang. Der Postenführer bemerkte eine Sandverwehung, aus der der Zipfel einer Armeeplane ragte. Er ging hin und versetzte dem länglichen Gebilde einen kräftigen Tritt mit dem Stiefel. Thomas hatte Glück im Unglück. Sein Pech war zunächst, dass der Fußtritt meinen Freund mitten ins Gesicht traf. Seine Nase brach mit einem lauten Knacken, und das Blut spritzte wie eine Fontäne. Thomas schlug voller Panik die Plane zurück und schrie laut los.

Auch die Soldaten bekamen einen Schreck. Der Unteroffizier hatte den Jungen nicht verletzen wollen. Er brüllte ihn an: »Verschwinde, sofort!«

Insofern hat Thomas Glück gehabt: Er ist nicht als Grenzverletzer verhaftet worden. Die tiefe Kerbe an seiner Nasenwurzel ist ihm geblieben. ■

November
Die DEFA zeigt »Die Toten bleiben jung« nach Anna Seghers' Roman mit Kurt Böwe und Barbara Dittus.

November
Die Dauerleistungskuh Bojarin wird geboren.

Dezember
Das Genthiner Waschmittelwerk präsentiert ein neues Vollwaschmittel: Spee.

Dezember
Nach der Premiere der »Faust«-Inszenierung von Adolf Dresen/Wolfgang Heinz am Deutschen Theater jubeln Publikum und internationale Kritik, der Kulturminister verlangt Änderungen. Die Regisseure ändern, um ein Verbot zu verhindern. Heinz tritt als Intendant zurück.

Dezember
Für den Interzonenhandel wird eine neue Vereinbarung getroffen, diese gilt bis 1975.

Verzerren und Verstärken

1969

Januar
An der deutsch-deutschen Grenze werden die ersten Beton-Beobachtungstürme errichtet.

Januar
In Halle findet mit 700 Teilnehmern eine Konferenz zur Erhöhung der Arbeitsproduktivität in der DDR statt, die sogenannte Schrittmacherkonferenz.

Januar
Der erste Film des Fünfteilers »Krupp und Krause« nach einem Drehbuch von Gerhard Bengsch wird im Fernsehen ausgestrahlt.

Februar
Innenminister Friedrich Dickel untersagt allen Mitgliedern der Bundesversammlung ab dem 15. Februar bis auf weiteres die Durchreise durch die DDR nach West-Berlin. Die DDR protestiert damit gegen die geplante Bundespräsidentenwahl in West-Berlin

Wer Gitarre spielen kann, hat beim Musizieren dieses unergründliche Lächeln im Gesicht. Meine Helden sind eine Mischung aus Djon Delhusa und Andy Scott von »The Sweet«. Theoretisch bin ich schon Gitarrist, obwohl ich keine Gitarre habe. Ich fühle es, ich könnte sie genauso gut spielen wie meine Helden. Ich höre ihnen zu und stehe auf der Polsterliege, die meine Bühne ist. Manchmal nehme ich den Eierschneider aus der Küchenschublade, um an den Stahldrähten herumzuklimpern. Wir haben natürlich Musikinstrumente zu Hause, auf denen aber niemand richtig spielen kann. Wir besitzen ein nach Spucke riechendes mit Silberpapier beklebtes Saxophon und eine winzige Plastikgitarre vom letzten Weihnachtsmarkt. Dazu noch eine breite, silberne Mundharmonika, und die hat von all unseren Musikinstrumenten den fettesten Klang. Einfach in den Mund nehmen, einatmen, ausatmen. Klingt nur auf die Dauer etwas langweilig, obwohl Mundharmonikas wieder in sind. Heute Morgen zum Beispiel spielte der Berliner Rundfunk nach »Was ist denn heut bei Findigs los?« ein Stück von Stefan Diestelmann, der ein Meister auf der Blues Harp ist. Blues Harps gibt es jetzt als Nachbauten im Musikhaus »Takt & Ton« am Alexanderplatz. Die Musiker auf den Fotos in der »melodie & rhythmus« haben Westgitarren. Wer hat ihnen die gekauft? Bezahlt das die Plattenfirma AMIGA? Was man braucht, um so richtig nach Berühmtheit zu klingen, sollte einem jemand schenken. Wenn man das alles kaufen will, wird es teuer – zu teuer für uns Pipel, die mit 120 Mark Lehrlingsgeld nach Hause kommen.

Für Gitarren und Verstärker lohnt sich ein Blick in die am Donnerstag erscheinende WOCHENPOST. »Verk Marsh. NB 1500,– Mark« klingt bis auf den Preis kryptisch. Es bedeutet aber, dass hier jemand einen nachgebauten englischen Gitarrenverstärker für je nach Verdienstlage ein bis zwei Facharbeitermonatsgehälter oder 50 Wohnungsmieten verkauft. Und das ist der Verstärker, der auf der Bühne immer ganz hinten steht – teuer und unsichtbar.

Also riskiere ich einen zweiten Blick ins Musikhaus »Takt & Ton«, wo seit einigen Tagen ein Posten Elektrogitarren aus der ČSSR präsentiert wird. Sie stecken in braunen Taschen, deren Material eine gewagte Interpretation von Kunstleder darstellt. Aber sie sind bezahlbar. Seit einiger Zeit verkauft »Takt & Ton« gebrauchte Musikinstrumente. Und so lassen sich in zwei Etappen und unter enormen finanziellen Anstrengungen sowohl eine E-Gitarre mit Namen IRIS als auch ein dazu passender Kofferverstärker Marke K300 beschaffen.

Die Idole an der Wand, die Gitarre in der Hand – Jugendträume.

Zu Hause, im vierstöckigen Marzahner Plattenbau, klingt die erworbene Kombination bei ausreichender Zuwendung schon ganz gut nach Hippiemusik, aber es fehlt noch der Dynamitfaktor. Es soll gewaltig klingen, und vor allem soll ein von mir einmal angeschlagener Ton sich mehrere Atemzüge lang fortsetzen, wie bei den kürzlich in der Westfernsehsendung ROCKPALAST präsentierten ausdauernden Gitarrensoli. Die Suche nach der Lösung dieses Soundproblems ergibt, dass ich einen Verzerrer beschaffen muss, und da man den in der DDR nicht so einfach kaufen kann, kaufe ich von jetzt ab die JUNGE WELT und dann noch die »Jugend + Technik« sowie den »technikus«. Hier finden sich Bastelvorschläge für Verzerrer, die in Heimarbeit zusammengelötet werden können. Das benötigte Material gibt's in der Markthalle am Alexanderplatz zu kaufen.

Erschöpft von dieser Beschaffungsmaßnahme sitzte ich schließlich in der TUTE, nur wenige hundert Schritte von der Markthalle entfernt. Hier trinke ich Kaffee und Gin-Tonic, tausche mich mit anderen werdenden Musikern aus, wobei ich mit einem Auge auf die Umgebung schiele, nach Gesellschaft für den heranbrechenden Abend. Bald darauf spiele ich in einer Band. Wir stehen auf der Bühne im Jugendclub Langhansstraße in Weißensee. ■

Februar
Konstituierung eines »Ständigen Internationalen Komitees für die Anerkennung der DDR« in Helsinki.

Februar
Der DEFA-Kinderfilm »Käuzchenkuhle« nach dem Kinderbuch von Horst Beseler hat Premiere.

Februar
Die DEFA bringt einen neuen Märchenfilm in die Kinos »Wie heiratet man einen König?«, Regie Rainer Simon.

Februar/März
Gabriele Seyfert wird Weltmeisterin im Eiskunstlauf in Colorado Springs.

März
Jurek Beckers Lustspiel »Jungfer, Sie gefällt mir« nach Kleist wird von Günter Reisch für die DEFA verfilmt.

März
Zwischenfälle und Gefechte an der sowjetisch-chinesischen Grenze.

1969

März
Der DEFA-Kinderfilm »Mohr und die Raben von London«, nach dem Roman von Ilse und Vilmos Korn, hat Premiere.

März
Der Literaturpreis des FDGB wird an Helmut Sakowski verliehen.

April
Nach der Zerschlagung der tschechischen Reformbewegung tritt Alexander Dubček als Vorsitzender der KPC zurück.

Mai
Als erstes nichtkommunistisches Land nimmt Kambodscha diplomatische Beziehungen zur DDR auf. Im Laufe des Jahres erkennen der Irak, der Sudan, Syrien, die Demokratische Volksrepublik Jemen und die Vereinigte Arabische Republik die DDR völkerrechtlich an.

Mai
Die DDR wird Mannschaftssieger bei XXII. Friedensfahrt.

Mai
Die Bundesregierung beschließt, dass jede Anerkennung der DDR weiterhin als unfreundlicher Akt gewertet werde.

Mai
In Rostock wird der erste Museums-Neubau der DDR, die Rostocker Kunsthalle, eröffnet.

Juni
Gründung des Bundes der Evangelischen Kirche in der DDR. Damit wird die bislang bestehende juristische und organisatorische Einheit der Evangelischen Kirche Deutschlands beendet.

Juni
DEFA-Indianerfilm »Weiße Wölfe« hat Premiere.

Juni
Der 2. Frauenkongress tagt unter dem Motto: »Der Frauen Herz, Wissen und Tat für unseren sozialistischen Friedensstaat«. Fast die Hälfte aller Frauen ist berufstätig.

Juli
Die 250er MZ ETS Trophy Sport wird im Zschopauer Motorradwerk gebaut.

Nicht weit von der Hauptstadt

Nach der Erhöhung der Normen durch die DDR-Regierung marschieren Bauarbeiter der Baustellen Krankenhaus Friedrichshain und Stalinallee am 16. Juni 1953 mit der Forderung nach Herabsetzung der Normen durch die Berliner Innenstadt zum Ministerium.

Dies ist keine Episode vom Rande, sondern der Abschnitt eines Kapitels bitterer Wahrheit. Am 17. Juni 1953 waren in der DDR Menschen auf die Straße gegangen, um Unmut zu bekunden. Als die Bundesregierung später gewissenhaft untersuchen ließ, wie viele es wohl gewesen sein mögen, kam man darauf, dass es sechs bis acht Prozent der Arbeiter in der DDR waren. Seitdem dies bekannt war, mochten ernsthafte Historiker nicht mehr von einem »Volksaufstand« reden.

Bekannt ist auch, dass der Rundfunksender im Amerikanischen Sektor (RIAS) einigen Anteil an den Unruhen hatte. Am 16. Juni um 19.30 Uhr und von da an jede halbe Stunde wurde im Sender folgende Mitteilung verlesen: »Eine Delegation der Bauarbeiter, von denen die

Akti[illegible] ausgegangen war, [illegible]m RIAS heute eine Resolution mit der Bitte um Veröffentlichung überreicht. Darin heißt es: Die Arbeiter haben durch ihren Streik und ihre Demonstration bewiesen, dass sie in der Lage sind, den Staat zur Bewilligung ihrer berechtigten Forderungen zu veranlassen. Die Arbeiter werden von der Möglichkeit jederzeit wieder Gebrauch machen, wenn die Organe des Staates und der SED nicht unverzüglich folgende Maßnahmen einleiten: 1. Auszahlung der Löhne nach den alten Normen schon bei der nächsten Lohnzahlung; 2. Sofortige Senkung der Lebenshaltungskosten; 3. Freie und geheime Wahlen. 4. Keine Maßregelung der Streikenden und ihrer Sprecher.«

Am 17. folgte ab 5.36 Uhr früh der Aufruf: »In den letzten Wochen konnten wir Ihnen, liebe Hörer, über Arbeitsniederlegungen in allen Bezirken der Sowjetzone berichten. Aber gestern ging es nicht mehr um Normen. Aus dem Protest gegen eine willkürliche Lohnsenkung wurde ein Protest gegen das gesamte Regime …«

Danach begann der RIAS in Zehn-Minuten-Abständen Parolen zu wiederholen, unter denen auch eine war, die empfahl, unliebsamen SED-Funktionären »eine Lektion zu erteilen«. Und dann folgten Namen derjenigen, die man abzustrafen riet. Den Rathenowern empfahl man zum Beispiel, einem Wilhelm Hagedorn eine solche Lektion zu erteilen. Der damals 58jährige war Kommunist, hatte sein Leben lang für seine Überzeugung gekämpft und war deshalb von den Faschisten verfolgt und eingekerkert worden. Nach seiner Befreiung war er als Volkspolizist mit dafür verantwortlich, dass Faschisten aus ihren Ämtern entfernt wurden. Das trug ihm neuen Hass bei seinen alten Gegnern ein.

1969

Juli
Die Bundesregierung beschließt, künftig das Hissen der DDR-Nationalflagge und das Abspielen der DDR-Staatshymne bei Sportveranstaltungen nicht zu behindern.

Juli
Walter Ulbricht stellt fest, dass die Freundschaft zur Sowjetunion in eine neue Qualität übergegangen ist.

August
Die 20-Pfennig-Münze kommt in Umlauf.

August
Der Ministerrat beschließt eine Erhöhung des staatlichen Kindergeldes: Ab 1. Oktober gibt es ab dem 3. Kind statt 20 nun 50 Mark Kindergeld monatlich.

August
Es findet das zentrale Fest der jungen Talente in Artistik und Schlager statt.

Einer von denen hatte dem RIAS Hagedorns Namen geliefert.

1953 gehörte Hagedorn zu leitenden Männern der städtischen HO-Verwaltung. Rowdys schlugen die Türen ein und schleppten Hagedorn hinaus. Ein johlender gewaltbereiter Haufen, den weder die Senkung von Normen noch freie Wahlen interessierten, stürzte sich auf Hagedorn, schlug ihn zusammen, schleppte ihn zum Schleusenkanal, warf ihn in die Havel und verfolgte den verzweifelt um sein Leben Schwimmenden mit Steinen und Stangenhieben. Als Hagedorn, obwohl schon mehrfach getroffen, weiter schwamm, zerrten sie ihn aus dem Wasser und folterten ihn bestialisch. Er starb im Krankenhaus, sein letztes Wort war der Name seiner Pflegetochter Betty.

Auf einem Friedhofshügel über den Dächern Rathenows fand Hagedorn seine letzte Ruhe. Auf seinem Grab setzte man einen Marmorstein mit seinen Lebensdaten und den Worten von Julius Fučik:

»Menschen, ich hatte euch lieb. Seid wachsam!«

Im April 1997 meldete die in Potsdam erscheinende »Märkische Allgemeine Zeitung«: »Stein des Anstoßes kommt weg.« Dem folgte die Nachricht: »Der rote Gedenkstein auf dem Ehrenhain des Rathenower Friedhofes ist vielen Bürgern der Kreisstadt ein Dorn im Auge. … Als am 17. Juni 1953 der Arbeiteraufstand durch die DDR rollte, rächten sich die Rathenower gar bitterlich an dem Mann, der sich ganz in die Dienste der Staatssicherheit gestellt hatte. Sie lynchten ihn.« ■

Am 17. Juni breiten sich die Unruhen über das Land aus, in annähernd 500 Orten kommt es zu Demonstrationen, wie hier in Dresden.

September
DEFA-Filmpremiere »Seine Hoheit – Genosse Prinz« mit Rolf Ludwig und Rolf Herricht.

September
Inbetriebnahme des Dresdner Fernsehturms.

September
Die ersten Fünfmarkmünzen kommen in Umlauf.

September
In Magdeburg wird Rudi Strahls Komödie »In Sachen Adam und Eva«, eines der meistgespielten DDR-Stücke, uraufgeführt.

Oktober
Der Alexanderplatz erhält eine neue Sehenswürdigkeit: die Weltzeituhr. Sie wird zu einem der beliebtesten Treffpunkte in Berlin.

September
Die Ministerien der DDR und der BRD verhandeln über Verkehrs- und Postfragen.

1969

Oktober
In Berlin eröffnet der Vergnügungspark Plänterwald.

Oktober
Der Fernsehturm in Berlin wird feierlich eröffnet. Das sich drehende Café im Turm ist eine besondere Attraktion.

Oktober
Das zweite Programm des DFF beginnt zu senden. Ab sofort erscheint die Fernsehzeitung FF-Dabei in Farbe.

Oktober
Leistungsschau der Architekten und bildenden Künstler im Alten Museum und in der Nationalgalerie zum 20. Jahrestag der DDR.

Oktober
Am Altmarkt in Dresden wird der neuerbaute Kulturpalast eröffnet. Zum Auftakt erklingt Beethovens 9. Sinfonie.

Im Winter, als ich zur Aufnahmeprüfung nach Leipzig kam, stank die Stadt. Es war neblig. Der Geruch war wesentlich intensiver als der, den ich als DDR-Kind ohnehin kannte. Ich war schließlich in kohleofenbeheizten Berliner Altbauvierteln aufgewachsen. Ich kam abends in die Stadt. Die Nacht vor der Aufnahmeprüfung sollte ich im Wohnheim der Sporthochschule verbringen, dem sogenannten »Altbau«.

Das Wohnheim selbst war ein prächtiger Bau. Grau. Pompös. Mit einer Riesen-Eingangshalle, die in einen Patio überging. In dem spielten die Kinder der Studenten mit ihren Dreirädern und Rollern. Ich war hingerissen. Einziehen, Studieren, Kind kriegen, das war ab jetzt der Plan. Um den Patio herum liefen in zwei Stockwerken Balkone, von denen die Zimmer der Studenten abgingen. Selbst die Gemeinschaftsbäder, in denen es tatsächlich noch Waschrinnen gab, schreckten mich nicht. Das sah nach Kommune aus. Hier wollte ich wohnen.

Wider Erwarten schaffte ich die Aufnahmeprüfung.

Im September darauf: Wir Neu-Studenten drängten uns um ein paar Tische. Mit Laufzetteln in der Hand, wo angekreuzt wurde, was erledigt war. Die erste von einigen unerfreulichen Informationen: Man hatte mich ins Studentenwohnheim im Neubauviertel Schönefeld verlegt. Klang nicht gut. Ich beschloss, die Tatsache so lange es ging zu ignorieren.

Ich ging durch die Stadt, suchte im Centrum Warenhaus nach Brauchbarem und fand es nicht. Im Sportartikel-Laden gab es nur noch die hässlicheren Teile vom letzten Turn- und Sportfest, keine Lycra-Leggins. 1987 meiner Meinung nach das einzig legitime Bekleidungsstück, um Sport zu treiben. Trainingsklamotten würde ich in diesem Studium viele brauchen: Sportwissenschaft an der DHfK Leipzig, gewählt aus Angst vor einem Lehrerstudium, das sie an der EOS jedem einreden wollten. Außer den Jungs, die sollten Offizier werden. Wider Erwarten waren einige der schnuckligsten Typen diesem Schicksal entronnen, das war mir nach dem ersten Tag auf dem DHfK-Campus klar: Die sollten mir fortan mein Sportstudium versüßen. Was mir konkret vorschwebte, keine Ahnung. Ich war mit 18 gleichermaßen überheblich wie zurückgeblieben.

Irgendwann musste ich ja doch hin zum Wohnheim. Als ich das Wohnheimzimmer be- »

10 Mark kostete ein Platz im Studentenwohnheim. Vierbettzimmer waren die Regel, Zweibettzimmer die begehrte seltenere Variante, auch Wohnungen für Studentinnen und Studentenpaare mit Kind gab es – die Nutzung der Gemeinschaftsräume in der Miete inbegriffen.

Betten besetzen

November
Beschluss des Zentralrats der FDJ zur Entwicklung der Singebewegung: »Kämpft und singt mit uns!«

Dezember
Staatsratsvorsitzender Walter Ulbricht schickt Bundespräsident Heinemann einen Brief mit dem Entwurf eines Vertrages über die Aufnahme gleichberechtigter Beziehungen zwischen der DDR und der Bundesrepublik Deutschland.

Oktober
Das Erich-Weinert-Denkmal wird in der Geburtsstadt des Dichters, Magdeburg, eingeweiht.

November
Die Puhdys geben in Freiberg ihr erstes Konzert.

Dezember
Die Zeitungen sprechen vom kältesten Dezember seit 1893. Rekordminustemperaturen führen zu Engpässen bei Nahrungsmitteln und Brennstoffen.

Lesesaal der Deutschen Bücherei in Leipzig.

trat, waren die besten Betten belegt. Vier gab es davon in dem quadratischen Zimmer. Zwei Einzelbetten, ein Doppelstockbett. Ich musste das obere nehmen. In einem Zimmer mit drei anderen 18-jährigen Mädchen. Mein Studium fing mit einem Riesenfehler an. Alle anderen waren nach der Immatrikulation direkt zum Wohnheim gefahren. Betten besetzen. Die waren jetzt hier zu Hause. Ich wollte nicht dazugehören. Die heruntergekommenen Polstermöbel im Gemeinschaftsraum! Die Küche mit dem ewig zugekleckerten Herd! Mein einziger Freund war die heiße Dusche am frühen Morgen, für die ich » extra eine halbe Stunde vor allen anderen aufstand. Aber noch war Spätsommer, und manchmal passierte auch was: Auf der gleichen Etage wohnten ein paar Bergsteiger. Großes Hallo, als die sich mal abseilten aus dem Fenster im 17. Stock. Aber die Zimmer-Partys hielten nie, was ich mir davon versprochen hatte. Was wahrscheinlich an mir lag. Die anderen amüsierten sich.

Mit dem Herbst kam der Gestank wieder. Morgens um sieben fingen die ersten Seminare in der Sporthochschule an, um sechs standen wir an der Straßenbahnhaltestelle. Neben uns die jungen Mütter auf dem Weg in die Fabriken, sie waren kaum älter als wir. Gleich würden sie ihre Kinder in die Krippe bringen und erst am Nachmittag wieder abholen. Auf keinen Fall ein Kind kriegen, das war ab jetzt mein Plan. Weitblick war noch nicht meine Sache: Ich suchte in der Nähe.

Mit zwei Freundinnen fand ich eine Wohnung in einem alten Haus in der sogenannten Neustadt. Wir besetzten eine dieser Behausungen, die sowieso keiner mehr haben wollte. Zu kalt war es in den feuchten Mauern eigentlich immer, aber wir hatten uns dieses Leben ausgesucht. Das unterschied uns von den anderen Bewohnern des Viertels. Dort verstand ich zum ersten Mal, warum so viele DDR-Bürger unbedingt in »die Platte« ziehen wollten.

Ganz zurück wollte ich zwar nicht nach Schönefeld, doch ich hielt mir eine Hintertür offen: Vor den Mitstudentinnen gab ich die unerschrockene Besetzerin einer Wohnung in einem fast richtig besetzten Haus. Aber ich bezahlte doch weiter brav die 10 Mark Wohnheim-Miete im Monat. Ganz mochte ich auf die bescheidenen Errungenschaften der DDR-Zivilisation nicht verzichten. Denn wenn mal wieder der Kohleofen nur qualmte und ich keine Lust auf den Wasserkessel hatte, gab es immer noch die Gemeinschaftsdusche im Wohnheim Leipzig-Schönefeld. Hässlich, uncool, aber warm, wie so vieles aus meinen DDR-Erinnerungen. ■

1970

Januar
In Berlin-Mitte legt Oberbürgermeister Herbert Fechner den Grundstein für die neue Leipziger Straße.

Januar
Oskar Fischer löst Otto Winzer als Außenminister ab.

Januar
Gershwins »Porgy and Bess« mit Manfred Krug hat in der Regie von Götz Friedrich an der Komischen Oper Premiere.

Februar
Die Landwirtschaft der DDR kann die Bevölkerung nicht ausreichend versorgen, mit der Sowjetunion werden baldige Lieferungen vereinbart.

Februar
Das 1. Festival des politischen Liedes findet in Berlin statt. DDR-Singeklubs, Gruppen und Solisten aus aller Welt treffen sich von nun an jedes Jahr. Dieter Süverkrüp, Miriam Makeba, die chilenische Gruppe Inti-Illimani sind dabei.

März
Einen Tag vor dem Besuch Brandts in der DDR wird im DFF die Fernsehdokumentation »Bei Kuhnerts war man Sozialdemokrat« ausgestrahlt.

März
Treffen von Bundeskanzler Brandt und Ministerratsvorsitzendem Stoph zu Verhandlungen in Erfurt. Die Willy-Willy-Rufe gelten Willy Brandt.

März
Gabriele Seyfert wird Weltmeisterin in Ljubljana.

1970

März
Die Botschafter der drei Westmächte in der Bundesrepublik und der sowjetische Botschafter in der DDR nehmen Verhandlungen zu einem Viermächte-Abkommen über Berlin auf.

April
Der DEFA-Film »Unterwegs zu Lenin« nach Alfred Kurella hat Premiere.

April
In Wien beginnen die amerikanisch-sowjetischen SALT-Verhandlungen, Gespräche zur Begrenzung strategischer Rüstung.

April
Ein Beschluss über Umtausch der Parteidokumente der SED-Genossen wird erlassen, mit 99,6 Prozent der Mitglieder und Kandidaten werden persönliche Aussprachen geführt.

April
An der Berliner Leninallee wird das Lenin-Denkmal des Bildhauers Nikolai Tomski eingeweiht.

Rote Klöster?

Ich habe lange überlegt, ob es eine neuzeitliche Übersetzung für den Begriff Arbeiter-und-Bauern-Fakultät gibt. Ich fand keine, oder nur untaugliche.

Irgendwer nannte sie »Rote Klöster«. Aber die Mehrheit der Bewerber waren parteilos, und verglichen damit, wie in den Klöstern gesoffen wurde, lebten die ABF-Studenten sehr spartanisch. Anderswo steht von den »Kaderschmieden« geschrieben. Das drängt den Vergleich mit den heutigen »Elite-Schulen« auf. Aber die ABF war eher das Gegenteil: Eine Nachhilfeeinrichtung für frühere Randgruppen zwecks Brechung des Bildungsprivilegs der Reichen.

Im DDR-Lexikon steht: Seit Oktober 1949 als Vorstudienanstalt an den Universitäten und Hochschulen gegründet, um bewährte Facharbeiter aus Arbeiter- und Bauernfamilien als Delegierte ihrer Betriebe zum Abitur zu führen. Dann schloss sich ein Studium der Gesellschafts- oder Naturwissenschaften, der medizinischen oder landwirtschaftlichen Fachwissenschaften an.

Wer wissen will, wie es auf einer ABF zuging, kann Hermann Kants »Aula« lesen. Natürlich war das überall anders und doch ähnlich.

Wir waren der Gründungsjahrgang und haben zusammen mit unseren Dozenten die Tische und Stühle in das Unterrichtsgebäude getragen. Wir hatten als Lehrkräfte nicht nur Neulehrer, auch Altlehrer, denen man die alten Lehren anmerkte. Wir waren bereit, alles brauchbare Wissen aufzusaugen und über alles Streitbare zu streiten. Das ging im Internat oft bis in die Nacht.

Wir erzwangen die Ablösung unseres Direktors, weil der das Einmaleins der Demokratie nicht verstand. Wir verschmerzten den Abgang unseres Mathe-Doktors, weil der in Köln wieder Bombenzielwurfgeräte entwickeln wollte.

Wir wollten einen kirchlichen Feiertag per Beschluss zum Unterrichtstag machen und bekamen dann vom Parteichef den Auftrag, Lenins Buch über den »linken Radikalismus als Kinderkrankheit des Kommunismus« zu studieren, um fortan die Gläubigen nicht zu vergrämen.

Wir fielen auf, weil wir im Theater mit Rollkragen-Pullover erschienen. Das wurde erst viel später Mode. Wir organisierten daher einen Krawatten-Ausleihdienst beim Pförtner, weil die meisten über solch einen »Kulturstrick« nicht verfügten.

Wir waren allergisch gegen Arroganz und Überheblichkeit. Wer einen Vorsprung im Wissen hatte und anderen nicht half, Anschluss zu finden, hatte ein schweres Leben. Wir haben durch gegenseitige Hilfe alle durchgebracht.

Wir bekamen 90 Mark Stipendium, später 120. Wenn der Monat zu Ende ging, sammelten wir leere Brauseflaschen und Marmeladengläser zusammen, um mit dem Pfand die letzte Margarine zu bezahlen.

Das alles geschah mit jenem heiligen Eifer, der aus der Losung sprach: Wissen ist Macht! So erwarben wir in kollektiver Selbsterziehung ein kostbares Allgemeinwissen und dazu einiges Spezialwissen über den künftigen Arbeitsbereich.

Nach einem Jahrzehnt hatte die ABF ihre historische Mission bei der Heranbildung einer neuen Intelligenz erfüllt. Ihre Kinder wurden erwachsen und alt. Fast alle wurden Stützpfosten in dem großen Haus der kleinen Leute, das DDR hieß. Und wenn man heute mit den drei Buchstaben ABF bei ihnen anklopft, dann lodert bald das alte Feuer in ihren Augen. ■

Rund 35 000 Absolventen legten an den Arbeiter-und-Bauern-Fakultäten ihr Abitur ab. Einer von ihnen, Hermann Kant, Absolvent der ABF Greifswald, setzte dieser Generation mit seiner »Aula« ein literarisches Denkmal. Eingerichtet wurden die Fakultäten 1949, um jungen Menschen, die aufgrund ihrer sozialen Herkunft oder auch infolge des Krieges keine Chance auf höhere Bildung hatten.

April
Der jahrelange Streit um den Kostenausgleich bei der Post zwischen DDR und BRD wird begelegt.

Mai
Der sowjetische Film »Befreiung« hat in der DDR aus Anlass des 25. Jahrestages der Befreiung feierliche Premiere.

Mai
Die DDR eröffnet ein Außenhandelszentrum in Paris.

Mai
Das Landeskulturgesetz regelt von nun an Umwelt- und Landschaftsschutz.

Juni
Die 12. Arbeiterfestspiele finden im Bezirk Rostock statt.

Juni
Schiedsrichter Rudi Glöckner pfeift das Fußball-Weltmeisterschaftsfinale in Mexico-City.

Juni
Der erste Olsenbanden-Film kommt in die DDR-Kinos.

Das Schlimme am Rundholz ist, dass es rund ist

Der sowjetische Partei- und Staatschef Nikita Chruschtschow propagierte die »Bockwurst am Stengel« und setzte auf den Maisanbau. Auch die Rinderoffenställe seien eine Entwicklung der sowjetischen Landwirtschaft, hieß es, was so nicht stimmte. Aber in den fünfziger Jahren – die ersten Landwirtschaftlichen Produktionsgenossenschaften hatten sich gegründet – brauchte man dringend Ställe, die schnell und billig zu errichten waren. Der Offenstall schien die Lösung. Den damaligen Rinderrassen bekam diese Neuerung wenig, und manches Vieh blieb auf der Strecke. Was wiederum zur Folge hatte, dass die Offenställe umgebaut oder anders genutzt wurden. Mit der »Industrialisierung des Agrarsektors« in den sechziger Jahren entstanden dann Großviehanlagen, wie auf diesem Foto von der LPG Dittmannsdorf.

Ach, was haben wir nicht alles von unseren »Bruderstaaten« gelernt. So brachte irgendwer aus dem Politbüro der SED von einer Dienstreise aus Moskau oder Peking die Erkenntnis mit, dass die Verbindung zwischen Volk und Führung am besten gefördert wird, wenn alle leitenden Mitarbeiter aus Staatsapparat und Wirtschaft für vier Wochen im Jahr zum körperlichen Einsatz in die Produktion gehen. Am besten in ihrem erlernten Beruf und in einem Betrieb ihres Verantwortungsbereiches. Dort leisten sie nützliche Arbeit, lernen die Sorgen und Freuden der Werktätigen kennen und werden hinterher um so volksverbundener ihre Leitungsarbeit fortsetzen.

Mein erlernter Beruf war Zimmermann. Nach dem Studium der Journalistik war ich als Direktor am Sender Schwerin von Radio DDR tätig. Meine Liebe zur Arbeit mit dem Holz hatte sich wie eine Suchtkrankheit erhalten. Also fragte ich bei der nächsten Reportage in der LPG Fahrbinde: »Könnt ihr einen Zimmermann brauchen?«

»Und ob!«, sagte der Vorsitzende. »Kennst du einen?«

»Der Zimmermann wäre ich.«

»Bist du rausgeflogen?«

»Nein, körperlicher Einsatz, vier Wochen, du hast bestimmt davon gehört.«

»Ach so! Prima, dann kannst du mir einen Offenstall bauen für 80 bis 100 Tiere.«

»Ich allein?«

»Na, ich hab doch keine Handwerker. Ich kann dir nur einen Opa als Handlanger herschicken.«

»Hast du denn Balken und Bretter?«

»Das nicht, aber Wald. Da lasse ich gleich morgen 30 Bäume fällen. Ein Sägewerk haben wir nicht. Aber man kann ja auch mit Rundholz bauen, stimmt's?«

Das stimmte zwar, aber galt mehr für die Holzfäller in Sibirien und Kanada. Ich hatte mit Rundholz nie zu tun. Ich kannte die Offenställe auch nur als Versuchsbauten, nachdem irgendwer aus dem Politbüro von einer Dienstreise nach Moskau oder Peking die Erkenntnis mitbrachte, dass die Offenstall-Haltung eine tolle Methode zur Steigerung der Viehproduktion sei …

Und so stand ich dann am nächsten Montag mit meinem alten Rucksack und dem alten Werkzeug auf der neuen Baustelle mit dem neuen Handlanger und überlegte, wie aus den 30 frischgeschlagenen Baumstämmen ein Offenstall werden könnte. Das Schlimme am Rundholz ist nämlich, dass es rund ist und gerne dorthin kullert, wo es nicht hin soll. Und das Schlimme an meinem Handlanger war, dass er das unterschätzte und deshalb am dritten Tag ausfiel.

Aus Verzweiflung beorderte ich meinen Redaktionsleiter für Landwirtschaft aus dem Funkhaus herbei und erklärte ihm den tiefen Sinn des Einsatzes zur körperlichen Arbeit. Der

1970

Juni
DEFA-Indianerfilmpremiere »Tödlicher Irrtum« mit Gojko Mitic, Annekathrin Bürger und Armin Mueller-Stahl.

Juli
Exportwaren werden ab sofort nicht mehr mit »Made in Germany«, sondern mit »Made in GDR« oder »Hergestellt in der DDR« gekennzeichnet.

Juli
Weltrekord über 100 m Hürden durch Karin Balzer.

Juli
Erich Honecker reist nach Moskau, um mit Breshnew geheim über Ulbrichts Ablösung zu beraten. Breshnew kritisiert an Ulbricht: »Er will mir Vorschriften machen.«

Juli
Peter Frenkel erreicht im 20 km Gehen Weltrekord, Burglinde Pollak gelingt mit 5406 Punkten Weltrekord im Fünfkampf.

Junge war gutwillig, aber nicht handwerklich erprobt, da seine Laufbahn vom Kreißsaal über den Hörsaal direkt in den Sendesaal führte. Er wusste daher nicht, wie eine Wasserwaage aussieht und was es heißt, dass Rundholz rund ist. Das wurde ihm – trotz meiner Belehrungen – erst klar, als sein Arm in Gips lag.

Ich weise auf diese Erschwernisse nur hin, weil alle Welt weiß, mit welchen Mühen die alten Ägypter ihre Pyramiden errichtet und wie rasch die alten Römer das Kolosseum aus dem Boden gestampft haben. Aber kein Mensch ahnt, wie viel Schweiß und auch Blut der Rundholz-Offenstall der LPG Fahrbinde gekostet hat. Der LPG-Vorsitzende und seine Viehzüchter waren entzückt und verschmierten alle Ritzen im Rundholz mit Lehm.

Der Stall hat dann viele Jahre gute Dienste geleistet.

Und trotzdem kann ich nicht bestätigen, dass durch diesen körperlichen Einsatz, der mich an die schweren Anfänge der Neandertaler erinnerte, das staatstragende Bündnis zwischen der Arbeiterklasse und den Genossenschaftsbauern gefestigt worden wäre. Denn wenig später, als überall in Mecklenburg die Offenställe wuchsen, erreichten mich im Funkhaus bitterböse Briefe von Bauern aus nah und fern:

»Wer hat sich bloß den Quatsch mit den Offenställen ausgedacht?«

»Wir haben 20 Kühe abschlachten müssen, weil sie im Offenstall halb erfroren sind. Jetzt haben wir den Stall zugemauert, und das Viehzeug ist uns dankbar.«

»Kann ja sein, dass die russischen Kühe das aushalten, aber unsere nicht! Und wenn Ihr Sender diesen Blödsinn propagiert, dann setzen Sie sich doch mal für drei Nächte in einen Offenstall und geben dann noch Milch!«

Was sollte ich antworten, wo ich doch so gerne Milch trank? Ich wusste nur: Mein Offenstall war kuschelig warm, weil mit Liebe aus Rundholz gefertigt. ■

August
Der neuerbaute Spreewaldhafen wird eröffnet.

September
Wolfgang Nordwig springt Weltrekord im Stabhochsprung bei der Studentenweltmeisterschaft in Turin.

September
DEFA-Filmpremiere »Netzwerk«, Drehbuch und Regie Ralf Kirsten.

August
Moskauer-Vertrag zwischen BRD und SU wird geschlossen, wichtige Punkte: Gewaltverzicht, Anerkennung bestehender Grenzen.

September
Auf der Leipziger Herbstmesse sprechen Außenwirtschaftsminister Horst Sölle und Carsten Rohwedder aus dem Bonner Wirtschaftsministerium über Handelsfragen. 1969 hatte sich der Handel BRD und DDR um 25 Prozent ausgeweitet.

Im Jahr 1952 fand die fünfte Friedensfahrt statt. Das Rennen hatte längst in Europa einen guten Ruf, die Belgier waren mit von der Partie, die Holländer kamen, die Briten und natürlich die Italiener. Im Aufgebot der »in Frankreich lebenden Polen« stand Stablewski, der später als Stablinski Weltmeister wurde, kurzum, die Amateurelite hatte sich versammelt, wenn man davon absah, dass die Bundesregierung ihrer Nationalmannschaft den Start untersagt hatte – erst vier Jahre später erschien das erste BRD-Team am Start. 1952 aber hatte der Pole Wlodek den Vorschlag gemacht, die Fahrt künftig durch drei Länder zu führen und neben Warschau und Prag auch Berlin und die DDR mit ins Rennen zu nehmen. Es gab Probleme, weil in Ostberlin noch keine Hotels standen, also schliefen die Rennfahrer in Bootshäusern in Grünau, später – darf man das mitteilen? – logierten sie in der Pankower Parteihochschule. Das System war simpel: Zwei Parteischüler räumten ihre Hemden in einen Schrank, und den anderen übernahm der Rennfahrer aus Belgien. Das funktionierte glänzend, und niemand nahm Anstoß daran.

Ein Belgier kam eines Tages und fragte, ob es stimme, dass dies ein Land ohne Kirchen sei? Man sagte ihm die Wahrheit. Da wollte er vor dem Start morgens zum Frühgottesdienst. Der Renndirektor telefonierte mit dem Pfarrer, und der begann an diesem Tag des Belgiers wegen früher mit der Predigt. Am Nachmittag gewann der Belgier die Etappe und bedankte sich bei Gott und dem Renndirektor, der die Fahrt in die Kirche arrangiert hatte. Und beim Abschied versprach er, in Belgien allen zu erzählen, dass es Blödsinn sei, zu behaupten, dies sei ein kirchenloses Land. So half die Fahrt, auch Wahrheiten zu verbreiten.

Einmal im Mai kam Peter Bryan aus London, wo er Englands Radsportmagazin redigierte. Er wollte das Rätsel lösen, wer wie dieses Ren-

1970

September
Gründung der Akademie der Pädagogischen Wissenschaften der DDR.

September
In Berlin kommt es zur Volksbühnen-Premiere der ersten Regiearbeit von Fritz Marquardt, Katajews »Avantgarde«.

Oktober
DEFA-Filmpremiere »Dr. med. Sommer II« mit Werner Tietze in der Hauptrolle.

Oktober
Die Volleyballmannschaft der DDR wird Weltmeister; Rudi Schumann weltbester Volleyballer des Jahres 1970.

Oktober
Die 750 Meter lange Seilbahn, mit der man von Thale auf den 250 Meter höher gelegenen Hexentanzplatz fahren kann, wird eingeweiht.

Als Peter Bryan nachrechnete

nen finanzierte. Engländer sind nun mal so. Er notierte: »Da war die Flugreise für alle erschienenen Mannschaften, Hotelbeschaffung für Fahrer und Rennstabpersonal (meine Schätzung fußt auf der Versorgung und den Mahlzeiten, die ich erhielt, und ergibt 200 Pfund je Person); Preise und Andenken.« Dann gelangte er an einen Punkt, wo er mit Schätzungen nicht mehr vorankam: »Was hat die gewaltige Zahl von Flaggen und Straßendekorationen gekostet, die aus jeder Stadt und jedem Dorf einen farbigen Garten machen?« Er kam dahinter, dass viele den Fahnenschmuck selbst geschneidert und Kinder in den Schulen bunte Blätter bemalt hatten, und er hörte mit dem Addieren auf und schrieb seinen britischen Lesern: »So möchte ich die Veranstaltung, nicht aus Gründen der Aufschneiderei, sondern weil ich glaube, dass die Zahl so real ist wie nur irgendeine, als das Millionen-Pfund-Rennen bezeichnen. Sie ist ein Rennen, das vorübergehend das Leben von drei Nationen zum Stillstand brachte; es waren 13 Maifeiern nacheinander.«

Als ich ihn eines Tages bei einer Weltmeisterschaft wiedertraf, erzählte ich ihm eine Geschichte, die er als Nachtrag zu drucken versprach. Sechs Jahre nach Bryans Kalkulation hatten die Organisatoren eine Etappe in Frankfurt (Oder) enden lassen müssen, weil die Internationale Radsportföderation inzwischen die Länge der Etappen der Amateurrennen begrenzt hatte, um den Unterschied zu den Profis deutlich zu machen. Das Problem war: In Frankfurt (Oder) stand damals ein einziges Hotel – mit zwölf Betten. Aber man erfuhr, dass am 1. Mai neue Häuser in der Schulzestraße bezogen werden sollten, und redete mit den künftigen Mietern, ob sie sich nicht entschließen könnten, zehn Tage später umzuziehen und zuvor den Rennfahrern ihre Wohnungen als Quartier zu überlassen? Mit über hundert Familien wurde verhandelt, und die Gespräche führten die freiwilligen Organisatoren des Rennens. Alle Mieter erklärten sich bereit, bestellten die Möbelwagen um, brachten sogar Lampen in die Wohnungen, Feldbetten stellte die Nationale Volksarmee. Das Zwölf-Betten-Hotel blieb unbelegt, die Mieter von damals reden heute noch darüber, und Peter Bryan meinte »Great!« ■

Im Mai, zur Friedensfahrt, säumten Jung und Alt die Straßen. Kam Gustav-Adolf Schur vorbei, jubelten sie: »Täve, Täve!« Schur war sechsmal DDR-Meister, zweifacher Friedensfahrtsieger und zweifacher Weltmeister der Straßenrad-Amateure.

Oktober
Manöver »Waffenbrüderschaft« aller Armeen des Warschauer Vertrages in der DDR.

November
Zwischen dem Staatssekretär im Bundeskanzleramt Egon Bahr und dem DDR-Staatssekretär Michael Kohl beginnen die Verhandlungen über Verkehrsfragen, ein Transitabkommen und den Grundlagenvertrag.

Oktober
Die »HO-Gaststätte Goldbroiler« eröffnet als erstes Broiler-Restaurant Erfurts.

November
Das Centrum-Warenhaus, jetzt das größte Kaufhaus der DDR, wird auf dem Berliner Alexanderplatz eröffnet.

Dezember
DEFA-Filmpremiere »Signale – Ein Weltraumabenteuer« (Co-Produktion DDR/Polen).

99 Stunden

Einen grauen Januartag in Sommerlaune tauchen, eine nasse Studentenbude im vierten Stock eines Hinterhofs sonnendurchfluten, Niko aus einer Schlange vor dem Plattenladen erlösen und Liebeskummer wegschieben, das konnten Eicke und Ecki im Kundendienststudio von DT 64. Es war noch nicht die Zeit, als blitzende Karossen abgewrackt wurden, Röhrenfernseher sich auf den Straßen stapelten und Hunde Lätzchen und Tücher trugen. In der Abteilung Hörerpost waren Dinge, die einer nicht mehr brauchte und der andere vermisste, gut aufgehoben. Sie bewahrten alte Fernseher, kleine Hunde, Sternradios und Plattenspieler vor dem Schrott – und Igel vor dem Erfrieren in kühlen Herbstnächten. Glück verschenkt man

1971

Januar
Die dritte Volkszählung der DDR ergibt 17 053 699 Einwohner.

Januar
Der DEFA-Film »Kennen Sie Urban?« nach einem Drehbuch von Ulrich Plenzdorf hat Premiere.

Januar
Das Institut für Museumswesen wird gegründet.

Januar
Zehn Mitglieder und drei Kandidaten des Politbüros der SED schreiben einen Beschwerdebrief über Walter Ulbricht an Leonid Breshnew.

Januar
Der seit 1952 unterbrochene Telefonverkehr zwischen Ost- und West-Berlin wird wieder aufgenommen.

und verdient man sich. Diese beiden E's waren in der DDR so bekannt wie der eine »E« aus dem Staatsratsgebäude. Wenige sprachen ihn mit seinem Vornamen an. Bei Eicke und Ecki war es anders. Sie waren beliebt.

Bei DT 64 duzten sich Hörer und Radiomacher wie heute die Kellner ihre Gäste in Inläden.

Zu jeder Sendemannschaft von Jugendstudio DT 64 gehörten fünf Leute. Ein Moderator, Wort- und Musikredakteur, einer im Kundendienststudio, ein Techniker. Keiner klapperte mit einem Porscheschlüssel, trug den heute so wichtigen roten Markenpunkt unter der Schuhsohle und versteckte in seinem Hemdkragen den Schriftzug Boss. Aber sie gehörten zu denen, die in der Medienwelt der DDR unter jungen Leuten Schwergewichte waren. Nicht jeder gibt das heute zu, aber was diese Redaktion des Berliner Rundfunks und der spätere eigene Sender jeden Tag vorlegten, konnte sich vor allen anderen Radiosendern behaupten.

Hier wurde die Populärmusik gespielt, die junge Leute hören wollten, Politik in verträglichen Dosen vermittelt, ohne die Brechstange zu benutzen, Service angeboten und aus Kultur und Sport informiert.

Pfingsten 1964 begannen diese 99 Stunden, die die Hörfunkwelt der DDR veränderten.

Unter die jungen Leute, die aus dem ganzen Land zum Pfingsttreffen der FDJ nach Berlin kamen, mischte sich eine quietschbunte Gruppe von Redakteuren und Sprechern des Berliner Rundfunks und berichtete von diesem Treffen. Diese Moderatoren waren frech, intelligent und herzerfrischend unkompliziert in der komplizierten Ost-West-Welt. Wenn sie mit einem Oberguru sprachen, verhedderten sie sich nicht in den 1000 Funktionen und Titeln, die die Mitglieder des Staatsrates hatten. Kuno, Peter und Dieter ließen sie einfach weg.

Die Musikredakteure stürmten die Archive und kramten aus den »Giftschränken« alles, was krachte, wie die Beatles und Stones klang und die liebliche Schlagerwelt übertönte. Die Stadt war in Blau getaucht. Zigtausende FDJler waren gekommen, und diese zusammengewürfelte Sendemannschaft schenkte den Zuhausgebliebenen das Gefühl, bei diesem Großereignis inmitten der aufregenden Melange internationaler Musik unter dem Nussbaum auf dem Rasen zu sitzen, 3-Tage-nicht-zu-schlafen und Love und Peace zu erleben. Das Wort Sozialismus kam in kleineren Mengen vor, Walter Ulbricht ließ es sich nicht nehmen, mit seiner hohen Stimme sein »Das ist eine gute Sache« durch die Landschaft zu zittern, aber die Moderatoren brachen mit der Stocksteife, der langatmigen und unverdaulichen Sprache, die die Funktionäre der FDJ dem Regierungsklub nachahmten.

Nach drei Tagen waren Party und Ramba-Zamba vorbei. Es zog wieder Ruhe in die Klinkergebäude der Nalepastraße ein, und Chefredakteure und Redaktionsleiter des Staatlichen Komitees für Rundfunk und Fernsehen atmeten »

Fand ein Festival oder Jugendtreffen statt, war DT 64, das Jugendprogramm des Rundfunks der DDR, vor Ort. Foto links: Eiskunstläuferin Katarina Witt im DT64-Studio am Alexanderplatz beim Nationalen Jugendfestival 1984.

Februar
Umstrittene Premiere von Schillers »Räubern« an der Volksbühne, Inszenierung von Karge/Langhoff: Die Räuberbande in der Haltung der 68er.

März
Dieter Speer erkämpft den Weltmeister-Titel über 20 km im Biathlon in Hämeenlinna.

Februar
Die Preise für rund 1800 Artikel aus dem Bereich Industrie- und Textilwaren werden gesenkt.

Februar
Zwischen Willi Stoph und dem Regierenden Bürgermeister von Berlin, Klaus Schütz, gibt es einen Briefwechsel über die Aufnahme von Verhandlungen.

März
Chile nimmt diplomatische Beziehungen zur DDR auf.

» befreit von ihrer heimlichen Angst. In keinem Originalgespräch, das sich live über die Mikrofone der Welt verbreitete, wurde der Aufstand gegen die DDR ausgerufen. Es war drei Jahre nach dem Mauerbau.

Die Sonderredaktion löste sich wieder auf. Aber wenn ein Stein ins Meer geworfen wird, zieht er seine Kreise. 15- bis 25-Jährige schrieben Waschkörbe Briefe und forderten die Fortsetzung. Im Juni 1964 wurde Jugendstudio DT 64 als Jugendredaktion des Berliner Rundfunks gegründet,

Redakteure und Hörer behielten den Spaß an diesem Projekt, Led Zeppelin fegte in die Sendungen, Elvis Presley, Jimi Hendrix. Es groovte und rock'n'rollte. Lennon und Lenin, Lust und Liebe packten die Redakteure zusammen, obwohl jeder wusste und auf dem Sender zu hören war »Die Liebe ist keine Himmelsmacht«. 1965 löste das ZK der SED auf seinem 11. Plenum den ersten Tsunami aus und überflutete Musiker, Maler, Designer, Schriftsteller.

DT 64 überstand die politischen Attacken der alten Herren, die Jodeln und Volksmusik für eine Kulturtat und Rockmusik für eine Kultursünde hielten.

Der dreistündige Marathon der guten Laune begann Punkt 16 Uhr. Ein Techniker startete das Jingle, der Musikredakteur legte den ersten Titel auf den Bobby, und der Moderator sagte aus seinem Studio live sein ganz individuelles »Hallo«. Wir Moderatoren teilten uns die Wochentage. Ich war für den Schubs ins schöne Wochenende zuständig. Freitags moderierte ich.

Morgens um 8 Uhr trafen wir uns zu einem Sit-in im Zimmer des Redaktionsleiters. Wir drängten uns um einen großen langen Konferenztisch ohne Blumenbouquet, stilles Wasser und Obstschale. Die Kochmützen unter uns dufteten nach freien Tagen streng nach Knoblauch. In der Themenkonferenz und Auswertung der Sendung vom Vortag mussten sie sich in die weichen Polster von Couch und Sessel, die nah am Fenster standen, zurückziehen. Nach dieser dreiviertel Stunde flatterte jeder der 35 Redakteure in sein Zimmer, und der normale Tagesablauf begann: Beiträge cuttern, Texte in die Schreibmaschine hämmern, Vorproduktionen mit unseren Aufnahmeleitern.

Jeder Moderator war auch ein Fachjournalist. Ich bin heute noch froh, dass ich nachhaltigen Überredungskünsten nicht standhalten kann. Nach dem Studium wollte ich ernsthafte Kulturjournalistin werden. Der Chef der Musik sah in mir die neue Moderatorin der Hitsendung »Metronom«, in der neue deutsche Rockmusik vorgestellt werden sollte. Entweder war mein Widerstand zu klein oder Walther Bartels Überregungskunst zu groß, ich wurde die neue Moderatorin des Metronoms. Ungewollt landete ich in einem aufregenden Leben. Alle langhaarigen, musikalisch lauten und umwerfenden Typen, denen scharenweis junge Leute nachliefen und

1971

März
Beim Kongress des Bundes der Architekten der DDR wird Edmund Collein erneut zum Präsidenten gewählt.

März
Premiere des DEFA-Films »KLK an PTX – Die Rote Kapelle«.

März
Preiserhöhung bei hochprozentigen Spirituosen.

März / April
Auf dem XXIV. Parteitag der KPdSU in Moskau werden die Weichen für einen baldigen Machtwechsel in der DDR gestellt.

3. Mai
Walter Ulbricht erklärt seinen Rücktritt aus Altersgründen. Erich Honecker wird zum Ersten Sekretär des ZK der SED gewählt.

die uns mit ihren Liedern beglückten, versammelten sich bei mir in Zimmer 20, im 5. Stock des Block E in der Nalepastraße, und dann gingen wir ins Aufnahmestudio. Der große Dieter Birr und der grauhaarige Peter Meyer von den Puhdys, die knackigsten Hosen der Szene, Henning Protzmann, Bernd Römer und Herbert Dreilich von Karat, die gewaltigen Dresdner von Lift, Electra und Stern Meißen …

Die Giganten der Bühne kamen alle ins DT 64 Studio, und für mich wurden sie Freunde.

Wer Rang und Namen hatte, war Gast in diesem Kultradio: die strahlend schöne Eisprinzessin Katarina Witt, Agneta und Annifried von ABBA, Gojko Mitić, die Springlegende Jens Weißflog, Starschauspieler des Deutschen Theaters Dieter Mann, Dichter und Denker. Wenn sie aus dem Paternoster stiegen, mit wehendem Mantel den langen Gang entlang schritten, schaute mancher aus seiner Tür.

DT 64 schaffte es an vielen Tagen, Frust mit Lust zu besetzen. Durch Musik-Mitschnitt-Möglichkeiten von den tollsten Titeln Bruce Springsteens, Eric Claptons, Manfred Mann's Earthband, Liveschaltungen zu Ü-Wagen, wenn DT 64 Mitarbeiter wieder irgendwann irgendwo eine Stadt oder einen Ort in Unruhe versetzten und bei Bürgermeistern mal nachfragten, was tut ihr für junge Leute, durch Porträtsendungen von Rockern, die heute Legenden sind, und durch die DT 64 Jugendkonzerte, die ich mit Andreas Fürll moderierte.

In der Redaktion waren wir mehr Freund als Feind, und die meisten Redaktionsleiter hatten einen A… in der Hose, verteidigten unsere unkonventionelle Lockerheit. Wir waren kein Schnarchsender und wurden nicht durch Babybell, Köstritzer oder Putenschnitzel unterbrochen.

Einigen Journalisten konnte man den Stuhl unter dem Allerwertesten wegziehen, ihnen aber nicht das Wort entreißen. Das passierte in einer Talkrunde. Mikrofone sind nicht immer arbeits-

willig und suchen sich ab und zu ein kommodes Plätzchen, rutschen ins Hemd oder verschlingen sich mit den Brusthaaren eines Mannes. Dieter Hunziger entdeckte es bei seinem Gesprächspartner. Ohne seinen Satz zu unterbrechen, erhob er sich für eine Minute von seinem Stuhl, um das Mikrofon zurechtzurücken. Einer der hinter ihm Stehenden entdeckte die Chance, endlich zu einem Sitzplatz zu kommen und zog den Stuhl an sich.

Als Hunziger sich wieder setzen wollte, verschwand er unter dem Tisch. Er schoss mit einer Rolle Rückwärts auf den Teppichboden und vollendete ungerührt seinen Satz.

Das pulsierende Leben in der 5. Etage im Block E der Nalepastraße ist verschwunden. Die Fenster sind blind oder herausgebrochen.

Ich kenne die Zeit, als DT 64 Sommerhitze verschenkte. ■

Mai
Das Gesangsduo Dagmar Frederic/Siegfried Uhlenbrock erhält den Kunstpreis.

6. Mai
Die Schauspielerin Helene Weigel stirbt in Berlin.

Mai
Honeckers erste Auslandsreise als Erster Sekretär des ZK führt nach Moskau.

Mai
Erstmals findet in Dresden ein Dixieland-Festival statt, veranstaltet vom Rundfunk der DDR. Von nun an steht dieses Ereignis jährlich im Programm.

Juni
Die Volkskammer wählt Erich Honecker als Nachfolger Walter Ulbrichts zum Vorsitzenden des Nationalen Verteidigungsrates der DDR.

Juni
DEFA-Indianerfilmpremiere »Osceola«.

»Der Marxismus ist allmächtig, weil er wahr ist«

Wer beim Pflichtfach »Gesellschaftswissenschaften« zwischen 3 und 5 stand, sollte diese Seite gleich überblättern. Das könnte die Mehrzahl der Parteilosen und Naturwissenschaftler betreffen, soweit sie über 40 sind und in der DDR studiert haben. Aber warum dann diese Anmerkungen zu diesem schwer verdaulichen Begriff? Weil das eben auch zu unserem früheren Leben gehörte und sein Gewicht hatte. Vielleicht lässt sich das für Nachgeborene so erklären: ML = GPS. Das will sagen: Der Marxismus-Leninismus (Pflichtfach ML) war beim Versuch des Aufbaus des Sozialismus eine Art Satelliten-Navigations-System. Warum?

Der ML galt als die einzige wissenschaftliche Weltanschauung. ML war der Kompass der Arbeiterpartei als Vortrupp aller Werktätigen. ML war die Bündelung der ökonomischen, philosophischen, historischen und soziologischen Kerngedanken der Vordenker des Sozialismus. Die nannte man auch die Klassiker. Man zeigte dazu drei Köpfe: Marx, Engels und Lenin. Davor auch mal vier Köpfe mit Stalin. Der entfiel, als herauskam, wie viele Köpfe er hat entfallen lassen. Manche wollten dann Mao einbeziehen. Die jungen Leute hielten und halten sich mehr an Che Guevara.

Aber warum ist hier vom Kompass die Rede, wenn er so viele Menschen in die Irre führte? Der Sozialismus hat doch auf jenem Drittel der Erde, wo er gesiegt hatte, seine Fahnen eingerollt? Lag das am Kompass oder am Gegenwind?

1971

Juni
Auf dem VIII. Parteitag der SED wird der neue ökonomische Schwerpunkt auf die »Einheit von Wirtschafts- und Sozialpolitik« gelegt. Sozialismus und Kommunismus werden als zwei Phasen einer einheitlichen Gesellschaftsformation mit fließendem Übergang betrachtet. Der Neu- und Ausbau von 500 000 Wohnungen wird beschlossen. Leonid Breshnew ist Gast des Parteitags.

Juni
Das 5-Sterne-Hotel »Neptun« im Ostseebad Warnemünde mit 337 Zimmern wird eröffnet.

Juni
Die neue Krimiserie, »Polizeiruf 110«, startet mit dem Film »Der Fall Lisa Murnau«. Das DDR-Fernsehen produziert insgesamt 153 Folgen.

Juli
Die BRD wird postalisch Ausland, was die Telefongebühren erhöht.

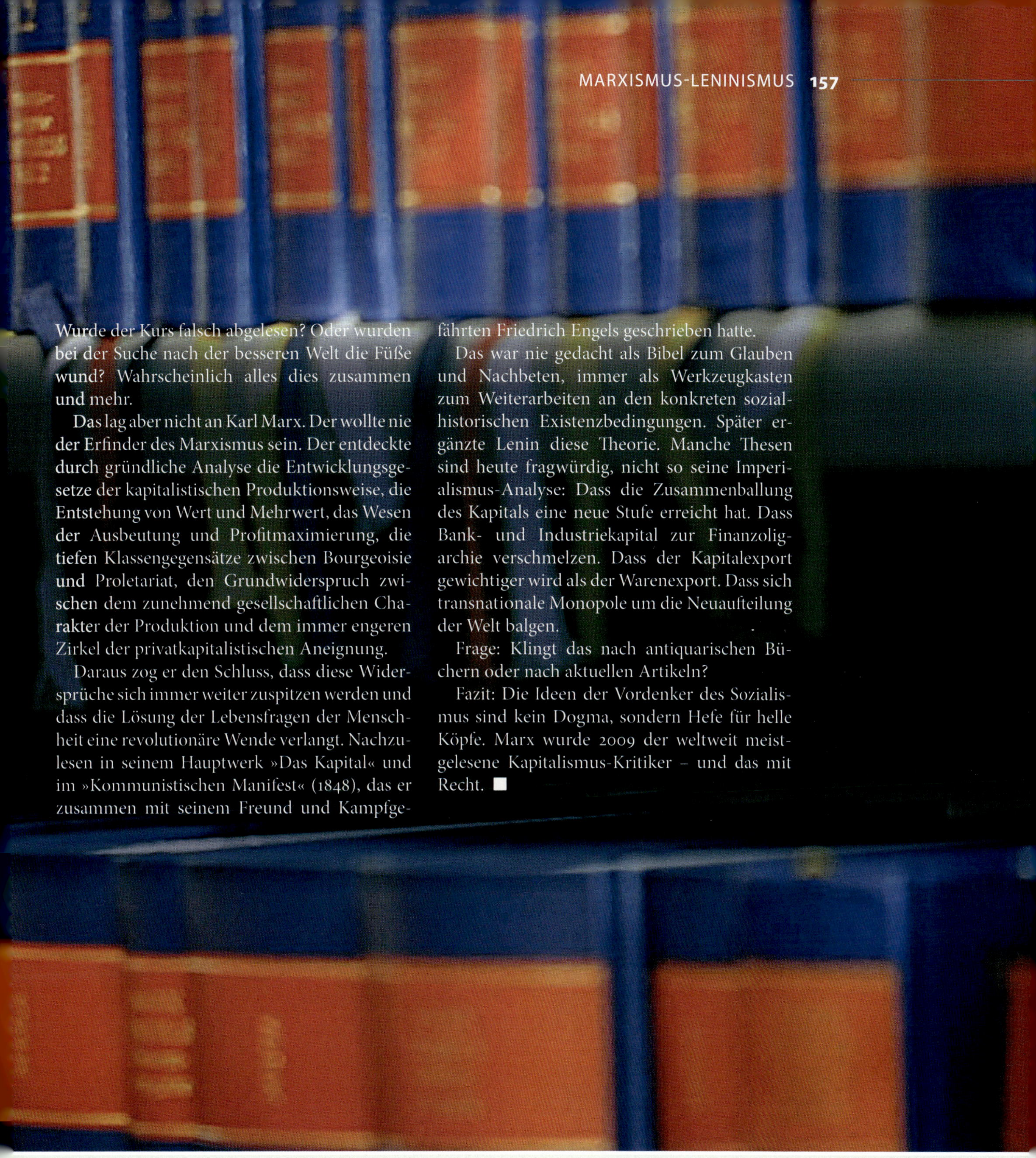

Wurde der Kurs falsch abgelesen? Oder wurden bei der Suche nach der besseren Welt die Füße wund? Wahrscheinlich alles dies zusammen und mehr.

Das lag aber nicht an Karl Marx. Der wollte nie der Erfinder des Marxismus sein. Der entdeckte durch gründliche Analyse die Entwicklungsgesetze der kapitalistischen Produktionsweise, die Entstehung von Wert und Mehrwert, das Wesen der Ausbeutung und Profitmaximierung, die tiefen Klassengegensätze zwischen Bourgeoisie und Proletariat, den Grundwiderspruch zwischen dem zunehmend gesellschaftlichen Charakter der Produktion und dem immer engeren Zirkel der privatkapitalistischen Aneignung.

Daraus zog er den Schluss, dass diese Widersprüche sich immer weiter zuspitzen werden und dass die Lösung der Lebensfragen der Menschheit eine revolutionäre Wende verlangt. Nachzulesen in seinem Hauptwerk »Das Kapital« und im »Kommunistischen Manifest« (1848), das er zusammen mit seinem Freund und Kampfgefährten Friedrich Engels geschrieben hatte.

Das war nie gedacht als Bibel zum Glauben und Nachbeten, immer als Werkzeugkasten zum Weiterarbeiten an den konkreten sozialhistorischen Existenzbedingungen. Später ergänzte Lenin diese Theorie. Manche Thesen sind heute fragwürdig, nicht so seine Imperialismus-Analyse: Dass die Zusammenballung des Kapitals eine neue Stufe erreicht hat. Dass Bank- und Industriekapital zur Finanzoligarchie verschmelzen. Dass der Kapitalexport gewichtiger wird als der Warenexport. Dass sich transnationale Monopole um die Neuaufteilung der Welt balgen.

Frage: Klingt das nach antiquarischen Büchern oder nach aktuellen Artikeln?

Fazit: Die Ideen der Vordenker des Sozialismus sind kein Dogma, sondern Hefe für helle Köpfe. Marx wurde 2009 der weltweit meistgelesene Kapitalismus-Kritiker – und das mit Recht. ■

Juli
Karin Balzer läuft über 100 m Hürden Weltrekord in Berlin.

Juli
Die neue Elbbrücke, die erste nach 1945 völlig neu gebaute Dresdner Brücke, wird eingeweiht.

September
UdSSR, USA, Frankreich und Großbritannien unterzeichnen das Vierseitige Abkommen über Westberlin, das den Status quo sichert.

September
In Leipzig erringt Roland Matthes Weltrekorde über 200 m und 100 m Rücken.

September
Der aufwendig inszenierte historische Film »Goya«, Regie Konrad Wolf, kommt als Co-Produktion der DEFA mit der UdSSR in die Kinos.

September
»Tage der Slowakischen Kultur« finden statt.

Schrankwand oder Tischtennisplatte

1971

Oktober
In Karl-Marx-Stadt wird das Marx-Denkmal von Lew Kerbel enthüllt; der Bronzekopf ist 42 Tonnen schwer.

Oktober
Ministerrat beschließt Förderung des privaten Wohnungsbaus für Arbeiter und Kinderreiche ab 1972.

November
Der ehemalige Deutschlandsender und die »Berliner Welle« werden zusammengefasst und nehmen unter dem Namen »Stimme der DDR« ihre Sendetätigkeit auf.

November
Ein Preisstop für Konsumgüter und Dienstleistungen bis 1975 wird verfügt.

Wir waren jung und brauchten kein Geld. Für Studenten gab es Stipendium und nach einem Jahr sogar Leistungsstipendium – übrigens ziemlich großzügig und nicht sehr eng an besondere Leistungen geknüpft. Und heiraten wollten wir eigentlich auch nicht. Aber es gab da nun überraschenderweise ein noch sehr kleines Kind im Bauch meiner geliebten Mitstudentin, es gab Eltern, die gar zu gern bürgerliche Ordnung ins Leben ihrer Kinder bringen wollten, es gab ohne standesamtliches Papier nur schwer eine Wohnung, und schließlich gab es eine Einrichtung, die Ehekredit hieß. Beides, Ehe und Kredit, hätten wir als bourgeois verachtet, wenn wir auch nur einen Gedanken daran verschwendet hätten. Man musste nicht heiraten wegen eines Kindes, man war nicht gewohnt, die Annehmlichkeiten des Lebens mit Krediten zu finanzieren. Unsere Annehmlichkeiten waren auch nicht danach, dass es solcher Aufwendungen bedurft hätte.

Bis jetzt jedenfalls.

Irgendwie musste eine Wohnung her, und wer schon nicht der Eltern, eines Kindes oder Kredits wegen heiraten wollte, der meinte, es wegen einer Wohnung zu tun sei immerhin gut materialistisch. Schließlich war es Marx, der uns darauf aufmerksam gemacht hatte, dass der Mensch erst essen, trinken, wohnen und sich kleiden müsse, bevor er, z. B., studieren könne. Nun, das war ein philosophisch gangbarer Weg. Wir heirateten, fanden eine Wohnung, und die war leer. Es wird hallen, wenn das Kind erst da ist und schreit, war unser erster Gedanke. Wir entschlossen uns, etwas hineinzustellen. Freilich war dafür kein Geld da. Es von den Eltern zu leihen und über die neue Ehe hinaus weitere Abhängigkeiten aufzubauen kam nicht in Frage. Von den goldenen Worten der Standesbeamtin zermürbt, kam uns der Staat in den Sinn. Der würde auf Emotionen verzichten und herreichen, was er herreichen musste. Er hatte dafür extra ein Gesetz gemacht, und nach dem erhielt, wer im Alter bis zu 26 Jahren heiratete, einen zinslosen Kredit von sage und schreibe 5000 Mark – eine Wahnsinnssumme.

Es kam also darauf an, dieses Geld schnell zu kriegen und auszugeben, aber auch, möglichst wenig davon zurückzuzahlen. Die monatlichen 50-Mark-Raten waren nicht immer leicht aufzubringen. Doch es kam ja das Kind, ein 1000-Mark-Kind sozusagen, denn soviel wurde jeweils nach Geburt des ersten Kind bei der Kreditrückzahlung erlassen.

Der Haken an diesem Kredit war, dass man nicht einfach alles kaufen durfte, was einem in den Sinn kam. Erlaubt waren lediglich bestimmte Einrichtungsgegenstände und Haushaltsgeräte. Das war sicher nicht problematisch für die meisten. Und auch wir kauften uns derlei Nützlichkeiten, zum Beispiel zwei riesige Liegen, deren unerklärliche Unverwüstlichkeit sie heute zu Lieblingsbetten unserer inzwischen erwachsenen Kinder macht, die in ihnen Rudimente der einstigen Überlegenheit der sozialistischen Produktionsweise erkennen wollen. Unser Problem aber war ein sehr großes Zimmer, das eindeutig nach einer Tischtennisplatte schrie. Natürlich gab es kaum eine Regelung, kaum ein Ge- oder Verbot in der DDR, das sich nicht auch umgehen ließ. Es musste also auf der Rechnung für diese wunderbare Platte irgendein unverfängliches Möbelstück stehen, das ohne weiteres vom Kredit bezahlt werden durfte. – Nicht jede Geschichte hat ein derart vollkommenes Happyend: Erst kam also diese Tischtennisplatte, dann das erste, dann das zweite und schließlich das dritte Kind. Die Sparkasse erließ uns die Rückzahlung von 1000, dann 1500 Mark, um zu guter Letzt für das dritte Kind gar den inzwischen abgezahlten Kreditrest wieder rauszurücken, nützliche 2500 Mark. Für das vierte Kind gab es nichts; wir halten ihm das gelegentlich vor, wenn wir es ärgern und damit ein bisschen Spaß haben wollen. Aus dem ersten Kind aber wurde eine Junioren-Vizetischtennismeisterin der DDR. ■

Jung gefreit hat nie gereut? Kommt drauf an. Man heiratete jung in der DDR. Das Durchschnittsalter lag 1976 bei 23 Jahren. Möglich war das unter anderem, weil die wirtschaftliche Selbständigkeit nach der sich unmittelbar an die Schule anschließenden Ausbildung in der Regel bereits mit 18, 19 Jahren erreicht war, nötig wiederum, weil man als Ehepaar bessere Aussichten auf eine eigene Wohnung hatte. Erwies sich der alte Spruch als unwahr, blieb kaum ein Paar aufgrund ökonomischer Zwänge oder Abhängigkeiten zusammen. Die Scheidungsrate war eine der höchsten der Welt, aber die Heirats- und Wiederheiratsrate auch.

November
Die Volkskammer wählt Walter Ulbricht erneut zum Vorsitzenden des Staatsrates, Willi Stoph zum Ministerratsvorsitzenden und Erich Honecker zum Vorsitzenden des Verteidigungsrates.

Dezember
Die Volkskammer beschließt das Gesetz über den Fünfjahrplan 1971–1975.

Dezember
Die Frauen-Nationalmannschaft gewinnt die Weltmeisterschaft im Hallenhandball gegen Jugoslawien.

Dezember
Unterzeichnung eines Transitabkommens zwischen beiden deutschen Staaten, drei Tage später werden Regelungen zum Besucherverkehr zwischen Ost- und Westberlin getroffen.

Dezember
Der VEB Fischkombinat Rostock erreicht mit 223 664 t sein höchstes Jahresfangergebnis.

1972

Januar
Vor Soldaten auf der Insel Rügen bezeichnet Honecker die Bundesrepublik erstmals als Ausland.

Januar
Zum ersten Mal sehen die Bürger die Sendung Tele-Lotto: Von nun an jeden Sonntag von 19 bis 19.25 Uhr bis zum 30.9.1992.

Januar
Die erste Folge der neuen Fernseh-Unterhaltungssendung »Ein Kessel Buntes« wird aus dem Friedrichstadtpalast übertragen.

Januar
DEFA-Filmpremiere »Trotz alledem!«, Fortsetzung von Günter Reischs erstem Liebknecht-Film, »Solange Leben in mir ist«.

Januar
Die Pass- und Visafreiheit für DDR-Bürger im Verkehr mit der Tschechoslowakei und Polen wird eingeführt.

Januar
Die erste »Eheschule« der DDR wird in Magdeburg eröffnet.

Februar
Olympische Winterspiele in Sapporo, Japan. Mit 14 Medaillen steht die DDR hinter der UdSSR auf Rang 2 im Medaillenspiegel. Ulrich Wehling gewinnt die Goldmedaille in der Nordischen Kombination und wird auch 1976 und 1980 Olympiasieger.

Februar
Im Alten Museum Berlin eröffnet eine Ausstellung mit Werken von Willi Sitte.

Februar
DEFA-Filmpremiere des Lustspiels »Der Mann, der nach Oma kam« mit Winfried Glatzeder, der Kino-Hit des Jahres.

Februar
Der erste Auftritt der Berliner Rockband »City« begeistert das Publikum im Artur-Becker-Club in Köpenick.

Februar
Der »Deutsche Fernsehfunk« wird in »Fernsehen der DDR« umbenannt.

Hau ruck!

1972

März
Das »Gesetz über die Schwangerschaftsunterbrechung« wird in der Volkskammer mit vierzehn Gegenstimmen und acht Enthaltungen angenommen. Damit wird in der Volkskammer erstmals das Prinzip der Einstimmigkeit durchbrochen.

März
200. Veranstaltung der Lauf-dich-gesund-Bewegung im Küchwald in Karl-Marx-Stadt.

März
Erstmals wird die Sendung »Mit Lutz und Liebe« mit Lutz Jahoda ausgestrahlt.

März
Die Uraufführung von Heiner Müllers »Macbeth« in Brandenburg löst in Zeitschriften Kontroversen über den Umgang mit klassischen Texten aus.

März
Erste Fernsehsendung der Rechts-Ratgeberreihe »Fragen Sie Professor Kaul«.

Die ganze Geschichte ist längst vergessen. Es wird sich nicht mal mehr einer des Datums erinnern können, an dem die Staffel der BSG Aktivist einen Boxvergleich bestritt. Erinnern konnten sich einige nur noch daran, dass man nach dem Verlöschen der Ringstrahler noch beisammensaß und einmal mehr feststellte, was schon so oft ein Thema gewesen war: Den Boxern fehlt eine Halle.

Bis einer am Tisch meinte: »Da wäre doch eine …« Alle in der Runde kannten ihn seit langem: TAN-Sachbearbeiter Herbert O. – in den Jahren vor 1933 war er ein begeisterter Fußballspieler gewesen und hatte im Senftenberger Arbeitersport manchen Sportplatz mit aufgebaut und hergerichtet. Was er an diesem Abend gesagt hatte, ließ alle zusammenfahren.

»Spinnst du?«, fragte einer. Was hatte er gesagt? »Da wäre doch eine …«

»Und wo?«, fragten sie, als sie schon fast sicher waren, dass das kein Scherz gewesen war. »Bei uns im Werk steht ein alter Brikettschuppen. Das Dach lässt sich noch verwenden, und der Schuppen steht schon ewig leer. Wenn ihr das Dach demontiert und an eine andere Stelle bringt, können wir die Wände vielleicht im Nationalen Aufbauwerk hochziehen.«

Herbert O.'s Idee wirkte wie ein Funke an der Lunte. Am Tisch saß auch Klubleiter Kurt Michalski, Schmied von Beruf, im Braunkohlenstaub groß geworden. Schon am frühen Montagmorgen traf man sich wieder. Es war genau, wie O. es beschrieben hatte. Da stand der Schuppen, 200 m lang, leer. Das Dach aus geschwungenen Holzträgern, die mit Eternit-Platten gedeckt waren. Kurt Michalski begriff die Situation sofort. Als Erstes sicherte er das Dach, dann die Unterstützung des Ministeriums für Kohle und Energie, dann die Hilfe der von O.'s Idee und seinem Elan begeisterten Sportler und Sportanhänger.

Zunächst mussten die alten Zeichnungen des Schuppens gesucht werden. O. und ein anderer nicht weniger sportbegeisterter Kollege wühlten in den verstaubten Akten. Und dann fand sich auch der Ingenieur, der mehr als zwei Jahrzehnte zuvor die ungewöhnliche Konstruktion des Brikettschuppens entworfen hatte. Hatte der Bergarbeiter O. die Idee gehabt, der Bergarbeiter Michalski Freunde geworben und die Instanzen berannt, setzte der Bauingenieur H. sich nach Büroschluss an den Zeichentisch und ermittelte die neuen statischen Bedingungen für seine noch zu ungewöhnlicher Ehre kommenden Träger.

In über 7000 freiwilligen Arbeitsstunden wurde Etappe um Etappe bewältigt. Wasserleitungen wurden verlegt, dann sinnierte man über den Boden der Halle, der schließlich bis 1971 »Naturboden« blieb, bis eine Kunststoffbahn eingebaut wurde.

Es war zuweilen behauptet worden, die Halle wäre damals die größte Sporthalle Europas gewesen. Das traf nicht zu, aber die Kumpel hatten es auch gar nicht nötig, diesem Superlativ nachzulaufen. Es blieb lange die Halle mit der größten sportlichen Nutzfläche in Deutschland.

Auf der 100-Meter-Bahn lief der Gewinner des Sprinterpokals des Eröffnungsfestes, der Senftenberger Helmut Opitz, 10,8 s. Fußballer, Handballer konnten hier trainieren, Tennis wurde gespielt und so manches Volkssportfest fand statt.

Nach 1990 bekam die Halle den Namen »Niederlausitzhalle«, irgendwann wurde auch mal darüber diskutiert, ob sie noch rentabel sei oder man sie schließen müsse, aber man kam am Ende irgendwie immer über die Runden, und seit 2005 löst der TSV Senftenberg die Probleme. Und am 31. Oktober 2009 stand sie immerhin schon ein halbes Jahrhundert. Noch immer gilt der Hallenrekord auf der 60-m-Strecke, den die 400-m-Weltrekordlerin Marita Koch hier am 16. Februar 1985 aufgestellt hatte: 7,04 Sekunden. ■

Tausende Bürger leisteten freiwillige Aufbaustunden im Rahmen des »Nationalen Aufbauwerkes«. Es wurde Anfang der fünfziger Jahre ins Leben gerufen, um die Kriegsschäden zu beseitigen. Die Bürger räumten nicht nur Trümmer weg und gewannen neue Baumaterialien daraus, sondern beteiligten sich auch am Bau von Schulen, Wohnungen, Kulturhäusern, Turnhallen, Gerätehäusern für Feuerwehren, Schwimmbädern, Parks. So entstand das »Stadion der Hunderttausend« in Leipzig ebenso wie der Tierpark Berlin. In den sechziger Jahren löste die »Mach-mit«-Initiative »Schöner unsere Städte und Gemeinden« das »NAW« ab. Auf dem Foto: Eine Gruppe freiwilliger Helfer aus der Lutherstadt Eisleben ist zusammengekommen, um einen Sportplatz anzulegen.

April
Außenminister Otto Winzer unterzeichnet in Moskau eine Konvention über das Verbot bakteriologischer und toxischer Waffen.

April
Beschluss über sozialpolitische Maßnahmen: Einführung eines zinslosen Ehekredits von 5000 Mark für Jungverheiratete, teilweisen Krediterlass gibt es bei der Geburt eines Kindes.

April
Eine Tanzmusikkonferenz rehabilitiert Jazz und Beat. Man wolle nicht darauf verzichten, nur weil sie die imperialistische Massenkultur zur Profitmaximierung missbrauche.

Mai
Uraufführung des Stückes »Die neuen Leiden des jungen W.« von Ulrich Plenzdorf in Halle. Das Stück erfasst die Sprache, Mentalität und Konflikte junger Menschen in der DDR.

Mai
Seit Beginn des Jahres werden die noch rund 11 000 privaten Betriebe in Volkseigentum überführt. Die Verstaatlichung wird für abgeschlossen erklärt.

Hast du einen Vogel?

Das Organ der Kommunistischen Partei Frankreichs, »L'Humanité«, veranstaltete regelmäßig Feste, bei denen die Redakteure, Autoren, Drucker und andere Mitarbeiter der Zeitung auf ihre Leser trafen. Themen und Kolumnen wurden diskutiert, Kritik und Wünsche geäußert. Nach diesem Vorbild veranstaltete

1972

Juni
Die erste Sendung von »Außenseiter – Spitzenreiter« wird ausgestrahlt.

Juni
Chris Doerk, Frank Schöbel und Thomas Natschinski erhalten den Kunstpreis.

Juli
Auch in diesem Jahr gibt es einen neuen Indianerfilm: »Tecumseh« hat Premiere.

Juli
Zum ersten Mal werden Ferngespräche von West-Berlin in die DDR im Selbstwählferngesprächsdienst möglich.

August / September
XX. Olympische Sommerspiele in München. Die Medaillenbilanz der DDR: 20mal Gold und je 23mal Silber und Bronze.

auch das »Neue Deutschland« seit 1954 jährlich das Pressefest.

Es wurde auf Plakaten angekündigt, und wer diese im allgemeinen Plakat- und Transparente-Meer übersehen hatte, staunte nicht schlecht, wenn am frühen Morgen des Festes, das wie alle Volksfeste am Wochenende stattfand, die Stadt vom fröhlichen Lärm überquoll.

Die Kinder rannten als Erste auf die Straßen und den Marktplatz, wo Kapellen ihre Instrumente stimmten, Händler ihre Wagen und Schausteller ihre Karusselle, Losbuden und Schießstände aufbauten. Den ganzen Tag wurde gefeiert, geschlemmt und getrunken. Dass nebenbei geredet, propagiert und diskutiert wurde, interessierte wahrlich nicht jeden Besucher des Festes. Auch die Kinder waren glücklich, eine Eiskugel kostete 20 Pfennige, eine Karussellfahrt nur 10. Mit einer Mark kam man durch den halben Tag und je länger sich die Eltern an den diversen Ausschänken aufhielten, desto lockerer saß ihnen das Kleingeld in der Tasche.

Höhepunkt eines jeden Pressefestes war die Tombola, die am späten Nachmittag veranstaltet wurde. Stundenlang hatte man vorher Lose kaufen können, ein Bauchhändler verteilte sie großzügig für ein paar Pfennige unter das Volk. Über Mikrofon rief der Conférencier schließlich alle verbliebenen Aufrechten zum Tombola-Stand. Dutzende Kinder drängten sich an der großen Voliere, in der tatsächlich einige Wellensittiche herumflatterten! Die Gewinner-Lose wurden verlesen und beklatscht, für die Hauptpreise sogar ein Tusch gespielt. Es gab unglaubliche Gewinne, ein Radio, einen Kassettenrekorder und – Wellensittiche. Ein kleines Mädchen, den zerknitterten Los-Schein in der einen, einen kleineren Bruder an der anderen Hand, schob sich zaghaft an den Mann mit Mikrofon heran. »Die 351«, brüllte er gerade noch einmal, als das Kind ihm strahlend sein Los entgegenstreckte. »Na, da hast du aber Glück gehabt!«, schrie der Pressefestglücksbote und teilte dem umstehenden bzw. schwankenden Volk mit, dass das Kind einen Vogel habe. Allgemeiner Jubel, mit hochrotem Kopf wählte das Mädchen einen Albinosittich aus, der in eine Papiertüte gesteckt und ihr überreicht wurde. Das Strahlen der Kinder übertrug sich auf die Umstehenden, praktische Fragen wurden laut und umgehend erörtert. »Habt ihr schon einen Käfig? Und Futter? Wissen eure Eltern Bescheid?« Am Ende des Tages kamen die Kinder mit dem Käfig des jüngst verstorbenen Putzi Schneider nebst Futter und Vogel nach Hause – was für ein gelungenes Fest! ■

Volksfeststimmung beim Pressefest des »Neuen Deutschland«. Das »Zentralorgan der SED« war nicht nur die auflagenstärkste Tageszeitung der DDR, es lud auch alljährlich zum größten Pressefest des Landes.

September
Die Fähre »Rügen« wird auf der Route Saßnitz–Trelleborg eingesetzt.

September
Angela Davis kommt nach Berlin. Die Kommunistin war 1970 in den USA unter dubiose Mordanklage gestellt worden. Die FDJ organisierte eine ihrer größten Kampagnen: »Freiheit für Angela Davis!«

September
Ein DEFA-Science-Fiction-Film hat Premiere: »Eolomea.«

Oktober
Eröffnung der VII. DDR-Kunstausstellung in Dresden, die 2000 Exponate von etwa 1000 Künstlern zeigt und rund 700 000 Besucher hat.

Oktober
Einweihung des Universitätshochhauses im Jenaer Zentrum, das neue Wahrzeichen der Stadt.

Diplomaten im Trainingsanzug

350 DDR-Sportler marschieren bei der Eröffnungsfeier der Olympischen Sommerspiele in Moskau ins Leninstadion ein. Der Olympia-Boykott von 64 Staaten überschattet die Spiele.

Man kann es häufig lesen oder hören: Ulbricht hatte alle Sportler der DDR zu »Diplomaten im Trainingsanzug« ernannt, und deshalb sollten sie schneller laufen als alle Konkurrenten, höher springen als alle Rivalen und hurtiger schwimmen als alle Kontrahenten, denn ein »Diplomat« ist immer vorn. Ich habe Ulbricht eines Winterabends an einem Restauranttisch im Erzgebirge mal schmunzelnd sagen hören, dass er auf diese Formulierung durchaus ein wenig stolz gewesen wäre – wenn er sie erfunden hätte. Tatsächlich stammte sie von einem Mitglied des britischen Oberhauses, und – wie schon erwähnt – Ulbricht fand sie so treffend, dass er sie zuweilen verwendete. Als ich das dem Erfinder, David Cecil, dem Marquess of Exeter, mal erzählte, grinste auch der und meinte: »Soll er, wenn sie ihm gefällt!«

Entstanden war sie, als die bundesdeutsche Regierung ihren Ärger über die Mauer auf den Sport ablud und die NATO-Verbündeten dazu anhielt, DDR-Sportlern die Einreisevisa zu ver-

1972

Oktober
Die Schauspieler Jutta Hoffmann und Armin Mueller-Stahl erhalten den Nationalpreis.

Oktober
Die FDJ organisiert die 1. Werkstattwoche der Jugendtanzmusik, die fortan alle zwei Jahre als Leistungsschau und Wettbewerb die Amateurrockszene der DDR präsentiert.

Oktober
Der Staatsrat beschließt eine Amnestie.

Oktober
DDR-Bürgern, die vor dem 1. Januar 1972 die DDR verließen, wird die DDR-Staatsbürgerschaft aberkannt. Sie werden strafrechtlich nicht mehr verfolgt.

November
Der Film »Die große Reise der Agathe Schweigert« mit Helga Göring in der Hauptrolle läuft im Fernsehen.

weigern. Das führte zu viel internationalem Ärger, weil zum Beispiel eine in Frankreich ausgetragene Ski-Weltmeisterschaft von der Internationalen Föderation nicht anerkannt wurde, weil man der DDR die Einreise verweigerte. Die Weltmeister wollten nicht begreifen, warum sie den Titel nicht tragen durften, nur weil die Bundesregierung ihre Politik durchsetzen wollte.

Eines Tages in dieser Zeit wurde der renommierte DDR-Mittel- und Langstreckler Siegfried Herrmann nach London zu einem Sportfest eingeladen und – bekam kein Visum. Das erboste den Präsidenten der Internationalen Leichtathletikföderation, den Marquess of Exeter, so sehr, dass er im Oberhaus intervenierte, ein neues Sportfest arrangieren ließ und Herrmanns Einreise erzwang. Herrmann lief und gewann, und der nach einer schweren Erkrankung an zwei Stöcken humpelnde Marquess begab sich zur Siegerehrung und sagte zu Siegfried Herrmann: »Sie sind ein Diplomat im Trainingsanzug.« Damit war die Wortwendung geboren, und wer den Zusammenhang kennt, wird zugeben, dass es mehr als eine Redensart war.

Jahre später, 1969 nämlich, war Athen Schauplatz der Leichtathletik-Europameisterschaften, und einmal mehr drohte der deutsche Zwist den internationalen Sportfrieden zu gefährden. Ein Mittelstreckler – übrigens aus dem gleichen Klub wie Herrmann – hatte bei einer vorangegangenen Europameisterschaft seine Laufschuhe gewechselt. Das hätte ihm niemand verübelt, wären nicht die Sportschuhfabrikanten damals schon erbitterte Konkurrenten gewesen. Es gab einen Vertrag, der festschrieb, welche Marke die DDR-Läufer tragen würden, und als einer der aussichtsreichsten von ihnen die Marke kurz vor dem entscheidenden Lauf wechselte, verstieß das gegen die geltenden Regeln. Der Betreffende wurde in der DDR disqualifiziert, die Konkurrenzfirma verschaffte ihm einen ausländischen Pass, mit dem er die DDR verließ.

Danach sollte er – auch in Athen – für die BRD starten, was wiederum nach den Regeln nicht zulässig war. Die Antwort der BRD-Mannschaft war einfach und bockig: Dann starten wir nicht! Wieder war der Marquess gefragt, und wieder forderte das Mitglied des britischen Oberhauses Fairness. »Wir haben es

der DDR oft nicht leicht gemacht«, bekannte er, »wir haben sie genötigt, im heimischen Leipziger Stadion hinter dem Schild ›Ostdeutschland‹ zu marschieren, weil wir die Regel so formuliert hatten. Immer hat sich die DDR an die Regeln gehalten – nun hält sich die BRD an die Regeln.« Wutschnaubend verlangte die BRD-Mannschaftsleitung den Boykott, und außer den Staffeln blieben alle Athleten der BRD auf den Zuschauerplätzen.

Vermutlich gibt es nicht viele Staatsmänner, die so oft sporttreibend abgelichtet wurden wie Walter Ulbricht: als Ski- und Schlittschuhläufer, als Tischtennisspieler und als aktiver Turner, wie hier beim »Turn- und Sportfest« in Leipzig.

Den Marquess scherte es nicht. Er sagte mir damals, mit der Bitte, es nicht zu schreiben: »Diese Deutschen haben noch einiges zu lernen!« Da vier Jahrzehnte vorüber sind, hätte er es mir nun sicher gestattet, ihn zu zitieren. ■

November
Die DDR wird in die UNESCO aufgenommen.

Dezember
Bundesminister Egon Bahr und DDR-Staatssekretär Michael Kohl unterzeichnen den Grundlagenvertrag: Anerkennung der Vier-Mächte-Verantwortung, die Unverletzlichkeit der Grenzen, die Beschränkung der Hoheitsgewalt auf das jeweilige Staatsgebiet, der Austausch »ständiger Vertreter«, die Beibehaltung des innerdeutschen Handels und der Antrag beider Staaten auf Aufnahme in die UNO werden festgeschrieben.

November
Polnische Bürger dürfen nur noch 200 Mark umtauschen. Der mit dem visafreien Verkehr einsetzende Einkaufs-Tourismus hatte zu Engpässen geführt.

Dezember
Die DDR unterhält jetzt diplomatische Beziehungen mit 56 Staaten.

Die Profis

B 34 hieß der Bungalow und kostete etwas über 10 000 Mark. Man konnte ihn bei der Bäuerlichen Handelsgenossenschaft, der BHG, bestellen. Und wenn man Glück hatte, bekam man irgendwann Nachricht, dass man ihn abholen konnte. Das eine Problem war damit gelöst. Aber jetzt hatte man zwei neue: Wie kriegte man das zerlegte Haus in seinen Garten? Und: Wer goss einem das Fundament und setzte darauf die Hütte?

Nun, in der DDR gab es kein Problem, das sich nicht lösen ließ, auch wenn die Planwirtschaft dafür keine Lösung vorsah. Das war das Gute an diesem Land: Jeder kannte garantiert einen, der wiederum jemanden kannte, der schon mal von einem gehört hatte, dem ein vergleichbares Problem von dem und dem geklärt worden war.

So geriet ich an den Bautrupp von Herrn Schulze. Das waren vier, fünf Männer, die unter der Woche volkseigene Platten aufeinander stapelten und am Wochenende private Bungalows errichteten auf Fundamenten, die sie zuvor gegossen hatten.

Unsere erste Zusammenkunft zeigte: Bauleiter Schulze war ein Profi, bei dem alles generalstabsmäßig vorbereitet wurde. Arbeitsbeginn 8 Uhr. Frühstück um 11, belegte Brötchen und Obst. 14.30 Uhr Mittag, Schnitzel und Boulette und Kartoffelsalat, selbst zubereitet, ein wenig Knoblauch, Boulette ohne Semmelmehl gestreckt, Schnitzel paniert. Getränke: Wasser, Limo, Saft, kein Bier.

Kein Bier?

Kein Alkohol!

Bezahlung?

Abends bar auf die Hand.

Der Trupp erschien am Samstag zur verabredeten Zeit mit allen Gerätschaften. Ich hatte Bauarbeiter bis dato noch nie derart zügig und harmonisch zusammenwirken sehen. Da war kein Handschlag zu viel, aber jeder Handschlag saß. Und kein Leerlauf und keine unangekündigte Pause. Nach zwei Tagen war das Fundament gegossen.

»Wo haste den Kies her? Aus X?«

Ich nickte.

»Scheiße«, sagte Schulze. »Da sind winzige Holzteile drin, die quellen auf und irgendwann platzt der Esstrich auf. Det kriegste nich raus. Am besten legste Fliesen druff.«

Wo kriegte ich Fliesen her?

Er griente. »Du bist doch Journalist. Fährste nach Boizenburg in die Fliesenfabrik, schreibst 'n freundlichen Artikel über das Werk und seine Erfolge bei der Planerfüllung, und nebenbei lässte die Bemerkung fallen, det du Fliesen brauchst.«

»Die brauchen meine Schleichwerbung nicht«, sagte ich. »Erstens reißen sie ihnen die Kacheln auch so aus der Hand, zweitens ist das unanständig, drittens fürchtet mein Chefredakteur den Anschiss aus der Agitationskommission: ›Seid ihr verrückt, Bedürfnisse zu wecken, die wir nicht befriedigen können?‹«

»Hör mal«, sagte der ausgeschlafene Baukünstler, »du brauchst Fliesen, auch ohne dass

1973

Januar
17 Staaten, darunter Frankreich und Großbritannien, nehmen diplomatische Beziehungen zur DDR auf.

Januar
Für 6 Mark im Jahr können sich Anhalter versichern lassen, diese Versicherung wird besonders Jugendlichen und Studenten empfohlen.

Januar
Zum Neujahrsempfang Erich Honeckers erscheinen Diplomaten aus 70 Ländern.

Januar
Die 7. Sendung von »Ein Kessel Buntes« löst erheblichen Ärger aus. Ein von Manfred Krug verjazzter Operettentitel und die Kritik von Distel-Kabarettisten an den Neubauten führen zur Entlassung von Mitarbeitern.

Januar
Erste Impfungen gegen Ziegenpeter und Mumps finden statt.

ein Zeitungsbeitrag dein Bedürfnis geweckt hat. Vastehste, det Bedürfnis ist objektiv und real.«

Der Junge war nicht nur ausgeschlafen, sondern beherrschte auch die Dialektik.

Mein Beitrag in der »Weltbühne« über die Boizenburger Fliesenwerke hatte neben dem gewünschten Resultat auch eine negative Wirkung. Mein Chefredakteur kritisierte mich, weil ich den Beitrag nicht in unserer Zeitung publiziert hatte.

Ich wies ihn auf meine Überlegung hin, zumal mir noch das Donnerwetter aus dem Großen Haus während der letztjährigen Vorweihnachtszeit in den Ohren klang. Wir hatten, wie alle Jahre wieder, Backrezepte gebracht, ohne zu bedenken, dass Mehl, Zitronat und Rosinen wieder mal knapp waren.

»Papperlapapp«, sagte da der tapfere Genosse Chefredakteur, »das hätte ich schon auf meine Kappe genommen.«

22 Quadratmeter Datschen-Glück. Aus Holz, Asbest- und Spanplatten errichtet sich diese Familie in Berlin-Kaulsdorf auf einer gepachteten Kleingarten-Parzelle den Fertigteil-Bungalow vom Typ B-22.

Februar
Die DDR akkreditiert Korrespondenten von ARD und ZDF.

Februar
Die DDR schließt sich der Wiener Konvention über diplomatische Beziehungen an. Die Vereinbarung regelt die durch das Völkerrecht gewährte Befugnis, Gesandte zu entsenden und zu empfangen.

Februar
Die UdSSR und die DDR schließen ein zeitlich unbefristetes Rahmenabkommen über Erdöllieferungen der Sowjetunion an die DDR ab.

März
Anlässlich des 125. Jahrestages des Erscheinens des »Kommunistischen Manifests« findet eine internationale Konferenz in Berlin statt.

März
Manfred Ewald wird Präsident des NOK der DDR.

Hand raus, Gast rein

1973

März
In und um Berlin findet die erste Orientierungsfahrt für Autofahrer statt. Sie wird vom Berliner Rundfunk und der Volkspolizei Berlin veranstaltet, um die Verkehrssicherheit zu erhöhen.

März
Die »grüne Prägemarke« für Autos wird eingeführt. Sie kennzeichnet eine freiwillige technische Überprüfung des KFZs.

März
DEFA-Filmpremiere »Die Legende von Paul und Paula«, Drehbuch Ulrich Plenzdorf, mit Winfried Glatzeder und Angelica Domröse.

März
Beschluss des Politbüros zum Bau des Palastes der Republik.

Taxifahren war gar nicht so einfach. Um ein Fahrzeug telefonisch nach Hause zu bestellen, brauchte man ein Telefon und möglichst ein Kind, welches mit Enthusiasmus bis zu zwei Stunden in der Leitung hing und die ständig besetzte Nummer anrief. Oder man konnte eine kleine Ewigkeit am Taxihaltepunkt verbringen, bis man in der Schlange ganz vorn stand. Und selbst wenn man glaubte, der nächste zu sein, konnte sich dies als Irrtum erweisen. Der Fahrer lief die Reihe mit den potenziellen Fahrgästen ab und entschied, wen er in die Richtung seiner Wahl mitnehmen würde. War es eine, die ihm nicht passte oder als Entfernung zu gering war: Pech gehabt! Auch wildfremde Fahrgäste wurden zur besseren Auslastung des Fonds eben mal zusammengesetzt.

Angesichts dieses Mangels entwickelte sich in den achtziger Jahren in den großen Städten des Landes eine Schattenwirtschaft, die als alternativlose Ergänzung zu den staatlichen Taxiunternehmen mehr oder weniger geduldet wurde: die Schwarztaxibranche. Der Ablauf des Geschäfts gestaltete sich relativ einfach. Abends, wenn es dunkel wurde, und vor allem an den Wochenenden fuhren Autos – mit nur einem Fahrer besetzt – langsam die Straßen der Stadt ab. Sie fuhren so auffällig unauffällig langsam, dass mögliche Fahrgäste beizeiten den Daumen rausstrecken und wie beim Trampen signalisieren konnten, dass sie Interesse an einer Fahrt hatten. Man setzte sich hinein, nannte sein Fahrziel – und los ging es. Ganz wichtig für den Fahrer: Er durfte keinen Preis nennen, sondern erhielt am Ende das, was die Diskobesucher, Nachtschwärmer und Ruhelosen zahlen wollten. Und irgendwas gab jeder – noch dazu, wenn sich die oft jugendlichen Fahrgemeinschaften zu einer Art Sammeltaxi entwickelten. In den staatlichen Taxis wurden zwischen 80 Pfennig und 1 Mark in der Stadt, bis zu 1,60 Mark auf dem Land pro Kilometer verlangt, wobei die Preisberechnung oft nicht klar war, sondern die Summe mit einem Blick auf den Kilometerzähler häufig kühn berechnet wurde. Taxameter hielten erst ab 1985 Einzug.

Vor allem in Leipzig und Berlin florierte das Geschäft. Im sächsischen Leipzig gab es während der großen Messen im Frühjahr und Herbst Gäste – und dazu welche aus dem Westen –, für die Geld keine Rolle spielte. In der Hauptstadt Berlin funktionierte es sowieso. Dort fuhren im Jahr 1986 nur 850 offiziell zugelassene Taxis – viel zu wenig für eine 1,2 Millionen Einwohner zählende City, so dass die Fahrer der privaten Droschken ordentlich und unversteuert verdienten – bis zu 150 Mark in einer vierstündigen Nachtschicht. Das war ein Vielfaches von dem, was man am volkseigenen Fließband in derselben Zeit verdienen konnte, machte die nächtlichen Touren besonders lukrativ, wurde aber von den offiziellen Taxifahrern als eine Art »Kriegserklärung« verstanden.

Da manche der Schwarztaxigäste nicht auf den Geldbeutel achten mussten, aber gern ein Schwarztaxi in Anspruch nahmen, weil sie über kein Auto verfügten, nicht selber fahren wollten oder konnten, kam es zu Fahrten durch die halbe Republik: dann vorab mit einem Festpreis ausgehandelt. Auch da konnte man seine Überraschungen erleben. Als ein Maler an einem Sommermorgen einen Taxifahrer endlich überredet hatte, ihn doch nach Mecklenburg zu fahren, »nicht weit von Berlin«, da hatte er dies mit einem besonders verlockenden Argument geschafft. Der Fahrer solle doch seine Familie einladen und sich einen schönen Tag am See machen. Gesagt, getan. Das Fahrtziel entpuppte sich jedoch als Waren Müritz, drei Stunden Autofahrt von der Hauptstadt entfernt. Fahrer, Frau und Kind waren sichtlich genervt, als sie das Haus des Malers endlich erreichten. Und als sie sich dann von ihm verabschieden konnten, begann es auch noch zu gewittern. Der Ausflug war schlichtweg ins Wasser gefallen. ■

Taxifahren war nicht teuer, aber wer eins brauchte, musste sich in Geduld üben! Taxen auf den Straßen waren rar – dafür präzise statistisch erfasst: 1977 beispielsweise fuhren in der Hauptstadt 787, im Bezirk Dresden 715, im Bezirk Leipzig 647, im Bezirk Schwerin 202, im Bezirk Halle 428, im Bezirk Suhl 172 usw., das ergab für das gesamte Land 5 843 Wagen. Und dass im genannten Jahr insgesamt 44 998 000 Personen transportiert wurden, wurde ebenfalls schwarz auf weiß festgehalten. Keine Statistik gab es über jene Autofahrer, die sich beim »Personentransport« ein paar Mark dazuverdienten.

April
Kornelia Ender schwimmt in Berlin Weltrekord über 200 m Lagen und 100 m Schmetterling.

Mai
DEFA-Filmpremiere »Aus dem Leben eines Taugenichts« mit Dean Reed in der Hauptrolle.

Mai
In der DDR gibt es 31 indische und 10 afrikanische Elefanten.

Mai
Leonid Breshnew ist zu Besuch in der DDR und überreicht Honecker den Lenin-Orden. Er unterstreicht, dass sich die Wende vom Kalten Krieg zur Entspannung vollzogen hat.

Mai
Auf einer ZK-Tagung »gestattet« Honecker das Westfernsehn-Gucken (»das ja bei uns jeder beliebig ein- oder ausschalten kann«).

Lachen verboten?

1973

Mai
Der Vorsitzende der SPD-Bundestagsfraktion, Herbert Wehner, besucht Erich Honecker.

Juni
Neue Geldscheine – gültig bis 1990 – ersetzen fließend die 64er Scheine und tragen die Bezeichnung: »Mark der Deutschen Demokratischen Republik«.

Juni
Die DDR beantragt in New York die Aufnahme in die Vereinten Nationen.

Juni
Der DEFA-Indianerfilm »Apachen« kommt in die Kinos und liegt in der Zuschauergunst noch vor der »Legende von Paul und Paula«.

Juni
Volkskammer ratifiziert den »Grundlagenvertrag«.

Eigentlich ignorieren unsere westdeutschen Freunde und Freundinnen das Kabarett im Osten. Ostdeutsche Kabarettisten haben in den Spaßkellern, in den Kulturfabriken und auf den Brettln im Westen so gut wie keine Auftrittsmöglichkeiten und kommen, außer Uwe Steimle, im Westfernsehen nicht vor. Kurz nach dem Zusammenschmiss war das noch anders. Da waren sie Exoten. Aber das war die Tante aus Glauchau bei ihrem ersten Westbesuch ja auch …

Am DDR-Kabarett hat die Wessis, als es aus war mit der DDR, immer zweierlei interessiert: Wie das war mit der Zensur, und warum die Bude immer voll war. Mit der Zensur war es nicht so tragisch (da sind die westdeutschen Freunde enttäuscht, sie hatten es sich blutiger vorgestellt). Es gab zwei schwere Fälle: am Anfang der DDR die Auflösung vom »Rat der Spötter« in Leipzig und die Versenkung von Peter Sodann und Ernst Röhl in finstere Verließe – wegen eines Ulbricht-Witzes; und ziemlich am Ende, als Gorbatschow die Parteiführung schon sehr nervös machte, das Verbot einer Spielvorlage – eines auch damals schon ziemlich harmlosen Stücks.

Ansonsten hat man sich so durchgewurschtelt. In Potsdam hat der zuständige Funktionär beim Rat des Bezirkes regelmäßig eigene Reime ins Spielbuch eingebaut. Die wurden dann natürlich nicht gespielt oder gesungen, und der Direktor des Kabaretts rief den Funktionär an (Telefon gab es ja schon) und sagte: »Du kommst ja heute Abend zur Premiere. Ich sage dir gleich, deine Verse sind nicht im Stück. Und willst du wissen warum: Sie sind zu gut für uns – du solltest sie nicht verschleudern und ein richtiges Buch daraus machen, Genosse, ein ›Deutschland, ein Wintermärchen‹ unserer Zeit!«

Ein Kabarett, das dem Staat gehört (oder dem Rat der Stadt) ist dennoch keine erstrebenswerte Einrichtung. Der Staat (oder der Rat der Stadt) hat immer den Eindruck, er tut sich da selbst was Böses an. So hat es viele gute Leute bös erwischt, die einfach zu schnell mit der Gusche waren und keine niederträchtige Pointe verschenkten – Edgar Külow beispielsweise.

Es gehörte kein besonderer Mut dazu, Kabarett zu spielen. Aber das bisschen Mut, das vielleicht nötig war – etwa 1989 das Massaker auf dem Platz des Himmlischen Friedens auf der Bühne nicht zu verschweigen –, brachten viele Kabarettisten auch nicht auf. Die meisten waren so dumm wie Musiker oder eben Schauspieler. Es war oft wie im Stadttheater: Die Chansonette wollte Lacher oder wenigstens ein zorniges Chanson, und der Dramaturg (vielleicht gleichzeitig der Parteisekretär) wollte »politisch was bewegen«. Und zwischen beidem blieb der Karren stecken.

Es gab sehr schlechtes Kabarett und sehr gutes. Ab 1973 gab es sie auf Parteibeschluss flächendeckend im Lande, von wegen der »Bedürfnisse unserer Werktätigen nach dem befreienden, optimistischen Lachen nach vorn«. Sie sollten bei Gelegenheit auch immer mal die Bonner Ultras lächerlich machen, was manchmal schlecht und manchmal gerade so gelang.

Das Beste am Kabarett aber war sein Publikum. Das waren Leute, die den Sozialismus täglich zu schleppen hatten und ihn manchmal in seiner Absurdität nicht mehr zum Aushalten fanden. Wie dem Ertrinkenden der sprichwörtliche Strohhalm, so reichte denen oft ein Stichwort (in der Fachsprache »Reizwort« genannt), und sie lachten alles aus sich raus. Zuweilen war das Reizwort recht einfach, wie »Klopapier«, manchmal komplex, wie »sozialistische Demokratie«. Auch schlechte Kabarettisten konnten da nicht viel falsch machen.

Die Frage allerdings, ob es aus Sicht der Freiheitlich Demokratischen Grundordnung überhaupt moralisch vertretbar war, im Sozialismus zu lachen, nach dem Motto »Es gibt auch ein richtiges Lachen im falschen Leben«, harrt noch der abschließenden Antwort. Und die werden wir schon noch kriegen. ■

Abends wird gelacht: Die »Pfeffermühle« in Leipzig, die »Kugelblitze« in Magdeburg, das »Fettnäppchen« in Gera, die »Herkuleskeule« in Dresden, die »Oderhähne« in Frankfurt (Oder), »Obelisk« in Potsdam – fast jede Bezirksstadt hatte ein Berufskabarett, und die Eintrittskarten wurden wie Goldstaub gehandelt. Daneben existierte eine große Amateurkabarettszene in Trägerschaft von Betrieben und Kombinaten, und selbst die Nationale Volksarmee hatte ein eigenes Kabarett. Auf dem Foto: Premiere für das Programm »Wir stoßen an« im Berliner Kabarett »Die Distel« 1963, das zugleich sein zehnjähriges Bestehen feiert (Gustav Müller, Heinz Draehn, Gerd E. Schäfer, Hanna Donner, Ingrid Ohlenschläger, Ellen Tiedtke und Karl-Heinz Oppel).

Juli/August
Die X. Weltfestspiele finden in Berlin statt.

1. August
Walter Ulbricht stirb achtzigjährig in Berlin.

August
Neue Anordnung: Frauen über 40 und Männern über 45 kann die Facharbeiterqualifikation ohne Ausbildung und Prüfung zuerkannt werden. Voraussetzung ist eine langjährige Berufserfahrung.

September
Uraufführung der Komödie »Adam und Eva« von Peter Hacks am Dresdner Staatstheater.

September
In Eisenach eröffnet das rekonstruierte Bach-Haus und präsentiert eine Sammlung historischer Instrumente.

September
Die DDR wird als 133. Staat in die UNO aufgenommen, die BRD als 134.

1973

Oktober
Das ZK beschließt das Wohnungsbauprogramm – drei Millionen Wohnungen sollen gebaut werden und bis 1990 die Wohnungsfrage als soziales Problem gelöst sein.

November
Grundsteinlegung für den Palast der Republik durch Erich Honecker.

November
DDR-Finanzminister ordnet Mindestumtausch von 20 Mark bei Besuchern aus nichtsozialistischen Staaten und Westberlin im Verhältnis 1:1 an.

November
Die DDR-Fußballmannschaft qualifiziert sich zum ersten Mal für eine Weltmeisterschaftsendrunde.

Ungenutztes Nützliches

Beim letzten Aussortieren von Überflüssigem – dieses Mal im Keller – entdeckte ich das kleine Paket, umhüllt von einer Zeitung, noch aus der DDR. Es enthielt Spiegelkacheln, zehn Stück, unversehrt. Der Erwerb hat seine Geschichte.

Unweit meiner Heimatstadt gab es in einem alten Schloss einen Intershop mit Waren gegen Westgeld. Einiges billiger als im Westen. Regelmäßig kaufte mein Onkel mehrere Stangen Zigaretten, die er mit nach drüben nahm. Er nannte die Geldersparnis einen gerechten Ausgleich dafür, dass er für jeden Urlaubstag in der DDR für sich und seine Frau Westgeld eins zu eins in DDR-Mark umtauschen musste, für ihn ungerechter Zwangsumtausch.

Bei Fahrten zum Intershop war ich oft dabei, durfte aber – wie alle DDR-Bürger – nicht hinein. Also wartete ich vor der Tür, sehr gern, denn jedes Mal bekam ich Naschereien. Jahre später wurden mehr Intershops eröffnet, auch in meiner Heimatstadt. Irgendwann durften auch DDR-Bürger dort einkaufen. Allerdings musste vorher das Westgeld gegen Forum-Schecks eingetauscht werden.

Von meinen Pflegeeltern – sie waren als Rentner in die Bundesrepublik gezogen – bekam ich bei ihren Besuchen Geld für meinen Geburtstag oder Weihnachten. Mit den Wertschecks ging ich sparsam um. Meist kaufte ich etwas für unsere Kinder, Nusscreme mochten sie besonders. Es machte Spaß, so Freude zu bereiten. Gern kaufte ich weniger Kostspieliges, um möglichst viel für die begrenzte Summe zu bekommen, einmal zwei Röllchen vielfarbig glänzendes Stickgarn. Damit wertete meine Frau verschiedene Pullover durch Stickereien mit eigenen Motiven auf.

Irgendwann entdeckte ich diese Spiegelkacheln als Sonderangebot. Sie waren etwas Besonderes, in der DDR nur mit guten Beziehungen zu bekommen, wenn man Gleichwertiges zum Tausch anbieten konnte. Schwer für einen Lehrer, wer wollte schon Unterrichtsvorbereitungen haben. Wenn ich Zement oder einen Zahnarzttermin …

Diese zehn Spiegelkacheln kaufte ich, um damit unser kleines fensterloses Bad in der Neubauwohnung optisch zu vergrößern. Es würde gut aussehen, allen gefallen, darin waren wir uns in der Familie einig. Also wurde geplant, bei der nächsten Badrenovierung die Kacheln anzubringen.

Doch seit längerem versuchten wir, eine größere Wohnung zu bekommen, um zu viert aus der kleinen Dreiraumwohnung auszuziehen. Würde ich die Kacheln ohne Schaden von der Wand bekommen, oder müsste ich sie in der Wohnung lassen, zur Freude des Nachmieters? Das Risiko wollten wir nicht eingehen. Also blieben sie vorerst liegen. Der Umzug in eine etwas größere Wohnung kam und bald noch einmal Nachwuchs, so dass die Wohnung bereits wieder zu klein war. Und wegen der Hoffnung auf ein größeres Familiendomizil wurden die Kacheln sorgsam eingepackt.

Nach der Wende zogen wir in eine hinreichend große Wohnung. Das Bad bot genügend Bewegungsfläche, ein großes Fenster und Kacheln fast bis zur Decke. Die Spiegelkacheln hätten keine Funktion gehabt. Außerdem waren sie in Vergessenheit geraten.

Da hielt ich sie nun in der Hand. Was sollte ich mit ihnen? Eine optische Badvergrößerung war überflüssig, beliebig viele gibt's im Baumarkt zu kaufen. Sie wegzuwerfen schaffte ich nicht. Sorgsam hüllte ich sie wieder in Zeitungspapier. Vielleicht beim nächsten Aufräumen … ■

Wer im Intershop einkaufen wollte, brauchte harte Währung. Anfangs, bei Gründung der Einzelhandelskette »Intershop« 1962, durften nur Westbürger dort einkaufen. Die Devisenquelle aber ließ sich zum Sprudeln bringen, denn nicht nur Westpakete, sondern auch Geldgeschenke kamen in die Hände der Ostverwandtschaft. Ein Gesetz legalisierte 1974 den Devisen-Besitz, und die Läden öffneten nun ihre Türen auch für DDR-Bürger. In den achtziger Jahren stieg die Zahl der Intershops auf rund 400. In vermutlich gleichem Maße wuchs die Zahl der Witze über sie. Erinnern Sie sich an den? Ein Rentner darf das erste Mal nach Westberlin fahren. »Du«, sagt er zu seiner Frau, »da bringe ich dir was Schönes vom Ku'damm mit!« Aber er kommt mit leeren Händen zurück. »Ach, weißt du«, sagt er kleinlaut zu ihr, »ich bin den Ku'damm mehrmals rauf und runter gelaufen, und stell dir vor: Ich habe weit und breit keinen Intershop gefunden.«

November
VII. Schriftstellerkongress, Umbenennung von »Deutscher Schriftstellerverband« in »Schriftstellerverband der DDR«, erneute Wahl von Anna Seghers zur Vorsitzenden.

Dezember
Das bisher blaue Halstuch tragen jetzt nur noch die Jungpioniere, Thälmann-Pioniere bekommen in der vierten Klasse das rote Halstuch.

Dezember
Durch eine Lockerung des Devisengesetzes ist es DDR-Bürgern nun erlaubt, im »Intershop« einzukaufen.

Dezember
Die erste Folge der 16teiligen Spionageserie »Das unsichtbare Visier« läuft im Fernsehen.

1974

Januar
Das Länderschild »D« als internationales Kfz-Kennzeichen wird durch »DDR« ersetzt.

Januar
Bei der NVA gibt es einen neuen Dienstgrad: Fähnrich.

Januar
Neue rote Mitropa-Wagen werden eingeführt, die ersten 20 fahren ab sofort.

Januar
In Ost-Berlin wählt der Zentralrat der »Freien Deutschen Jugend« Egon Krenz zum neuen Vorsitzenden.

Januar
Das 3. Jugendgesetz der DDR wird verabschiedet.

Montags ist Parteiversammlung

Die SED-Genossen hatten es schwer: Am ersten Montag im Monat Versammlung der Parteigruppe, am zweiten Montag Versammlung der Abteilungsparteiorganisation, abgekürzt APO, oder der SED-Grundorganisation, der GO, wenn die nicht in APOs untergliedert war. Am dritten Montag folgte das Parteilehrjahr, und wer irgendeine kleine Funktion hatte, konnte sicher sein, auch am vierten Montagabend unterwegs zu sein. Gab es einen fünften Montag, war der vermutlich auch weg. Jedenfalls galt das Montagsversammlungsgebot an der Humboldt-Universität, vermutlich aber landesweit.

An der Universität fanden die Versammlungen in den Arbeitsräumen und Hörsälen statt. Die waren zumeist nicht frisch renoviert und boten insofern einen realistischen Hintergrund für politische Debatten über die DDR und die Welt. Die Welt lag etwas weiter weg und gab selten Anlass zu Meinungsverschiedenheiten. Zu besonderen Anlässen fanden die APO- oder GO-Versammlungen aber auch in Räumen statt, die vorzeigbar waren. Das geschah dann, wenn der Referent mindestens aus der SED-Bezirksleitung, im Jargon BL genannt, erst recht, wenn er aus dem Zentralkomitee, dem ZK, kam. Herauszufinden, woher die unzähligen Partei-Abkürzungen kamen, mit denen man eine Seite dieses Buches bestücken könnte, wäre eine Forschungsaufgabe. Immerhin verkürzte ihr Gebrauch die Redezeit.

Wenn die BL oder das ZK kamen, ging es meist um schlimme Dinge! Es stellte sich während der Versammlung großartigerweise heraus, dass die Dinge doch nicht so schlimm waren wie befürchtet und der Sozialismus nicht in Gefahr war. Aber die Aufregung vor einem solchen Besuch war groß. Die BL- und ZK-Referenten erweckten stets den Eindruck, dass die Parteiführung alles im Griff hatte. Das fanden viele unter den Genossen im Saal nicht, sprachen es aber nicht aus.

Unzählige Montagsreferate an der Universität drehten sich natürlich um die Wissenschaft und darum, wie es um die eigene Disziplin bestellt war. Die Antwort lautete meist: »Bescheiden.« Das war eine Voraussetzung, um sich höhere Aufgaben zu stellen. Ein Mitarbeiter der Abteilung Wissenschaft brachte es einmal auf den Punkt: »Die Haupttriebkräfte, Genossinnen und Genossen, der Wissenschaft sind bekanntlich Ruhmsucht, Eitelkeit und Geldgier.« Das wurde in Auswertungen leider nicht zitiert. Der Hauptfeind eines Lehrstuhlinhabers war in der DDR der Lehrstuhlinhaber nebenan. Das war systemübergreifend, wie – sozusagen als zusätzliche Parteiveranstaltung – uns einmal ein Kollege erzählte, der an einer belgischen Universität arbeitete.

In der Rückschau scheint es daher so, als ob der monatliche Versammlungsmarathon vor allem menschliche Seiten hatte – es wurde miteinander geredet. Die Sanftheit im Umgang übertrug sich aufs Politische. Die eine Hälfte der Genossen fand nur die Außenpolitik der DDR okay, die anderen meinten, auch die Innenpolitik sei ganz in Ordnung. Krach gab es deswegen nie. Oberster Grundsatz war: Man tat sich in den SED-Parteiversammlungen nicht wirklich weh. Wurde es doch einmal persönlich, gab es gar ein Parteiverfahren. Dann sprach irgendjemand das Wort »Stalinismus« aus und hatte recht. Insofern brachte der Übergang in die Zeit nach 1989 für viele Genossen nicht viel Neues. ■

Ob bei der Betriebsparteiorganisationen oder der Wohngebietsparteiorganisationen (für Rentner und Nichtberufstätige), fast überall hieß es für die zuletzt 2,3 Millionen Mitglieder der Sozialistischen Einheitspartei Deutschlands: Montags ist Parteiversammlung.

Februar
DEFA-Filmpremiere »Orpheus in der Unterwelt« mit Rolf Hoppe in der Rolle des Jupiters.

März
DEFA-Märchenfilmpremiere »Drei Haselnüsse für Aschenbrödel« (DDR/CSSR).

März
Konstituierung des »Wissenschaftlichen Rates für Jugendforschung«.

März
In München erringen Christine Errath und Jan Hoffmann Weltmeister-Titel im Eiskunstlauf.

April
Abschluss der Anlage von 160 h Obstplantagen im Oderbruch.

Karten für jede Lebenslage

Das Wort »Skat« kommt vom italienischen »scarto« – das Ablegen von Karten.

Im Norden spielt man es meist in französischer Aufmachung. Ansonsten handelt es sich aber um das deutscheste aller Kartenspiele. In der DDR spielte man es in der Familie, in der Brigade oder in der Kampfgruppe. Es gab Turniere um Weihnachten, um Ostern oder zum Jahrestag der Republik. Man konnte eine Gans, einen Präsentkorb vom Konsum oder einen Akku gewinnen. Wer Skatbrüder hatte, hatte auch mindestens 500 der 1000 kleinen Dinge, die immerfort fehlten.

Den Nichtspielern sei gesagt: Man spielt es zu dritt mit 32 Karten. Jeder Spieler erhält 10. Wer beim Reizen vorn liegt und das Spiel macht, kann zwei Karten austauschen. Die Trumpffarbe muss mindestens 61 Augen erzielen. Wie man das macht, lässt sich hier nicht erklären. Darum geht es auch nicht.

1974

April
Auftakt zur Sportinitiative »Eile mit Meile«.

April
Der persönliche Referent von Bundeskanzler Brandt, Günter Guillaume, wird unter dem Verdacht der Spionage für die DDR festgenommen.

April
DEFA-Filmpremiere »Für die Liebe noch zu mager« mit Simone von Zglinicki.

Mai
Die »Ständigen Vertretungen« beider deutscher Staaten nehmen in Bonn und Ost-Berlin die Arbeit auf.

Mai
Günter Krüger wird Europameister im Halbmittelgewicht bei der EM im Judo in London.

Aus der irrigen Annahme, dass alle Deutschen Skat spielen, erfand der Spielmeister Hans-Georg Ponesky als Unterhaltungschef bei Radio DDR in den fünfziger Jahren den »Fernskat«. Per Konferenzschaltung waren drei Spieler an drei verschiedenen Orten zum Skat vereint. Drei Reporter assistierten und übergaben das versiegelte Kuvert mit den unter notarieller Aufsicht gemischten und verteilten Karten. Jeder hatte im Extra-Umschlag die zwei Austauschkarten, falls sein Spieler »vorn« war.

Ein Reporter wurde in die Villa eines Tierarztes bei Berlin geschickt. Ein anderer fuhr zu Bergleuten in Zwickau, die unter Tage eine Pause machten. Der Dritte hatte den Leuchtturmwärter von Warnemünde als Partner, der aber verspätet zum Dienst antrat, weshalb einige Fragen nicht mehr geklärt werden konnten. Die Rundfunkzeitung hatte alle Hörer zum Mitspielen eingeladen. Die Zuhörer bekamen am Beginn der Sendung verdeckt mitgeteilt, wer da gleich welchen Umschlag mit welchem Blatt in die Hand bekam. Dann wurden die Außenstellen zugeschaltet und das Spiel begann.

Der große Reinfall begann damit, dass der Leuchtturmwärter mit Entsetzen feststellen musste, dass seine Spielkarten ein sogenanntes »deutsches Blatt« waren. Da heißen die Buben Wenzel. Da ist das viereckige rote Karo durch runde gelbe Schellen markiert. Da ist das schwarze Pik-As ein grünes Laubblatt. Da sieht die Welt plötzlich ganz anders aus. Worauf der »Fischkopp« dem Reporter am Beginn dieser Live-Sendung beichtete: »Ick kenn keen dütschet Blatt!« Und der Reporter musste beichten: »Ick kenn dat französische wie dat dütsche Blatt, aber ick kenn keen Skat!«

Der Umstand, dass in Norddeutschland andere Spielkarten gebräuchlich sind als in Süddeutschland, hat der Mannschaft auf dem Leuchtturm das Genick gebrochen. Der Wärter vom Turm hätte turmhoch gewinnen müssen. Er gewann aber nur drei Waschkörbe voller Hörerpost mit den unflätigsten Beschimpfungen. Der Reporter hat diese Niederlage ohne den heute üblichen psychologischen Katastrophenbeistand verarbeiten müssen. Das gelang ihm erst durch ein drittes Blatt, das er bei einem Besuch an der Wiege des Skatspiels im thüringischen Altenburg geschenkt bekam. Jene Stadt beherbergt eine uralte Spielkartenfabrik, ein Spielkartenmuseum, einen Skatbrunnen und das deutsche »Skatgericht« für alle nationalen und internationalen Streitfälle. Und in der Spielkartenfabrik wurde – wie in jedem volkseigenen Betrieb der DDR – händeringend nach Deviseneinnahmequellen gesucht. Man wusste aus dem »Schwarzen Kanal«, dass die Welt des Kapitals von Krieg, Profit und Sexismus gezeichnet war, also zeichnete ein junger Designer ein Skatblatt mit 32 Pin-up Girls in neckischen Posen, was den Umsatz der französischen und deutschen Spielkarten schnell in den Schatten stellte. Das sprach sich herum – auch hinter den Mauern der Russenkasernen, wo der Heißhunger auf diese Karten verständlicherweise besonders groß war. Drum erschien dann immer öfter ein ranghoher Offizier mit Rotbannerorden an der Brust bei der Werkleitung der Spielkartenfabrik und bot das Kompensationsgeschäft Petrol gegen Porno – also Benzin gegen Barbusige an. Weil der Direktor aber – wie alle Direktoren der DDR – ein abgezähltes Materialkontingent hatte, konnte er nicht unbegrenzte Mengen vom Porno-Skat abzweigen. Bis er auf den rettenden Einfall kam, einige Kisten dieser heißen Ware unter dem Dach zu lagern, darüber einen Ziegel herauszuheben, damit Regenwasser auf die Kisten kam. So konnte er dann ausreichende Mengen als Schwund wegen ausstehender Dachreparatur abbuchen.

Das war – planwirtschaftlich gesehen – natürlich ein Vergehen. Aber gemessen daran, wie es half, die deutsch-sowjetische Freundschaft zu vertiefen, war es eher einen Orden wert! Finden Sie nicht? ■

Sieht man Skatspielen als Sport an, muss man die rund 3 Millionen DDR-Skatbrüder (und auch einige -schwestern) als Akteure einer der größten massensportlichen Bewegungen der DDR ansehen. In Altenburg, wo 1881 das Skatspiel erfunden wurde, stand nicht nur Deutschlands älteste und einzige DDR-Spielkartenfabrik, hier tagte bis 1943 das Skatgericht. Weil auch nach Gründung der DDR noch immer Post aus dem Ausland einging, in der die Briefschreiber Auskunft über umstrittene Regeln und knifflige Streitfälle begehrten, sannen die Abgeordneten im Rat der Stadt Altenburg auf eine Belebung der Gerichtstradition. Zunächst holten sie sich von Volkskammerpräsident Johannes Dieckmann, der selbst ein leidenschaftlicher Spieler war, die Absolution. Dieckmann teilte mit: »Sofern dieses die Kombinationsfähigkeit entwickelnde und die Phantasie anregende Skatspiel als Mittel der Entspannung zu sinnvoller Freizeitgestaltung genutzt wird, kann man mit bestem Gewissen Skatfreund sein.« Rund 500 Anfragen aus aller Welt beantwortete das Altenburger Skatgericht jährlich.

Mai
Eröffnung der Ausstellung »Arbeitskultur im sozialistischen Betrieb« in Erfurt.

Mai
Grundsteinlegung für das Bauernkriegsdenkmal auf dem Schlachtberg bei Bad Frankenhausen.

Mai
Die VEG »Apfelproduktion Salzkorn« baut in Werder zum ersten Mal Obst Industriell an.

Mai
Als einzige Fußballmannschaft in der DDR-Geschichte gewinnt der 1. FC Magdeburg den Europa-Cup.

Mai
Die S-Bahn-Linie Leipzig-Wurzen (26 Kilometer) wird in Betrieb genommen. Sie fährt auf den Schienen der Reichsbahnstrecke Leipzig Dresden.

1974

Juni
Bei der Fußballweltmeisterschaft stehen sich in Hamburg die Mannschaften der Bundesrepublik und der DDR gegenüber. Die DDR kann das Spiel mit dem sogenannten Sparwasser-Tor in der 78. Minute für sich entscheiden und gewinnt mit 1:0 gegen den späteren Weltmeister.

September
Die USA nehmen als letzte der Siegermächte diplomatische Beziehungen zur DDR auf.

September
Solidaritätsveranstaltung im Friedrichstadtpalast anlässlich des ersten Jahrestages des faschistischen Putsches in Chile.

September
114 000 Kinder werden täglich mit Schulspeisung versorgt.

Oktober
Zu den Feiern zum 25. Jahrestag der DDR reist eine Delegation unter Vorsitz Leonid Breshnews an; ein neuer Vertrag über »Freundschaft, Zusammenarbeit und gegenseitigen Beistand« wird unterzeichnet.

Oktober
Der DDR-Ministerrat beschließt eine Verlängerung der Urlaubszeiten von 15 auf 18 Tage im Jahr. Schichtarbeiter erhalten 21 Urlaubstage.

Oktober
Der im Vorjahr verdoppelte Mindestumtausch für Besucher Ost-Berlins beziehungsweise der DDR wird auf 6,50 DM beziehungsweise 13 DM gesenkt.

Die Torgauer Initiative

Familien beim freiwilligen Frühjahrseinsatz im Kulturpark von Neubrandenburg, 1981.

Unser Land wurde in steter Regelmäßigkeit von Kampagnen und Initiativen durchschüttelt. Alljährlich ging mindestens ein Ruck durchs Land. Entweder leuchtete ein Parteitag am Firmament, den es vorzubereiten galt. Oder einer lag hinter uns, dann beflügelte er unseren Elan merklich. Das war mitunter recht nervig, aber vermutlich sinnvoll. Anders kann ich mir nicht erklären, weshalb ein Bundespräsident nach eben einem solchen Ruck rief, der durch »unser Land« gehen müsse.

Im Jahre 1966 fiel meiner Heimatstadt die ehrenvolle Aufgabe zu, eine Kampagne loszutreten. Die in der Nationalen Front vereinten Parteien und Massenorganisationen wollten die Bewohner von Städten und Gemeinden bewegen, bei der Verschönerung der Kommunen selbst Hand anzulegen. Etwa im Sinne Kenne-

1974

November
Richtfest für den Palast der Republik.

November
Die katholischen Bischöfe in der DDR wenden sich in einem Hirtenbrief gegen das »staatliche Erziehungsmonopol«.

November
Die Nachrichtenagenturen ADN und dpa schließen einen Vertrag über den Austausch von Nachrichten.

Dezember
Abkommen über die Verbringung von Abfallstoffen aus West-Berlin in die DDR.

dys, der einige Jahre zuvor seine Landsleute mit dem Appell zu mobilisieren hoffte: »Frage nicht, was dein Land für dich tun kann! Frage lieber, was du für dein Land tun kannst!«

Nun hätte der Genosse Ulbricht, der zu dieser Beratung geladen hatte, die Urheberschaft für diese Überlegung als Letztem dem US-Präsidenten zuschreiben wollen. Aber er sah das gleiche Problem wie jener: Man musste die Leute von den Balkonen auf die Straßen und Plätze, in die Vorgärten und Parkanlagen holen. Sie sollten aktiv werden, mitmachen, etwas für ihre Umgebung und die Umwelt tun. Daraus entwickelte sich dann, ich greife vor, die Bewegung »Schöner unsere Städte und Gemeinden – mach mit!«

Anders als heute üblich, wo man sich in der Rolle des Rufers in der Wüste gefällt, wurde in der DDR jedoch nicht nur appelliert, sondern auch immer gleich mit Beispielen Orientierungshilfe gegeben.

Also machte man sich im Vorfeld auf die Suche nach eben solchen. Denn dass man auf Torgau als Tagungsort gekommen war, schien eher Zufall, wenn es denn nicht dem Wunsch Walter Ulbrichts geschuldet war, jede Kreisstadt des Bezirkes Leipzig nach und nach ins Rampenlicht zu rücken. Auch einem Staatsmann ist Heimatliebe bekanntlich nicht fremd.

Bei dieser Suche, natürlich, wurde man fündig. In Süptitz vor den Toren der Stadt etwa hatte die ganze Dorfgemeinschaft – vom Pfarrer bis zum Dorfschulzen, die LPG, die Feuerwehr und alle Schäflein der Kirchgemeinde – in freiwilliger, unentgeltlicher Arbeit soeben auf dem Gottesacker eine Friedhofskapelle errichtet. Kühn schwang sich das Vordach hinauf, die Türen waren groß und durchlässig, ein erstaunlich moderner Zweckbau, den man neben das winzige Kapellchen gesetzt hatte, in welches allenfalls der Sarg, nicht aber die Trauergemeinde passte.

Bürger beim Anlegen eines Gehweges in Burg Stargard, 1981.

»Wunderbar«, befanden die Prüfer aus Berlin, »das ist es, was wir brauchen.« Die Torgauer Funktionäre hingegen zeigten sich entsetzt. Und auch ein wenig verärgert, weil die »da oben« diesen – in jeder Hinsicht – Schwarzbau entdeckt hatten, obgleich sie ihn bewusst auf der von ihnen eingereichten Liste verschwiegen hatten.

Ob die Süptitzer besonders glücklich darüber waren, dass ausgerechnet sie mit ihrer Friedhofskapelle nun ins Fernsehen kamen und als besonders sozialistisch galten, was sie gewiss nicht vorhatten und wohl auch nicht waren, vermag ich nicht zu erinnern. Wohl aber, dass die Souveränität der Berliner durchaus anerkannt wurde, nicht nur mit wehenden Fahnen und vorwärtsstürmenden Menschen für die Zukunft zu werben, sondern auch mit Dahingegangenen. »Denn gestorben wird immer«, sagten die Dörfler, »egal, wer gerade regiert und welche Fahne aktuell ist.« ■

Dezember
Das Abkommen über die Fortführung der Swing-Regelung im innerdeutschen Handel für den Zeitraum 1976 bis 1981 wird unterzeichnet. Der Swing, ein zinsloser Überziehungskredit, wird von 660 auf 850 Millionen Verrechnungseinheiten erhöht.

Dezember
DEFA-Filmpremiere »Kit & Co« mit Dean Reed.

Dezember
Philosophenkongress in Berlin mit dem Thema: »Objektive Gesetzmäßigkeit und bewusstes Handeln in der sozialistischen Gesellschaft«.

Dezember
Nach dem großen Erfolg des Films »Florentiner 73« gibt es nun »Neues aus der Florentiner 73« mit Agnes Kraus.

Links zwei-drei

1975

Januar
Die Sonntagsausgaben aller DDR-Zeitungen werden aufgrund Papiermangels eingestellt.

Januar
Die FDJ eröffnet das Reisebüro »Jugendtourist« speziell für junge Leute.

Januar
Nach Unterzeichnung des Protokolls für den Warenaustausch 1975 zeichnet sich ab, dass die Sowjetunion die Erdölpreise schrittweise steigern wird. Die Verbraucherpreise in der DDR bleiben stabil.

Januar
Der VEB Transportable Wohnzellen schickt die ersten drei Wohnunterkünfte für die Unterbringung der Trassenbauer des Zentralen Jugendobjekts Drushba-Trasse in die Ukraine.

Die Kampfgruppen wurden erfunden, um die überwiegend männlichen Arbeitnehmer (geschlechtsunspezifisch »Werktätige« genannt) nach Feierabend bei Sport, Spiel und Schabernack zu vereinen. Da fast alle von ihnen sich bestimmte Fertigkeiten im Grundwehrdienst erworben hatten, knüpfte man daran an und vergnügte sich bei Geländegängen, Zielübungen und dem Überwinden von Hindernissen, die schon vom wilheminischen Kasernenhof bekannt waren. Alkohol war dabei verboten (das Verbot wurde etwa in dem Maße eingehalten, wie man es von der NVA her gewöhnt war). Der Ton bei den zumeist über das Wochenende und bei angenehmer Wetterlage abgehaltenen Feldlagern war zumeist zotig-kollegial, die Befehlskette wurde locker gehandhabt. Das war das Schöne daran: Unterstellungsverhältnisse, die im Betrieb galten, waren bei der Kampfgruppe obsolet, und man konnte zu seinem dienstlichen Chef im Felde auch mal »Du Arsch!« sagen. Aufstiegsmöglichkeiten gab es keine, bezahlt wurde nichts – aber wenn man 25 Jahre lang dabei gewesen war, bekam man einen Zuschlag zur Rente von 100 Mark. Man war froh, dass es einen imperialistischen Feind gab, ohne den diese Räuber- und Gendarmspiele nicht stattgefunden hätten.

1952 gegründet, wurden die Kampfgruppen nach dem 17. Juni 1953 verstärkt und regelmäßig geschult. In der Öffentlichkeit erschienen sie bei Flutkatastrophen oder wenn ein entsprungener sowjetischer Soldat gesucht wurde und als Trupp komischer kurzatmiger Männer bei den Aufmärschen zum 1. Mai. Es gab ein ulkiges Alarmierungssystem: Weil Telefone in Haushalten selten waren, hatte jeder Kämpfer eine festgelegte Anzahl von Genossen durch Klingeln an der Haustür und »geflüstertes Rufen« der Parole zu aktivieren. Die Kampfgruppe war bei den Berufsmilitärs berüchtigt für ihre schlampige Kalashnikowpflege.

Ihren wichtigsten Einsatz hatten die Kampfgruppen der Arbeiterklasse, wie sie offiziell hießen, beim Bau der Mauer, obwohl gerade da viele der »Genossen Kämpfer« mit Ischias oder Schnupfen zu Hause geblieben sein sollen. Erst 1989 wurden sie wieder interessant. Da kündigte ein Kampfgruppenkommandeur in der »Leipziger Volkszeitung« an, dass sich seine Einheit an der Beschießung konterrevolutionärer Elementen nicht ungern beteiligen würde. Der Verfasser wurde nach der Wende von interessierter Stelle gesucht, jedoch nicht gefunden.

Der Brief, im Westfernsehen genüsslich zitiert, war tausenden Kämpfern Anlass zu erklären, dass sie keinesfalls die Waffe gegen Montagsdemonstranten richten würden – im Gegenteil, sie würden selber zur Montagsdemo gehen, allerdings in Zivil und unbewaffnet. Jede ordentliche Staatsmacht hätte den desolaten Haufen daraufhin sofort entwaffnet, nicht so die SED-Regierung. Die Waffen hat dann erst der frei gewählte Innenminister Peter-Michael Distel einsammeln lassen. Die Demokratie, die jetzt ins Haus stand, brauchte keine bewaffneten Arbeiter. Wozu auch? ■

Die Kampfgruppen der Arbeiterklasse zeigten zwar Präsenz gegen »Saboteure und Feinde des Sozialismus«, aber ihr einziger wirklicher Einsatz erfolgte zur Grenzsicherung beim Mauerbau 1961. Ansonsten gab es machtvolle Appelle (hier in den Leuna-Werken 1973), Unterrichtung in Waffenkunde (hier in der MTS Protzen 1958) und an so manchem Wochenende Wehrübungen im Gelände.

Februar
Günter Mittag vereinbart auf einer Japanreise den Ausbau der Handelsbeziehungen. Die DDR erhält von Japan einen Kredit zum Bau des internationalen Handelszentrums in Berlin.

Februar
Ein neuer Film mit der beliebten Olsenbande aus Dänemark läuft an: »Die Olsenbande läuft Amok«.

März
Gert-Dietmar Klause gewinnt als erster Mitteleuropäer den Wasalauf.

März
Die Bauernkriegsgedenkstätte auf dem Mühlhäuser Kornmarkt wird übergeben, außerdem findet das Richtfest für das Bauernkriegsdenkmal bei Bad Frankenhausen statt.

März
DDR-Erstaufführung von Tennessee Williams' »Endstation Sehnsucht« in Leipzig.

Der letzte Autokauf

Im Mai 1989 zerbrach mein 15 Jahre alter Trabant-Kombi, den ich drei Jahre zuvor für viel Geld von einem befreundeten Nachbarn erworben hatte. Eine bekannte Schwachstelle im Unterboden war mürbe geworden und drohte aufzugeben. Ich stand verzweifelt vor dem Wagen, was der Hausmeister einer nahegelegenen Schule bemerkte. In einem kurzen Gespräch überzeugte er mich, dass er das Gefährt auch mit dem Schaden erwerben möchte. Ich warnte ihn nochmals eindringlich und war das ehemalige Schmuckstück für wenig Geld los – unter Zugabe einer Rücklichtschale und eines Lampenringes für vorn. Beides hatte ich für schlechte Zeiten auf meinem Hängeboden verstaut. Ein Auto loszuwerden war doch ziemlich einfach. An ein neues zum regulären Preis heranzukommen, schier unmöglich. Meine Anmeldung für einen Neuwagen war erst neun Jahre alt, also hätte ich frühestens in drei bis vier Jahren Anspruch. Mein Chef bekam Wind von meiner misslichen Lage und bot mir generös seine Hilfe an. Ich konnte nicht nein sagen und hatte drei Tage später von einem seiner Freunde, dem »Minister für Handel und Versorgung«, eine sogenannte Freigabebescheinigung. Nämliches, mir bis dahin unbekannte Papier, sollte den sofortigen Erwerb eines traumhaften Neuwagens, vorbei an allen Warteregeln, ermöglichen.

Am nächsten Nachmittag fuhr ich, den Bescheid in der Tasche, zu dem damals einzigen Autohaus in Berlin/Ost nach Rummelsburg. In dem etwas miefigen Großraumbüro saß ich einem Mann gegenüber, dessen Aufgabe es war, den Vertragsabschluss abzuwickeln. Mit meinem ministerialen Schriftstück vor sich schienen bei dem Herrn sämtliche Einschränkungen für das Verkaufsgespräch verschwunden zu sein. Es kam die unverhoffte Frage: »Was soll es denn für einer sein?« Ich war völlig unvorbereitet und fragte: »Was gibt's denn?« Mit Seitenblick auf meinen Freigabeschein antwortete er: »Na, welchen sie wollen.« Die De Luxe-Variante – verchromte Stoßstangen und anderes unnützes Blendwerk – lehnte ich ab und entschied mich für einen Standardkombi 601. Dann ging es zur Farbwahl. Sage und schreibe vier standen zur Auswahl: Panamagrün, Gletscherblau, Delphingrau und Papyrusweiß. Ich tat so, als ob ich keine Ahnung hätte, wie diese Farben aussehen, dabei waren es die, die seit Jahrzehnten unser buntes Straßenbild gestalteten. Ich kannte sie sogar in allen Phasen der abnehmenden Leuchtkraft. »Zeigen Sie mir doch bitte mal die Farbmuster«, wollte ich den Herrn hinterm Schreibtisch aus der Reserve locken. Natürlich gab es keine, wozu auch. Im nächsten Moment hielt er den Datumsstempel in der Hand, dessen Plastikgehäuse einem Panamagrün sehr nah kam. Delphingrau sah der vor ihm liegende Kugelschreiber aus, Gletscherblau ein Bucheinband, und Papyrusweiß könnte ich mir doch nun wirklich selbst vorstellen. Wir wurden uns schnell einig, Papyrusweiß sollte es sein, und den als Kombi, mehr wollte ich nicht. Der Rest unseres Gesprächs sollte mir vor Augen führen, dass dieses Auto extra für mich von fleißi-

1975

März
In Ost-Berlin unterzeichnen Österreich und die DDR einen Konsularvertrag, in dem Österreich als erstes westliches Land die Existenz einer eigenen DDR-Staatsbürgerschaft anerkennt.

April
Vertreter der DDR und der Essener Firma Krupp unterzeichnen eine Rahmenvereinbarung über wissenschaftlich-technische Zusammenarbeit.

April
Der später Oscar-nominierte DEFA-Film »Jakob der Lügner« nach Jurek Beckers Roman hat Premiere.

April
Die Festveranstaltung zum 150jährigen Bestehen des Börsenvereins des Deutschen Buchhandels findet in Leipzig ohne Vertreter der Bundesrepublik statt.

April
Die erste DDR-Baukolonne der Drushba-Trasse erreicht Tscherkassy in der Ukraine.

gen Autobauern in Zwickau hergestellt werden würde. In schon drei Wochen sollte ich das gute Stück in Empfang nehmen können.

Ich verließ das Büro und stellte mich sofort in die zehn Meter lange Reihe am Schalter für Neuwagenbestellungen. In Voraussicht auf die bevorstehenden fünfzehn Jahre mit meinem papyrusweißen Trabant, meinen Arbeitsfleiß und meine Sparsamkeit entschied ich mich schmunzelnd für einen Lada-Kombi, wohl wissend, dass diese Anmeldung, etwas abgelagert, auch gut für Tauschgeschäfte sein würde.

Die folgenden 21 Tage wollten einfach nicht vergehen. Dann kam der lang ersehnte Donnerstag. Natürlich brauchte ich an diesem Tag nicht zu arbeiten, denn allen war bewusst, dass man einen solchen Tag in seinem Leben höchstens zwei- oder dreimal erlebt. Mit meiner Freundin in der S-Bahn malten wir uns die schönsten Fahrrouten für die nächsten Wochen aus. Nur ein etwas beschwerlicher Fußweg war noch zu überwinden, und wir standen vor dem Olymp.

Es war Ausgabetag für Trabants. Um Gefühle des Neids zu vermeiden, wurden die einheimischen Wagen an unterschiedlichen Wochentagen ausgehändigt. So waren die glücklichen zukünftigen Wartburgfahrer an einem anderen Tag unter sich. Die Prozedur fand in einer großen Halle statt. Von einem Geschäftsraum mit einer zentralen, runden Kanzel war durch eine große Glaswand der Repräsentationsraum getrennt, in dem wie verloren wirkend fünf niegelnagelneue PKWs auf ihre Besitzer warteten. In der Rundkanzel führten sich drei junge Männer in blauen, geknöpften Nylonkitteln Göttern gleich auf. Nach unangemessener Wartezeit durfte man zum Ausdruck bringen, dass man seinen Wagen abholen wolle. In umständlichster Art wurden die letzten Formalitäten abgearbeitet. Wie an einer Landesgrenze wurde der Personalausweis kontrolliert. Die Wichtigtuerei rief eine kaum beherrschbare Aggressivität hervor. Meine Freundin verhinderte schlimmeres. Nun ging es zur Kasse. Da auch dort ein umfangreiches Prüfungsprogramm vorgesehen war, an dem man aber nicht teilnehmen musste, wurden wir ganz unerwartet in die Kantine gebeten. Wir aßen Rührei, tranken Kaffee und rauchten. Den Kaufbetrag von 14 200 Mark entrichtete ich anschließend als Scheck. Mehr als die Hälfte hatte ich mir von meinem Vater geborgt. Jetzt ging es endlich zum Auto. Das ausgewählte Modell, im gewünschten Farbton, stand vor uns und strömte den besonderen Neuwagengeruch aus.

Aber rein und los ging nicht. Erst mussten wir in einer halbstündigen Belehrung die bekannten Handgriffe für die Bedienung eines Trabants über uns ergehen lassen. Völlig erschöpft durften wir schließlich in Schrittgeschwindigkeit über den Kiesweg den Autoolymp verlassen. Die Tankfüllung, so hatte man uns instruiert, reiche bis zur zwei Kilometer entfernten Tankstelle.

Ein halbes Jahr später, nach den Wirren der Wende, schien das Auto nichts mehr wert zu sein. Ich verschenkte es an Freunde in Mecklenburg. Doch mehr als 10 Jahre lang telefonierte ich einmal jährlich mit einem großen Versicherungskonzern, der immer wieder heimlich, still und leise die Kaskoversicherung für den Trabant von meinem Konto abbuchte. ■

April
2000 Bauschaffende nehmen an der 6. Baukonferenz des ZK der SED teil. Schlusswort Erich Honeckers: »Unsere ganze Politik dient dem Wohle der Arbeiterklasse und aller Werktätigen.«

Juni
Egon Günthers Verfilmung des Thomas-Mann-Romans »Lotte in Weimar« mit Lilli Plamer, Martin Hellberg, Jutta Hoffmann und Rolf Ludwig läuft an.

April
Die DDR unterzeichnet ein Rahmenabkommen mit der Hoechst AG, das die Lieferung von drei schlüsselfertigen Chemiewerken bis 1979 vorsieht.

Mai
Als erste Westbanken dürfen Crèdit Lyonnais, Sociètè Gènèrale sowie Banco Commerciale Italiana in Berlin eine Dependance einrichten.

Mai
Die erste Müllverbrennungsanlage der DDR nimmt in Berlin-Lichtenberg den Betrieb auf.

1975

Juni
Die Volkskammer verabschiedet das Zivilgesetzbuch. Außerdem werden das Denkmalpflegegesetz und das »Gesetz über die Bearbeitung von Eingaben der Bürger« erlassen.

Juli/August
Während der Abschlussphase der KSZE kommen Erich Honecker und Bundeskanzler Helmut Schmidt erstmals zu Gesprächen zusammen.

August
Das größte Fährschiff der DDR, »Mukran«, läuft vom Stapel.

September
Die Einwohnerzahl Jenas erreicht die 100 000-Grenze, womit Jena zur 14. Großstadt der DDR wird.

In jenem Moment, da ich aus meinem kleinen Radio die Nachricht vom faschistischen Putsch in Chile hörte, es war der späte Vormittag des 11. September 1973, saß ich an meinem Schreibtisch über einem Manuskript, das ich gerade zum Druck im Aufbau-Verlag vorbereitete.

10 Jahre später sahen mein Freund Victor, der als Kunststudent in einer Wandmaler-Brigade in Santiago alles mitangesehen und sich bis nach Berlin gerettet hatte, und ich den US-amerikanischen Film »Missing« mit Jack Lemmon. Es gibt dort eine Szene, die zeigt, wie dessen Sohn im Film mit gespreizten Beinen, die Handflächen der ausgebreiteten Arme an die Wand gestützt, auf sein Verhör wartet.

Unser damals noch nicht vierzehnjähriger Sohn hatte sich einen »Iro« geschnitten, eine sogenannte Punkfrisur, die war von dem einst heroisch gegen die Yankees kämpfenden Indianerstamm der Irokesen abgeguckt. Seine Mitschüler fanden das »geil« oder vielleicht auch »cool«, manch braver Bürger älteren Jahrgangs war empört, unsere, der Eltern, Begeisterung hielt sich in Grenzen, irgendwie fanden wir's aber auch lustig und vielleicht sogar ein wenig mutig in einer Art, zu der wir kaum fähig wären.

An einem schönen Sonntagnachmittag des Jahres 1983 ging er mit seinen Freunden in den Kulturpark, um dort als harmloser Bürger- »

Schostakowitschs Walzer

September
Die Klaus Renft Combo wird verboten.

September
Die DDR bricht für anderthalb Jahre ihre diplomatischen Beziehungen zu Spanien ab, weil dort Todesurteile gegen Regimekritiker erlassen wurden.

Oktober
In den Berliner Kammerspielen hat Peter Hacks' »Jahrmarktsfest zu Plundersweilern« mit Eberhard Esche, Cox Habbema und Dieter Franke Premiere.

September
Bei den 3. Tagen des sozialistischen Films im Bezirk Karl-Marx-Stadt wird der sowjetische Spielfilm »Kalina Krasnaja« von und mit Wassili Schukschin erstmals in der DDR gezeigt.

Oktober
Erich Honecker in Moskau. Der zweite »Vertrag über Freundschaft, Zusammenarbeit und gegenseitigen Beistand« mit der Sowjetunion wird unterzeichnet.

» schreck ein wenig aufzufallen. Unsere Volkspolizei fand den Auftritt der Jungens gar nicht lustig, sie fing sie allesamt weg. In Fontanes »Eierhäuschen« am Rande des Vergnügungsparks wurden sie nebeneinander in einem Flur aufgestellt. Nach vier Stunden, der Junge war längst überfällig, und wir begannen uns Sorgen zu machen, wurde ich angerufen und durfte ihn mir abholen. Hinter einer Gasse aus an kurzer Leine angebundenen scharfen Hunden, fand ich ihn stehend wie jenen ein wenig älteren Jungen in diesem Film. Nur äußerlich glich das eine Bild dem anderen, das wusste ich natürlich, aber: die Bilder glichen sich.

In den achtziger Jahren scherten immer mehr Jugendliche aus den vorgezeichneten Bahnen aus. Sie wollten nicht mehr die »Hausherren von Morgen« oder »die Kampfreserve der Partei« sein.

Als wir uns zu Hause einigermaßen beruhigt hatten, schrieb ich einen Brief an den Berliner Polizeipräsidenten, dieser Brief war in der Schilderung der Fakten sachlich, ein gewisser Sarkasmus brachte unsere tiefe Verletzung zum Ausdruck – nicht so sehr als private Personen, vor allem als Bürger mit sozialistischer Gesinnung in jenem Staat, der der unsere war.

Eine Antwort bekam ich nicht, wurde aber zu einem Gespräch in die Berliner Bezirksleitung bestellt. Der Erste Sekretär hieß Konrad Naumann. Den würde bald eine härtere Parteistrafe ereilen als mich. Ich landete vor drei Mitgliedern der Bezirksparteikontrollkommission. Der Chef schien ein ganz vernünftiger Mann, der sichtlich nicht zum erstenmal mit so etwas zu tun hatte. Das weibliche Mitglied brachte Abscheu gegenüber dem Haarschnitt der Jungens zum Ausdruck. Der Ton meines Briefes gegenüber dem Genossen Polizeipräsidenten wurde gerügt.

Einige Wochen später fand eine außerordentliche Versammlung der Grundorganisation der SED in meinem Verlag statt. Ich hatte zwei Möglichkeiten: 1. Selbstkritik, strenge Rüge, Erhalt der Arbeitsstelle. 2. Keine Einsicht, Parteiausschluss, Verlust der Arbeitsstelle. Ich besprach mich mit einigen meiner Genossen, las den Bibelspruch »Wen Gott liebt, den züchtigt er« (so gewann ich meine innere Ironie zurück), übte das Zukreuzekriechen und wählte Variante eins. Ich sah meinen politischen Fehler ein und meine Genossinnen und Genossen nahmen wohlwollend zur Kenntnis, dass ich meinen Fehler einsah. In der Versammlung redete jeder so wie er musste, mache redeten auch wie sie wollten. Eine Genossin sagte zu mir unter vier Augen: »Mach dir nichts draus, wir sind längst in einer anderen Partei.« Fünf gesunde Männer ließen sich als krank entschuldigen. Zwei fanden in der Diskussion meinen Brief richtig. Die Abstimmung war knapp, aber in der gewünschten Ordnung. Ich erhielt die von der Bezirksleitung vorher festgelegte strenge Rüge.

Auf der Heimfahrt hörte ich, um mich innerlich zu beruhigen, Schostakowitschs Walzer Nr. 2 aus dem Jahre 1938, komponiert in einem der schwersten Jahre in der Sowjetunion, abgesehen vom Großen Vaterländischen Krieg.

Später, auf dem für den Polizeieinsatz zuständigen Revier, sagte der Dienststellenleiter in einem angeordneten Gespräch: »Wir hätten auch eine Hundertschaft Bereitschaftspolizei in den Kulturpark schicken können.«

Dann musste ich zur Kreisleitung der SED Berlin Mitte. Meine Selbstkritik war angenommen und die strenge Rüge bestätigt worden. Ich war zu 15.18 Uhr hinbestellt. Der nächste kam 15.21 Uhr an die Reihe. Der Stapel, von dem die Genossin mein Papier nahm, hatte eine Höhe von ungefähr zwanzig Zentimetern.

Mein Sohn ist jetzt fast vierzig, aus seiner Punkzeit gibt es nur noch ein paar Fotos. Er hat eine brasilianische Freundin. Sie erwarten ein Kind.

Ich sitze an meinem Schreibtisch, höre Nachrichten über einen anderen faschistischen Putsch, diesmal in Honduras. »Orplid, mein Land, das ferne leuchtet« ist wieder zu einer papierenen Utopie geworden.

Ich kann mich nicht freuen. Ich kann nicht wütend sein. Ich bin nur traurig. ■

1975

7. Oktober
Der Gründungstag der DDR wird Nationalfeiertag.

Oktober
Unter dem Motto »Gleichberechtigung, Entwicklung, Frieden« richtet die DDR im »Internationalen Jahr der Frau« den Frauen-Weltkongress mit 2000 Teilnehmern aus 135 Ländern aus.

Oktober
Uraufführung von Heiner Müllers »Die Schlacht« an der Berliner Volksbühne.

Oktober
Der Ministerrat stiftet als staatliche Auszeichnung den Titel »Held der Deutschen Demokratischen Republik«.

November
Monika Hauff und Klaus Dieter Henkler erhalten beim Internationalen Chansonwettbewerb in Paris den »Grand Prix de Paris«.

Dezember
Die RGW-Staaten beschließen in Budapest ein Langzeitprogramm über den Ausbau des Straßennetzes. Die Autobahnen Berlin-Warschau-Moskau und Rostock-Berlin-Prag-Budapest-Bukarest sollen gebaut werden.

Dezember
Der Korrespondent des Nachrichtenmagazins »Der Spiegel« in Ost-Berlin, Jörg Mettke, wird wegen grober Verleumdung aus der DDR ausgewiesen. Er hatte in einem Artikel über »Zwangsadoption« von Kindern berichtet, deren Eltern in den Westen geflüchtet waren.

November
Bei den Festtagen der DDR-Dramatik in der Sowjetunion stellen 120 Theater Inszenierungen vor.

Dezember
Günter Guillaume wird in Düsseldorf wegen Spionage für die DDR zu 13 Jahren Haft verurteilt.

Dezember
Zwischen der BRD und der DDR kommt es zu einer Vereinbarung über die Verbesserung im Berlin-Verkehr.

Blumen für die Frauen

Den Frauentag am 8. März lass ich mir nicht nehmen. Und schon gar nicht mein Frau-Sein, wie ich es in der DDR erlebt habe. Es kam mir dort schöner und leichter vor als jetzt, weil ich mehr Rechte hatte, kameradschaftliche Kollegen, weil es keinen Konkurrenzkampf gab und keine Existenzangst. Am Frauentag malte mein kleiner Sohn im Kindergarten ein Bild von mir. Man konnte sogar erkennen, dass ich weiblich bin. Und mein Geliebter schrieb für mich eine Erzählung, die eine Liebeserklärung war. Diese beiden Männer waren für mich natürlich die

1976

Januar
Ehrung der Akademie der Künste zum 200. Geburtstag von E.T.A. Hoffmann. Laudator ist Franz Fühmann.

Januar
Als Menschenhändler wird Rainer Schubert aus West-Berlin zu 15 Jahren Haft verurteilt.

Februar
In Reaktion auf die Ankündigung der französischen Kommunistischen Partei, den Begriff »Diktatur des Proletariats« aus dem Programm zu streichen, betont die DDR: »Wir sprechen von unserem Staat als einer Form der Diktatur des Proletariats. Die Arbeiterklasse kann die sozialistische Ordnung nicht schaffen, wenn sie nicht die Macht dazu hat.«

Februar
Olympische Winterspiele in Innsbruck. Medaillenbilanz: siebenmal Gold, fünfmal Silber, siebenmal Bronze.

März
Auf der Leipziger Messe ist nach der DDR die Bundesrepublik, nicht mehr die Sowjetunion, größter Aussteller.

wichtigsten Menschen. Aber auch die Kollegen ließen sich zum Frauentag etwas einfallen. Als ich noch in meinem Berliner Verlag Volk und Welt in der Glinkastraße arbeitete, feierten wir den Frauentag immer im kleinsten Zimmerchen im fünften Stock unterm Dach. Dort war es am gemütlichsten. Das Kabuff lag direkt neben der Abstellkammer, in der der Kühlschrank stand. Die Männer hatten also einen kurzen Weg zum kaltgestellten Sekt. Denn am meisten freuten sie sich auf den Frauentag. Nach der offiziellen Verlagsfeier im Saal konnten sie endlich im Kabuff den Rotkäppchensekt einschenken. Am frühen Morgen noch, wenn wir alle zur Arbeit erschienen – an diesem Tag blieb in Erwartung der lustigen Feier keiner zu Hause –, hatten uns die Kollegen mit einem etwas müden »Herzlichen Glückwunsch zum Internationalen Frauentag« begrüßt. Aber jetzt waren sie in Hochform und gaben alle möglichen Geschichten zum Besten (manche hatten wir allerdings schon im Vorjahr gehört). Ja, es kam unter den Männern zu einem richtigen Sängerwettstreit. Jeder wollte der originellste und witzigste sein. Wir Frauen fühlten uns wie die schöne Helena, die dem besten der Männer den Apfel reicht. Und wussten, dass die Männer uns liebten und achteten und uns als gleichberechtigte Kollegen betrachteten.

Die heutige militante Emanzipationsbewegung empfinde ich als einen Rückschritt, aber auch verständlich in dieser männerbetonten, kinderfeindlichen und frauenfeindlichen Gesellschaft. Die gleichzeitig auch wieder männerfeindlich ist. Denn ohne Emanzipation auch der Männer und ohne ein Miteinander wird es nie eine Emanzipation der Frauen geben, denke ich. Aber das ist ein weites Feld.

Schade, daß es jetzt keine Kollegen mehr gibt, mit denen ich den Frauentag feiern könnte. Der Verlag Volk und Welt ist untergegangen. Aber jedesmal am 8. März denke ich mit Wehmut an unsere Frauentagsfeiern im Verlag, und ich rufe meine Freundinnen an und wir beglückwünschen uns gegenseitig, nur nicht mehr so fröhlich und unbeschwert. Wenn ich den jungen Frauen in meinem Haus zum Frauentag gratuliere, lächeln sie milde und sagen: »Wir feiern den Muttertag.«

Der war uns DDR-Frauen suspekt. Mit seinen Ursprüngen in den USA als Mütter-Friedens-Initiative hätte es sich leben lassen, dass es in Deutschland in den zwanziger Jahren die Innung der Blumenhändler war, die diesen Tag im Geschäftsinteresse popularisierte, hätten wir vielleicht ignorieren können, nicht aber Mutterkult und Idee der germanischen Herrenrasse, die im Dritten Reich an diesem Tag zelebriert wurden. Wir feierten – wenn man so will: staatlich verordnet, und wenn man nicht so will: mit

einem neuen Selbstverständnis – den Frauentag. Der ging auf den Streik der Arbeiter- und Soldatenfrauen am 8. März 1917 in Petersburg zurückging und war von der Deutschen Clara Zetkin und der Russin Alexandra Kollontai für den Internationalen Frauentag vorgeschlagen worden. In Russland ist am 8. März jetzt offiziell der »Tag des Frühlings«. Aber in vielen Familien wird der Frauentag noch gefeiert, vor allem von den Männern. ■

März
Regierungsabkommen zwischen der DDR und der BRD zum Post- und Fernmeldewesen.

März
Uraufführung von Peter Hacks´ »Ein Gespräch im Hause Stein über den abwesenden Herrn von Goethe« im Staatsschauspiel Dresden.

April
Der Internationale Jugendcampingplatz am Leipziger Auensee wird übergeben.

April
Der Palast der Republik wird für die Öffentlichkeit zugänglich; auch Eröffnung des Theaters im Palast mit der Polit-Revue »Salut an alle – Marx« und der Galerie mit 16 Gemälden u. a. von Tübke, Mattheuer, Womacka, Paris im Hauptfoyer.

Mai
DEFA-Filmpremiere »Das Licht auf dem Galgen« nach einer Erzählung von Anna Seghers.

Die Regeln für den Urlaub

Meine Mutter war eines von 9 324 390 FDGB-Mitgliedern. Das waren 8,5 Millionen Werktätige und einige Rentner, die sich um die FDGB-Ferienplätze bemühten, von denen es nie ausreichend gab. Meiner Mutter war das nicht so wichtig, sie hat ihre Arbeit sehr geliebt. Wir Kinder waren in Schule, Hort, Kindergarten, AG Leichtathletik, in den Ferien im Ferienlager, bei den Großeltern, den Ferienspielen und in jedem Falle auf der Straße und den Spielplätzen gut aufgehoben.

Die Wochenenden reichten meinen Eltern allemal, uns die wichtigsten Orte der Republik zu zeigen – die war ja nicht so groß. Das Museum für Meereskunde in Stralsund, das Kyffhäuser-Denkmal, den Zwinger in Dresden, wir reisten mit der Bahn fast jedes Wochenende woanders hin.

Nach zehn Jahren fiel auch der Betriebsleitung auf, dass meine Mutter nie mit dem FDGB Urlaub machte, und während andere Familien sich um die FDGB-Plätze stritten, hatte sich meine Mutter noch nicht einmal beworben. Ein Kompromiss wurde gefunden. Wir erhielten einen der heißbegehrten Plätze im FDGB-Heim Binz, direkt am Strand, allerdings im Winter.

1976

Mai
Der IX. Parteitag der SED findet im Palast der Republik statt, ein neues Programm und ein neues Parteistatut werden angenommen. Das Wohnungsbauprogramm wird zum Kernstück der Sozialpolitik erklärt.

Mai
Beschluss des ZK und FDGB über die »Weitere planmäßige Verbesserung der Arbeits- und Lebensbedingungen der Werktätigen«. 42-Stunden-Woche für Schichtarbeiter, 43 ¾ für alle anderen.

Mai
Heiner Müllers 1961 verbotenes Stück »Die Umsiedlerin« wird unter dem Titel »Die Bauern« an der Berliner Volksbühne aufgeführt, Regie: Fritz Marquardt.

Mai
Eröffnung der Ausstellung »Junge Künstler der DDR 1976«.

Die erste Verwirrung stifteten wir, als wir nicht als Familie anreisten, sondern meine Mutter – mein Vater war verhindert – die Tochter einer Freundin mitbrachte, die uns Kinder manchmal betreute. Bei der Führung durch das Heim wurden wir darauf hingewiesen, dass man abends gemeinsam die Aktuelle Kamera im Aufenthaltsraum ansehen würde. Meine Mutter, gern bereit, die neue Urlaubserfahrung voll auszuschöpfen, fragte, wann die denn käme. Dass das witzig war, habe ich erst viel später verstanden.

Es war ein kalter Winter, und die Ostsee war an den Ecken und Kanten zugefroren. Die Heimleitung sorgte für ein umfangreiches Programm: Diaabende, verschiedene Spieleabende und -wettbewerbe, zweimal Disko und natürlich Urlaubersport.

Mir war das alles sehr vertraut, ich kannte das vom Ferienlager, und so war ich nicht beunruhigt, als meine Mutter nach drei Tagen sagte, sie habe etwas in Berlin zu erledigen, und weil hier für alles und jeden gesorgt sei und wir sogar die 14-jährige Anna dabei hatten, würde sie übermorgen wiederkommen – »gerade recht zum Romméwettbewerb, Mutti, da kannst du mich anfeuern.«

Das Verschwinden meiner Mutter blieb nicht unbemerkt. Die Putzfrauen, die uns jetzt im Bett vorfanden, wenn wir längst beim Frühstück oder an der »guten Luft« sein sollten, meldeten den Vorfall bei der Heimleitung. Leider blieb auch das »Wiederauftauchen« meiner Mutter am Romméabend nicht unbemerkt.

Meine Konkurrenten beim Kartenspiel waren alle etwas älter als meine Großeltern. Mit dem Ehrgeiz einer Zehnjährigen schaltete ich einen Senior nach dem anderen aus und wurde nach vielen Stunden nur Dritter, weil mein Kopf ab 1 Uhr nachts mehrmals vor Müdigkeit auf dem Tisch aufschlug. Meine Eltern (mein Vater war an- und Anna abgereist) spielten am Nebentisch vor lauter Langeweile Ass-Kloppen, ein Kartenspiel, das keinerlei Strategie, Kenntnisse oder Verstand voraussetzt; es wurde laut, lustig und trunken am Nebentisch.

Missbilligende Blicke trafen meine Eltern, es gab eine Beschwerde, die vorsah, die letzten zehn Romméspiele zu wiederholen, wegen ungebührlicher Ablenkung, doch auch der Heimleiter hatte genug und verteilte die Preise. Mit jungen Mitspielern hatte man nicht gerechnet, mit einem jungen Gewinner erst recht nicht. Der erste Preis war Sekt, der zweite Rotwein und der dritte – ich hatte eine Flasche Weißwein gewonnen, was meine Eltern mit Freude begrüßten.

Das Ganze hatte natürlich ein Nachspiel. Wieder in Berlin wurde meine Mutter zur Betriebsleitung gerufen, um sich zu rechtfertigen – für das Zimmer, das aussah, als habe eine Bombe eingeschlagen, für die Vernachlässigung ihrer Kinder und für ihr Desinteresse am politischen Weltgeschehen.

Es dauerte etwa drei Jahre, dann befand die Betriebsleitung erneut, dass meine Mutter – auch ohne einen Antrag gestellt zu haben – als Mutter von drei Kindern, Mitglied der Gewerkschaft und eines »Kollektivs der sozialistischen Arbeit« einen FDGB-Urlaubsplatz verdient habe. ■

Urlaub im FDGB-Heim oder Betriebsferienheim mit geregelten Essenszeiten und organisiertem Gemeinschaftsleben war nicht jedermanns Sache und trotzdem beliebt, nicht zuletzt, weil er preiswert war. Nur rund ein Drittel der tatsächlichen Kosten trug der Urlauber selber. Die vom FDGB beispielsweise im Jahr 1956 vermittelten 600 000 Urlaubsreisen erforderten Subventionen von 33 Millionen Mark.

Juni
In Ost-Berlin treffen sich 29 Delegationen von kommunistischen und Arbeiterparteien Europas.

Juli
Die Mindestlöhne in der DDR werden von 350 auf 400 DM erhöht.

Juli
Bei der 1000-Jahrfeier von Altenburg werden über hundert Jugendliche wegen angeblicher Randale festgenommen.

Juli / August
XXI. Olympische Sommerspiele in Montreal. Die DDR-Fußballelf holt Gold, ebenso Waldemar Cierpinski im Marathon. Die DDR gewinnt insgesamt 40 Goldmedaillen.

August
DEFA-Filmpremiere »Die Leiden des jungen Werthers« mit Katharina Thalbach.

September
Als erster hochrangiger Politiker der DDR trifft Außenminister Oskar Fischer in Großbritannien zu einem offiziellen Besuch ein.

1976

September
Während des Fluges von »Sojus 22« machen die Kosmonauten mit der Multispektralkamera MKF 6 Fotos von der Erdoberfläche. Die MKF 6 ist bei Carl Zeiss in Jena konstruiert worden.

September
Die DEFA-Komödie »Nelken in Aspik« mit Armin Mueller-Stahl und Eberhard Cohrs hat Premiere.

September
Der Lessing-Preis wird an Hermann Kähler und Heiner Müller verliehen.

September
Am 1. Puppentheaterfestival in Magdeburg nehmen 350 Puppenspieler aus der DDR, der UdSSR, Bulgarien und Polen teil.

Oktober
Angelica Domröse und Hilmar Thate erhalten den Nationalpreis der DDR.

Oktober
Abkommen über kulturelle Zusammenarbeit zwischen Dänemark und der DDR.

Oktober
Horst Sindermann, bisher Vorsitzender des Ministerrates, wird zum Präsidenten der Volkskammer, Erich Honecker zum Vorsitzenden des Staatsrates und des Verteidigungsrates und Willi Stoph zum Vorsitzenden des Ministerrates gewählt.

Oktober
DEFA-Filmpremiere »Beethoven – Tage aus meinem Leben« nach einer Vorlage von Günter Kunert.

November
Für den Export von Getreide aus den USA dürfen DDR-Schiffe erstmals in US-Häfen einlaufen.

November
Erstmals verkehrt der Städteexpress Gera-Leipzig-Berlin.

Endlich schneefrei!

Die nordischen Skiweltmeisterschaften 1954 hatten im schwedischen Falun stattgefunden, und von der DDR redete niemand, wenn man von der Karikatur absah, die viele amüsierte: Kampfrichter hatten in heraufziehender schwedischer Nacht ein Lagerfeuer entzündet und ein einsamer Skiläufer, der vorüberkam, fragte sie: »Was macht ihr so spät noch hier?« Worauf er die Antwort erhielt: »Wir warten auf die ostdeutsche Frauenstaffel!«

Einer der Skispringer knüpfte sogar die Startnummer vom Dress und bettelte den Trainer, dass der für ihn hinunterspringen möge. Betrübt packte die Mannschaft hinterher ihre Sachen und stieg in den Zug, der sie zur Fähre brachte, die Kurs auf das heimische Sassnitz nahm. Es waren bitterkalte Tage, ich saß damals in dem Schlafwagen, den man der Mannschaft nach Sassnitz entgegengeschickt hatte. Ich saß dort, weil meine Zeitung nicht die Schwedenkronen in der Kasse hatte, die die Reise nach Falun gekostet hätte, und verbrachte den Tag mit einem Original von Schlafwagenschaffner, der Stunden erzählen konnte, welchen Berühmtheiten er schon die Betten gemacht hatte. Aber dann entdeckte er plötzlich, dass die Kohlen, mit denen der Schlafwagen beheizt wurde, knapp wurden. Woher nimmt man im Hafen von Sassnitz Heizkohlen? Ich machte mich auf den Weg, aber niemand wusste Rat, bis mir jemand den Tipp gab, im Fischereikombinat nachzufragen. Dort klagte man, dass die Kohlen knapp seien, weil der Winter so hart war. Wer das heute liest, mag denken, was er will, wenn ich ihm eröffne, dass der Parteisekretär meine letzte Hoffnung war. Und der half dann auch. Drei Eimer spendierte er, und als die Fähre statt am Nachmittag gegen Mitternacht endlich festmachte, freuten sich alle über die warmen Kabinen.

Es ging geradewegs zu den Meisterschaften nach Oberhof, und da blieb genug Zeit für interessante Gespräche. Ich saß auf einer Bettkante neben Hans Renner, dem legendären Trainer unserer Springer. Wir waren gute Freunde. Ich fragte ihn nach seinem Kommentar zu den Weltmeisterschaften, und der war knapp, aber unmissverständlich: »Da wir kein Geld haben, Monate in Schweden oder Finnland zu trainieren, müssen wir zu Hause trainieren, und da wir zu Hause zu selten Schnee haben, brauchen wir Schneeersatz.« Ich hielt das für einen Scherz, aber es war sein voller Ernst.

Die Geschichte der Suche nach Schneeersatz ist lang, seit Jahrzehnten wurden Versuche gemacht, die winzigen Kristalle durch andere Stoffe mit ähnlichen Eigenschaften zu ersetzen. Nimmt man sich die Zeit, einen Blick in die Historie derartiger Versuche zu werfen, müsste man bis ins Jahr 1845 zurückblättern, wobei damals und später vor allem Sensationen in Zirkuszelten gefragt waren oder die Jagd nach »Rekorden«. 1938 zum Beispiel stand im Berliner Grunewald eine Schanze, die mit Stroh belegt war. 22 Meter wurden für den Besten gemessen.

1976

November
Während einer Tournee des Liedermachers Wolf Biermann durch die Bundesrepublik beschließt das Politbüro der DDR dessen Ausbürgerung.

November
Petition von Künstlern und Intellektuellen gegen die Biermann-Ausbürgerung.

November
Robert Havemann wird unter Hausarrest gestellt.

November
In Dessau wird die Rekonstruktion des Bauhauses nach den von Walter Gropius 1925 entworfenen Plänen abgeschlossen.

Dezember
Der Sowjetdissident Wladimir Bukowski wird gegen den chilenischen KP-Sekretär Luis Corvalán ausgetauscht.

Mattenspringen auf der Skisprungschanze in Oberhof, 1969. Nach dem Erfinder der Skisprung-Matten, Hans Renner, heißt heute in Oberhof eine Sprungschanze. Sie galt weltweit als größte Anlage für das Mattenspringen bis zum Bau der Vogtlandarena in Klingenthal.

Renner wollte den in unseren Breiten zu kurzen Winter verlängern. Und so grübelte er, wie die Natur zu überlisten sei. Er hatte viele Ideen, aber keine erwies sich als die Lösung. Eines Tages versuchte er es mit Platten aus dem Plastikkunststoff PVC, aber auch die boten zu wenig Gleitfähigkeit. Wütend warf er sie vor die Tür in seinen Garten. Am nächsten Morgen waren sie vom frischen Tau feucht, oder vielleicht hatte es auch ein wenig geregnet. Renner probte – und hatte die Lösung gefunden! Die stumpfe Oberfläche wies nun genau die Eigenschaften auf, die man suchte.

In der DDR stritt niemand mit ihm über ein Patent, versuchte kein Unternehmer, damit ein Geschäft zu machen. Er setzte sich in einem volkseigenen Betrieb mit den Wissenschaftlern an einen Tisch, und die rieten, die Platten in Streifen zu schneiden und die zu Matten zu bündeln. Die Skier glitten, die Matten federten. Und woher das Geld nehmen, um das Projekt in Gang zu bringen? Die zuständige Instanz bewilligte 40 000 DM als erste Rate. Man begann zu arbeiten.

Am 26. September 1955 ging die Nachricht um die Welt, dass die Skispringer der DDR »schneefrei« waren! Der Star der bundesdeutschen Springer, Sepp Weiler, kam aus Oberstdorf nach Oberhof, erlebte die Premiere, gratulierte Renner und gestand: »Jetzt seid ihr uns um Meilen voraus.« Und er gratulierte auch Werner Lesser aus Brotterode. Der hatte den ersten Matten-Sprunglauf der Welt gewonnen, mit einer Weite von 42 Metern.

Es dauerte nicht so lange, bis die Schweden die ersten Matten in der DDR bestellten … ■

Dezember
Beschluss des Fünfjahrplanes 1976–80.

Dezember
Das »Neue Deutschland« berichtet über die Regierungserklärung von Bundeskanzler Schmidt vom 15.12. Im Widerspruch zu abgeschlossenen Verträgen wären Positionen der Souveränitat der DDR zurückgenommen worden.

Dezember
Der ARD-Fernsehkorrespondent Lothar Loewe wird aus der DDR wegen Diffamierung ausgewiesen, man schieße »auf Menschen wie auf Hasen«.

Dezember
»Ferien ohne Ende« – der erste Maxe-Baumann-Schwank wird ausgestrahlt. Bis 1982 läuft immer zu Silvester eine neue Folge.

Dezember
Im Weihnachtsprogramm laufen erneut Folgen des Mehrteilers »Das unsichtbare Visier«.

Don Camillo und Peppone

Als der Landfilm vor Jahrzehnten die mehrteilige italienische Filmkomödie über den Priester Don Camillo und den kommunistischen Bürgermeister Peppone in die mecklenburgische Landgemeinde Ducherow brachte, da hieß der Pastor fortan »Don Camillo« und sein Küster wurde nur noch »Peppone« gerufen, denn er war mindestens so links wie jener Filmheld.

Peppone hieß eigentlich Fritz Fanselow, war 65 und Kassierer bei der Dorfgruppe der Einheitspartei, die das Volk auf die lichten Höhen des Kommunismus führen wollte. Das war vorerst im Dorfparlament der Kampf um eine Wasserleitung, um die Anwerbung einer Gemeindeschwester und die Umwandlung des Gutshauses in ein Altenheim.

Natürlich barg die Doppelfunktion Peppones als Küster der Kirche und Kassierer der Gottlosen ein gewisses Konfliktpotential. Wenn Peppone zu den Seinen ging, wurde er gehänselt: »Wie kann man sonntags zum Gottesdienst rufen und montags zum Parteilehrjahr?« Aber Peppone antwortete dann: »In unserem Himmel ist Platz für alle Gutwilligen.«

Und wenn der Pastor gefragt wurde, ob es nicht störe, wenn Peppone in der Kirche die »Internationale« pfeife, dann antwortete er: »Ach, wenn er nur die Töne besser träfe. Aber so bringt er mir oft das ganze Geläut durcheinander. Doch er ist ein guter Kerl, durch den ich auch erfahre, wo die Glocken der Neuzeit hängen, denn seine Leute regieren ja auf einem Drittel der Erde!«

Als es dennoch eines Tages kurz vor Ostern zum Bruch zwischen Don Camillo und Peppone kam, glaubten alle im Dorf, dass der Marxismus oder Leninismus schuld seien. Tatsächlich war es aber der Rheumatismus. Der Pastor hatte Peppone gerade gebeten, zu Ostern etwas länger zu läuten, da brach es aus dem krummgebeugten Küster heraus: »Erschtens isses im Turm bannig kalt. Zweetens kann ich mit meine zwee Pfoten nich drei Glockenseile festhalten. Und drittens sollte sich die Kirche ihre Bimmelei endlich elektrifizieren lassen.«

Doch dann goss ihm der Pastor einen heißen Tee ein und erklärte geduldig, warum Ostern das Hauptfest der ganzen Christenheit sei und warum das Geld nicht reiche für ein automatisiertes Geläut. Und Peppone nickte am Ende verständig und stieg wieder in den Turm. Don Camillo rief ihm noch nach: »Bemühen Sie sich bitte um einen Dreiklang, Fanselow!«

Worauf Peppone die Bibel zitierte: »Der Jeist is willig, aber dat Fleisch is schwach!«

Doch Not macht erfinderisch: Peppone machte am unteren Ende des armdicken Seils der Bassglocke einen Knoten, den er mit seinen Beinen umklammern konnte. Dann griff er das zweite Seil und begann mit den Knien zu wippen. So schwang er sich dann auch an das dritte Seil heran. Doch als er danach greifen wollte, schlug sein Kopf an einen Balken des Fachwerkes. Der Küster sah nur noch Sterne tanzen und ließ alle Seile fahren, was ihn auf die Bretter der Turmuhr warf.

Als nun von unten die Stimme des Pastors rief: »Dreiklang, Fanselow, Dreiklang!«, da rief Peppone mit letzter Kraft zurück, was Goethe seinen Götz von Berlichingen sagen ließ. Und das gehört nun wirklich nicht in die Kirche.

Der Pastor musste dann alle Gottesdienste um Ostern alleine einläuten. So stand er dann anschließend schweißtriefend auf der Kanzel. Und – was sein Bischof nie erfahren darf! – er war den Genossen Peppones am Ostermontag besonders dankbar, weil die diesen zwei-

1977

Januar
Ausländer und Staatenlose benötigen ab sofort zur Einreise von West- nach Ost-Berlin ein Visum.

Januar
Ein neues Arzneibuch löst das erste von 1964 ab. Die siebenbändige Ausgabe regelt u. a. die Qualitätsvorschriften für die Fertigung aller Arzneimittel.

Januar
Erster Spatenstich für den Neubau des Gewandhauses in Leipzig.

Januar
Nach einer Rekonstruktion wird das Große Haus des Volkstheaters Rostock wiedereröffnet.

Februar
Der DEFA-Kinderfilm »Der kleine Zauberer und die große Fünf« nach dem Buch von Uwe Kant hat Premiere.

ten Feiertag zugunsten der Fünf-Tage-Woche gestrichen hatten, ohne dass sich alle Himmel verfinsterten.

Allerdings wurde die DDR später mit der Höchststrafe belegt, nämlich mit ihrem Untergang. Doch das lag weder an Don Camillo noch an Peppone. Und der Landfilm hatte das – bei allen historischen Erfolgen – auch nicht verhindern können.

Um das Volk zur Kultur und die Kultur zum Volk zu bringen, entstand 1952 eine Zentralstelle für Landfilm. Die bildete Filmvorführer aus, verteilte Vorführgeräte, bestellte Kopien gängiger Filme, mietete 1800 Säle in den Dorfgasthäusern an oder stellte Zelte auf, für 2200 Vorführungen mit 190 000 Zuschauern, meist Jugendlichen, die damit Spaß und Erbauung hatten. Es gab auch »Filmfesttage« im Frühling oder Herbst. Manchmal kamen Schauspieler und Regisseure zur Diskussion. 1957 gab es in der DDR 316 Millionen Kinobesucher, davon 20 Prozent auf dem Lande. Mit der Verbreitung des Fernsehens ging die Zahl bis auf 80 Millionen zurück. Dabei kostete der Eintritt nur 1 Mark 10, für Kinder 25 Pfennig, bei Importfilmen mit Überlänge auch mal 2 Mark 10. Die Ausgaben für den Landfilm waren immer doppelt so hoch wie die Einnahmen. Aber das Lachen und Weinen im Kino waren die Zinsen. ■

Februar
Der DEFA-Film »Mama, ich lebe« von Konrad Wolf nach einem Buch von Wolfgang Kohlhaase kommt in die Kinos.

Februar
Erich Honecker bestätigt in einem Interview mit der »Saarbrücker Zeitung«, dass rund 10 000 DDR-Bürger Ausreiseanträge gestellt haben. Eine großzügigere Reiseregelung in das westliche Ausland könne es aber nur bei Anerkennung der DDR-Staatsbürgerschaft durch die Bundesregierung geben.

März
In Dresden findet erstmals eine erfolgreiche Lebertransplantation statt.

März
Mit einer Festwoche wird der 150. Todestag Ludwig van Beethovens begangen.

März
Das neue Theater in Karl-Marx-Stadt eröffnet.

Im Betrieb

E-de-ka«, sagte Kurt, »Ende der Karriere«. Das war das Letzte, was ich vernahm, als ich von der Bank rutschte. So war der dickbäuchige Kurt, ein Gemütsmensch mit Witz und Glatze, aber ohne Hals. Bei ihm reichte das Kinn hinunter bis zur Brust. Diesen Teil seines Körpers als Doppelkinn zu bezeichnen wäre geradezu schmeichelhaft gewesen. Kurt löste mich nach der Nachtschicht ab. Die endete morgens um fünf. Der Betrieb arbeitete im sogenannten Vier-Schicht-System, was die meisten Industriebetriebe taten, in denen kontinuierlich und rund um die Uhr etwas geschmolzen und gewalzt wurde. Die Öfen konnte man nicht einfach aus- und dann wieder anschalten. Das hatten die Kumpel in den Eisenhütten, Glashütten und Stahlwerken am 17. Juni 1953 begriffen, weshalb sie dafür sorgten, dass die Feuer nicht erloschen. Bei allem Unmut über die wirtschaftliche Lage: Noch tiefer wollten sie den Karren in den Dreck nicht fahren. Sie handelten als verantwortungsbewusste Eigentümer.

Das Vier-Schicht-System war dennoch absolut widernatürlich. Es degradierte uns zu Objekten, zum Appendix der Maschinen. Zwei Tage Frühschicht, zwei Tage Spätschicht, zwei Tage Nachtschicht, zwei Tage frei. Der Tag, an dessen Morgen die letzte Nachtschicht endete, war der erste freie. Ihn verbrachte man schlafend im Bett. Den zweiten konnte man auch nicht in vollen Zügen genießen, denn am darauffolgenden Morgen musste man bereits um 5 Uhr an der Maschine stehen. Hinzu kam: Die beiden arbeitsfreien Tage fielen selten bis nie aufs Wochenende. Wer eine Familie hatte, kannte sie kaum.

Ja, das Geld stimmte, aber gesund war es nicht. Da half auch der Liter Milch wenig, den wir zu jeder Schicht gratis erhielten. Milch als Prophylaxe für und gegen alles.

1977

April
Der DEFA-Kinderfilm »Trini« nach dem Buch von Ludwig Renn hat Premiere.

April
An der Berliner Volksbühne initiiert Klaus Lenz die erste Jazzbühne.

Mai
Der Ministerrat verabschiedet eine neue Straßenverkehrsordnung.

Mai
Grundsteinlegung für das Centrum-Warenhaus am Berliner Ostbahnhof.

Mai
Uraufführung von Franz Xaver Kroetz' »Agnes Bernauer« in Leipzig.

Meine Tätigkeit nannte sich »Beobachter«. Acht Stunden musste man durch ein kleines Guckfenster schauen, hinter dem rot glühend die Glasmasse waberte. Auf dieser schwamm eine 2 Meter lange Düse aus gebranntem Ton. Mit einer Metallplatte, die in den Schlitz einfuhr, zog man ein Glasband bis hinauf zur Abbruchbühne. Das Glasband bewegte sich, von knapp zwei Dutzend Walzenpaaren gezogen und dabei abgekühlt, fortan kontinuierlich über mehrere Meter hinauf. Bei einer bestimmten Höhe oberhalb der Bühne löste es einen Kontakt aus, der Glasschneider fuhr knapp über dem Boden automatisch über die Scheibe, der Abbrecher griff mit zwei Gummilappen die Glasscheibe am oberen Rand, zog sie zu sich heran und drückte gleichzeitig mit seinem lederbeschürzten Bauch dagegen. Es machte knack, er hielt die etwa 20 Kilo schwere Scheibe in der Hand, drehte sich mit ihr, warf sie auf den filzbelegten Zuschneidetisch, ratschte mit dem Glasschneiderwagen darüber, welcher die Platte in die eingestellten Maße – meist drei Windschutzscheiben – zerlegte. Die brach er und stellte sie auf Böcken ab. Inzwischen hatte das Glasband fast den Kontakt wieder erreicht. Ratsch, knack, wuff …

Acht Stunden am Stück.

Da brauchte man Muckis.

Der Beobachter hingegen brauchte Ausdauer und Härte. Das Glasband wurde mit zwei Bortenhaltern auf Breite gehalten. Denn zähfließendes Glas verhält sich wie Kaugummi: Wenn man zieht, wird er immer dünner, dann reißt er. Um den Abriss zu verhindern, gab es den Bortenhalter. Und den Beobachter. Denn wenn das Glasband seiner Neigung nachgab, den Rädchen der beiden Bortenhalter zu entkommen, musste der Beobachter diese nachführen, in das zähflüssige Band wieder einklinken und dieses ganz vorsichtig auf die normale Breite zurückführen. Riss jedoch das Band, musste es mit der Metallplatte neuerlich angefahren werden. Das kostete Zeit, der Verlust konnte in Meter und Mark ausgerechnet werden.

Da hockte ich also vor diesem winzigen Fenster, schwitzte bei Staub und über 40 Grad und starrte wie gebannt auf die rote Suppe und das Band, zu dem sie erstarrte. Man konnte nichts tun. Nur trinken und rauchen. In jener Nachtschicht verbrauchte ich zwei Schachteln. Gut,

die Zigaretten der Marke Plowdiw waren ein wenig kürzer als die üblichen, dafür enthielt der bulgarische Tabak aber mindestens doppelt so viele dunkle Strünke. Die werden es wohl gewesen sein.

»E-de-ka«, sagte Kurt. Er hatte recht. Ab sofort arbeitete ich oben an einer der sechs Abbrechbühnen. Da lebte ich gesund. Ich hatte keine Zeit mehr zum Rauchen. ■

Juni
Gründung der Gesellschaft zur Denkmalpflege.

Juni
Das »Brecht-Weigel-Haus« in Buckow wird als Gedenkstätte übergeben.

Juni
Manfred Krug, einer der beliebtesten Schauspieler und Sänger der DDR, reist mit seiner Familie in die Bundesrepublik Deutschland aus.

Juni
Das ZK fasst Beschlüsse zur Entwicklung von Elektronik und Elektrotechnik. Ab 1978 sollen neue Kombinate gebildet werden.

Juni
Erstmals beteiligen sich DDR-Künstler an der documenta in Kassel, u.a. Willi Sitte, Werner Tübke und Bernhard Heisig.

1977

Juni
Mit einer feierlichen Grundsteinlegung beginnt in Dresden der Wiederaufbau der im Zweiten Weltkrieg fast völlig zerstörten weltberühmten Semper-Oper.

Juli
Eine neue Kaffeesorte kommt in den Handel: »Kaffee-Mix«. Der Volksmund nennt das Gebräu »Erichs Krönung«.

Juli
DEFA-Filmpremiere »Ottokar, der Weltverbesserer« nach dem Buch von Ottokar Domma mit Kurt Böwe.

Juli
Das erste internationale Liederfestival »Menschen und Meer« findet in Rostock statt.

Juli
Eröffnung der Konzerthalle Georg-Philipp Telemann in Magdeburg.

Juli
VI. Turn- und Sportfest in Leipzig.

Auskünfte über das Leseland

Dichter auf Strahlrohrstuhl

Bevorzugtes DDR-Schuhwerk war die Sandale. An ihren Sandalen wurden sie erkannt. Und daran erkannten sie auch einander.

Ein Sandalenmensch war EINER VON UNS. WENN EINER VON UNS in EINEN VON UNSEREN Betrieben kam, so hieß das zum Beispiel: Der Kollege Schriftsteller veranstaltet FÜR UNS eine Lesung.

Kollege Schriftsteller und die BRIGADE wurden zunächst einander von ferne gezeigt. War der Schriftsteller neugierig, fragte er nach Kugellager, Kritik, Kindern. War er es nicht, hielt er wohlerzogen die Hand vor den Mund. Die Kollegen Werktätigen setzten sich dann vor ihre geöffneten Limo-Flaschen und der Kollege Schriftsteller vor sein geöffnetes Buch. Kultur fand am Arbeitsplatz statt, damit nicht Arbeitszeit verlorenging.

Der Kollege Schriftsteller war zu der Brigadelesung vermittelt worden. Es hieß aber GEBETEN und VERTRAGLICH VERPFLICHTET. Für die Kollegen Werktätigen war die Lesung ANBERAUMT worden. Die Sache war für den Schriftsteller oft angenehm, denn er erhielt so ein leichtverdientes Geld. Für die Werktätigen war sie nicht unangenehm, denn Lesungszeit war Arbeitszeit.

Erregte sich der Schriftsteller bei Lesung, gar Diskussion seiner Texte und begann auf dem Kantinen-Stahlrohrstuhl zu kippeln, so schauten die Werktätigen ihm interessiert zu.

Zuweilen sagten sie hernach einander: Der iss eischendlisch ni annersch wie mir.

Unruhe in Kleinstadtgasse

Die deutschen demokratischen Republikverlage sandten alljährlich gegen Mai ihre Autoren hinaus in die deutsche demokratische Republik. Diese Aktion aber hieß WOCHE DES BUCHES. Sie dauerte mehrere Wochen.

Bibliothekarinnen und Kulturbundklubleiter rührten sich in diesen Zeiten. Sie entschuldigten sich, wenn zu wenige, zu junge, zu alte, zu fraglose, zu aufdringliche Zuhörer in die Autorenlesungen gekommen waren.

Für manche Schriftsteller, zum Beispiel, wenn sie ZENTRALKOMITEE-Mitglieder oder NEGATIV-FEINDLICH waren, wurden Führungskonzeptionen und Maßnahmepläne er-arbeitet. Bisweilen waren diese halböffentlich, meist aber sehr geheim. Die geladenen Dichter wurden zuvor schriftlich eingeschätzt; das Niveau der Diskussion wurde hernach bewertet.

So wurde viel Papier beschrieben, wenn Papierbeschreiber in die Provinz ausschwärmten.

Die Autoren aber gingen vor und nach ihren Lesungen frohgemut durch die Gassen der fremden Kleinstädte und vermeinten, über den Wirbel um sie lieber nichts zu wissen. Denn im Zentrum des Orkans ist es immer still.

Der Schriftsteller Hermann Kant auf dem alljährlich stattfindenden Rostocker Buchbasar in der Kröpeliner Straße.

Kader mit Buch

Führende Persönlichkeiten nehmen, wenn Fotografen, wie immer zufällig, dabeistehen, mit Vorliebe ein Kind zur Brust.

Nicht minder gern ließen sie sich in der DDR mit einem Buch erwischen. Denn Geist und Macht waren auf immer so untrennbar verbunden wie führende Hand und Buch. Fest und sicher. Innig und einig. Wort von Faust umspannt. Das Wichtigste an der führenden Persönlichkeit war das lernfähig aussehende Gesicht. Es musste Weite und Vielfalt ausstrahlen. Auf der Leipziger Buchmesse durften Führungsgesicht und Führungsbuch allfrühjährlich wieder einen harmonischen Doppelklang ergeben. Im Protokoll war die Harmonie immer verankert.

»

Juli
Ein Zugunglück nahe der Ortschaft Lebus fordert 29 Tote. Ein Personenzug stößt frontal mit einem Güterzug zusammen, Ursache: eine falschgestellte Weiche.

August
Als erste Frau der Welt überspringt Rosemarie Ackermann 2 m beim ISTAF in Westberlin.

September
Die DDR hebt die Beschränkungen für die Mitführung von Genussmitteln wie Kaffee, Kakao, Schokolade und Spirituosen bei der Einreise auf.

September
Die »Kaffee-Frage« spitzt sich zu. Der Weltmarktpreis hat sich innerhalb von 2 Jahren verdreifacht. 300 Millionen Dollar zahlt die DDR für Kaffee-Importe. »Sie auszugeben, fällt uns nicht leicht«, sagt Erich Honecker.

September
DEFA-Filmpremiere »Ein irrer Duft von frischem Heu« nach dem Lustspiel von Rudi Strahl, mit Peter Reusse.

» Auf Messen und Verlagsfeiern waren führende Kraftgesichter immer ganz Diener am Wort, am Gedanken, am Schriftsteller. Auf den schöpferischen Beratungen mit weißen Tischtüchern und Rednerpulten und Schriftstellerköpfen aber, die wie Geranien vom Präsidiumstisch herabstrahlen sollten – es leider nicht immer taten –, war das führende Kraftgesicht Wegweiser in den Kämpfen der Zeit.

In den Flegeljahren der DDR mussten auch Wirtschaftskapitäne zum Buch greifen. Lesender Werkleiter. Lyriklernende Schuldirektorin. Oberst mit Spannungsroman.

Später wurden diese Kader davon entlastet. Es gab endlich Spezialisten. Sie wussten zu kommandieren: Kultur! Abteilung! Halt!

Die Spezialgesichter erstrahlten überall und immer als Leitstern.

Buch im Korb

Das Leseland DDR ist Legende, und manche meinen, das hat es gar nicht wirklich gegeben, die Leute wussten einfach nichts Besseres mit ihrer Zeit anzufangen. Aber selbst wenn es so gewesen wäre … wo ist das Problem?

Die Überwachungskamera, Frucht moderner Vertrauens-Gesellschaften, war in der DDR nur für Staatsfeinde, nicht für Ladendiebe gedacht. So mussten alle Käufer sich mit einem Korb bewaffnen. Ohne Korb kein Zutritt zu den Heiligen Verkaufshallen. Wie für Knöpfe, so für Käse; wie für Brechbohnen, so für Bücher. Denn der Real-Exismus setzte den Hobel an und hobelte alles gleich. Das war vermutlich auch das Geheimnis deutscher demokratischer Buchgier. Denn wie Knöpfe und Brechbohnen war das Buch Mangelware.

Hier aber setzt der Unterschied ein: Es gab Bücher, die lagen wie Dauerkekse in den Regalen. Und es gab Bücher, deren Besitz war wie ein Adelstitel. Die Einteilung, ob Dauerkeks oder Adelstitel, scheint, von heute aus gesehen, irrational. Sie war es auch damals. Bei Hügel-Rotwein und Knoblauchröstbrot – auch das zeitgenössische Szenerauchzeichen – wurden lustige Buchjagdabenteuer zum Besten gegeben. Im Erzählton schwang souveränes Insidertum: Stellt Euch vor – also neienn! – tiefstes Ostsachsen! Seh ich doch gleich vier Stück von Staatsfeindbuch Nr. I. Einfach so! Vier Stück! Und bloß Geld für drei dabei! Ich hab ja nie Geld … Was mag wohl mit dem Viertbuch geworden sein? Dahinten, im unaufgeklärten Ostsachsen …

Schlangestehen beim Propheten

Wenn der Autor endlich sein neues Buch gedruckt vorfand, durfte er es eigenhändig unterschreiben. Er bekam einen Stuhl untergeschoben und Tisch vorgesetzt. Autorinnen allerdings unterschrieben gern auf dem Schoß. In vielen Gegenden der Welt gibt es Arbeitsteilungen zwischen Pressesprecher, Seelsorger und Künstler. In Sachsenpreußen war sie aufgehoben. Vielleicht nicht so offenkundig wie in sibirischen und litauischen Welten. Immerhin aber deutlich genug, dass Fremdlinge die Bücherberge bestaunten, die beim Signieren nach und nach in den beuteligen Gefäßen der Schlangestehenden verschwanden.

In den Büchern stand – vielleicht? – die wirkliche Wahrheit. Wo Wahrheit anders schwer zu haben war, musste man fleißig Schlangestehen nach ihr.

Die Personalunion von Künstler, Seelsorger und Pressesprecher aber saß beim schriftlichen Bestätigen seiner Wahrheit glücklich vor seiner Schlange. Die guckte auf ihn herunter, er blickte zu ihr auf.

In der wirklichen Wahrheit war es natürlich andersherum. Das aber machte die Wahrheit so schön unwirklich.

Palastlesung

Von den Deutschen heißt es, sie seien humorlos. Warum aber sind sie in ihrer Sonderform als DDR-Bürger massenhaft in Humorveranstaltungen geströmt?

Weil wir von Deutschen sprechen, müssen hier exakte Zahlen stehen. Der PALAST DER REPUBLIK fasste im GROSSEN SAAL dreitausend Menschen. Eine Handvoll vorlesender

1977

September
Erich Honecker eröffnet in Dresden das Parteilehrjahr. Er sagt: »Die Intershops sind kein ständiger Begleiter des Sozialismus«, aber die Möglichkeit, die Devisen im Land zu behalten. Der Ausbau der Exquisitläden wird angekündigt, so dass jeder Bürger »Waren der höheren Preisklassen erwerben kann«.

7. Oktober
Nach offiziellen Feiern zum Nationalfeiertag der DDR kommt es zu Prügeleien zwischen Jugendlichen und der Volkspolizei auf dem Alexanderplatz.

Oktober
Heinz-Helmut Wehling holt den ersten WM-Titel für den Deutschen Ringer-Verband im Leichtgewicht.

Oktober
Eröffnung der VIII. Kunstausstellung der DDR in Dresden.

Schriftsteller brachte dort allherbstlich fünfmal je zwei oder drei lustige Geschichten den Massen zu Gehör.

Damit fielen ein gutes Dutzend Heitertexte auf fünfzehntausend Menschen. Denn natürlich waren diese PALASTLESUNGEN des größten und einzigen VERLAGES FÜR SATIRE & HUMOR immer ausverkauft.

Die Begeisterung der Zuschauer in den Palastsesseln war groß und möglicherweise echt. Denn sie hofften wohl allzeit darauf, dass vielleicht doch die Regierung per Humoreske lächerlich gemacht wurde.

So sagte denn einer der Spaßmatadore anlässlich eines neuen Herbst-Humor-Marathons: Wenn ick nur een Jedanknstrüch lese, quieken die Massn schon los. Dreitausnd uff een Schlach. Denn will ick ooch wien Schlagasänga bezahlt wern!

Schweriner Poetenseminar

Die Mikrofone sind gerichtet, der Thronsaal im Schloss mit Zuhörern gefüllt, die Stimmen geräuspert. Denn solln sie mal lesen, was sie so schreiben, die halb- und vollwüchsigen Gedichtl- und Geschichtlschreiber.

Die in der Mitte, mit den freien Schultern, ist Sängerin geworden. Oder Schauspielerin? Schreiben die anderen eigentlich immer noch? Vielleicht gar professionell?

Das Poetenseminar ist verteufelt worden. Als Zuchtstätte angepasster Dichterlinge. Es ist auf ein Podest gehoben worden. Als beste staatliche Förderung kreativer Jugendlicher. Beides ist schön falsch und wundersam richtig.

Poet und Seminar sind unzeitgemäße Worte. Sie klingen mystisch-stalinistisch. Drum kann es vermutlich so nie gewesen sein. Fast alle einer Generation von Dichtern und Schriftstellern, Journalisten und Literaturmanagern waren irgendwann in zwanzig Jahren jene eine Sommerwoche am Schweriner See. Man saß im Kreis und geigte die Meinung. Oder ließ sie sich geigen. Die meisten Teilnehmer hatten übliche DDR-Namen wie Liese Müller oder Jürgen Fuchs, Gabriele Eckart oder Richard Pietraß, Lutz Rathenow oder Uwe Kolbe, Thomas Rosenlöcher oder Frank-Wolf Matthies.

Schwerin selber aber, das scheinen Forschungsarbeiten inzwischen zweifelsfrei zu bestätigen, war eine Stadt im Staat der DDR. ■

November
In Hamburg wird eine mehrwöchige Wolfgang-Mattheuer-Ausstellung eröffnet.

November
Schlüsselübergabe im Neubaugebiet Leipzig-Grünau, für das am 1. Juni 1976 der Grundstein gelegt wurde.

November
Bestätigung des Wolfsburger VW-Werkes über die Bestellung von 10 000 VW-Golf durch die DDR, die bis 1978 geliefert werden.

Dezember
Unterzeichnung des Abkommens über den gegenseitigen Warenaustausch für 1978 zwischen der DDR und der UdSSR. Er soll auf 7,3 Milliarden Rubel steigen.

Dezember
Uraufführung des Victor-Jara-Films »El Cantor«, Regie und Hauptdarsteller Dean Reed.

Je knapper,

Das kollektive Gedächtnis vergaß niemanden. Wenn es also in der nahegelegenen Kaufhalle »etwas gab« – das Zauberwort für knappe Güter –, dann klingelten die Nachbarn im Hause und gaben einen Tipp. Soweit möglich, wurde dann alles stehen und liegen gelassen und in den volkseigenen Supermarkt gesprintet – nach einer halben Stunde schon konnte nämlich alles restlos ausverkauft sein. Mal wurden gerade Zellstofftaschentücher ausgepackt und mal Tomatenketchup. Mal Pflaumenmus oder die Nuss-Nougat-Creme »Nudossi«. Dann wieder wurde Lauchstädter Mineralbrunnen geliefert, ein anderes Mal gekörntes »Spee«.

Das Kuriose war: Natürlich gab es im Handel Waschpulver zuhauf, und selbstverständlich waren stets etliche Sorten Konfitüre in den Regalen zu finden. Aber die Bürger verlangten eben nach Pflaumenmus und dem speziellen Vollwaschmittel aus Genthin – beides Dinge, die die staatlichen Produzenten nicht in ausreichenden Mengen liefern konnten. Es war mit den ersten Tomaten der Saison genau wie mit Speisefrühkartoffeln, mit ungarischen Pfirsichen ebenso wie mit bulgarischen Wassermelonen. Und in der Provinz, wozu getrost alles außer Berlin gezählt werden konnte, war die Versorgungslage immer noch ein bisschen schlechter. So bildeten sich also schnell lange Schlangen, wenn irgendwas ergattert werden konnte. »Was gibt's denn?«, hieß die lakonische Frage, die man stellte, wenn man sich in eine solche Schlange einreihte. Und Frage Nummer zwei: »Reicht es noch?« Und weil sehr viel seltener die dritte Frage, die nach der Bezahlbarkeit, gestellt wurde – denn die Kaufkraft war in weiten Bevölkerungskreisen vorhanden –, reagierte der Staat.

1976 gründete er mit dem »Delikat« eine Handelskette, in der Waren des »gehobenen Bedarfs«

1978

Januar
Mehreren Abgeordneten der CDU/CSU-Bundestagsfraktion wird die Einreise nach Ost-Berlin verweigert.

Januar
Das Büro des Nachrichtenmagazins »Der Spiegel« in Ost-Berlin wird durch die DDR-Behörden geschlossen. Damit reagiert die SED-Führung auf die Veröffentlichung eines Manifests einer angeblichen SED-Oppositionsgruppe.

Januar
Das Kombinat Mikroelektronik Erfurt wird gebildet, dem Kombinat Robotron Dresden wird das Kombinat Zentronik eingegliedert, das nun mit 70 000 Beschäftigten das größte der DDR ist.

Januar
Ein neues Arbeitsgesetzbuch tritt in Kraft.

Januar
Neue Musterstatuten und Betriebsordnungen für die LPG treten in Kraft.

desto begehrter

angeboten wurden: Konserven, Spirituosen, Pralinen, aber auch zunehmend Käse, Fleisch und Wurst. Es gab Importprodukte für teures Geld – wobei manches vermeintliche Importprodukt aus der für den Westen so lukrativen »Gestattungsproduktion« der volkseigenen Betriebe stammte –, aber immer öfter verschwanden auch Waren aus den normalen Regalen und wurden, versehen mit einem neuen, schicken Etikett und zum doppelten Preis, als »delikat«-Produkte angeboten. »Deli« hießen die Läden im Volksmund, manche nannten sie auch »Fress-Ex«, angelehnt an den Namen der Handelskette »Exquisit«, deren Läden wiederum gern »U-Wu-Bu« genannt wurden: Ulbrichts Wucherbuden. Bereits 1962 war diese Handelskette für Kleidung gegründet worden. Hier gab es schicke Pullover für 150 oder Levis-Jeans für 180 Mark, aber auch Damen-Slips für 35 Mark. Für viele Bürger unvorstellbar hohe Preise. Und doch: Selbst im »Ex« konnte die Suche nach einer passenden Hose Monate dauern.

Mit untrüglichem Gespür verbreitete sich in Windeseile die Kunde davon, was es gerade gab und was nicht. Mal hamsterten die Leute Bettwäsche in großen Mengen, mal waren es Geschirrtücher. Vernünftige Turnschuhe waren immer knapp und wurden deshalb von jüngeren Leuten gern aus der benachbarten CSSR mitgebracht. Genauso war es mit den sogenannten Lizenzschallplatten. Einmal die Woche – nach dem offiziellen Liefertag des Geschäfts – stellte man sich vor dem Laden in der Hoffnung an, dass Platten mit westlichen Titeln verkauft werden würden: Udo Lindenberg oder Michael Jackson, Sade oder Simon & Garfunkel. Es war egal. Wer eine Küche oder eine Schrankwand seines Geschmacks brauchte, reihte sich in genervter Duldsamkeit oft über Monate jeden Morgen vor dem örtlichen Möbelgeschäft ein und hoffte, dass an diesem Tag etwas Vernünftiges dabei sein würde. Und wenn man vor Silvester Feuerwerkskörper begehrte, dann stand der versammelte Freundeskreis ab drei Uhr morgens vor der Drogerie, um ab acht Uhr Harzer Knaller zu erwerben.

Verkäuferinnen vor einem Exquisit-Geschäft in Eisleben, links, 1982. Wann die Warenlieferung beim Fleischer kam, wusste eine gute DDR-Hausfrau – und stellte sich vorsorglich schon mal an.

Stets wurde langfristig geplant, was zu besorgen war – wenn man es selbst nicht brauchte, dann war es auf jeden Fall als Tauschobjekt von Nutzen. Natürlich konnten solche Planungen auch einmal schiefgehen. Als sich 1986 das Gerücht verbreitete, dass »Bastei«-Wohnwagen knapp seien, meldete sich der jugendliche Freundeskreis zum Kauf eines Wohnwagens an. 14 Tage später steckte im Briefkasten eine Benachrichtigungskarte, dass die bestellte Ware abgeholt werden könnte. Ein Ärger zu Hause! Wohnwagen waren offensichtlich doch nicht knapp. ■

Februar
Das Ministerium für Volksbildung erlässt eine Direktive zur Einführung und Gestaltung des Wehrunterrichts in den Klassen 9 und 10 der allgemeinbildenden polytechnischen Oberschulen ab dem 1.9.1978.

Februar
Das DDR-Kulturministerium legt einen »Plan zur langfristigen Entwicklung der sozialistischen Kultur und ihrer materiell technischen Basis« vor. Darin wird unter anderem eine Steigerung der jährlichen Buchneuerscheinungen von 5900 auf 7200 genannt.

Februar
»Neumann – zweimal klingeln« heißt es nun bereits seit 10 Jahren bei Radio DDR. Die Rundfunkfamilie (gesprochen von bekannten Schauspielern wie Helga Göring, Herbert Köfer und Helga Piur) erlebt Freud und Leid des DDR-Alltags – und Millionen Hörer fiebern bei den über 600 Folgen mit.

Februar
Das ehemalige Wohnhaus von Bertolt Brecht in der Berliner Chausseestraße wird als Gedenkstätte und Archiv eröffnet.

Ein Bambi für Nikaragua

Anfang der achtziger Jahre ist unsere Familie (zwei kleine Söhne, der Gatte und ich) von Berlin in den tiefsten Süden der DDR gezogen, in ein thüringisches Dorf bei Meiningen im Bezirk Suhl. Die gravierenden Versorgungsunterschiede zwischen Berlin und Provinz, die wir als privilegierte Hauptstadt-Bewohner längst nicht mehr wahrgenommen hatten, brachen nun mit der ganzen Kraft des Faktischen über uns herein. Innerfamiliär zeitigten sie unvorhersehbare bis verheerende Folgen.

1978

März
Erich Honecker trifft sich zu Gesprächen mit dem Vorstand der Evangelischen Kirche in der DDR. »Den Kirchen als Kirchen im Sozialismus eröffnen sich viele Möglichkeiten des Mitwirkens an zutiefst humanistischen Zielen.«

März
Zwischen Kirchen und SED-Führung wird vereinbart, dass zusätzlich zur traditionellen sonntäglichen Rundfunk-Gottesdienstübertragung die Kirche monatlich 15 Minuten Sendezeit im Radio und sechs Sendetermine im II. DDR-TV erhält.

Mai
Das Thüringer Röhrenwerk Mühlhausen stellt 100 000 Taschenrechner vom Typ MR 201 her.

März / April
Als erster westlicher Regierungschef seit der internationalen Anerkennung der DDR trifft Österreichs Bundeskanzler Bruno Kreisky in Ost-Berlin zu einem Staatsbesuch in der DDR ein.

Mai
Das größte Kirchentreffe seit dem Kirchentag von 1954 findet statt.

Beispiel eins: Der jüngere der Söhne (2) behauptete 1983 steif und fest und durchaus mit großer Überzeugungskraft, dass das kleine Braune in der Tüte mit Geleebananen wirkliche und tatsächliche Bananen seien. Sein großer Bruder (6), mit einem jahrelangen Vorsprung an Berliner Bananenverzehrmöglichkeiten sowie einem besseren Langzeitgedächtnis ausgestattet, stritt mit ihm und hielt vehement dagegen: Echte Bananen seien gelb und viel größer, hätten eine Schale und wären drinnen weich und aromatisch und längst nicht so süß und klebrig wie die aus Gelee. Er hatte zwar recht, doch konnte er aufgrund permanenter Bananenabwesenheit im Kreis Meiningen seinem kleinen Bruder nicht beweisen, dass das kleine Braune in der Tüte keine echte Südfrucht ist. Und so fühlten sich beide am Ende ihres Streits unverstanden und beide weinten vor Zorn. Ein kurze Zeit später von mir erworbenes Beiß-Buch aus Weichplaste mit abgebildeten Früchten, darunter auch eine Banane, brachte die endgültige Entscheidung über die einzig wahre Banane. Bis zum heutigen Tag ist es dem jüngeren der Söhne nicht gelungen, ein entspanntes Verhältnis zu jener Südfrucht aufzubauen. Er ist den Geleebananen treu geblieben.

Beispiel zwei: In Berlin gab es die ersten Gurken immer zu Ostern, zu Pfingsten die ersten Tomaten und dann bis zum Spätsommer dazu stets frische Paprikaschoten. Somit waren in der Hauptstadt die wichtigsten Zutaten für einen guten Schopska-Salat fast ein halbes Jahr vorrätig. In Meiningen dagegen wurde das Obst- und Gemüsegeschäft im Volksmund liebevoll »Fäulnishalle« genannt und nur Schrumpeläpfel, Rotkraut, Weißkraut und Kartoffeln waren vorhanden. Wenn es doch mal Gurken gab, waren natürlich keine Tomaten da, und hatte man die eigenen Gartentomaten endlich rot und die Gurken grün, entfiel die Lieferung an Paprikaschoten, weil die dringender in der Hauptstadt gebraucht wurden. Lagen dann endlich doch mal welche im Geschäft, waren die Tomaten Marke Eigenbau längst Geschichte und die Gurken zu Schmor-solchen verarbeitet. Bis zur Wende ist es mir in acht Jahren nicht ein einziges Mal gelungen, gleichzeitig Tomaten, Gurken und Paprika für einen Schopska-Salat auf den Tisch zu bekommen. Eine Tomatenschlange vor der Fäulnishalle sollte mir dagegen einen realen, alltäglichen Alptraum bescheren. Ich harrte lange in der Schlange aus, jeder vor mir kam mit genau einem Kilo Tomaten aus dem Geschäft. Doch als ich endlich dran war, waren die Tomaten alle. Noch heute träume ich zuweilen davon, dass ich vergeblich um Tomaten Schlange stehen muss.

Beispiel drei hat nichts mit Versorgungsengpässen zu tun, dafür mit kindlicher Opferbereitschaft: »Spende dein Lieblingsspielzeug für die Kinder von Nikaragua!« So lautete Mitte der Achtziger eine Aufforderung der Klassenleiterin des Großen und der Kindergartentante des Kleinen. Die Kinder sollten damit an den Solidaritätsgedanken herangeführt werden, was ja eigentlich eine feine Sache ist. Hätte es da nicht den Haken mit dem Lieblingsspielzeug gegeben. Der pragmatische Geleebananenliebhaber interpretierte diesen Begriff großzügig und spendete flugs jenes Beiß-Buch, das ihm seine unvergessene Niederlage eingebracht hatte. Sein großer Bruder nahm den Ausdruck ›Lieblingsspielzeug‹ wörtlich und sich das Ganze sehr zu Herzen. Unter hellen Tränen der Verzweiflung und der schmerzhaften Opferbereitschaft spendete er sein einziges West-Spielzeug: sein Bambi mit dem Steiff-Knopf im Ohr. Die vorsichtige elterliche Aufforderung, das mit dem Lieblingsspielzeug doch nicht gar so wörtlich zu nehmen und vielleicht lieber Pittiplatsch und Schnatterinchen herzuschenken, fiel nicht auf fruchtbaren Boden. Trotz hysterischen Weinens blieb das Kind hart, nahm die Aufforderung der Lehrerin wörtlich und ernst, lebte seine Begabung zum masochistischen Märtyrer aus und schickte sein geliebtes Bambi ins Exil nach Nikaragua. Und mir wirft es bis heute vor, ihn nicht mit Gewalt daran gehindert zu haben. ■

Mit den Kindern aus aller Welt wollten die Pioniere Freundschaft halten und sangen: »Froh und glücklich will doch spielen / auf der Erde jedes Kind, / ob nun seine Eltern Schwarze, / Gelbe oder Weiße sind.«

Mai
Auf dem VIII. Schriftstellerkongress der DDR wird Hermann Kant als Nachfolger von Anna Seghers zum neuen Präsidenten gewählt. Der Kongress tagt unter dem Motto: »Der Schriftsteller in den Kämpfen unserer Zeit.«

Juni
Günter Mittag reist nach Frankreich und vereinbart unter anderem eine Zusammenarbeit mit Citroen.

Juli
Die einmillionste Neubauwohnung seit dem VIII. Parteitag wird in Berlin-Marzahn übergeben.

August
Das ZK beschließt weitere Kombinatsbildungen, von bisher 54 zentralgeleiteten Kombinaten erhöht sich die Zahl bis 1982 auf 133.

August / September
Als erster Deutscher nimmt der DDR-Kosmonaut Sigmund Jähn an Bord von »Sojus 31« an einem Weltraumflug teil.

September
In den 9 und 10 Klassen wird der Wehrunterricht eingeführt. In acht Doppelstunden pro Schuljahr werden die Schüler über Waffengattungen, Verteidigung und die militärische Situation in Mitteleuropa informiert.

1978

September
Das Internationale Handelszentrum in der Berliner Friedrichstraße wird übergeben.

September
Eine offizielle DDR-Delegation unter Leitung von Gerald Götting nimmt an der Amtseinführung von Papst Johannes Paul I. teil.

September
Der Ministerrat erlässt eine neue Verordnung über den Erholungsurlaub von Werktätigen: der bezahlte Jahresurlaub wird vom 1.1.1979 von 15 auf 18 Tage erhöht.

September
Günter Reischs Film »Anton der Zauberer« mit Ulrich Thein wird ein Publikumserfolg. Vom Schrottvertreter zum Millionär, vom Strafgefangenen zum Ersatzteilbeschaffer.

Oktober
Ein neues Verteidigungsgesetz wird beschlossen.

Oktober
Der DEFA-Film »Sieben Sommersprossen« nach einem Szenarium von Christa Kożik hat Premiere.

Ein Land, wo es nach Kohle roch

Die Luft lag dick und schwer über den Dächern, die Sonne stand am wolkenlosen Himmel und war doch nur als milchig-gelber Ball auszumachen: Es war Winter in der DDR, aus den Schornsteinen stiegen dünne Rauchfahnen oder puffige Wölkchen – Hausbrandsaison. Jetzt wurde es Zeit für die Trantüten, die ihre Kohlemarken versiebt oder nicht rechtzeitig die Belieferung vereinbart hatten. Kohle war knapp, und Kohle war »bewirtschaftet«, ein Wort, das sich aus den Jahren der Kriegswirtschaft und der Zuteilung von Lebensmitteln, Brennstoffen und Textilien erhalten hatte. Es gab sie auf Marken beziehungsweise auf eine sogenannte Kohlenkarte hin. Die Karten gab es vom Amt, und schon früh im Jahr vereinbarte man die Lieferung der zugeteilten Menge. Dazu ging man in eine Kohlehandlung oder auf einen Kohlenhof des VEB Kohlehandel. Ob privat oder volkseigen, überall saßen raue, schwarze Burschen mit Lederschurzen wie die Schmiede, kullerten mit ihrem Augenweiß wie der Holländer-Michel und warteten bei einer Flasche Bier auf ihre nächste Tour, während barsche Sachbearbeiterinnen festlegten, ob man auch die zugeteilte Menge Spaltholz bekommen oder diese ersatzweise in Form von Briketts entgegennehmen durfte oder musste. Und wehe der Winter zog sich in die Länge und die Kohlen im heimischen Keller reichten nicht. Dann tuckelte man mit einem Handwagen auf den Kohlenhof, der jetzt wie leergefegt dalag, um zwei-drei Zentner zum freien Preis zu kaufen. Das war etwa doppelt so teuer und natürlich ohne weiteres möglich – wenn denn Kohle vorrätig war.

Normalerweise aber wurden die Briketts angeliefert, und eine solche Lieferung reichte aus als Entschuldigung, an diesem Tag nicht zur Arbeit zu gehen. »Wo ist denn heute die Frau Schneider?« – »Die kriegt Kohlen …« Sicher, man musste den Kohlenmännern auf die Finger sehen; sie wogen schnell und geschickt auf einer großen Schütte ab, die sie dann mit einer flinken Handbewegung in die Zentnersäcke oder -Körbe entleerten. Und in Dreier- oder Viererreihe schleppten sie die dann in den Keller; nicht immer war man sich hinterher beim Säckezählen einig. Und ob das Gewicht wohl gestimmt habe, war ein alter Hausfrauenzweifel. War da nicht ein Kohlenhändler verhaftet worden, der bei den Gewichten gemogelt hatte?

Die Brennstoffversorgung war ein fürwahr »

Oktober
An der Autobahnanschlussstelle Röbel in Mecklenburg wird die letzte, etwa 40 km lange Strecke der Autobahn Berlin–Rostock freigegeben. Beim Bau der 228,5 km langen Autobahn mussten 122 Brücken errichtet werden.

November
Im DDR-Außenministerium in Ost-Berlin unterzeichnen Vertreter der Bundesrepublik und der DDR das Verkehrsabkommen zwischen beiden Ländern. Darin werden der Bau einer neuen Transitautobahn zwischen Berlin und Hamburg, die Wiedereröffnung des Teltowkanals für die Binnenschiffahrt und die Neuregelung der Transitpauschale an die DDR vereinbart.

Dezember
In diesem Jahr hat die DDR 11 Milliarden (Devisen-)Mark für die Tilgung von Krediten und Zinsen aufzubringen. Rund 40 Prozent ihrer Deviseneinnahmen müssen für den Schuldendienst aufgewendet werden. Dem stehen erwartete Einnahmen aus Exporten von 9,3 Mrd. Mark gegenüber.

Dezember
Aufnahme diplomatischer Beziehungen von Papua-Neuguinea zur DDR.

» heißes Thema, seit ich denken konnte. Dass hier eine Schwachstelle des kleinen Staats lag, hatte übrigens eine unermüdliche Sabotagetruppe im Westen namens Kampfgruppe gegen Unmenschlichkeit schnell erkannt. Sie fälschte Kohlenkarten zu Tausenden und brachte »Hausbrand-Zuweisungen über 250 kg Braunkohle-Briketts« in Umlauf – vermutlich in der menschenfreundlichen Annahme, dass Kälte doch enorm konserviert.

Es gab strenge Winter, ich erinnere mich. In der Braunkohle wurden dann spektakuläre Sonderschichten gefahren. Ich war acht Jahre alt und konnte seit zwei Jahren selber beitragen zu der harten, schweflig-würzigen, nicht jedem bekömmlichen Luft, denn nach der Schule heizte ich den Ofen an. Was ich da pfiffig aufgeschichtet und mit Bedacht abgebrannt habe – Papier, Holzscheite, bröselige Briketts –, es legte sich im Lauf der Winterwochen in dunkler werdender Schicht auf den Schnee ringsum. Besonders in diesem Winter, 1962/63, in dem der Schnee buchstäblich dalag, bis er schwarz wurde. Ein Jahrhundertwinter, der alle Reserven verzehrte. Die Schulen schlossen, der Unterricht fand in den Kulturräumen oder Kantinen von Betrieben statt, die wegen ihrer Wichtigkeit weiter mit

1979

Januar
Das Reisebüro der DDR bietet für die Wintersaison sieben verschiedene Stadtrundfahrten durch Berlin in sieben Sprachen.

Januar
Erstausstrahlung der beliebten Fernsehserie »Spuk unterm Riesenrad«, Buch: C. U. Wiesner, Regie: Günter Meyer.

Januar
Detlef Günther und Melitta Sollmann (Einsitzer) werden in Königssee Weltmeister im Rennschlittensport.

Januar
Das Politbüro stimmt der Errichtung einer Großdeponie bei Schönberg zu. Im Sommer kommt der erste Müll aus dem Raum Hamburg, die offizielle Inbetriebnahme erfolgt zwei Jahre später.

Januar
Uraufführung des Theaterstückes »Die Hamletmaschine« von Heiner Müller in Paris.

Kohle beliefert wurden. In der DDR war, man glaubt es nicht, der Leipziger Kommissions- und Großbuchhandel so ein Betrieb. Dort gab es zwei Paternoster, deren Benutzung eigentlich verboten war, die aber der gesamten Unterstufe diesen Winter unvergesslich machten. Rügen lag unterm Eis darnieder, die Menschen froren und keuchten allenthalben, wir aber jubelten, wenn es durch den Keller oder über den Boden ging mit diesem seltsam benamten Fahrzeug. – Daheim wurden in diesem Winter Kohle und Holz knapp. Man kann sagen, dass ich von nun an umsichtiger und sparsamer heizte.

Auch für den Kohlehandel gilt das Dichterwort: Die Welt gleicht sich doch, wo immer man hinkommt, ausgenommen in der DDR. War man in Leipzig gewohnt, die Briketts in den Kellergang geschleppt und dort hingeschüttet zu kriegen, so dass der Weg zum Aufschichten gering war, landeten sie anderwärts auf der Straße vor dem Haus. In Berlin wiederum brachten die Kohlenmänner die vorgeschichteten Briketts in Holzkästen, die sie zum Entleeren gegen die Wand klappten. Da waren sie wie von selbst aufgeschichtet. Und später gab es gar mit Stahlbändern festgezurrte Pakete, auch die waren leicht an der Wand eingestapelt. Allerdings war das mit den Berliner Briketts auch leichter zu machen, sie hatten ein scharfes Profil, waren dunkel, glatt, fest, ganz anders als die in der Provinz. REKORD stand auf allen, aber es gab offenbar beträchtliche Qualitätsunterschiede, und nicht immer war Güterekord, was der Kohlehandel lieferte. Warf man am Ende der Heizperiode von dem Kohlengrus etwas aufs Feuer, der im Keller von den Briketts übriggeblieben war und auch verheizt werden musste, drohte es manchmal auszugehen. Da half dann wieder etwas Bohnerwachs als Brandbeschleuniger. Überhaupt war dem Erfindungsreichtum keine Grenze gesetzt – ich ließ vieles in Flammen aufgehen, bis die Ofentür sprang, die Ofenkacheln platzten oder sich die Schamottdecke des Ofens hob. Doch was auch immer geschah, nie durfte man vergessen, den Ofen rechtzeitig zuzudrehen, sonst war alles vergebens. Als diese winterliche Plackerei dann ein Ende hatte, weil wir eine Wohnung mit einem Gamat 4000 bezogen, dachten wir im neuen Luxus noch oft schwärmerisch an die ganz besondere Wärme, die so ein Kachelofen doch abgestrahlt hat. ■

Mit bis zu 300 Millionen Tonnen jährlicher Förderung an Braunkohle lag die DDR Ende der achtziger Jahre weltweit an der Spitze. Das Schlimme daran: Sie verbrauchte und verbrannte das Meiste davon im eigenen Land. Für andere Energiequellen fehlten entweder die Rohstoffe oder die Devisen. Mit Braunkohlenbriketts wurde der überwiegende Teil der Öfen in den Haushalten der DDR beheizt. Hatte der ofenbesitzende Bürger seinen Ärger mit den oft minderwertigen Briketts, litten Luft und Umwelt unter dem Abbau, den aufwendigen Veredelungsverfahren und dem, was dann aus den privaten und Industrie-Schornsteinen qualmte.

Februar
DEFA-Filmpremiere »Zünd an, es kommt die Feuerwehr« mit Winfried Glatzeder.

Februar
In Winterberg wird der Viererbob DDR I (Nehmer, Babock, Germeshausen, Gerhardt) Europameister.

Februar
Erich Honecker besucht Libyen, Angola, Sambia und Mosambik und trifft mit Vertretern der Befreiungsbewegungen zusammen.

Februar
Samora Machel, erster Präsident von Mosambik, ist auf Staatsbesuch in der DDR.

März
Der ADN meldet: Die deutsche NATO-Sekretärin Ursel Lorenzen hat sich in die DDR abgesetzt.

März
In Trinvillershagen wird der weiße Hengst Kolibri geboren, der im Gestüt Neustadt/Dosse mit 1700 Nachkommen zum erfolgreichsten Zuchthengst wird.

1979

März
Anlässlich der bevorstehenden Stadtbezirkswahlen wird das Neubaugebiet Berlin-Marzahn aus dem Stadtbezirk Berlin-Lichtenberg ausgegliedert und zu einem eigenständigen Stadtbezirk erklärt.

April
UN-Generalsekretär Kurt Waldheim trifft zu einem viertägigen Besuch in Ost-Berlin ein. Gespräche über UNO-Aufgaben und DDR-Beitrag.

April
Der Philosoph Wolfgang Harich, 1957 wegen der Gründung einer »staatsfeindlichen Gruppe« zu zehn Jahren Haft verurteilt, verlässt die DDR und siedelt nach Wien über.

April
DDR-Bürger dürfen ab sofort in Intershops, bei Intertank und Genex nicht mehr bar mit DM bezahlen, sondern nur noch mit entsprechenden Wertschecks (Forumschecks).

Juni
Mit mehr als 2000 Veranstaltungen findet das Nationale Jugendfestival der FDJ in Berlin statt.

Juni
Nach der Verurteilung Stefan Heyms wegen Devisenvergehens wegen Veröffentlichung seines Romans »Collin« in der BRD protestieren Ost-Berliner Schriftsteller in einem Brief an Erich Honecker. Neun Autoren werden aus dem Schriftstellerverband der DDR ausgeschlossen.

April
Uraufführung von Volker Brauns »Der große Frieden« am Berliner Ensemble, Regie: Manfred Wekwerth/ Joachim Tenschert.

Juni
In die Strafrechtsordnung werden ungenehmigte Buchveröffentlichungen im Westen als »staatsfeindliche Hetze« aufgenommen.

Juni
Als erste Frau der Welt läuft Marita Koch in Karl-Marx-Stadt die 200 m unter 22 Sekunden.

Wer schmückte die DDR?

Das größte Auftragswerk in der DDR-Geschichte: das Bauernkriegs-Panoramabild von Werner Tübke in dem eigens dafür errichteten Gebäude auf dem Schlachtberg in Bad Frankenhausen. Über zehn Jahre malte der Meister daran. (Foto oben) VI. Kunstausstellung in Dresden, Bronzeplastik »Sitzende« von Herbert Burschik aus dem Jahr 1965. (Foto rechts)

Brechts Frage, wer das siebentorige Theben errichtete, zitierten wir damals gern. Dahinter verbarg sich der Verweis auf das Wirken des werktätigen Volkes, ohne das es weder Städte noch Tore geben würde. Allerdings übersahen wir gern die darin verborgene Dialektik. Wer erteilte den Auftrag, Theben mit seinen sieben Toren zu errichten? Wer ließ Pyramiden und chinesische Mauer, Burgen und Schlösser, Kathedralen und Kirchen erbauen? Ohne höheren Auftrag hätten sich die Baukolonnen nicht in Bewegung gesetzt. Kein Steinmetz hätte die Hand gerührt, kein Maler den Pinsel geschwungen. Ohne Auftrag keine Entlohnung. Und zahlen konnten nur jene, die auch was zu zahlen hatten. So nimmt es denn nicht Wunder, dass die meisten Bau- und Bildwerke auf diesem Globus Auftragswerke sind.

Auch in der DDR war das so. Betriebe, Organisationen, Institutionen und Parteien setzten regelmäßig einen bestimmten Betrag ein, um Kunst zu erwerben. Das zielte sowohl darauf, Häuser, Fabrikhallen, Kindergärten und Kulturhäuser zu schmücken, als auch auf die Unterstützung der bildenden Künstler, von denen es über sechstausend gab. Diese lebten von Auftragswerken und von Lehraufträgen, etliche führten Volkskunstzirkel und erhielten dafür einen Obolus, kurz, es war ein gesellschaftlicher Auftrag, den die Institutionen ernst nahmen.

1979

Juli
Das Palast-Hotel in Berlin wird eröffnet.

September
Während der Leipziger Messe unterzeichnen Vertreter der DDR und der Bundesrepublik ein Abkommen über energiewirtschaftliche Zusammenarbeit.

September
Ralf Kirstens Film »Lachtauben weinen nicht« mit Uwe Kockisch hat Premiere.

Oktober
Eröffnung des Pionierpalastes in der Wuhlheide in Berlin. Der Bau enthält Schwimm- und Sporthalle, zwei Veranstaltungssäle, Bibliothek, Labors und Räume für 300 Arbeitsgemeinschaften.

Oktober
DDR und BRD vereinbaren den gegenseitigen Verzicht auf Straßenbenutzungsgebühren für LKW und Omnibusse.

Zumindest was ihren Part der Unterstützung bildender Künstler betraf.

Der zweite Teil war manchen schon nicht mehr so wichtig. In den 80er Jahren häuften sich die Klagen, dass Kunstwerke zwar bezahlt, aber nicht abgeholt wurden. So berichtet Walter Womacka in seinen Memoiren, dass er als Vizepräsident des Verbandes Bildender Künstler gegenüber dem Präsidium des FDGB wiederholt dieses Thema ansprechen musste. Auch ihm selbst waren drei Studien zum Porträt von Erika Steinführer abgekauft, aber nicht abgeholt worden. »Das, so meinte ich, wäre Ignoranz und Ausdruck von Arroganz, kurz: eine besondere Form der Missachtung der Arbeit anderer. Man zahlte, aber kümmere sich nicht um die Folgen. Und nebenbei: Eigentlich werde damit Volksvermögen verschleudert.« Und Womacka weiter zu der Reaktion: »Der FDGB-Vorsitzende hatte nicht nur den Kopf mit Politbürobeschlüssen ein wenig voll. Mit gewohnt schwerer Zunge versprach Harry Tisch jedoch, der Sache nachzugehen. Vier Wochen später holen einige Angestellte des FDGB meine drei Studien von Erika Steinführer wortlos ab.«

Mitunter meinte mancher Auftraggeber, weil er das Geld gebe, müsse er auch genau sagen, wie das Kunstwerk auszusehen habe. Natürlich hatte er damit nicht ganz unrecht: Man bezahlte nicht dafür, dass man verhöhnt, karikiert oder gar denunziert wurde. Auf der anderen Seite: Die Sicht des Künstlers musste nicht zwangsläufig die des Auftraggebers sein. Dies war das produktive Spannungsfeld, die Reibungsfläche, die zu allen Zeiten und unter allen gesellschaftlichen Umständen großartige Kunstwerke hervorbrachte. Die DDR machte da keine Ausnahme.

Kunst geht nach Brot, heißt es.

Ja und?

Sagt das etwas über die Qualität von Kunst aus? Es ist jedenfalls nicht überliefert, dass besonders die sprichwörtlichen Hungerkünstler die Weltkultur bereichert hätten. ■

November
Erich Honecker wohnt in Addis Abeba der Grundsteinlegung für das erste Karl-Marx-Denkmal auf dem afrikanischem Kontinent bei. Die DDR hat es gestiftet.

November
»Mit Energie für Energie« – die »Junge Welt« startet eine Initiative zum Energiesparen.

Dezember
Die Alters- und Invalidenrenten werden um 40 Mark monatlich erhöht, Frauen mit 5 und mehr Kindern erhalten Anspruch auf Rente auch ohne Versicherungszeit.

Dezember
DEFA-Kinderfilmpremiere »Blauvogel« nach dem gleichnamigen Buch von Anna Jürgens.

Dezember
Ein Abkommen über die Zusammenarbeit zwischen Ost und West auf dem Gebiet des Veterinärwesens wird unterzeichnet.

Dezember
Amnestie aus Anlass des 30. Jahrestages der DDR. 21 928 Strafgefangene werden entlassen.

Dörfer sprinten

Es war einmal ein Sportlehrer aus Senftenberg, der fuhr eines Tages im Jahr 1959 in den wohlverdienten Sommerurlaub, beneidet rundum wegen seines Ferienplatzes auf Hiddensee. Er schwamm in der Ostsee, sonnte sich in einer Sandburg, bis ihn eines Tages die Langeweile anfiel und er seinen Kollegen an der Polytechnischen Oberschule in Neuendorf besuchte. Die beiden kamen ins Plaudern und stießen gemeinsam auf ein gemeinsames Problem: Zu wenig Starts für ihre sportinteressierten Schüler. Der Neuendorfer litt noch mehr darunter als der Senftenberger, denn zu jedem Vergleich mussten sie von Hiddensee zum Festland übersetzen oder Rivalen bitten, das Schiff nach Hiddensee zu nehmen. Doch die beiden klagten nicht nur, sie erknobelten eine Idee und tauften sie Fernwettkampf! Niemand hatte ihnen einen »Beschluss« in die Hand gedrückt, nach dem sie sich zu richten hatten, und keiner sie wissen lassen, was ein Parteisekretär von ihnen erwartete. Sie hatten die Idee, ihre beiden Schulmannschaften gegeneinander starten zu lassen, und taten, was sie für nützlich hielten.

Ein Spielmannszug spielt 1981 in Caputh bei Potsdam zu einer Festwoche auf, in der 100 Jahre organisierten Sports in der Gemeinde gefeiert werden.

Am Nachmittag des 26. September 1959 starteten also in Drochow bei Senftenberg die Schüler des einen Lehrers und auf Hiddensee die des anderen. Die verschiedenen Disziplinen hatten sie vereinbart und auch gleich eine Tabelle zum Vergleich der Leistungen ausgesucht. Am Abend führten sie ein Ferngespräch miteinander. Das waren faktisch die einzigen Unkosten, die entstanden waren. Der Lehrer aus Neuendorf meldete: 790 Punkte. Der Lehrer in Drochow hatte 874 Punkte auf seinem Zettel addiert. Das war die Geburtsstunde des Fernwettkampfs der Landgemeinden, der sich ohne Politbüroempfehlung herumsprach. Jahr für Jahr nahmen mehr Dörfer mit ihren Mannschaften daran teil. Eines Tages waren es nicht mehr nur die Schüler, sondern komplette Mannschaften der Dörfer vom eben Eingeschulten bis zum 50jährigen. Als ein halbes Dutzend Jahre vorüber waren, zählte man bereits 957 Gemeinden mit 122 251 Teilnehmern!

Die Sportobrigkeit der DDR, der DTSB, übertrug zwei Kreissportlehrern in der Lausitz, jedes Jahr die Resultate zu sammeln, die Punkte auf Listen zu schreiben und herauszufinden, wer die Besten waren. Dann kam der Sportredakteur einer der größten Zeitungen der DDR und meinte, die Sieger hätten eigentlich mehr als eine Urkunde verdient. Eine festliche Siegerehrung mit Fanfarenstoß und Flaggenhis-

1980

Januar
Die DDR wird für zwei Jahre nichtständiges Mitglied im UN-Sicherheitsrat.

Januar
Das Reiterstandbild von Friedrich II. wird wieder in Berlin, Unter den Linden, aufgestellt.

Januar
DEFA-Filmpremiere »Solo Sunny«, Drehbuch Wolfgang Kohlhaase, Regie Konrad Wolf.

Januar
Im (alten) Friedrichstadtpalast, Am Zirkus 1, findet die letzte Vorstellung statt. Das marode Haus wird 1985 abgerissen.

Januar
Bundeskanzler Helmut Schmidt sagt wegen der Intervention in Afghanistan ein Treffen mit Erich Honecker ab.

Februar
Bei der Nationenwertung der Olympischen Spiele in Lake Placid belegt die DDR Rang 1.

sung wäre zu aufwendig geworden, denn man hätte die Siegermannschaften zusammenholen müssen. Also formierte der Sportredakteur ein »Siegerehrungs«-Kommando. Statt der bei solchen Zeremonien üblichen kurzröckigen Mädchen wurden Olympioniken ausgewählt: Wolfgang Behrendt, erster Olympiasieger der DDR, blies zum Auftakt gagenlos überall die Trompete, stieg dann in den Boxring, um die Kämpfe der Anfänger umsichtig zu leiten, langte danach zum Fotoapparat, um die schönsten Augenblicke festzuhalten, und stieg schließlich noch aufs Hometrainerrad, um seine Kräfte mit dem Kanu-Olympiasieger Dieter Krause zu messen. Der Dritte im Bunde war Hans Grodotzki, der in Rom 1960 olympisches Silber gewonnen hatte und allerorts Ratschläge für junge Läufer gab. In Schwanebeck, einem 650 Jahre alten Dorf vor Altentreptows Toren, begann die Siegertournee. In Heudeber, am Rande des Harzes, wurde sie fortgesetzt, erlebte in Bützow bei Wittenberg einen neuen Höhepunkt und endete in Döbern.

Nicht überall herrschte Freude und Frohklang. In Döbern bangte der Gastwirt um seine Stammgäste. Der unverwüstliche Wolfgang Behrendt beruhigte ihn: »Passiert nischt Unjewöhnlichet, Meester. Wir reißen hier nur det Parkett raus und pflanzen Mais an. Und damit Ihn' nischt kaputt jeht, kommen wir mit den Elefanten durch den Hintereingang.« Bis auf den Wirt lachten alle. Hauptgesprächsthema überall: Wird wohl in unseren Dörfern auch mal ein Olympionike geboren? 1972 war Ilse Kaschube in München unter den Medaillengewinnern. Geburtsort: Altentreptow. ■

März
DEFA-Filmpremiere »Glück im Hinterhaus« nach einer Vorlage von Günter de Bruyn.

April
Die DDR und UdSSR unterzeichnen ein Protokoll über die Zusammenarbeit bei der Atomenergie. Der Bau eines Atomkraftwerks bei Stendal wird beschlossen.

April
Premiere der Alexander-Lang-Inszenierung von Shakespeares »Ein Sommernachtstraum« am Deutschen Theater Berlin.

April
Ein Abkommen zwischen Vietnam und der DDR sieht 200 Stunden Deutschunterricht für Vertragsarbeiter vor.

Mai
Am Rande der Beisetzungsfeierlichkeiten des jugoslawischen Präsidenten Tito kommt es zu Gesprächen zwischen Erich Honecker und Bundeskanzler Schmidt.

Mai / Juni
Besuch einer DDR-Delegation unter Honecker in Kuba, Abschluss des Vertrages über Freundschaft und Zusammenarbeit und über den Warenaustausch für 1981–85.

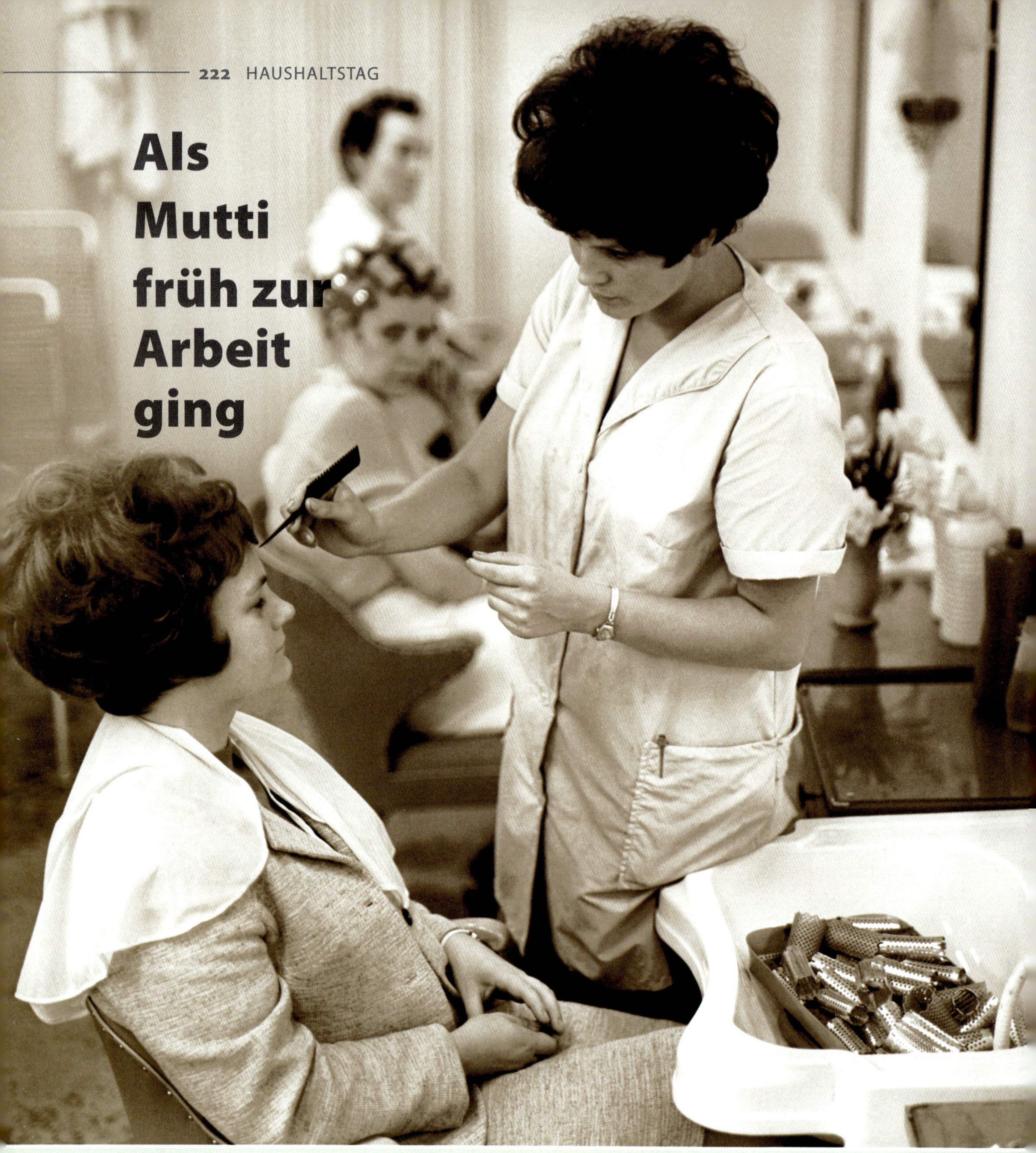

Als Mutti früh zur Arbeit ging

1980

Juni
DEFA-Filmpremiere »Der Baulöwe«, mit Rolf Herricht, Annekathrin Bürger und Franziska Troegner.

Juni
DEFA-Filmpremiere »Und nächstes Jahr am Balaton« von Herrmann Zschoche, ein Jugendfilm, der die Zuschauer zu Tausenden in die Kinos lockt.

Juni
Konstituierung des Martin-Luther-Komitees unter Vorsitz von Erich Honecker zur Vorbereitung des Luther-Jubiläums.

Juli / August
Bei den Olympischen Sommerspielen in Moskau und Tallin starten 345 DDR-Sportlerinnen und Sportler und erringen 47 Gold-, 37 Silber- und 42 Bronzemedaillen.

August
Der britische Verleger Robert Maxwell überreicht Honecker die englische Ausgabe der Honecker-Memoiren »Aus meinem Leben«.

Dass »Mutti früh zur Arbeit« ging, war früher ganz normal. Die Gleichberechtigung war in der DDR schließlich ein erklärtes politisches Ziel. Als oberster Berufsberater bemühte sich Walter Ulbricht bereits im Jahr 1962 um Frauen, die im Sozialismus ganz selbstverständlich ihren Mann stehen sollten und konnten: »Ich weiß, dass es alte Auffassungen gibt, wonach die Frauen vor allem leichtere Berufe ausüben müssten. Aber, liebe Genossinnen, wir können den Sozialismus nicht nur mit Friseusen aufbauen. Ich bin auch für schöne Frisuren, aber das Wichtigste und Interessanteste sind gerade die technischen Berufe.« Bald waren weibliche Kranführer, Technische Zeichner, Melker oder Schweißer keine Seltenheit mehr.

Für die berufstätigen Mütter wurde von Staats wegen so einiges veranstaltet: Es gab Krippen und Kindergärten, die schon öffneten, ehe Frau früh um sechs Uhr zur Arbeit antreten musste. Die Schulen gewährleisteten nach dem Unterricht die Betreuung des Nachwuchses im Kinder-Hort. Der Verbleib der Kleinen war bis zum Feierabend abgesichert, egal wie lange die Schicht dauerte.

Und einmal pro Monat gab es den arbeitsfreien Haushaltstag. Er wurde in der DDR bereits im Jahr 1952 gesetzlich garantiert, galt zuerst aber nur für verheiratete Frauen. Ab 1965 kamen auch unverheiratete Frauen mit Kindern unter 18 Jahren in den Genuss.

Das Sonderrecht für die gestressten DDR-Frauen war nicht ganz unumstritten. So wurde im Jahr 1977 das Anrecht auf den Haushaltstag neben unverheirateten, vollbeschäftigten Frauen ab 40 Jahren ohne Kinder nun auch Männern zugestanden. Sie mussten allerdings alleinstehend mit Kindern leben oder eine kranke Ehefrau haben.

Doch eigentlich war der Haushaltstag von den Männern für die Frauen ausgedacht worden. Waren die Mütter doch neben der Arbeit im Betrieb meistens federführend für die Kinderbetreuung und Hausarbeit zuständig. Die weibliche Doppelbelastung in Familie und Beruf war in der Praxis nicht so einfach zu überwinden, wie die Theoretiker das dachten.

»Das bisschen Haushalt, kann so schlimm nicht sein, sagt mein Mann …«, sang in den 70er Jahren Johanna von Koczian. Der Schlager kam zwar aus dem Westen, wurde aber in der DDR gern und viel gehört, weil er den Nagel auf den Kopf traf. Auch die Männer Ost taten sich schwer mit der Gleichberechtigung im familiären Alltag. Doch während in Westdeutschland nach einer Beschwerde eines alleinstehenden Mannes der Hausarbeitstag vom Bundesverfassungsgericht für verfassungswidrig erklärt wurde, ließen sich die Ostfrauen die Butter nicht vom Brot nehmen.

Am Haushaltstag brachten unsere berufstätigen Mütter nicht nur die Wohnung in Schwung.

Neben großer Wäsche, Bügeln und Fensterputzen war auch der Besuch beim Friseur oder im Kosmetik-Studio fest eingeplant. Sie konnten Behördengänge erledigen und die Werkstatt besuchen, um den kaputten Föhn reparieren zu lassen. Vor den Feiertagen wurde der Haushaltstag zum Einkaufen in der Bezirksstadt genutzt. Nur dort gab es die begehrten süßen Sachen. Da durfte die Wäsche bis zum Wochenende warten. Verkaufsoffene Sonntage waren noch ein Fremdwort.

Auch wir Kinder hatten etwas vom Haushaltstag: Wenn wir am Nachmittag früher als sonst üblich aus dem Schulhort nach Hause kamen, roch es bereits lecker nach Mittagessen. Oder der Geruch von frisch gebackenem Kuchen schlug uns bereits verlockend an der Wohnungstür entgegen. Mutter war bester Laune, hatte sich schön gemacht. Und wenn Vater am Nachmittag endlich von der Arbeit kam, wurde gemeinsam der Kaffee-Tisch gedeckt. Da kam am Haushaltstag mitunter echte Sonntagsstimmung auf! ■

»Kinder, Küche, Kirche« – das traf auf die DDR-Frau nicht zu. Und weil allein die rechtliche Gleichstellung von Mann und Frau noch nicht die Berufstätigkeit der Frau ermöglicht, wurde durch eine umfassende Kinderbetreuung und zahlreiche sozialpolitische Maßnahmen die »Vereinbarkeit von Beruf und Familie« angestrebt und möglich.

September
Uraufführung von Heiner Müllers »Der Bau« an der Berliner Volksbühne, Regie: Fritz Marquardt.

Oktober
Die Bergsteigerin Gerda Jacob aus Dresden bezwingt mit dem Aufstieg am »Lehnriff« als erste Frau alle 1066 anerkannten Klettergipfel des Elbsandsteingebirges.

September
DEFA-Filmpremiere »Die Verlobte« (DEFA/Fernsehen der DDR).

September
Manöver »Waffenbrüderschaft 80« der Warschauer Vertragsstaaten.

Oktober
Der Mindestumtausch für Besucher aus dem Westen wird von 13 auf 25 DM pro Tag erhöht: Die Kaufkraft der DDR-Mark ist gestiegen, der Wechselkurs von 1:5 in West-Banken schädigt die Wirtschaft der DDR.

1980

Oktober
In Saarbrücken, Duisburg und Bremen findet die erste »Filmwoche der DDR« in der Bundesrepublik statt.

Oktober
Vor Parteifunktionären in Gera hält Honecker eine »Abgrenzungs«-Rede gegenüber der Bundesrepublik. Er erklärt unter anderem die Anerkennung einer eigenen DDR-Staatsbürgerschaft ausdrücklich als Voraussetzung für die Normalisierung der deutsch-deutschen Beziehungen.

Oktober
Der visafreie Verkehr zwischen der DDR und Polen wird aufgehoben.

November
Der DEFA-Film »Levins Mühle« nach Johannes Bobrowski hat Premiere.

Theater der Commune oder 5 Antworten auf eine einfache Frage

Theater ist, wenn Leute sich an einem Ort versammeln, um Leute zu sehen, die Leute spielen, welche miteinander kämpfen. Die Gesellschaft ergötzt sich hier an einer viele Künste aufbietenden Kunst, die öffentlich Dinge der Gesellschaft verhandelt. Sie erlangt dabei ein Bewusstsein ihrer selbst oder schärft es. Dramen, über Jahrtausende verlässliche Zeugnisse und Zeugen von Blütezeiten des Theaters, zeigen Gesellschaften in Epochenumbrüchen. Eine neue Gesellschaftsordnung miterbauen wollte das Theater im sozialistischen Deutschland. Unbestritten war es zu seiner Zeit eines der besten der Welt. Warum aber war dieses Theater so gut?

1. Brecht sprach, nachdem er 1948 aus dem amerikanischen Exil nach Berlin zurückgekehrt war, von den Trümmern, in denen nicht nur die Theatergebäude lägen, sondern die Bühnenkunst überhaupt, die durch den »Geist des Rückschritts und der Abenteuer« zerstört sei. Ein Aufstieg der der Wirklichkeit entfremdeten Künste sei nur denkbar, wenn sie »dem Aufstieg der Werktätigen« dienten. Indessen die Werktätigen die zerstörten Theater wieder aufbauten, warteten die Kommunisten nicht, bis das geschehen war. Brecht, der während seiner Gastinszenierung der »Mutter Courage« am »Deutschen Theater« in Berlin verschiedenen Ämtern den Plan für ein eigenes Theater vortrug, wurde darin nicht etwa vom Oberbürgermeister der Stadt bestärkt, sondern vom Politbüro der SED. Es beschloss, das neue Theater von Bertolt Brecht und Helene Weigel unabhängig vom Berliner Magistrat betreiben und es mit einem Etat von 1,5 Millionen Mark und 10 000 Dollar für Gasthonorare von der künftigen Republik ausstatten zu lassen. Noch vor seinem eigenen Gründungsakt gründete dieser Staat am 1. September 1949 mit dem »Berliner Ensemble« ein Theater und war sich der Bedeutung dieser Tat wohl bewusst. Kurt Bork, verantwortlicher Referent für Theater, hatte zuvor begründet: »Die Wirkung einer ständigen Tätigkeit Brechts in Berlin kann nur verglichen werden – um es sehr konkret auszudrücken – mit einer Übersiedlung Thomas Manns nach Berlin Lichtenberg, einer Professur Georg Lukács' an der Berliner Universität oder einer Professur Einsteins in Thüringen.« Brecht verfügte nun erstmals über ein eigenes Ensemble und entfaltete mit aus dem Exil heimgekehrten und aus faschistischer »

Das Nationaltheater Weimar (links), das Berliner Ensemble.

Dezember
Klaus Bölling wird als Nachfolger von Günter Gaus als Leiter der Ständigen Vertretung der BRD in der DDR benannt.

November
Erich Honecker reist nach Österreich; es ist der erste offizielle Besuch in einem westlichen Land.

Dezember
Die Subventionen des Staatshaushalts für Preisstützungen belaufen sich auf 17 Milliarden Mark.

Dezember
Die führenden Vertreter der Warschauer Vertragsstaaten treffen sich, um über die Situation in Polen zu beraten.

Eberhard Esche als Drachentöter »Lanzelot« in der Märchenkomödie »Der Drache« von Jewgenij Schwarz am Deutschen Theater in Berlin 1965. Die legendäre Inszenierung in der Regie von Benno Besson mit dem phantasievollen Bühnenbild von Horst Sagert lief über 500 mal.

» Haft befreiten Künstlern, aber auch mit jungen Begabungen und in Deutschland gebliebenen Künstlern, die er noch aus der Zeit der Weimarer Republik kannte, eine enorme Aktivität. Der DDR wuchs ein Theater von Weltgeltung. Doch fehlte dem Ensemble das Haus. Auf das von Brecht gewünschte Theater am Schiffbauerdamm, in dem 1928 die legendäre Uraufführung der »Dreigroschenoper« stattgefunden hatte, musste das im Deutschen Theater gastierende BE noch vier Jahre warten, bis die Truppe der ehemaligen Volksbühne unter Fritz Wisten vom Schiffbauerdamm in ihr wiederaufgebautes Haus am Rosa-Luxemburg-Platz ziehen konnte. Brecht hatte für sein neues Theater keinen Neubau verlangt. Die Anverwandlung des historischen Hauses erfolgte auf andere Art: Den Reichsadler über einer Seitenloge des im Stil des Neobarock reichlich mit Stuck verzierten Saales ließ er sichtbar rot durchstreichen. Der graue Vorhang trug die Friedenstaube Picassos. Der Einbau einer Regierungsloge im ersten Rang war Zeichen und praktische Einrichtung des ernsthaften Gegenübers von Kunst und

1981

Januar
DEFA-Filmpremiere »Unser kurzes Leben« nach dem Roman »Franziska Linkerhand« von Brigitte Reimann.

Februar / März
Auf dem 26. Parteitag der KPdSU wird wiederum Leonid Breshnew gewählt. Im Anschluss findet ein sowjetisch-polnisches Gipfeltreffen statt.

März
Eröffnung des Interhotels »Merkur« in Leipzig.

März
Im Pariser Museum für moderne Kunst wird die Ausstellung »Malerei und Grafik in der DDR« eröffnet.

März
Eröffnung des Albert-Einstein-Museums in Caputh bei Potsdam.

Politik. Wilhelm Pieck, Walter Ulbricht, Otto Grotewohl kamen selbstverständlich zu den Premieren. Wiederaufbau, Umbau, Sanierung, aber auch der Neubau von Theatergebäuden, wie der des Schauspielhauses in Karl-Marx-Stadt, der Leipziger Oper oder der Kammerspiele des Deutschen Theaters in Berlin, waren in der DDR allzeit vorrangige Bauvorhaben. Nirgends sonst gab es auf einer Fläche von 108 000 Quadratkilometern so viele Theater und nirgends auf der Welt so viele Theater für 17 Millionen Menschen. Theater war behaust.

2. Theater lebt mit den Schauspielern. Die Schauspieler des DDR-Theaters verleugneten, im sich jeweils nur der eigenen Zeit ganz mitteilenden Ruhm, nie, dass er ermöglicht war von den Schaffenden eines mittelgroßen Betriebes, als da waren: Regisseure, Dramaturgen, Bühnen-, Kostüm-, Maskenbildner, Komponisten, Musiker, Inspizienten, Assistenten, Souffleure, Beleuchter, Ober- und Untermaschinisten, Tontechniker, Bühnenarbeiter, Tischler, Schlosser, Schuster, Kascheure, Maler, Fotografen, Schneider, Gewandmeister, Ankleider, Rüstmeister, Intendanten, Pförtner, Kantinenwirte, Archivare u. a. Die Aufführung als gemeinsames Ziel war hier nicht durch soziale Gegensätze von vornherein Illusion. Der Betrieb selbst war ein Modell von aufgehobenem Antagonismus zwischen Klassen. Kunst war kein schnell für den Markt produzierter Luxus- oder Scherzartikel, sondern auf die Gesellschaft gerichtetes absichtsvolles Erzeugnis aller Beteiligten. Das hatten Schauspieler und Regisseure von ihren Meistern, die oft nicht nur große Künstler, sondern auch Kommunisten waren, gelernt, und unter den geschaffenen Bedingungen erfahren können. Neben Brecht und seinen Mitarbeitern war vor allem Wolfgang Langhoff, der Intendant des Deutschen Theaters, prägend, der aus Düsseldorf kommend, die Erfahrung des Züricher Schauspielhauses, der bedeutendsten deutschsprachigen Exilbühne während des Faschismus, mitgebracht hatte. Dort hatten auch Wolfgang Heinz, Karl Paryla und andere gewirkt, die 1956, nachdem ihr Wiener »Neues Theater in der Skala« geschlossen worden war, gleichfalls ans Deutsche Theater nach Berlin kamen. Ein weiterer wesentlicher Impuls ging von den aus sowjetischem Exil heimgekehrten Theaterleuten Ottofritz Gaillard, Maxim Vallentin, Fritz Erpenbeck aus, die die Schule Stanislawskis mitbrachten. Die Schauspielschulen der DDR, deren Studenten oftmals vor ihrem Studium bereits in Schultheatergruppen oder Arbeitertheatern gespielt oder schon einen Beruf erlernt hatten, formten eine neue Generation von Schauspielern. Wollte man vom Typus des DDR-Schauspielers sprechen, ließe sich sagen, dass er bei äußerster Individualiät das Spiel als ein Miteinander zu betreiben gelernt hatte. Die Orientierung auf die Hauptstadt, die Einstufung der Theater in drei Kategorien, die Spannungen zwischen den Zuständigkeiten des Kulturministeriums in Berlin und lokalen Behörden, schufen Freiräume, die auch außerhalb Berlins Theaterzentren entstehen ließen. Sie waren für die Entwicklung sowohl der Schauspieler als auch der Regisseure, Dramaturgen und Bühnenbildner wichtig und bildeten erst den Organismus des DDR-Theaters.

Zu erinnern sind neben anderen: Senftenberg, Rudolstadt, Halle, Weimar, Schwerin, Rostock, Dresden, Karl-Marx-Stadt, Potsdam. Die Theater, die sämtlich staatlich subventioniert wurden, erhielten 20 Prozent des Jahresetats für Kultur. Die Gagen der Schauspieler lagen um etwa das Doppelte über dem sonstigen Durchschnittsgehalt. Verträge wurden in der Regel unbefristet geschlossen. Angst vor Entlassung war unbekannter als die Furcht vor künstlerischer Stagnation. Auf der Basis sozialer Sicherheit konnten sich tatsächlich Ensembles entwickeln, Begabungen reifen. Die Bühnen hatten geachtete Schauspieler. »

1988 verfügten die 213 Theater der Republik über 55 568 Sitzplätze. Die DDR leistete sich die höchste Theaterdichte der Welt.

März
In Moskau wird ein Handelsabkommen über 5 Jahre unterzeichnet, das die Erdöllieferungen in die DDR regelt. Im selben Jahr kommt es zu Kürzungen der Lieferungen, so dass die DDR das Erdöl teuer auf dem Weltmarkt einkaufen muss, um ihren Exportverpflichtungen in den Westen nachzukommen.

März
In Berlin wird das Sport- und Erholungszentrum eröffnet.

März
Der »Canto General« von Mikis Theodorakis nach Pablo Neruda wird in der DDR uraufgeführt.

April
Der X. Parteitag der SED findet im Palast der Republik statt. 2700 Delegierte bestätigen die Wiederwahl von Erich Honecker zum Generalsekretär.

April
Anlässlich des 200. Geburtstages von Karl Friedrich Schinkel werden die zur Schlossbrücke (Marx-Engels-Brücke) gehörenden Skulpturen aus Westberlin nach Ostberlin überführt und wieder aufgestellt.

» **3.** Auch im DDR-Theater sah man auf den Bühnen: Faust, Hamlet, Maria Stuart, Emilia Galotti, Lear, Nathan; zu sehen waren aber auch Galilei, Lenin, Clara Zetkin, Karl Marx, Pablo Neruda; neue Figuren hießen Balka, Mattukat, Paul Bauch, Max Fidorra, Emma Holdefleiss, Alois Fingerlein, Trygaios, Frau Flinz, Moritz Tassow, Alkmene, Arno Prinz von Wolkenstein, Philoktet, Debuisson, Barby, Herakles, Justine Menken, Edgar Wibeau, Kap, Wang, Tinka, Schlötel, Frau von Stein, Zementhin.

Helene Weigel in ihrer weltberühmten Rolle als »Mutter Courage«. Nach der Rückkehr aus der Emigration hatten Bertolt Brecht und Helne Weigel das »Berliner Ensemble« gegründet – zunächst mit Spielstätte im Deutschen Theater, ab 1954 im eigenen Haus am Schiffbauerdamm. Als Schauspielerin und Intendantin führte sie das Theater zu Weltruf. Für drei Vorstellungen der »Mutter Courage und ihre Kinder« im Théâtre Sarah Bernhardt in Paris 1954 erhielt das Ensemble den 1. Preis des »Theaterfestivals der Nationen«.

Gegeben wurden die Stücke der Klassik, die Stücke Brechts, die Stücke der russischen und sowjetischen Dramatik. Es gab sowjetische Zeitstücke, die, wie die eigenen, ebenso rasch Wirkung machten, wie sie alterten. Stücke aus aller Welt wurden in hervorragenden Übersetzungen aufgeführt. In Korrespondenz zu all dem und auf dem Boden all dessen entwickelte sich nach Brecht eine eigenständige Dramatik, die mit keiner parallelen vergleichbar ist. Nach anfänglich direkter Übernahme von Gegenständen der DDR-Wirklichkeit in Lehrstücken, nach dem Versuch von Historien, entstanden Dramen, die auf ganz eigene Weise mit den Werken der Antike, den Stücken Shakespeares, der französischen und deutschen Klassik in Korrespondenz traten. In ihrer produktivsten Phase, in der auch die Verbindung zwischen Theater und Autoren am engsten war, eroberten die DDR-Dramatiker den Blankvers, was als Leistung des Theaters überhaupt zu begreifen ist. Sie setzt gesellschaftliche Vorgänge, die des Verses würdig sind, genauso voraus, wie ein Publikum, das daran Vergnügen findet. Derart war die Dramatik.

4. Die Leute hatten es nicht weit; Theater war nahbei. Man ging, oder fuhr mit der Straßenbahn, der S-Bahn, dem Theaterbus oder dem Theaterzug hin. Oder die Theater kamen und gastierten auf den Abstecherbühnen oder denen der großen Kulturhäuser. Die Bühne des von den Arbeitern in zusätzlichen Aufbaustunden in den 50er Jahren errichteten Bitterfelder Kulturpalastes hatte die Ausmaße einer Staatsopernbühne. So konnten am Rande eines riesigen Industriebetriebes große Theater und Orchester gastieren. Das Berliner Ensemble war das Ziel von Theaterzügen mit Arbeitern aus Buna, aber auch mit Studenten aus Leipzig und

1981

April
DEFA-Kinderfilmpremiere »Als Unku Edes Freundin war« nach dem Kinderbuch von Alex Wedding.

Mai
Gründung des Ernst-Busch-Archives der Akademie der Künste der DDR als Gedenk- und Lehrstätte im ehemaligen Wohnhaus des Arbeitersängers und Schauspielers.

Mai
Olaf Ludwig gewinnt bei der Friedensfahrt fünf Etappen und das violette, weiße und rosa Trikot.

Mai
Eine Anordnung des Ministeriums für Volksbildung beschließt den Wehrkundeunterricht an den Erweiterten Oberschulen in den Klassen 11 und 12.

Mai
Erich Honecker auf Staatsbesuch in Japan. Die Lieferung von 10 000 PKW Typ Mazda wird beschlossen.

Dresden. In den 60er und 70er Jahren wurden an den Bühnen der DDR jährlich 12 Millionen Karten verkauft, eine weitere Million sah die Vorstellungen der Arbeiter- und Bauerntheater. Das Publikum war bedeutend jünger als der Altersdurchschnitt der Bevölkerung. Mehr als die Hälfte der Besucher war unter 39 Jahren, mehr als ein Drittel war weniger als 30 Jahre alt. Wenn Arbeiter auch im DDR-Theater eine Minderheit waren, so waren sie im Publikum mehr als zu jeder anderen Zeit vertreten. Die Beziehungen waren direkt und wechselseitig, so gab es Patenschaften zwischen Theatern und Betrieben. Trotz Gruppenanrechten, Kultur- und Bildungsplänen von Brigaden waren Theaterbesuche in der DDR nicht staatsbürgerliche Pflicht, wie im Athen des Perikles. Die größte Gruppe der Besucher waren Facharbeiter, Fach- und Hochschulabsolventen. Wohl nie zuvor gab es in Deutschland eine solche Repräsentanz verschiedener Schichten von Leuten im Theater. Die Karten kosteten in der Regel zwischen 2 und 12 Mark. Es bildete sich ein waches Publikum.

5. In den Kämpfen auf den Bühnen ging es um die Überwindung von Krieg und Faschismus. Es ging um die sozialistische Umgestaltung der Gesellschaft: in der Industrie, in der Landwirtschaft. Es ging um den Widersprüche zwischen Partei und Arbeiterklasse, zwischen Individuum und Gesellschaft. Es ging um die Frau. Es ging um eine ökonomische Politik. Die Widersprüche auf den Bühnen, die solche erlebter und erlittener Wirklichkeit waren, verbanden die Leute, die zuschauten, mit denen, die spielten, und den erdichteten Gestalten. Darin bestand die Potenz dieses Theaters. Es existierte ein gemeinsamer Boden für Kämpfe.
In dem Stück »Die Tage der Commune«, das Brecht dem neuen Staat 1949 mitbrachte, sagt der Kommunarde Varlin: »Wenn ihr die Freiheit wollt, müsst ihr die Unterdrücker unterdrücken. Und von eurer Freiheit soviel aufgeben als dazu nötig ist. Ihr könnt nur eine Freiheit haben, die, die Unterdrücker zu bekämpfen.«

Die aufgeführten Gründe für die Güte des Theaters erhellen auch die nicht gestellte Frage nach seinem sang- und klanglosen Verschwinden. Erst der Zusammenhang aller hier einzeln aufgeführten Elemente bildete den Glücksfall, der in der Freiheit Varlins seinen Grund hatte. Er war bereits aufgegeben, als etliche Theaterleute im November 89 den Auftritt der Massen auf dem Berliner Alexanderplatz anführten. Was bleibt, ist wieder die Dramatik. Deren einstiges Verhängnis – sowohl für ihre eigene als auch für die Entwicklung des Theaters –, dass sie ihre Aufführungen oft zu spät erlebte, gereicht ihr nun in ihren besten Werken zum Vorteil: Sie warten auf ein gemäßes Theater und fordern das und eine Zeit ein, in der sie ihren Raum haben: ein sozialistisches und realistisches Theater einer heranwachsenden Commune. ■

Jeder sollte sich den Theaterbesuch leisten können. Die Eintrittspreise waren generell niedrig, ein differenziertes Anrechtssystem kam hinzu, die Betriebe organisierten Theaterbesuche für die Brigaden. Hoch im Kurs standen selbstverständlich auch die Kombination Familienausflug und Unterhaltung. Foto: Mehr als 1000 Zuschauer verfolgen im Naturtheater in Thale das Märchenspiel »Rumpelstilzchen«.

Juni
Beim XI. Parlament der FDJ wird Egon Krenz zum 1. Sekretär des Zentralrates der FDJ gewählt.

Juni
Festlegung über Ausbildungshilfen für Schüler der Erweiterten Oberschule, ab der 11. Klasse 110 Mark, ab der 12. Klasse 150 Mark. Lehrlinge erhalten zwischen 105 und 220 Mark. Das Grundstipendium für Direktstudenten wird auf einheitlich 200 Mark monatlich erhöht.

Juni
DEFA-Filmpremiere »Sing, Cowboy, sing«. Buch, Regie und Hauptdarsteller: Dean Reed.

Juni
Bei den Wahlen zur DDR-Volkskammer stimmen 99,86 % der Wähler für die Kandidaten der »Nationalen Front«. Erstmalig werden die Berliner Volkskammerabgeordneten direkt gewählt, wogegen die Westmächte Protest einlegen.

Juni
Das ehemalige Salzbergwerk Morsleben wird zur zentralen Endlagerstätte für radioaktive Abfälle bestimmt.

Bücher auf Rädern

1981

Juli
Die Kinderbuchautorin und Illustratorin Elizabeth Shaw erhält den Käthe-Kollwitz-Preis.

August
Anlässlich des 20. Jahrestages des Mauerbaus kritisiert Erich Honecker Reagans Entscheidung für den Bau der Neutronenbombe.

September
Staatsbesuch Erich Honeckers in Mexiko und Kuba.

Juni
Das letzte Todesurteil der DDR wird vollstreckt: MfS-Hauptmann Werner Teske wird wegen Verrats hingerichtet.

August
In einem gemeinsamen Appell von 150 europäischen Autoren, unter anderem Heinrich Böll, Lew Kopelew und Anna Seghers, werden ein Ende des Wettrüstens und der Baustop für die Neutronenbombe gefordert.

So wie heutzutage »Essen auf Rädern« und »Frosta-Tiefkühlkost« in Stadt und Land von Haus zu Haus gebracht werden, so gab es zwischen Elbe und Oder bis 1989 auch »Bücher auf Rädern« durch ein Netzwerk fahrender Bibliotheken. Diese »Marotte«, die geistigen Bedürfnisse der Menschen ebenso ernst zu nehmen wie die materiellen, konnte sich natürlich unter den Bedingungen der freien Marktwirtschaft nicht halten, weil es sich nicht rechnet. Jedenfalls nicht in Geld, was zum Maß aller Dinge wurde.

Es lässt sich heute auch nicht mehr nachrechnen, wie viel die DDR für ihren internationalen Ruf als »Leseland« draufgezahlt hat. Die durchschnittlich 6000 Neuerscheinungen auf dem Buchmarkt pro Jahr. Die 12 000 öffentlichen Bibliotheken plus 6000 Gewerkschaftsbibliotheken. Die 86 Millionen Ausleihen pro Jahr durch sachkundig ausgebildete Bibliothekarinnen und ihre männlichen Kollegen. Die Registratur und Pflege der Millionen-Bestände. Die Tausende Lesungen, Buchbasare und Literaturdiskussionen, die einzelne Werke mit Tiefgang, Sprachkunst und Konfliktreichtum zum Staatsereignis machten. Und das in einem kleinen benachteiligten Land, wo die Papierblätter von der Plankommission abgezählt waren!

Wenn Berlin doppelt so viele Ausleihen wie Suhl hatte, so hat das weniger mit der Zahl der Leseratten zu tun, als viel mehr mit dem aufwendigen Vertriebssystem in den Bergdörfern und auf dem flachen Land. Um diese Lücke zu schließen, wurde das 3-B-System entwickelt: Buch per Bus zum Bürger. Die fahrenden Bibliotheken waren in allen Bezirken unterwegs und hatten viele Freunde. Mancherorts wurde am Ausleihtag von den Dorfbewohnern Kaffee gekocht und Kuchen gebacken, weil die Plauderei über Bestseller genau so wichtig war wie die Frage nach den Kindern und deren Interessengebieten.

Kein Wunder, dass es hier und da Tränen gab auf der letzten Fahrt. Obwohl es nun 90 000 Neuerscheinungen im Jahr gibt. Aber die Wege zu den Buchläden wurden weiter, weil das Netz dünner wurde. Viele Verlage wurden erdrückt von der Treuhand und den Buchfabriken des Westens. Die Preise wurden höher, weil die Zuschüsse weniger wurden. Und wer hilft nun, Spreu und Weizen zu unterscheiden?

Na klar, das darf und muss jeder selber tun. Die Geschmäcker und Bedürfnisse sind nun mal verschieden, und Geschmacksbildung steht nicht im Grundgesetz. Daher wurden die alten DDR-Bestände in den Bibliotheken auch tonnenweise in Containern entsorgt. Manches zu Recht, denn es gab und gibt immer und überall Bücher, die die Luft nicht wert sind, die sie verdrängen. Oft hängt das aber auch vom Leser ab,

denn wenn ein Narr hineinschaut, kann kein Weiser herausschauen.

Gemessen daran, wie sorgfältig wir inzwischen unsere materielle Nahrung auswählen – wie viel Kalorien, Kohlehydrate, Eiweiß, Mineralstoffe, Vitamine –, sollten wir bei der geistigen Nahrung nicht zum Müllschlucker werden, obwohl viele Institutionen dazu beitragen. Den Fahrern und Begleitern der ostdeutschen »Bibliotheken auf Rädern« sei nachträglich noch einmal gedankt für ihren Anteil an der Menschwerdung vieler Menschen. ■

Fahrbüchereien in ländlichen Gegenden, aber auch in Neubaugebieten, sicherten die kostenlose Versorgung mit Lesestoff überall im »Leseland«. Dieser Wagen der Stadt- und Bezirksbibliothek Dresden erreichte 7500 ständige Leser direkt vor ihrer Haustür; unter 5 000 Büchern, von den Bibliothekaren in stets neuer Auswahl zusammengestellt, konnten sie fündig werden.

September
DEFA-Filmpremiere »Bürgschaft für ein Jahr« mit Katrin Saß.

September
Das internationale Schlagerfestival findet in Dresden statt.

Oktober
Der frühere Referent des Bundeskanzlers Willy Brandt, Günter Guillaume, der 1975 wegen DDR-Spionage zu dreizehn Jahren Freiheitsstrafe verurteilt worden war, wird im Zuge eines Agentenaustausches in die DDR entlassen.

23. August
Der Schauspieler und Komiker Rolf Herricht stirbt im Alter von 53 Jahren während einer Aufführung von »Kiss Me, Kate« auf der Bühne des Berliner Metropoltheaters.

September
Kulturkonferenz der Nationalen Volksarmee in Berlin unter dem Motto: »Mit sozialistischer Kultur und Kunst für hohe Gefechtsbereitschaft.«

»Der Konsum ist stets hilfs-bereit …«

Nach Erlass des Befehls der Sowjetischen Militäradministration zur Wiederherstellung der Konsumgenossenschaften in der so-wjetischen Besatzungszone erhielt in den darauffolgenden Jahren jedes Dorf, egal wie groß, seinen Konsum-Laden. Zunächst waren die Läden untergebracht in alten Schlössern, Gutshäusern, Wohnungen, später dann baute man Kioske und zunehmend Verkaufsstellen in fester Bauweise, in größeren Gemeinden auch die sogenannten Ländlichen Einkaufszentren oder Landwarenhäuser. Der KONSUM im Dorf war Treff der Dorfbevölkerung, wo man das Nötigste zu kaufen und das Neueste zu hören bekam.

Oftmals wurde den Einwohnern der Dörfer vor den Wahlen eine neue Verkaufsstelle versprochen und der Konsum danach verpflichtet, gemeinsam mit der LPG oder Gemeinde eine solche zu bauen und zu betreiben. Dass die meisten Läden unrentabel waren, zählte nicht.

»Der Konsum ist stets hilfsbereit, er dient dem Fortschritt unserer Zeit« war so eine freundliche Beschreibung der Tätigkeit der Dorfkonsumgenossenschaften.

Kalter Wind wehte den Konsum-Mitarbeitern entgegen, wenn die Verteilung der rationierten Waren nicht klappte, Schwund, Verlust und Verderb auftraten, die Inventuren nicht stimmten, Aussehen und Sauberkeit der Verkaufsstellen zu wünschen ließen. Wenn die Brötchen erst nachmittags geliefert wurden oder Gustav seine »Monte Casino« oder die Flasche »Harten«

1981

Oktober
Eröffnung der Probebühne der ersten freien Theatergruppe (»Zinnober«) in einem Laden in Berlin-Prenzlauer Berg.

Oktober
Feierliche Einweihung des neuen Gewandhauses in Leipzig. Unter Leitung von Dirigent Kurt Masur spielt das Gewandhausorchester.

Oktober
DEFA-Filmpremiere »Darf ich Petruschka zu dir sagen?«

Oktober
Das Kindergeld für das dritte und jedes weitere Kind wird auf 100 Mark monatlich erhöht.

November
Im Süden Berlins wird der Teltowkanal nach 36 Jahren für den zivilen Güterschiffverkehr von und nach West-Berlin wiedereröffnet.

nicht bekam, Kaffee in der Spitztüte ausgegeben werden musste, zur Hausschlachtung die Gewürze fehlten oder Struppi auf der Rampe ans frischangelieferte Brot oder Gemüse gepinkelt hatte.

Netter ging es zu, wenn die Wahlen zu den Verkaufsstellenausschüssen stattfanden. Dann stand das ganze Dorf hinter seinem Konsum. Die meisten waren sowieso Konsummitglieder.

Wie immer die Partner des Konsums auf dem Lande auch hießen, es gab eine vortreffliche Zusammenarbeit: Ob mit MAS oder MTS, LPG oder KAP, VEG oder ZBO (zur Auffrischung, das sind die Maschinen-Ausleih-Stationen, die Maschinen-Traktoren-Stationen, die Landwirtschaftlichen Produktionsgenossenschaften, die Kooperativen Abteilungen Pflanzenproduktion, Volkseigenen Güter und Zwischenbetrieblichen Bau-Organisationen), mit Gemeinden oder Gemeindeverbänden und Zweckverbänden für Werterhaltung und Naherholung.

Sollte eine Verkaufsstelle neu gebaut, vergrößert oder rekonstruiert werden, zogen alle in der Gemeinde an einem Strang. Mit einer größeren Verkaufsstelle bekam man nämlich auch einen größeren Warenfonds, und das lag im Interesse aller Dorfbewohner.

In den Konsum-Läden fand natürlich auch der tägliche Klatsch statt. Die Hausfrauen machten ihre hohe Dorfpolitik, und nicht selten war die Verkaufsstellenleiterin der eigentliche Bürgermeister im Ort. Vom Konsum aus wurden im Dorf die Fäden gezogen. Wenn die wöchentliche Warenlieferung kam, standen zum Annehmen und Einsortieren der Ware auch die Ausschussmitglieder zur Verfügung. Die Hilfe im Laden war eine Selbstverständlichkeit. Hinterher gab es Kaffee und Kuchen. Für die freundlichen Helfer hatte das ja auch noch den Vorteil, dass sie wussten, was an Ware geliefert wurde und womit sie sich selbst versorgen konnten.

In den frühen Jahren fand man sich oft in der Verkaufsstelle zusammen, um aus dem angelieferten Flomen Schmalz auszulassen, Sülze aus den nicht bestellten, aber trotzdem gelieferten Schweineköpfen zu machen, Geflügel zu zerteilen, Heringe und Gurken einzulegen, Kohl einzukochen oder Buletten zu braten. Die Not machte erfinderisch. Alles musste verwertet werden, nichts durfte umkommen – im Konsum wurde improvisiert … Und gefeiert – die Dorffeste, wenn Kultur, Blasmusik und Modenschauen aufs Land kamen, Bauernmessen und Kinderfeste stattfanden.

Die Bereichsleiter des Konsums hatten in den 50er Jahren allerdings auch andere Probleme. Jeden Montag musste erst einmal überprüft werden, ob auch alle Verkaufsstellen geöffnet waren oder sich schon wieder ein Leiter oder Verkäufer in den Westen abgesetzt hatte. Das kam allzu oft vor. Es war auch kein Trost, dass es den LPG mit ihren Melkern ähnlich ging und die Kühe mit prallen Eutern ungemolken in den Ställen standen. Es musste in beiden Fällen schnell gehandelt werden, damit alles wieder in geordneten Bahnen verlief. ■

Schickte einen Mutti in den »Konsum«, betonte sie das Wort auf der ersten Silbe, sagte also »Konnsum«, und man musste einkaufen, was die Familie zum Leben brauchte. Und durfte nicht die »Konsummarken« vergessen! Einmal im Jahr gab es die Rückvergütung: rund 1,5 Prozent auf die via Rabattmarken nachgewiesene Summe, die man in den Konsumläden ausgegeben hatte. Zu Volksfesten und politischen Ereignissen, wie hier am 1. Mai 1951, rollten Verkaufswagen über Land.

Dezember
Auf Einladung von Stephan Hermlin kommen rund 100 namhafte Künstler und Wissenschaftler aus ganz Europa nach Berlin, um gegen die geplante Aufstellung amerikanischer Pershing-Raketen zu protestieren.

18. Dezember
In Moskau verleiht Erich Honecker Breshnew zu dessen 75. Geburtstag den Ehrentitel »Held der Deutschen Demokratischen Republik«.

Dezember
Innerdeutsches Gipfeltreffen zwischen Honecker und Bundeskanzler Schmidt am Werbellin- und am Döllnsee.

Dezember
In Polen wird das Kriegsrecht verhängt.

Dezember
Wirtschaftsgespräche zwischen Berthold Beitz (Krupp) und Erich Honecker und Günter Mittag.

Fernes Kanada?

Doug Gilbert war ein kanadischer Sportjournalist, und im Laufe der Jahre waren wir gute Freunde geworden. Horst Döhler war ein vor den Nazis nach Kanada geflohener Deutscher, und eines Tages waren wir Kollegen geworden. Die Zusammenhänge zu erklären, ist mit zwei Worten nicht getan. Beginnen wir bei Döhler. Der war in seinen ersten kanadischen Jahren als Holzfäller durch die kanadischen Wälder gezogen und eines Tages bei Finnen gelan-

1982

Januar
Fünfzehn führende Rock-Gruppen der DDR treten bei »Rock für den Frieden« im Palast der Republik auf.

Januar
Auf Initiative des Pfarrers Rainer Eppelmann wird der »Berliner Appell – Frieden schaffen ohne Waffen« verfasst.

Januar
DEFA-Filmpremiere »Romanze mit Amélie« nach Benito Wogatzki.

Januar
Erstaufführung von Brechts »Trommeln in der Nacht« in Schwerin, Regie: Christoph Schroth.

Februar
In der Kreuzkirche in Dresden findet mit etwa 5000 meist jugendlichen Teilnehmern aus den Reihen der christlichen Friedensbewegung ein Friedensforum statt.

det, die die sowjetische Fahne über ihrem Camp gehisst hatte. Bei denen wurde er Kommunist und blieb es bis ans Lebensende. Und weil er dafür eintrat, dass Kanada eines Tages die DDR anerkennt, gründete er eine Freundschaftsgesellschaft Kanada-DDR und feierte mit ihr tolle Erfolge. Er brachte es zuwege, dass das »Berliner Ensemble« in Kanada gastierte und viel Aufsehen erregte. Die kanadische Regierung mochte die DDR trotz allem nicht anerkennen.

Als Döhler eines Tages wieder mal die DDR besuchte und auch in Buchenwald war, entdeckte er in dem Gräberfeld die letzten Ruhestätten zweier kanadischer Piloten, die von deutschen Antifaschisten seit Jahren gepflegt worden waren. Als er wieder zu Hause war, brachte er eine Extra-Ausgabe der Zeitschrift der Freundschaftsgesellschaft heraus, in der er Interviews mit den Angehörigen der in Buchenwald ermordeten Kanadier veröffentlichte und den Ministerpräsidenten um eine Meinung bat. Es war die erste sympathisch-wohlwollende Äußerung eines kanadischen Ministerpräsidenten zur DDR überhaupt!

Inzwischen hatte man mich zum Präsidenten der Freundschaftsgesellschaft DDR-Kanada gewählt, und gemeinsam arrangierten wir in Montreal während der Olympischen Spiele 1976 eine Ausstellung über den DDR-Sport.

Als die DDR sich anschickte, in der Länderwertung die USA hinter sich zu lassen, war diese Ausstellung überfüllt.

Zuvor hatten wir uns beide geärgert, wie die kanadischen Zeitungen über DDR-Athleten her-gezogen waren und nachdem wir uns genügend geärgert hatten, einen Plan geschmiedet. Ich lud den Sportredakteur der größten Zeitung Montreals zum Essen ein und schlug ihm einen Deal vor: Hört die Anti-DDR-Kampagne auf, kann er die DDR-Olympiasieger dreißig Minuten lang vor allen anderen Journalisten allein interviewen. Der Deal war ein Erfolg. Für die DDR-Sportler und für den Journalisten Doug Gilbert, denn als ein New Yorker Verleger spürte, dass Doug gute Kontakte zu den Sensationssiegern von Montreal hatte, unterbreitete er ihm das Angebot, ein Buch über den DDR-Sport zu schreiben. Das Buch »The Miracle-Machine« wurde in den USA ein Bestseller. Da war Doug dann auch bereit, ein Büchlein für Döhlers Freundschaftsgesellschaft zu schreiben. Es hieß »Der kleine Gigant« und in Kanada rissen sich die Leute darum. Und wir beiden »Präsidenten« rieben uns die Hände!

Als Jahre danach in Dresden die Semper-Oper feierlich eröffnet werden sollte, rief Döhler mich aus Kanada an, um Besuch anzukündigen. Einige Tage später stand ein älterer Herr in meinem Zimmer und stellte sich vor: »Ich war einer der Bomberpiloten, die Dresden zerstört haben, und als eine Geste der Wiedergutmachung will ich dabei sein, wenn die Semper-Oper wieder eröffnet wird, und will dort sagen, dass es mir leid tut.«

Die aus meiner Sicht liebenswerte DDR hatte ihre Macken. Zum Beispiel, wenn jemand in die diplomatischen Strukturen des Staates einzugreifen wagte. Das konsultierte Außenministerium mochte nicht vom Präsidenten der Freundschaftsgesellschaft informiert werden – die formell der Liga für Völkerfreundschaft unterstand –, sondern vom zuständigen Botschafter. Und nun?

Ich trank mit dem Piloten ein Bier, vielleicht auch noch ein zweites, versuchte ihm die Situation zu erklären und riet ihm, nach Dresden zu fahren und dort einen meiner Freunde aufzusuchen und den um weitere Amtshilfe zu ersuchen.

Als die Fernsehübertragung begann, stockte mein Herz – der Pilot zog an der Seite Honeckers durch die Semper-Oper. Hinterher erfuhr ich, dass er sich auf englisch vorgestellt und niemand ihn kontrolliert hatte. Nichts gegen die Staatssicherheit, aber vielleicht wird sie zuweilen doch übertrieben dargestellt … ■

Am 13. Februar 1985, vierzig Jahre nach der Bombardierung Dresdens durch anglo-amerikanische Flugzeuge, wurde die wiedererbaute Semper-Oper mit einer Aufführung von Webers »Freischütz« eröffnet. Ein »älterer Herr aus Kanada« mischte sich unter die offiziellen Gäste.

Februar
Das Innenministerium teilt mit, dass der Katalog »Dringende Familienangelegenheiten«, der auch DDR-Bürgern außerhalb des Rentenalters Reisen in den Westen erlaubt, erweitert wird.

März
Der Vorsitzende des Exekutivkomitees der PLO, Yassir Arafat, wird in Ost-Berlin mit den protokollarischen Ehren eines Staatsoberhauptes empfangen. Die Vertretung der PLO in der DDR wird zur Botschaft aufgewertet.

März
DEFA-Filmpremiere »Die Gerechten von Kummerow«.

März
In Ost-Berlin treffen erstmals Abgeordnete der Volkskammer und des Bundestages zusammen.

März
Offizieller Festakt zu Goethes 150. Todestag in Weimar.

Vom Individuum

Am Beginn der Zeitrechnung, als die allermeisten Menschen weder schreiben noch lesen konnten, machte es sich dennoch nötig, gewisse Spielregeln für das Zusammenleben durchzusetzen. Drum verkündete ein gewisser Moses laut Bibel die 10 Gebote der Christenheit, die in etwa besagen: Du sollst nur einem Gott dienen und den Sonntag mit ihm teilen. Du sollst Vater und Mutter ehren, nicht töten, nicht fremdgehen, nicht klauen, nicht lügen und nicht neidisch auf deine Nachbarn sein.

Das klingt einfach und fasslich. Man merkt, dass an diesen Gesetzen noch keine deutsche Expertenkommission mitgewirkt hat. Natürlich dauerte es ewig, bis sich diese Gebote herumgesprochen hatten. Und noch heute werden sie von den meisten Mitbürgern ignoriert. Trotz solcher Gebote gab es auch Priester, die sich ziemlich gottlos benahmen und dennoch von ihren Gemeinden geliebt und geachtet wurden.

Pfarrer Rodenberg in Vorpommern ließ die Glocken läuten, als die ersten russischen Traktoren in sein Dorf geliefert wurden, weil nun die Kühe nicht mehr vor den Pflug gespannt werden mussten und mehr Milch gaben.

Pastor Klein in Neustrelitz erklärte, warum der Sozialismus weltweit siegen wird: Weil nämlich die Völker im Osten dreimal mehr Kinder hervorbringen als die verwöhnten Damen mit Babypille im Westen.

Und Pfarrer Höhn in Duisburg hatte gleich an der Tür seines Arbeitszimmers ein Poster aufgehängt, das Lenin mit einer Katze auf dem Arm zeigte. Sein Pfarrhof war die Oase für Ausländerkinder. Es sind oft die Abweichungen von der Norm, die das Leben normalisieren helfen.

Weil die Linken gemeinhin als gottlos gelten, kam Walter Ulbricht 1958 in Berlin auf den Ein-

1982

März
Neues Wehrdienstgesetz, das das Wehrpflichtgesetz von 1962 ablöst, außerdem gibt es ein neues Grenzgesetz.

April
Die evangelische Kirche kritisiert das staatliche Vorgehen gegen das Friedenssymbol »Schwerter zu Pflugscharen«.

April
Weltpremiere der 3. Sinfonie von Mikis Theodorakis in der Komischen Oper in Berlin.

Juni
Das 23stöckige Hochhaus der Charité wird eingeweiht und an die Humboldt-Universität übergeben. Die alten Gebäude des Krankenhauses werden renoviert.

Mai
Großkundgebung zum »Pfingsttreffen der Jugend« unter dem Motto: »Frieden schaffen gegen NATO-Waffen!«

zur Gesellschaftsordnung

fall, die 10 Gebote der sozialistischen Moral und Ethik zu verkünden.

Die verlangten in etwa: Wirke solidarisch für den Bruderbund der sozialistischen Länder. Stärke und verteidige deinen Staat. Hilf, die Ausbeutung zu beseitigen. Vollbringe gute Taten für die Gesellschaft. Achte die Mitmenschen und beherzige ihre Kritik. Hüte und mehre das Volkseigentum. Sei vorbildliche Fachkraft. Sorge für ein anständiges Familienleben. Mach das Beste aus deinen Kindern. Und hilf den Völkern, die noch um ihre Freiheit und Unabhängigkeit ringen.

Natürlich haben sich Freund und Feind an solchen Verhaltensregeln den Schnabel gewetzt. »Wie kann man den Menschen vorschreiben, was sie zu tun und zu lassen haben? Das ist typisch für die Erziehungsdiktatur im Osten! Als freier Mensch geht es mir zuerst um meine Selbstverwirklichung!«

Das klingt begreiflich, ist aber dümmlich, denn kein Mensch könnte als isoliertes Individuum überleben, wenn er sich nicht als gesellschaftliches Wesen begreift und benimmt.

Trotzdem gab es führende Parteifunktionäre, die sich ganz anders verhielten: Erich Honecker verließ seine ältere Frau zugunsten der kessen Pionierleiterin Margot. Günter Mittag ließ seinen Töchtern komfortable Häuser bauen. Der Berliner Parteichef Naumann geriet zwischen die langen Beine einer bekannten Schauspielerin. In den Mauer-Prozessen wurden Tötungsdelikte geahndet. Die juristische Begründung schien zweifelhaft. Aber die Durchbrechung der Normen scheint damals wie heute normal.

Auch heute fordern Politiker und Parteien ebenso wie die Kirchen und Soziologen immer öfter und lauter die unersetzlichen Werte der Moral und Ethik zu verteidigen. Wir kennen die gängigen Schlagzeilen: Das atlantische Bündnis ist die Basis unserer Freiheit. Du bist Deutschland! Der Raubtierkapitalismus muss gebändigt werden. Leistung soll sich lohnen. Eigentum verpflichtet. Wer mehr herausholen will aus seinem Dasein, der muss sich einbringen in die Gesellschaft. Die globalisierte Welt verlangt uneigennützige Entwicklungshilfe.

Alle diese Gebote sind weithin deckungsgleich und stehen turmhoch über dem Alltagstreiben in unseren Ländern. Da wird getötet und gestohlen, gelogen und betrogen, dass sich die Balken biegen. Und jeder betet seine eigenen Götter und Ideale an, obwohl Orthodoxe und Juden, Katholiken und Lutheraner, Rechte und Linke die gleichartigen 10 Gebote hochheben.

Wäre es da nicht einfacher – wie meine Oma – zu sagen: »Was du nicht willst, das man dir tu, das füg auch keinem andern zu!« Oder mit dem Philosophen Kant zu fordern: Handle so, dass die Maxime deines Tuns die Gesetze für alle sein könnten! Oder: Machen wir den Paragraphen 1 der Straßenverkehrsordnung zur Richtschnur, wonach sich jeder Teilnehmer am Leben auf dieser Erde so zu verhalten hat, dass er weder sich noch andere damit in Gefahr bringt.

Jeder Versuch, differenziertere Regelungen zur Geltung zu bringen, scheint ebenso mühsam wie nutzlos. Nicht umsonst ist der »Dienst nach Vorschrift« die raffinierteste und radikalste Form des Streiks geworden!

PS: Der Autor gibt für den Verfassungsschutz zu Protokoll, dass er kein Chaot oder religiöser Fanatiker ist und nur solchen Vereinigungen angehört, die das Grundgesetz der Bundesrepublik achten und einhalten. ■

»Wir wissen selbstverständlich, dass die Herausbildung der sozialistischen Menschengemeinschaft in der Periode des Übergangs zur vollendeten sozialistischen Gesellschaft ein komplizierter und vielschichtiger Prozess ist, in dessen Verlauf die Überreste des Alten im Denken, Fühlen und Handeln der Menschen durch die Erziehung und Selbsterziehung der Menschen überwunden werden müssen. Die sozialistische Menschengemeinschaft, die wir Schritt um Schritt verwirklichen, geht über das alte humanistische Ideal hinaus. Sie bedeutet nicht nur Hilfsbereitschaft, Güte, Brüderlichkeit, Liebe zu den Menschen. Sie umfasst sowohl die Entwicklung der einzelnen sozialistischen Persönlichkeiten als auch der vielen zur sozialistischen Gemeinschaft.« Walter Ulbricht sah die DDR auf dem »guten Weg zur sozialistischen Menschengemeinschaft«. Nach seinem Tod verschwand dieser Begriff.

Juni
Zwischen der DDR und der Bundesrepublik Deutschland wird vereinbart, den zinslosen Überziehungskredit der DDR bis 1985 schrittweise von 850 Millionen auf 600 Millionen Verrechnungseinheiten zu reduzieren.

Juli
DEFA-Kinderfilmpremiere »Der lange Ritt zur Schule«.

Juli
Die sowjetischen Streitkräfte in der DDR stationieren erste Kurzstreckenraketen »SS 20«.

September
Erster Spatenstich am DDR-Bauabschnitt der im Februar als Zentrales FDJ-Jugendobjekt übergebenen Erdgastrasse in der Ukraine.

September
DEFA-Filmpremiere »Sonjas Rapport« nach dem Erfolgsbuch von Ruth Werner.

Kauf einer Autobatterie

Wer nach jahrelangem Warten zum stolzen Trabi-Besitzer mutierte, pflegte sein Auto auch entsprechend. Autowäsche auf der Straße? Damals kein Problem.

Vom Trabant 601, der Rennpappe oder überdachten Zündkerze, wurden zwischen 1963 und 1990 rund 2800000 Exemplare gebaut. Da die Wartezeit auf ein legal angemeldetes Auto im Durchschnitt zehn Jahr betrug, lief ein Trabbi in der Regel doppelt so lange. Ein Neuwagen kostete genauso viel wie eine zwölf Jahre alte Rostlaube auf dem Schwarzen Markt.

Obwohl die Karosserie aus Duroplast bestand, war beim Trabant tatsächlich der Rost das eigentliche Problem. Hauptsächlich die Schweller begannen nach kurzer Zeit zu zerbröseln. Ende der achtziger Jahre betrug im VEB Sachsenring die Ersatzteilproduktion über ein Drittel der gesamten Fertigungskapazität. Trabantersatzteile wurden wie Goldstaub gehandelt.

Am Trabant war vieles anders als an anderen Autos – beispielsweise musste der Tankinhalt mit einem schwarzen Plaste-Messstab ermittelt werden –, aber es gab auch Gemeinsamkeiten. Beispielsweise benötigte der Trabbi trotz seiner bescheidenen 23 PS eine Starterbatterie, um den Anlasser in Gang zu setzen. Es ging natürlich auch ohne. Aber dann brauchte der Fahrer einen Berg, um in Schwung zu kommen – oder hilfreiche Bürger zum Anschieben.

Eine Trabantbatterie hielt in der Regel zwei Jahre. Dann wurde sie müde, und die Zündung – besonders im Winter – geriet zum Glücksspiel. Es verlangte eine umsichtige Planung, um dem Handel einen nagelneuen Akku abzuringen.

In Berlin gab es in der Chausseestraße eine Verkaufsstelle, in der an mehreren Tagen im Monat Trabantbatterien verkauft wurden. Mein Arbeitskollege Sebastian Rogge hatte ein solches Datum in Erfahrung gebracht und bot sich an, mir aus alter Freundschaft und im Tausch gegen

1982

Oktober
Nationalpreis für die Puhdys.

Oktober
Das Pergamon-Museum bekommt einen neuen, repräsentativen Eingang.

Oktober
Eröffnung der IX. Kunstausstellung der DDR in Dresden.

Oktober
Nach dem Misstrauensvotum gegen Bundeskanzler Helmut Schmidt wird Helmut Kohl Kanzler der Bundesrepublik.

10. November
Der sowjetische Staats- und Parteichef Leonid I. Breshnew stirbt in Moskau. Nachfolger wird Juri Andropow.

drei Lizenzschallplatten und zwei Flaschen Rosenthaler Kadarka eine Batterie mitzubringen.

Kurz nach Mitternacht rückten die ersten Bürger mit Klappstühlen an und bildeten eine sozialistische Wartegemeinschaft. Ganz vorne saßen vier junge Burschen um einen Campingtisch herum, spielten Skat beim Licht einer Petroleumlampe, tranken Bier und rauchten wie die Stadtsoldaten. Es handelte sich um Sebastian Rogge, seine beiden Brüder Hans und Franz und ihren Cousin Robert. Gegen sechs Uhr morgens war die Schlange auf rund 50 Kaufinteressierte angewachsen. Ein Handelsmann trat aus dem Laden und verteilte Wartenummern. Nachdem der wieder weg war, begann das Gefeilsche. Zu spät gekommene Menschen am Ende der Reihe versuchten vordere Plätze zu ergattern. Mehrere rote Engels-Köpfe wechselten dabei den Besitzer.

Um acht Uhr öffnete das Geschäft. Die inzwischen weit über 200 wartenden Bürger ordneten ihre Sachen und stellten das Rauchen ein. An diesem Tag wurden 17 Autobatterien verkauft. Sebastian und sein Team bekamen die drei letzten. Ein Akku war für ihn, einer für mich bestimmt. Das überzählige Exemplar verhökerte er an einen Mann ganz weit hinten in der Schlange, der bereit war, mehr als den dreifachen Preis zu bezahlen. Damit waren die Unkosten für das Bier, die Zigaretten und das Fahrgeld gedeckt.

Nachdem Sebastian geliefert hatte, überprüfte ich die alte Trabantbatterie. Sie sah noch gar nicht so schlecht aus, fand ich. Ich reinigte sie gründlich mit Spiritus, goss etwas destilliertes Wasser nach, hängte sie für ein paar Stunden an ein geborgtes Ladegerät und gab sie anschließend beim Kauf eines Farbfernsehers mit in Zahlung. ■

Im VEB Sachsenring Automobilwerke Zwickau wurde der Zweitakter Trabant montiert. Zwischen November 1957 und April 1991 wurden insgesamt 3 051 385 Fahrzeuge der Trabant-Baureihe produziert.

November
Freigabe der 265 km langen neuen Autobahn zwischen Berlin und Hamburg.

Dezember
Der neue Fernbahnhof Berlin-Lichtenberg wird eröffnet.

Dezember
Teilnahme einer DDR-Delegation unter Leitung von Erich Honecker an den Feierlichkeiten zum 60. Gründungstag der Sowjetunion in Moskau.

Dezember
Gesetz über den Volkswirtschaftsplan 1983: der Ausbau der Braunkohlenutzung wird beschlossen.

1983

Januar
Katholische Bischöfe lassen einen Hirtenbrief verlesen, in dem sie die »zunehmende Militarisierung« der Gesellschaft kritisieren.

Januar
Die Parteichefs der Mitgliedsstaaten des Warschauer Vertrages unterzeichnen ein Angebot »über den gegenseitigen Verzicht auf Anwendung militärischer Gewalt« an die NATO.

Januar
1. Sendung des Kindermagazins »Ellentie«, moderiert von Ellen Tiedtke.

Januar
Der 11. Film der Olsenbande hat DDR-Premiere: »Die Olsenbande ergibt sich nicht.«

Januar
Die Statistische Zentralverwaltung teilt mit: Für 1982 beträgt das produzierte Nationaleinkommen etwa 200 Milliarden Mark. Davon werden 61,3 Milliarden Mark zur Stützung der Verbraucherpreise bei Waren des Grundbedarfs, Mieten und Tarifen eingesetzt. Trotz Wirtschaftswachstums von 3 Prozent ist man hinter der Planerfüllung zurückgeblieben. Versorgungsprobleme bei Butter, Gemüse und Obst.

Januar
DEFA-Filmpremiere »Der Aufenthalt« nach Hermann Kants Roman.

Februar
In Potsdam im Marstall, nahe der Filmstadt Babelsberg, wird ein Filmmuseum eröffnet.

Februar
Katarina Witt wird Europameisterin im Eiskunstlaufen, im Paarlauf geht der EM-Titel an Sabine Baeß/Tassilo Thierbach.

1983

März
Das ZK tagt mit den Generaldirektoren der 156 zentral- und 66 bezirksgeleiteten Kombinate zur besseren Versorgung der Bevölkerung mit industriellen Konsumgütern.

April
Anlässlich des 100. Todestages von Karl Marx findet eine internationale wissenschaftliche Konferenz statt. Motto: »Karl Marx und unsere Zeit – der Kampf für Frieden und sozialen Fortschritt.«

April
Wiedereröffnung der restaurierten Wartburg bei Eisenach anlässlich des 500. Geburtstages von Martin Luther.

April
Schriftsteller aus Ost und West treffen sich in Berlin zur »2. Berliner Begegnung« mit dem Thema Frieden und Abrüstung.

Erziehung im weitesten Sinne

Das Parteiverfahren war das beliebteste gruppendynamische Event der Kommunisten in der DDR (wenn sie sich nicht gerade bei der --- Kampfgruppe aufhielten). Es fand in der Regel in der Arbeitszeit statt, wobei jedoch darauf geachtet wurde, dass es über diese hinausreichte, so dass die nach Hause trottenden parteilosen Kollegen sehen und sagen konnten: Gugge da, bei den Kommunisten brennt noch Licht!

Parteiverfahren reichen weit vor das Mittelalter zurück und folgten dem Prinzip von Schuld und Sühne und dem unerschütterlichen Glauben an eine hochmögende Macht, die außerhalb der handelnden Subjekte steht und waltet – also etwa GOTT oder, später in der SED, das Politbüro, in dem GOTT vorübergehend Wohnung genommen hatte.

Die Rituale und Instrumente des Parteiverfahrens waren unmittelbar der hlg. Inquisition entnommen. Ihre Säulen waren Anklage (zumeist nach vorangegangener Denunziation), Geständnis, Reue und Buße, Strafe und Bewährungsauflage. Sie enthielten die Modalitäten der weiteren Kontrolle und Erziehung des Sünders, der wahlweise »Abweichler«, »Renegat«, »Linksradikaler«, »Versöhnler« oder »Schüler der Frankfurter Schule« genannt wurde. Dass das Parteiverfahren sich in kommunistischen Parteien einer großen Beliebtheit erfreute, hat folgende Gründe:

1. sind die ständige Abschottung (bis zur Konspiration), das ewige Studium der Lehrsätze, die unablässige Einhaltung von Disziplin langweilig. Langeweile ist eine erstrangige Fehlerquelle, sie konnte im Klassenkampf unter Umständen das Leben kosten. Es brauchte ein effizientes unterhaltendes, entlastendes, aber auch spannungsreiches Moment, das man kollektiv genießen konnte. Man kann auch sagen: Mangels richtiger Kämpfe wurden Kämpfe nach Innen organisiert.

2. mussten sich Kommunisten, die im vordemokratischen, frühdemokratischen und faschistischen Staat unter immensem Verfolgungsdruck standen, stets neu versichern, wer zu ihnen stand, um dem Verrat zu entgehen. Das konnte nicht über Lippenbekenntnisse geschehen. Nur wer wirklich für seine Zugehörigkeit physisch und psychisch litt (bei Stalin z. B. infolge von Erschießung), konnte bis auf Weiteres als einigermaßen zuverlässig gelten.

3. war das Parteiverfahren für die Leute, die es durchführten oder es als Mitläufer begleiteten, das wirksamste Disziplinierungsmittel: So wird es dir auch ergehen, wenn du den geringsten Anlass gibst. Deshalb fand es in der Regel als Schauprozess statt. Die Angst der Ankläger und Richter, dass es sie auch erwischen könnte, war ihr wichtigster Antrieb, das Prozedere weiter zu verfeinern und immer gemeiner zu gestalten.

Ein Parteiverfahren bekam man, wenn man von der Linie abwich oder anders auffällig wurde. Zum Beispiel wenn man zu viel lachte und damit den Ernst der jeweiligen Lage unterschätzte. Auch wenn man zu viel fragte, was leicht als Provokation verstanden wurde. Oder wenn man den Wahltag aufgrund von Restalkohol verschlief, womöglich mit einer Frau, die der Parteileitung nicht als vertrauenswürdig bekannt war. Überhaupt konnten Patzer im Privatleben zu unterschiedlichen Zeiten im Parteiverfahren unterschiedliche Folgen haben. Gekränkte Ehefrauen (natürlich auch gekränkte Ehemänner) wussten das und riefen zur Vermeidung oder Beschleunigung von Scheidungen die Parteileitung des Gatten an.

Der Strafkatalog war ehern, doch nicht alle »

»Patzer im Privatleben konnten Folgen haben. Gekränkte Ehefrauen (natürlich auch gekränkte Ehemänner) wussten das und riefen zur Vermeidung oder Beschleunigung von Scheidungen die Parteileitung des Gatten an.«

Mai
Rund 250 000 Teilnehmer des Friedenstreffens der Jugend demonstrieren in Potsdam gegen den NATO-Raketenbeschluss.

Juni
Der ehemalige SS-Offizier Heinz Barth wird enttarnt und für die Beteiligung an Zivilistenerschießungen zu lebenslanger Haft verurteilt.

Juni
Juri Andropow wird Generalsekretär der KPdSU.

April
DEFA-Filmpremiere »Insel der Schwäne« nach dem Buch von Benno Pludra.

Mai
Auf dem Alexanderplatz demonstrieren fünf Bundestagsabgeordnete der Grünen für Abrüstung in Ost und West.

Juni
Das Haus der Sowjetischen Wissenschaft und Kultur in der Berliner Friedrichstraße wird eröffnet.

» Strafen standen im Statut: Verbannung, Arbeitslager, Hinrichtung waren nicht verzeichnet. Auch die milderen Strafen – Transparent tragen am 1. Mai, Kreisparteischule, zum »Ball der Bestarbeiter« mit dem Parteisekretär tanzen – waren abhängig von der Laune der Parteileitung. Die Reihenfolge hieß Missbilligung (da hauten einem die Genossen noch lachend auf die Schulter), Verweis (da sah man vier Wochen lang an dir vorbei), Rüge (ab da war nicht sicher, ob du nicht ein Verräter warst), strenge Rüge (beim nächsten »Umtausch der Parteidokumente« würdest du verschwinden, nicht nur aus der Partei, auch aus deinem Beruf) und Ausschluss. Austreten konnte man nicht, dem kam der Ausschluss zuvor. Wer gegen die »sozialistische Gesetzlichkeit« verstieß (einschließlich Schwarzfahren – also 20 Pfennige gespart – oder Diebstahl einer Pfandflasche) wurde prinzipiell aus der SED ausgeschlossen.

Im Parteiverfahren lernte man alle Facetten der menschlichen Feigheit, Verschlagenheit, Brutalität, Sophisterei, Schleimerei und Selbsterniedrigung kennen. Man ging, wenn auch abgestraft, auf jeden Fall lebensklüger aus ihm hervor.

In der DDR kursierte folgender Witz: Sagt ein Genosse zum anderen: »Du warst gar nicht bei der letzten Parteiversammlung.« Erwidert der Angesprochene: »Ja wenn ich gewusst hätte, dass es die letzte war …« Der XI. Parteitag der SED im April 1986 war tatsächlich der letzte. Wenn die jubelnden Deligierten das gewusst hätten …

Die sprachlichen Figuren der Buße und der Reue füllen die Weltliteratur. Wie bereute Galileo Galilei? Vorliegender Autor bestand fast alle seine Parteiverfahren mit den Sätzen: »In meiner Arroganz und Selbstverliebtheit habe ich die Weisheit der Partei missachtet, ich dünkte mich klüger als sie« und »Genossen, ich sage Euch Danke für Eure helfende, wenn auch schmerzhafte Kritik«. Nur einmal, 1989, rettete ihn nur das im Stalinismus sublimierte Mittel der Selbstanklage vor dem Parteiausschluss: »Genossen, meine Verfehlung ist noch viel schlimmer, als Ihr sie mir heute aufgezeigt habt.«

Warum man in so einer Partei blieb? Nun, bei den Siegern der Geschichte abonniert zu sein – wo findet man das sonst! ■

1983

Juni
Angaben zur Religionszugehörigkeit der Bevölkerung werden veröffentlicht: 7,7 Millionen Protestanten, 1,2 Millionen Katholiken, rund 200 000 Angehörige anderer Religionsgemeinschaften.

Juni
Die Bundesregierung übernimmt die Bürgschaft für einen von Franz Josef Strauß vermittelten Bankenkredit in Höhe von einer Milliarde DM an die DDR.

Juli
Der Kirchentag der sächsischen Landeskirche endet in Dresden. 100 000 Menschen haben an dem größten Kirchentreffen in der DDR teilgenommen.

Juli
Erich Honecker empfängt den CSU-Vorsitzenden Franz Josef Strauß im Schloss Hubertusstock am Werbellinsee.

August
Erstmals seit den Umwälzungen in Polen 1980 besucht Erich Honecker das Land. Es kommt zu keiner Rücknahme der Reisebeschränkungen.

September
Die »Junge Welt« und die FDJ starten eine SERO-Sammelaktion und stellen ein Do-Kna-Ge, Dosen-Knack-Gerät vor, eine Erfindung, um Dosen zusammenzuquetschen und platzsparend zu transportieren. Es gibt 8 000 SERO-Abgabestellen in der DDR.

August
135 000 Zuschauer besuchen die Jubiläumsfeier: 60 Jahre Schleizer Dreieck, 50. Rennen auf dem Schleizer Dreieck und 25 Jahre MC Schleizer Dreieck.

August – November
»Kunst der Reformationszeit« heißt eine Ausstellung im Rahmen der Luther-Ehrung im Alten Museum mit 750 Werken von Dürer, Cranach, Holbein, Grünewald.

September
Erstmals wird ein Regierender Bürgermeister von West-Berlin in Ost-Berlin empfangen; Richard von Weizsäcker besucht Erich Honecker.

1983

Oktober
Udo Lindenberg und das Panikorchester treten bei »Rock für den Frieden« im Palast der Republik auf; Lindenberg sagt: »Weg mit dem Raketenschrott – keine Pershings und keine SS 20!« Vor dem Palast skandieren 4000 Fans mit »Udo«-Rufen. Harry Belafonte kritisiert die am gleichen Tag vollzogene Invasion der USA auf Grenada.

September
Zum dreißigjährigen Bestehen der Kampfgruppen findet auf der Berliner Karl-Marx-Allee ein Appell von 10 000 Angehörigen der bewaffneten Arbeiterformation statt.

Oktober
Österreichischen Journalisten gegenüber spricht Erich Honecker von der Existenz und kündigt gleichzeitig den Abbau von Selbstschussanlagen an der innerdeutschen Grenze an. Die Arbeiten werden am 30. November 1984 beendet.

Der Steilhang an der Saale und der Spaß

Das hatten Hitlerkrieg und Spaltung hinterlassen: vier klapprige Hochöfen, davon zwei auf dem Trockenen. Ohne Kühlwasser keine Schmelze. Die Technik war schrottreif. Das bisschen Profit, das da in der Maximilianhütte Unterwellenborn noch zu machen war, das holte der Wehrwirtschaftsführer auch ohne Investitionen aus den Knochen der Arbeiter heraus.

Aber was für Herrn Flick, so hieß der Mann, zwei alte Öfen waren, das hieß für uns Verdopplung der Roheisenproduktion. Und genau mit dieser Aufgabe begann der Zweijahrplan 1949–1950. Da stand am Beginn der Planwirtschaft sehr schlicht und einfach: »Max braucht Wasser!« Und damit die FDJler, die dem Aufruf folgten, gleich im Bilde waren, hatte der Kulturdirektor des Werkes sozusagen zur Planaufschlüsselung selbst eine Losung an die Hüttenwand geschrieben: »Hau ruck oder hau ab!«

So begann der Bau der Wasserleitung. Und haben wir nun eine große Tat vollbracht?

Für mich persönlich sage ich nein. Meine Gruppe war doch da und unser Aktiv. Wo sollte ich denn sonst sein? Es war eine von den berühmten Selbstverständlichkeiten. Die neue Macht hatte Arbeiterjungen auf die Universität geschickt, und nun halfen die neuen Studenten ihrer Macht, ein schwieriges Problem zu lösen. Das war alles. Das war das Normale.

Freilich, es war nicht ganz einfach damals. Na und? Es hat Spaß gemacht, unseren Spaß. Die Konstrukteure hatten unter Berücksichtigung damaliger Technik eine Bauzeit von drei Jahren errechnet. Im Januar fingen wir an, und Ende März wohl konnte das erste Wasser in die Hütte gepumpt werden. Von der Saale einen Steilhang hinauf und dann fünf Kilometer bis zu den Öfen. Das sollte keinen Spaß machen?

Frost wechselte mit Tauwetter. Wir schnitten einen Graben von der Saale bis an die Fernverkehrsstraße 85. Der Boden lauter Stein und Fels, unsere Werkzeuge Hacke und Schaufel. Dann richteten wir am Steilhang über der Straße das Bett für die Rohre. Der Hang war sehr steil, die Rohre waren sehr schwer, wir zogen und stemmten mit den Händen. Dann erhielten wir zwei Handwinden, dann eine Motorwinde. Das heißt, wir erhielten sie nicht. Es taute gerade. Ein Lastwagen versuchte, von oben an den Hang zu kommen. Er blieb stecken. Die Winde rutschte in den Schlamm. Wir schleppten Holzstämme hin und drückten sie vorwärts. Wir schafften 60 Meter in der Schicht. In acht Stunden 60 Meter und ausgepumpt bis zum Umfallen und bis zur Hangkrone doppelt so weit.

Am nächsten Tag stand die Winde am vorgesehenen Platz. Da kam der Kälteeinbruch. Der Maschinist des Stromaggregats wärmte den Kühler mit offenem Feuer. Die Lamellen schmolzen, der Kühler lief aus, die Maschine blieb stumm, die Winde stand. Wir zogen die Rohre auch weiter mit Menschenkraft.

Eine Westzeitung, der »Telegraf«, schrieb damals, wir hätten in baufälligen Baracken hausen müssen, hätten jeder nur eine Hose besessen und uns nicht mal den Luxus eines Sonntagsausflugs leisten können. In 30 Jahren, so schrieb die Zeitung, wären wir ausgemergelte Leute, Rentenempfänger.

Die hatten uns also auch zu Heroen gemacht oder wenigstens zu Fanatikern. Und wie war unsere Stimmung wirklich? Ich sage es noch einmal: Vor allem hat es Spaß gemacht. Das vor allem. Und natürlich hatten wir ein gutes Gefühl dabei: Wir machten das Richtige zur rechten Zeit. Das allerdings. ■

Am 10. Juli 1992 wurde der letzte Hochofen-Abstich in der Maxhütte vorgenommen, die 120-jährige Geschichte der Roheisenproduktion in der Region endete. In ihrer Spitzenzeit hatte die Maxhütte über 7000 Beschäftigte.

Oktober
Erich Honecker schreibt an Bundeskanzler Kohl und ruft zu einer »Koalition der Vernunft« auf.

November
Anlässlich des 500. Geburtstags von Martin Luther wird in Eisleben ein Gedenkgottesdienst gehalten.

November
Das ZK der SED wählt Egon Krenz als jüngstes Mitglied in den engsten Kreis der Parteiführung.

November
DEFA-Kinderfilmpremiere »Moritz in der Litfasssäule« nach dem Buch von Christa Kožik.

November
In Torgau wird der Amerikaner Joseph Polowsky beigesetzt, ein Soldat der Patrouille, die 1945 als Erste auf sowjetische Soldaten traf.

Dezember
Außenminister Oskar Fischer eröffnet das Kulturzentrum der DDR in Paris.

Kopf einziehen

Unser Keller wird Luftschutzbunker, sagte eines Abends meine Frau, die in ihrem Zweitberuf Kindergärtnerin war.

Das Loch, fragte ich zurück? Dort fürchtete sich selbst unsere Schildkröte, weshalb sie sofort in Winterschlaf fiel, sobald ich sie im zerknüllten »Neuen Deutschland« in ihrem Kistchen in die Dunkelheit hinabtrug. Wer soll sich dort zwischen Briketts, Dahlienknollen und Kohlenruß im Kriegsfalle hinhocken? Und vor allem: zu welchem Zweck?

Die Frau an meiner Seite, die nicht nur unserer Familie, sondern als Stellvertretende Leiterin auch dem Kindergarten hinter unserem Hause vorstand, sagte zwar kurz, aber nicht sehr überzeugend: Das ist so angewiesen. Der Keller unseres Hauses sei als Luftschutzbunker für den Kindergarten vorgesehen, weil dieser kei-

1984

Januar
Die Deutsche Reichsbahn übergibt vereinbarungsgemäß die S-Bahn West unentgeltlich an den Senat.

Januar
Das von den Besuchern von »Rock für den Frieden« mit Spannung erwartete Konzert der Kölner Gruppe BAP wird abgesagt. Die Musiker hatten sich nicht auf Programmänderungen eingelassen.

Januar
Egon Krenz und Erich Honecker einigen sich auf die endgültige Absage der vereinbarten Tournee von Udo Lindenberg.

Januar
In der US-Botschaft bitten sechs DDR-Bürger um politisches Asyl, zwei Tage später dürfen sie nach Westberlin ausreisen.

nen Keller besäße und unser Haus zudem das nächstliegende sei.

Nun war mir keineswegs verborgen geblieben, dass der Frieden auf des Messers Schneide stand wie seit Jahrzehnten nicht. Die NATO erneuerte in Westeuropa ihre atomar bestückten Mittelstreckenraketen, worauf die Führungsmacht des östlichen Bündnisses in der gewohnten Weise für uns alle entschieden hatte, mit SS-20 zu antworten. Diese stationierte sie in der DDR und in der Tschechoslowakei, was auch Erich Honecker zuviel war, weshalb er öffentlich verlangte, dass das Teufelszeug wegmüsse. Da spielte er, wie wir alle wussten, mit seinem politischen Schicksal, und wer sich halbwegs mit den Spielregeln unter uns Brüdern auskannte, war in diesem Moment richtig stolz auf unseren Generalsekretär. Dazu gab es nicht immer Gelegenheit, aber in der Frage von Krieg und Frieden war uns sein Dogmatismus lieb und teuer.

Sag mal, fragte ich zurück, haben die bei der Zivilverteidigung einen Sprung in der Schüssel? Nein, sagte meine Frau, die sind nur ein wenig von gestern. Sie haben die drei weißen Buchstaben LSR von '45 neben dem Kellereingang auf dem Hof gesehen und vermutlich gedacht: Was im zweiten Krieg funktionierte, taugt gewiss auch in einem dritten.

Nun lagen drei Jahre NVA hinter mir, diverse Reservisten- und andere Übungen, insofern war mir, zumindest theoretisch, die Wirkung sogenannter Kernwaffenschläge durchaus bekannt. Unsere Mietskaserne aus der Kaiserzeit würde wie ein Kartenhaus zusammenfallen und die Kellerdecke durchbrechen wie nichts.

Und außerdem: Schon mal was von Radioaktivität gehört?

Die gute Genossin an meiner Seite nickte. Sie habe bei der letzten Ausbildung auch darauf hingewiesen, dass das angefeuchtete Toilettenpapier, welches sie kreuzweise ans Fenster klebten, nicht den Zweck erfüllen würde, für den es gedacht war: nämlich die in der Druckwelle zerberstenden Scheiben an ihrem Flug ins Rauminnere zu hindern.

Wenn die Sache nicht zu makaber gewesen wäre, hätte ich ein homerisches Gelächter angestimmt. Ich sah im Friedensmuseum in Hiroshima ein mit Glassplittern durchschossenes Klavier, das war überzeugend genug. Wahrscheinlich besaßen die Japaner kein Klopapier an jenem 6. August 1945, um sich vor der Druckwelle zu schützen, die die Amerikaner erzeugt hatten, dachte ich mir. Und sagte meiner sensiblen Gefährtin, sie solle den Quatsch besser lassen und sich lieber mit den anderen Zivilschützern darauf konzentrieren, den großen Knall zu verhindern. Denn wenn es knalle, sei es ohnehin zu spät. Das habe selbst der Ex-Bundeskanzler Willy Brandt begriffen und in die zutreffende Formel gekleidet: Frieden ist nicht alles. Aber ohne Frieden ist alles nichts. Wo er recht hatte, hatte Willy eben recht.

Nun, die Hysterie der frühen achtziger Jahre legte sich allmählich, als jene grenz- und systemüberschreitende Koalition der Vernunft zustande kam, für die sich die DDR und ihr erster Mann besonders ins Zeug legten, und die Sowjetunion wieder an die Verhandlungstische zurückkehrte.

Und die Zivilverteidigung übte wieder das, was sie in allen Ländern übte. Nämlich den Schutz vor Katastrophen und anderen unangenehmen Ernstfällen des Daseins.

Inzwischen haben wir keinen Keller mehr. Und folglich auch keine Schildkröte.

Aber die Zivilverteidigung gibt es noch immer. Im Unterschied zu damals, als sie dem Verteidigungsminister unterstand, ist heute der Innenminister für sie verantwortlich. Die Begründung ist putzig: Es solle dadurch »eine Machtzusammenballung bei militärischen Befehlshabern vermieden werden (Putschgefahr)«, wie es offiziell heißt.

Nun, die DDR-Führung kannte solche Ängste nicht. ■

Ein Lehrgang für Zivilverteidigung war für alle Mädchen und auch für Jungen, sofern sie nicht fürs »Wehrlager« tauglich waren, Bestandteil des Unterrichts in der Schule.

Januar
Eröffnung des »Französischen Kulturzentrums Unter den Linden« in Berlin.

Januar
Klaus Ostwald springt mit 127 m neuen Schanzenrekord auf der Schanze im Kanzlersgrund bei Oberhof – der weiteste Sprung auf DDR-Territorium.

Februar
Die Olympischen Winterspiele finden in Sarajewo statt. Erfolgreichste Mannschaft ist die der DDR mit neun Gold-, neun Silber- und sechs Bronzemedaillen.

Februar
Im Museum der bildenden Künste, Leipzig, wird die erste umfassende Max-Beckmann-Ausstellung in der DDR aus Anlass des 100. Geburtstages des Künstlers eröffnet.

Februar
Erich Honecker übergibt die zweimillionste Wohnung seit Beschluss des Wohnungsbauprogramms 1971 in Berlin.

Laubenpieper

Nichts kann mehr Stress bereiten, als die Entspannung zu organisieren. In der DDR hatten sich zwei Varianten der Naherholung besonders stark entwickelt: Der Schrebergarten und die Datsche. Diese zwei Formen der Freizeitgestaltung sollte man weder verwechseln noch gleichsetzen, denn während sich die einen wie Arbeitsbienen fühlten, betrachteten sie die anderen wie Drohnen.

Den Schrebergarten erfand um 1870 der Leipziger Arzt Daniel Schreber. Die Datsche importierte um 1950 der Leipziger Politnik Walter Ulbricht aus Moskau.

Wie der Spötter Kurt Tucholsky bereits feststellte, sind die Deutschen »eine Nation der Vereine«. Nämliches galt auch für die DDR, wo der »Verein der Kleingärtner, Siedler und Kleintierzüchter« auf 4,5 Millionen Mitglieder angewachsen war. Da ging es, laut Satzung, um die naturverbundene Erholung der Werktätigen, um die Erfolgserlebnisse bei der Eigenproduktion von Obst und Gemüse, Eier und Fleisch, um die Festigung der sozialistischen Menschengemeinschaft durch gegenseitige Nachbarschaftshilfe und um das gesellige Vereinsleben als Kraftquell für neue Aufbautaten.

Manche sahen das weniger verbissen. Die machten aus ihrer Scholle einfach eine pflegeleichte Wiese, klappten den Liegestuhl auf,

1984

Februar
Am Rande der Trauerfeierlichkeiten für Juri Andropow kommen Erich Honecker und Helmut Kohl zu einem Gespräch zusammen. Am gleichen Tag tritt Konstantin Tschernenko sein Amt an.

Februar
Die Außenarbeiten am kriegsbeschädigten Berliner Dom sind abgeschlossen.

März
Erich Honecker erklärt sich auf der Leipziger Messe bereit, im Herbst die Bundesrepublik zu besuchen.

März
Katarina Witt wird Weltmeisterin im Eiskunstlauf in Ottawa, Kanada.

April
Das sowjetische NOK beschließt, die Olympischen Spiele in Los Angeles zu boykottieren.

April
Eröffnung des neuen Friedrichstadtpalastes.

warfen den Grill an und ließen den lieben Gott einen guten Mann sein. Aber dann gab es Stunk, denn die Statuten verlangten mehr: Ansehnliche Zäune, sichere Türen, beschnittene Hecken, schädlingsfreie Pflanzen, üppige Erträge, rechtzeitige Ablieferung zum Aufkauf, pünktliche Beitragszahlung, Teilnahme am Vereinsleben, Vermeidung von ruhestörendem Lärm, Wachsamkeit gegenüber Fahrraddieben usw.

Natürlich hing das immer von der Toleranz des Vorstandes und der Nachbarn ab. Die meisten Vereinsmitglieder waren ein Herz und eine Seele. Zumindest so lange, bis ein Großkotz oder Eigenbrötler die Normen der materiellen Ausstattung, der überschüssigen Erträge oder der musikalischen Festivitäten in die Höhe trieb. Aber was galt als Norm?

Norm und deshalb normal waren die Grundsatzentscheidungen: Pacht oder Kauf? Laube oder Bungalow? Leichtbau oder massiv? Zaun oder Hecke? Damit verknüpft war die Frage: Wartezeit oder Materialbeschaffung? Handwerker oder Helfer? Zwei Jahre Handstand oder 20 Jahre Etappenplanung? Das hing zusammen mit den Fragen: Brunnenbohrung oder Stadtwasseranschluss? Feuerstelle oder Gasheizung? Trockenklo oder Nasszelle? Sickergrube oder Abwasserzwang? Wiese oder Beete? Saisonal oder ganzjährig?

Das Abarbeiten dieser Startfragen sorgte für die mehrjährige Vollbeschäftigung der ganzen Familie und Verwandtschaft. Während dieser Zeit hatte man kein Ohr für den Gesang der Amsel, kein Auge für das Wachstum der Tomaten, keine Nase für den Geruch des Jasmin. Nur kurze Bierpausen mit Handwerkern und Nachbarn. Doch dann erstrahlte das Anwesen zum Abfotografieren und zur Austragung mittlerer Orgien im Beduinenzelt.

Nachdem nun die meisten jener Werktätigen in den Ruhestand getreten wurden, lässt sich an ihren Gartenzäunen noch immer ablesen, womit sie früher ihr Brot verdienten: Parzelle 8 mit den vielen Lampen und dicken Gummikabeln gehört einem ehemaligen Betriebselektriker des VEB Glühlampe. Der Pächter von Parzelle 11 stand beim VEB Haushaltswaren an jener Stanze, wo Schuhanzieher und Büchsenöffner geformt wurden, daher hat er das durchlöcherte Restblech als Zaun zusammengeschweißt. Sein

Nachbar in der 12 war Bauarbeiter – sein Zaun ist aus den geriffelten Spaghetti-Eisen der Betonbauer geformt. Die 15 gehört einem ehemaligen Kfz-Schlosser, drum hat er den teuren weiß-lackierten Kastenzaun mit Pfeilern aus Naturstein. Das konnte sich kein anderer leisten. Bis auf den Kahlkopf auf dem Flurstück 21. Der hat die gusseiserne Nachbildung eines Kunstschmiedegitters aufgetrieben, was nur Künstlern mit Westauftritten gelang. Worauf der Blubberkopf von der 24 meinte: »Der sollte sich schämen, da reicht doch ein Jägerzaun.« Alle gaben ihm recht, bis herauskam, dass er seine Zaunlatten im Lager der Forstwirtschaft geklaut hatte.

Ach, was haben wir alle gelacht! Und das jedes Wochenende! 40 Jahre lang! Dann seltener. ■

Mai
DEFA-Filmpremiere »Romeo und Julia auf dem Dorfe«.

Mai
Bei der Friedensfahrt gewinnt Olaf Ludwig vier Etappen und ist mit insgesamt 21 Etappensiegen erfolgreichster Fahrer.

Mai
Das NOK teilt mit, dass die DDR-Sportler an den Olympischen Spielen in Los Angeles nicht teilnehmen werden.

Mai
Zum sechsten Mal in Folge wird Dynamo Berlin DDR-Fußballmeister.

Mai
FDGB-Vorstand und ZK beschließen »Maßnahmen zur Verbesserung der Arbeits- und Lebensbedingungen für Familien mit drei und mehr Kindern« ab 1. Juni.

Mai
Kristin Otto schwimmt Weltrekordzeit über 200 m Freistil.

Neueröffnung an der Frankfurter Allee

Meinen Vater deckt seit langem der grüne Rasen, und so kann ich bedenkenlos den einzigen »Amtsmissbrauch« seines Lebens nun, da auch die DDR untergegangen ist, kundtun. Er war schon vor der Gründung der DDR zu ihrem ersten Notenbankpräsidenten berufen worden, nachdem er zuvor eine »Erfindung« durchgesetzt hatte, die von vielen – darunter auch sowjetischen Offizieren – mit großer Skepsis verfolgt worden war: Die Handelsorganisation, kurz als HO im Sprachgebrauch. 1948 beherrschte der Schwarze Markt noch immer die Szene, und die wollte mein Vater durch einen staatlichen Schwarzen Markt ruinieren. Die Skepsis basierte auf der Tatsache, dass man diesen Weg in der Sowjetunion nie gegangen war und deren Erfahrungen gemeinhin nachvollzogen wurden. Kurzum, es kam der Tag, an dem die ersten HO-Läden eröffnet werden sollten und damit auch der Tag, an dem ich zum ersten und letzten Mal in meinem Leben als Lobbyist agierte: Mein Vater hatte mich, den Journalisten, gebeten, die Premiere ein wenig schönzufärben, und ich tat es!

Für 11 Uhr war die Eröffnung des ersten freien Ladens in Berlin angekündigt. Als es so weit war, hatten sich vor dem Hause Frankfurter Allee 304 Tausende von Menschen eingefunden, so dass schon mal ein verstärktes Polizeiaufgebot angefordert werden musste. Bevor sich die Türen öffneten, gab es erregte Debatten in der Menge. Eine gutgekleidete Dame protestierte: »Anstellen? Dann kaufe ich meine Schuhe eben weiter in der Schulstraße!« Alle wussten, was sie meinte: Berlins größten Schwarzmarkt. Andere widersprachen ihr: »Und da über't Ohr hau'n lassen! Schuhe mit

1984

Mai / Juni
Nordkoreas Staatschef Kim Il Sung besucht die DDR.

Juni
Die Volkskammer wählt Egon Krenz und Günter Mittag zu stellvertretenden Staatsratsvorsitzenden.

Juni
Der Bezirk Gera ist Gastgeber der 20. Arbeiterfestspiele der DDR.

Juni
Staatsbesuch des schwedischen Ministerpräsidenten Olof Palme in der DDR. In einer gemeinsamen Erklärung mahnen Palme und Erich Honecker die notwendige Fortführung der Entspannungspolitik zwischen Ost und West an.

Juni
Die Ständige Vertretung der BRD in Ostberlin, in der 55 DDR-Bürger ihre Ausreise erzwingen wollen, wird vorübergehend geschlossen.

Sohlen aus Pappe?« Einer maulte: »Hier koofn doch nur Schieber und Bonzen.« Als die Debatten weiter zu eskalieren schienen, war mit einem Mal alles vorbei – das Schutzgitter wurde aufgezogen. Was dann geschah, ließ sich nur mühsam beschreiben. Zunächst ein so unbeschreibliches Gedränge in der Tür, dass kaum jemand hineinkam. Dann Gekreische und Gejuchze, der erste Schub stand vor den Ladentischen. Die Polizisten schnallten ihre Tschakos fest und ließen das Gitter wieder hinunter. Wer drin war, stand sprachlos in dem strahlend erleuchteten Innenraum, unsicher rundum spähend. Wohin zuerst? Zu den riesigen Ballen mit den Mantelstoffen? In die Ecke, wo die Schuhe aller Größen aufgestapelt waren? An die hohen Regale, in denen Damenwäsche, Pullover und tatsächlich auch unzählige Kästen mit Damenstrümpfen standen? In den nächsten fünf Minuten hatten sich Zentren des »brennendsten« Bedarfs herauskristallisiert: Schuhe, Strümpfe, Stopfgarn …

Die ungeübten Verkäuferinnen waren angehalten worden, die Preise nicht unerwähnt zu lassen, denn die erwiesen sich als atemberaubend. »Bitte, meine Damen, Schuhe in drei Ausführungen zu 160, 190 und 230 Mark. Herrenschuhe 240 Mark, Arbeitsstiefel 180 und 210.« Die einen riefen sich in Erinnerung, wie viel Geld sie am Morgen in die Handtaschen gesteckt hatten und konstatierten schnell, dass es dafür und dafür nicht reichen würde, aber vier, fünf Frauen hockten sich auf die niedrigen Schemel und probierten die modischen Schuhe. Die fragten auch nicht allzu oft nach dem Preis. Der Geschäftsführer, ein Herr Behlow, wandte sich gegen Kritik wegen der Preise und erklärte: »Sie liegen unter denen auf dem Schwarzen Markt, aber wir mussten darauf achten, dass die Händler sie nicht hier kaufen und dann an ihren Ständen zu höherem Preis losschlagen.« Behlow war der gefragteste Mann des Tages und mühte sich immer wieder, die Zusammenhänge zu erklären: »Aller Geldüberschuss der HO-Läden kommt der Steigerung der Produktion zugute und gibt der gesamten Wirtschaft neuen Auftrieb.« Das vertrieb bei vielen nicht den Ärger darüber, dass ihr Geld nicht reichte. Aber an den Kassen bildeten sich erste Schlangen. Die Verkäuferinnen griffen immer wieder in die vollen Regale: »Damenpullover von 98 bis 110 Mark.« Am Nebenstand: »Nachthemden mit Spitzeneinsatz 45 DM, Schlüpfer 15 und 20 DM, Garnituren 50 DM!« Auch den Männern werden von zarter Hand Garnituren und Unterhosen für 50 und 25 DM vorgelegt. »Bitte, zwei von jeder Sorte!« Eine

Frau musterte erstaunt den schäbig angezogenen Mann. Der lachte. »Da staunen Se, Frollein, wat? Ja, Jeld habe ick jenug verdient und gespart. Aber es jab ja nischt zu koofen. Jetzt soll'n Se mal sehen, wie schnieke Pappi wird!« Nach zwei Stunden hatte der Andrang nicht nachgelassen. Die Herauskommenden beruhigten die noch immer Wartenden: »Kinder, das Lager ist unerschöpflich!« Herr Behlow versicherte, dass die Lager noch immer gefüllt seien.

Ich schrieb einen positiven Bericht, zitierte vornehmlich zufriedene Käuferinnen und Käufer. Mein Vater verlor kein Wort, aber ich glaube heute noch, dass ich an diesem Tag solide Lobbyarbeit geleistet habe. In der Familie, meine ich. ■

Großes Foto links: Der erste HO-Laden in der Stalinallee eröffnet. Die 1948 gegründete volkseigene Handelsorganisation bot anfangs lang entbehrte Gebrauchsgüter und Lebensmittel ohne Lebensmittelmarken an. Die HO war die größte Handelskette der DDR.

Juli
BRD-Staatsminister Jenninger gibt die Gewährung eines Kredits von 950 Millionen DM an die DDR bekannt.

Juli
Uwe Hohn stellt mit 104,80 m neuen Weltrekord im Speerwerfen auf; damit wirft er als Erster den Speer über 100 m.

August
Reiseerleichterungen für den innerdeutschen Verkehr treten in Kraft.

August
Die Prawda, das Zentralorgan der KPdSU, kritisiert die deutsch-deutschen Beziehungen.

August
Sylvia Gerasch schwimmt bei den Wettkämpfen der Freundschaft in Moskau Weltrekord über 100 m Brust.

September
Erich Honecker sagt seine für September geplante Reise in die Bundesrepublik ab. Begründung: Der Stil der Diskussion über den Besuch sei »äußerst unwürdig«.

1984

September
DEFA-Filmpremiere »Isabel auf der Treppe« mit Steffie Spira.

September
Beginn des durchgehend elektrischen Zugverkehrs Leipzig-Berlin.

Oktober
In der Berliner Charité werden die ersten Retortenbabys des Ostblocks geboren. Es sind Zwillinge.

Oktober
Eröffnung des 1943 kriegszerstörten und völlig neu aufgebauten Schauspielhauses am Berliner Gendarmenmarkt als Konzerthaus.

Oktober
Staatsbesuch von Erich Honecker in Finnland.

Freitags, Fonds und Freudentränen

Jeder volkseigene Betrieb der DDR, jede Institution, jede Einrichtung verfügte über einen Kultur- und Sozialfonds. Das waren zweckgebundene Gelder für diese Bereiche, die jedes Jahr neu geplant und auch beantragt werden mussten. Die Höhe der zur Verfügung stehenden Mittel richtete sich nach der Struktur des Betriebes und dem jeweiligen Unterstellungsverhältnis innerhalb der einzelnen Ministerien. In jedem Fall war die Planerfüllung das entscheidende Kriterium. Das Kuriose dieser Praxis bestand darin, dass die einmal bewilligten Gelder unbedingt ausgegeben werden mussten. Auf Mark und Pfennig. Egal, ob es Bedarf, Anlass oder Notwendigkeiten gab oder nicht. Das Geld musste weg. Ausgeben war eingeplant, und der Plan war Gesetz. Geschah dies nicht, oder nicht in voller Höhe, wurden die Mittel im nächsten Jahr gestrichen oder reduziert. Am Jahresende wurde in manchen Betrieben deshalb irgendein Firlefanz angeschafft, nur um den K- und S-Fonds restlos auszuschöpfen. Es konnte aber durchaus auch passieren, dass ein Betrieb, der sparsam und ehrlich mit dem Fonds umging, in der Jahresmitte keine müde Mark mehr zur Verfügung hatte. Davon betroffen waren nach meinen Erfahrungen zumeist Bildungseinrichtungen sowie große Teile des Gesundheitswesens.

Mit diesem Wissen und meiner sozialen Ader im Hinterkopf machte ich in jedem Jahr einige »Solidaritäts«-Veranstaltungen. Der Veranstalter hatte lediglich den Raum zur Verfügung zu stellen. Ich spielte mein abendfüllendes Programm und berechnete weder Gage noch Fahrtkosten.

Anfang Dezember klingelte bei mir das Telefon. Die Leiterin einer Kindertagesstätte rief an und fragte, ob ich noch einen Termin für eine Veranstaltung in diesem Jahr frei hätte. Der Anlass sei eine gemeinsame Vorweihnachtsfeier für die Mitarbeiter von insgesamt sechs Kindertagesstätten. Sie schilderte mir noch ausführlich die schwere und verantwortungsvolle Aufgabe der Erzieher, Betreuer und Pädagogen bei der Arbeit mit den Hausherren von Morgen und die damit verbundene Erziehung und Herausbildung von sozialistischen Kinder-Persönlichkeiten. Am Schluss des Gespräches bat sie um Verständnis, dass für meinen Auftritt leider nur wenig Geld zu Verfügung stünde. Ich hatte viel Verständnis und konnte natürlich auch. Wir vereinbarten Ort und Zeit, und ich war pünktlich.

Etwa fünfzig Damen und einige Herren hatten in einem kulturvoll hergerichteten Raum Platz genommen. Die Initiatorin sagte zur Begrüßung ein paar nette Worte, und alle Gäste empfingen mich mit einem herzlichen Applaus. Ich spielte mein Programm, das Publikum ging mit, reagierte gut, und es gab am Ende viel Beifall. Danach bedankte sich die Leiterin recht wortgewandt. Sie sagte was von »herzerfrischend« und »niveauvollem Programm« und dass man dankbar für die »Stunde der Entspannung« sei. Dann überreichte sie mir als Zeichen ihrer Freude einen hübschen Blumenstrauß und teilte allen Anwesenden mit: »Liebe Kolleginnen und Kollegen! Ich möchte Euch noch sagen, dass Herr Stückrath den heutigen Abend für uns völlig kostenlos gestaltet hat (Beifall). Ja, darüber freuen wir uns sehr. Ich kann Euch aber auch schon verraten, dass wir jetzt finanziell in der glücklichen Lage sind, den Herzenswunsch vieler Kolleginnen zu erfüllen. Bei der nächsten Veranstaltung können wir uns nun endlich Frank Schöbel leisten (Riesenbeifall).« ■

Am Arbeitsplatz wurde nicht nur für den Frieden gekämpft, hier fand auch die Erstürmung der kulturellen Höhen statt. Schriftsteller kamen und lasen, Volkskunstzirkel arbeiteten, Brigaden gingen gemeinsam kegeln oder ins Theater, und eine Betriebsfeier ohne »kulturelle Umrahmung« war undenkbar.

Oktober
Die Gruppe Karat erhält den Nationalpreis.

Oktober / Dezember
Im Alten Museum findet die Ausstellung »Alltag und Epoche – Werke Bildender Kunst der DDR aus 35 Jahren« statt.

November
Auf der 27. Internationalen Dokumentar- und Kurzfilmwoche in Leipzig werden die Filme »Marschall Shukow« (UdSSR) und »Ein guter Kampf – die Abraham-Lincoln-Brigade im Spanischen Bürgerkrieg« (USA) mit der Goldenen Taube ausgezeichnet.

November
Unterzeichnung eines Vertrages mit den Wolfsburger VW-Werken über die Lieferung von Motoren für »Wartburg« und »Trabant«.

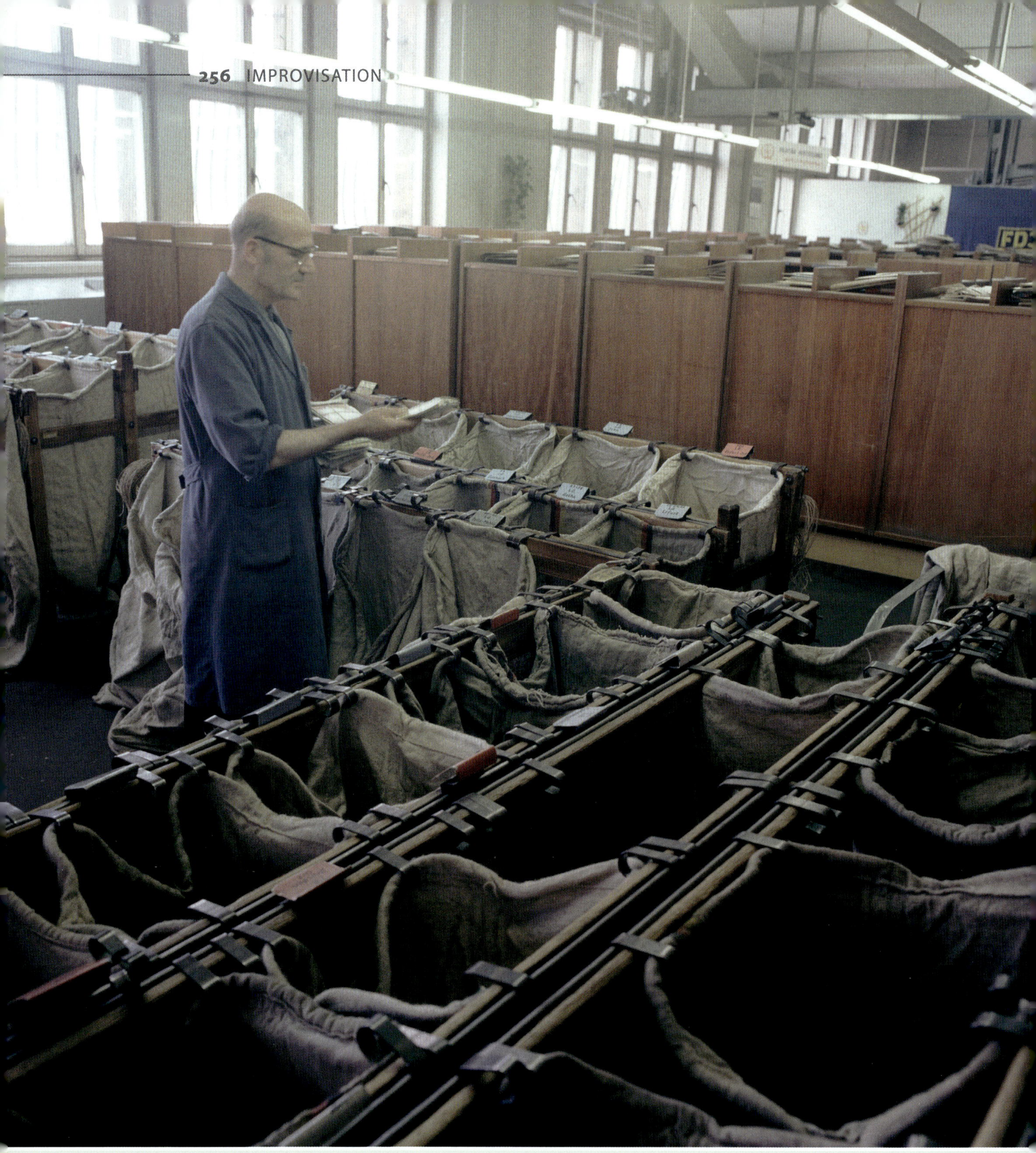

1984

November
Unter Bürgerprotesten werden im Berliner Prenzlauer Berg die Gasometer gesprengt.

November
Das Dresdner Kupferstich-kabinett eröffnet die erste Paul-Klee-Ausstellung der DDR.

Dezember
Freundschaftsbesuch von Erich Honecker in Algerien.

Dezember
Die Mindestrenten werden um 30 Mark auf 300 Mark erhöht. Frauen mit drei und mehr Kindern sowie Halb- und Vollwaisen bekommen mehr Rente.

Dezember
Aus Anlass des 100. Geburtstages von Karl Schmidt-Rotluff wird die neugestaltete ständige Ausstellung in Karl-Marx-Stadt neueröffnet.

Bahnpost nach Dresden

Meine Tätigkeit als Chefredakteur des »Magazins« begann mit einer mittelgroßen Katastrophe. Hilde Eisler war am 1. Dezember 1979 ausgeschieden, um mir freie Hand bei der Vorbereitung der Hefte im neuen Jahr zu lassen.

Im Laufe des Dezember haben wir also das Januarheft 1980 erarbeitet, kurz vor den Weihnachtsfeiertagen gingen die Manuskripte und Illustrationen in die Druckerei nach Dresden, wie immer mit Bahnpost vom Ostbahnhof aus. Damit war unsere Arbeit eigentlich beendet, und wir konnten in Ruhe Weihnachten feiern.

Doch am Heiligabend rief ein völlig aufgelöster Obermeister aus der Dresdner Druckerei an. Seine Nachricht löste eine Art Alarmstimmung aus. Was in der 25-jährigen Geschichte der Zeitschrift nie passiert war, war nun eingetreten: Keines unserer Manuskripte war in der Druckerei angekommen. Und dabei hatten wir mit der Bahnpost beste Erfahrungen, sie war der schnellste und sicherste Weg der Zustellung. Bisher.

Wenn die Termine für die Auslieferung des Heftes eingehalten werden sollten, musste die Druckerei am ersten Arbeitstag nach dem Fest mit der Fertigung beginnen.

Wir telefonierten mit dem Ostbahnhof. Die Poststelle hatte die Sendung erhalten und quittiert, sie war pünktlich mit dem Abendzug nach Dresden abgeschickt worden. Auf dem Dresdner Hauptbahnhof aber war sie nicht angekommen.

Am ersten Feiertag fuhr ich nach dem Frühstück in die Redaktion. Wir alarmierten den Bahnhofsvorstand auf dem Dresdner Hauptbahnhof. Der versuchte über die Bahnanschlüsse in Prag, Budapest und Bukarest, wohin der Zug weitergefahren war, etwas über unsere Sendung zu erfahren. Aber es war Weihnachten, überall.

Und nirgends waren unsere Manuskripte, Fotos und Illustrationen gefunden worden.

Am zweiten Feiertag informierte ich die Redakteure: Wir mussten wohl oder übel ein neues Heft zusammenstellen. Von den Manuskripten gab es Durchschläge, auf denen nicht immer die letzten Korrekturen standen, aber das ließ sich rekonstruieren. Die Fotos aber waren Unikate. Wir hatten zu den einzelnen Beiträgen nur noch die, die wir als weniger gut aussortiert hatten, die zweite Wahl, aber immerhin. Ganz schlimm war es mit den Illustrationen, unmöglich, sie in so kurzer Zeit neu anfertigen zu lassen. Wir überlegten, welche Beiträge, die für spätere Hefte vorgesehen waren, vorgezogen werden könnten, jeder holte aus seinem Schreibtisch, was er Brauchbares hatte. Langsam nahm das Ersatzheft Formen an. Das erste Heft in meiner Verantwortung – und nun diese Notausgabe.

Und dann geschah das Wunder. Mitten in unsere fieberhaften Bemühungen platzte die erlösende Nachricht: Das Material war gefunden! Der Zugschaffner hatte vergessen, es in Dresden auszuladen. In Bukarest, an der Endstation, landete es in der allgemeinen Weihnachtsstimmung zwischen Kisten und Kästen, bis ein aufmerksamer rumänischer Bahnbeamter die Sendung entdeckte und zurück nach Dresden schickte.

Von diesem Tag an wurden nie mehr Druckunterlagen, von denen es kein Doppel gab, mit der Bahnpost befördert. Wir suchten uns eine rüstige Rentnerin, die zwei bis drei Mal im Monat für eine Fahrkarte und 50 Mark Botengeld nach Dresden fuhr und das Material persönlich übergab. Heutigen Zeitungsmachern muss diese Geschichte wie eine Mär aus grauer Vorzeit erscheinen. ■

Es gab über 500 Fachzeitschriften in der DDR, manche in Auflagen von mehreren hunderttausend. Das »Magazin« gehörte zu den beliebtesten Illustrierten.

Dezember
Erstaufführung der Händel-Oper »Giustino« an der Berliner Komischen Oper, in der Titelpartie Jochen Kowalski, Regie: Harry Kupfer.

Dezember
5. Internationales Kinder- und Jugendbuchkolloqium in Berlin. Uwe Kant referiert zum Konferenzthema: »Das Leben lieben – den Frieden schützen.«

Dezember
Der neue Grenzübergang zwischen dem hessischen Herleshausen und dem thüringischen Wartha wird dem Verkehr übergeben.

Dezember
Kulturtage der DDR in Rumänien mit Lesungen, Ausstellungen, Filmen und einer Gala des Tanztheaters der Komischen Oper.

Muss die Kunst nach Brot gehen?

Wer Erde aß, weiß trocken Brot zu schätzen, pflegte Oma zu sagen. Mehr nicht. Damit war alles gesagt. Die Großmutter hatte als junges Mädchen den Ersten Weltkrieg durchlitten, den Zweiten und die schwere Zeit danach in der Mitte ihres Lebens. Mit erkennbarem Unverständnis quittierte sie später die Bereitschaft ihrer Landsleute, sich schon bald wieder bis an die Zähne zu bewaffnen, wo sie sich doch damals im Bombenkeller lauthals geschworen hatten, zeitlebens lieber nur trocken Brot essen zu wollen, um niemals wieder dieses Martyrium durchstehen zu müssen.

Auf simple Weise machte sie uns Enkeln damit zweierlei bewusst. Erstens, dass Essen und Frieden, Hunger und Krieg irgendwie zusammenhingen. Zweitens, dass das Gedächtnis der meisten Menschen sehr begrenzt war. Das Elend von gestern war vergessen, sobald der Bauch gefüllt und die frühere Ausnahme zur gegenwärtigen Regel geworden war …

In den achtziger Jahren besuchte ich Wolfgang P. in Freital. Der Maler und Grafiker war freischaffend, wie das damals hieß. Er engagierte sich leidenschaftlich gegen die Stationierung von Atomraketen in West und Ost. Petrovsky, der in Leipzig studiert hatte, verarbeitete beispielsweise Todesanzeigen aus den letzten Kriegen, Soldatenfotos, Nachrufe, Ruinenbilder, rote und andere Farbkleckse zu Collagen mit klarer Botschaft. Sein Feld war die deutsche Geschichte und ihr Widerhall in der Gegenwart. Das klang manchem Zeitgenossen ein wenig zu schrill. Und auch die offizielle Wiederentdeckung Victor Klemperers stand noch aus. Denn außer seiner seit 1947 oft verlegten Auseinandersetzung mit der Sprache des Dritten Reiches, der »LTI«, gab es nichts, was auf den jüdischen Literatur-

1985

Januar
Die DDR erweitert nach UN-Seerechtskonvention ihr Territorialgewässer von drei auf zwölf Seemeilen.

Januar
Die letzten sechs von zeitweilig 168 DDR-Bürgern verlassen nach Zusicherung von Straffreiheit die BRD-Botschaft in Prag, wo sie sich seit dem 2. Oktober 1984 aufgehalten haben.

Februar
Das Ministerium für Staatssicherheit wird für »vorbildliche Pflichterfüllung im Interesse des ganzen werktätigen Volkes« mit dem Karl-Marx-Orden ausgezeichnet.

Februar
DEFA-Kinderfilmpremiere »Unternehmen Geigenkasten«.

wissenschafter und Kommunisten (er war nach dem Krieg der KPD beigetreten und gehörte bis zu seinem Tode 1960 auch der Volkskammer an) verwies. Petrovsky jedoch erinnerte mit Grafiken, Postkarten und Collagen an diese bedeutende Dresdner Persönlichkeit, an den stillen Mahner und Ankläger.

Wir saßen in seinem eiskalten Atelier, das mal ein Laden gewesen war. Wir wärmten uns mit Rotwein und Gedanken, denn Kohle war knapp. Es war am Thermometer ablesbar, dass Petrovskys Kunst brotlos war: Keine offizielle Institution mochte sich mit seinen aufrührerischen Werken behängen, die fernab von heiler Welt und tradiertem Kunstverständnis waren. Petrovsky lebte im Wesentlichen von einem Zirkel in Wolfen-Bitterfeld. Dort versammelte er regelmäßig Werktätige aus den umliegenden Chemiefabriken und unterwies die Laien im Malen und Zeichnen. Und die Betriebe entlohnten ihm dies. So kam Petrovsky zu einem keineswegs üppigen, aber doch regelmäßigem Einkommen, womit die monatlichen Aufwendungen, die jeder Bürger so hat, beglichen werden konnten. Man konnte auch sagen: Diese Tätigkeit sicherte ihm die Existenz.

Es war purer Zufall, dass sein Zirkel dort ansässig war, wo 1959 diese Idee geboren wurde. Sie ging als »Bitterfelder Weg« in die DDR-Geschichte ein. Auf einer Konferenz berieten seinerzeit Kulturschaffende und Kulturfunktionäre, wie man die Hürden niederreißen könnte, die ganz offensichtlich zwischen Künstlern und »normalen« Menschen, zwischen Kunst und deren Rezeption existierten. Um wechselseitiges Verständnis zu befördern hielt man es für sinnvoll, wenn man einerseits Künstler in die Produktion schickte und andererseits in den Betrieben interessierte Werktätige in Kulturzirkeln zusammenschloss. »Greif zur Feder, Kumpel« hieß es bald beispielsweise bei den Autoren. Auf diesem, dem Bitterfelder Weg, sollten sich Kunstproduzenten und -konsumenten kennen- und verstehen lernen. Und nebenbei bot man nicht wenigen freischaffenden Künstlern damit ein gesichertes Einkommen.

Im Laufe der Jahre hatte sich einiges an der Praxis geändert, nicht alles entwickelte sich zum Vorteil. Gleichviel: Die Idee war nützlich, tragfähig, funktionierte und hatte vielerlei Facetten. Eben auch die des praktischen Nutzens auf Seiten der Berufskünstler und der kundigen Unterstützung für die zahlreichen Volkskunstgruppen – allein im Chemiekombinat Leuna gab es rund 70 mit fast 1500 Mitgliedern. Auch verfügte Leuna über eine ansehnliche Kunstsammlung, die durch Aufträge, Ankäufe und Schenkungen mit Werken von Künstlerinnen und Künstlern der Region entstand. Heute befindet sich die Sammlung im Besitz des Landes Sachsen-Anhalt.

Dem Spott, mit dem man dem »Bitterfelder Weg« schon zu DDR-Zeiten überzog, mochte Petrovsky nicht folgen. Denn das Problem stand, und es steht in jeder Gesellschaft: Wie erreicht man mit Kultur möglichst viele? Wie bildet man Menschen außerhalb von Schule, wie sensibilisiert man sie fürs Leben? Wie verlängert man das kollektive Gedächtnis?

Wir froren und fragten uns damals in Petrovskys Atelier: Kultur und Kunst ist Bildung. Wenn aber Bildung im Zentrum der DDR-Gesellschaft stand, was sie zweifellos tat, stellt sich die Frage, warum er in einem so lausigen Schuppen schuf? Wolfgang P. griente und wies auf ein Plakat, das Spitzwegs armen Poeten im Bett mit Zipfelmütze und unter einem Regenschirm zeigte. »Nur die Armut gebiert Großes« war in Fraktur zu lesen. Klaus Staecks ironische Botschaft gilt vielleicht für den Westen, warf ich ein, aber doch nicht bei uns. Im Prinzip habe ich wohl recht, meinte er, aber der Bitterfelder Weg, der noch vor uns läge, sei ziemlich lang. Und ob wir ihn jemals bis zu Ende gehen würden, stünde in den Sternen.

In dieser Hinsicht offenbarte Wolfgang P., dass er ein wahrer Künstler ist: Er ahnte bereits, was unsereiner nicht einmal in Erwägung zog. ■

Namensgebend für den »Bitterfelder Weg« war eine Autorenkonferenz 1959 im Chemiekombinat Bitterfeld. Die Frage sollte geklärt werden, wie die Werktätigen besseren Zugang zu Kunst und Kultur finden könnten und wie die »vorhandene Trennung von Kunst und Leben« aufzuheben sei. Ganz einfach: Künstler und Schriftsteller sollten in den Fabriken arbeiten und Arbeiter bei deren eigener künstlerischer Tätigkeit unterstützen. Foto: Schriftsteller und schreibende Arbeiter aus dem Kombinat »Schwarze Pumpe« im Gespräch, unter ihnen Brigitte Reimann. 1961.

Februar
Das Festkomitee zum 750jährigen Bestehen Berlins konstituiert sich unter Vorsitz von Erich Honecker.

Februar
Wiedereröffnung der kriegszerstörten und originalgetreu restaurierten Semper-Oper mit Webers »Freischütz«.

Februar
In Radebeul eröffnet die Gedenkstätte für Karl May.

Februar
Eröffnung einer Ausstellung in Leipzig mit rund 200 Werken von Bernhard Heisig anlässlich seines 60. Geburtstages.

März
DEFA-Kinderfilmpremiere »Gritta von Rattenzuhausbeiuns« mit Hermann Beyer.

März
Katarina Witt holt ihren zweiten Weltmeistertitel in Tokio.

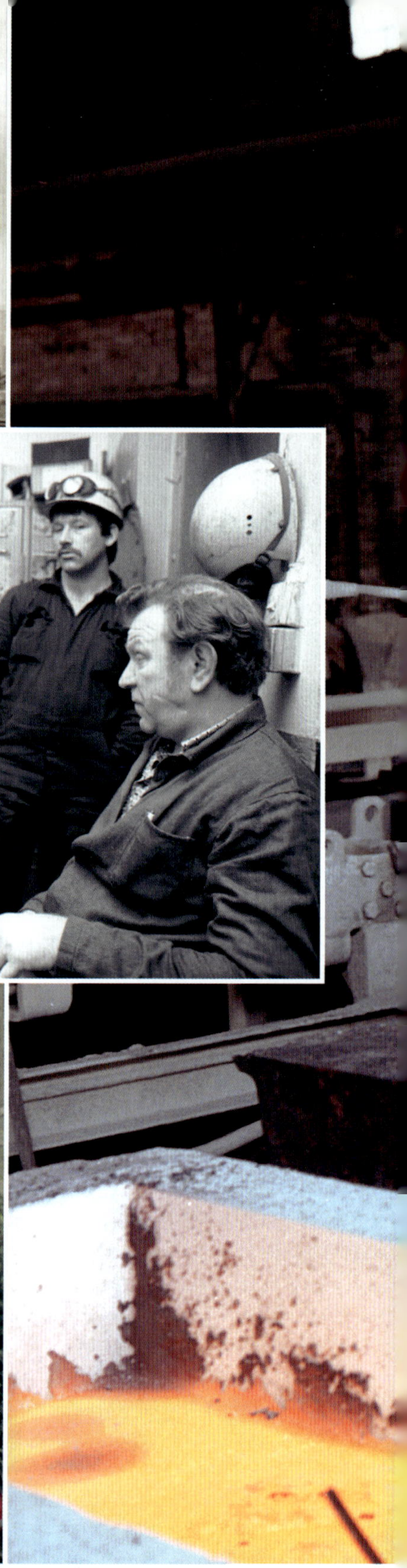

1985

März
DEFA-Filmpremiere »Ab heute erwachsen«.

März
Michail Gorbatschow wird vom Zentralkomitee der KPdSU zum neuen Generalsekretär der Partei gewählt.

April
»Der Spiegel« eröffnet in Berlin sein neues Büro. 1978 war die Ostberliner Dependance von der DDR-Regierung wegen der Veröffentlichung über eine angebliche Widerstandsgruppe innerhalb der SED geschlossen worden.

April
Als erster britischer Außenminister stattet Geoffrey Howe der DDR einen Besuch ab.

April
Der Warschauer Vertrag wird um 20 Jahre verlängert.

April
Premiere des Hölderlinfilms »Hälfte des Lebens« mit Ulrich Mühe und Jenny Gröllmann.

April
In Torgau verfassen sowjetische und amerikanische Veteranen anlässlich des 40. Jahrestages des Zusammentreffens alliierter Soldaten einen gemeinsamen Friedensaufruf.

April
Erich Honecker besucht erstmals ein NATO-Land: Italien. Er hat eine Audienz beim Papst.

Mai
Erich Honecker ist als erster Regierungschef der sozialistischen Länder bei Michail Gorbatschow zu Gast.

Mai
Uraufführung von Heiner Müllers »Wolokolamsker Chaussee I«.

Mai
In Leipzig eröffnet das rekonstruierte Kabarett »Pfeffermühle«.

Mai
Michail Gorbatschows Maßnahmenkatalog zum Kampf gegen Alkoholismus in der UdSSR wird festgelegt.

Leningrad

Willi Warning war als Bestarbeiter in den 50er Jahren zum ersten Mal mit einer Freundschaftsdelegation in Leningrad. Danach hatte er seiner Frau die Ohren vollgeschwärmt:

»Das musst du mal sehen! Der Winterpalast der Zaren, das ist ein Klotz. Die Eremitage, da siehst du Kunstschätze, die kennt man nur aus dem Lexikon. Dann der Panzerkreuzer ›Aurora‹, der die Revolution eingeläutet hat. Der Smolny, wo noch der Schreibtisch und das Bett von Lenin zu sehen sind. Na und die ganze Stadt: 101 Inseln mit 600 Brücken. Und die Admiralität mit einem Turm, der so spitz wie eine Nadel ist! Und wenn du dann hörst, wie die Stadt unter der deutschen Belagerung gelitten hat. Da sind eine Million Einwohner verreckt. Aber die Wehrmacht kam nicht rein. Eine Heldenstadt! Da müssen wir zusammen noch mal hin!«

Dann kam der Tag, gut zwanzig Jahre später, wo er als Geschenk zu ihrer Silberhochzeit mit dem Ticket vom Reisebüro nach Hause kam: Drei-Tage-Flugreise Leningrad. Ihre erwachsenen Kinder nickten den Plan ab, weil sie wussten, dass Vater zeitlebens so sprach, als hätte er an der Oktoberrevolution in Russland persönlich teilgenommen. Er kannte die Namen aller rot- und weißgardistischen Generale. Er wusste, mit welcher Kanone die »Aurora« auf den Palast gezielt hatte. Er konnte aus Lenins Aufzeichnungen vom Beginn der neuen Epoche zitieren.

1985

Juni
Auf der Glienicker Brücke in Berlin findet der größte Agentenaustausch seit 1945 statt. 25 Westagenten werden gegen vier Ostagenten ausgetauscht.

Juli
Neue Vereinbarungen über den innerdeutschen Handel. Der Swing wird wieder erhöht – von 600 auf 800 Mio. Verrechnungseinheiten.

August
Der beim BRD-Verfassungsschutz für die Abwehr der DDR-Spionage zuständige Hansjoachim Tiedge setzt sich in die DDR ab.

August
Die UdSSR ruft einseitig ein Moratorium für alle Atomwaffentests aus.

August
Im Gothaer Schloss eröffnet ein kartographisches Museum.

September
Zum neuen Schuljahr wird der Schultaschenrechner SR 1 eingeführt, er kostet 123 Mark.

Er lobte das sahnige Eis, die Klappbrücken, die Kanäle, das Kirow-Ballett. Nun sollte das seine Elvira auch endlich sehen.

Der Flug verlief planmäßig. Die Unterbringung erfolgte vertragsmäßig. Die »Schlüsselfee« auf dem Hotelflur empfand seine Frau als sympathische Einrichtung und nicht etwa als IM des Geheimdienstes. Der Tee, den sie aus dem Samowar lockte, war vorzüglich. Die Plüschvorhänge mit Bommeln an den Fenstern und die großen Kristalllüster ließen vermuten, dass jeden Moment Katharina die Große eintreten würde. Man war so richtig eingebunden in den historischen Atem dieser Stadt.

Der Atem der Neuzeit ging aber hastiger, röchelnder, denn dem Land war inzwischen ein teurer Rüstungswettlauf aufgezwungen worden, den der mehrfach überrumpelte Generalstab immer noch ein Stückchen hochrechnete. Drum fehlte es dann an allen Ecken und Enden.

Für Willi und Elvira kam der erste Spaziergang ohne Reiseführer. Er suchte in der Hauptgeschäftsstraße jenen Juwelier, der so schönen preiswerten Goldschmuck ausgestellt hatte. Er fand ihn nicht. Vielleicht, weil seine Frau von einem halbwüchsigen Komsomolzen angesprochen wurde, ob sie nicht ihre Schuhe verkaufen wolle. Er könne auch in Dollar zahlen. Willi beschimpfte den Burschen und wollte die Miliz rufen, doch da war der Knabe verschwunden.

Sie gingen zur Newa, wo die »Aurora« vor Anker lag. Willi hatte gerade zu seinem bekannten Vortrag über jene Salve ausgeholt, die an den Schlaf der Welt rührte, da wurde seine Frau von einer einheimischen jungen Frau gefragt, ob sie nicht ihre Sonnenbrille verkaufen möchte. Darauf wurde Willi lauter als die »Aurora«.

Er wollte seine raue Kehle mit einem Sahneeis streicheln, aber da war weit und breit kein Eisverkäufer zu sehen. Sie brauchten eine halbe Stunde bis ins nächste Kaufhaus, wo sie dann fündig wurden. Dort waren gerade Schapkas eingetroffen, jene Pelzmützen, mit denen selbst in Sibirien die Ohren am Kopf bleiben. Aber dieses Sonderangebot lockte sofort hundert Kunden an den Stand, so dass ein Mitbringsel für die Enkel zu zeitaufwendig geworden wäre.

Sie gingen mit ihrer Reisegruppe am Nachmittag in die Eremitage, wo Willis Elvira Kopfschmerzen bekam, weil da auf engstem Raum die Bilder der Großmeister dreifach und vierfach übereinander aufgehängt waren. Man wusste nicht, wo man hinschauen sollte.

Willi sagte weise: Woanders ist es eben anders. Elvira nickte: Ja ja. Am Denkmal von Peter dem Großen zog Willi seinen letzten Trumpf aus dem Ärmel und schwärmte: »Stell dir vor, der war hier der Kaiser, aber er ging nach Holland, um als Zimmermann zu lernen, wie man große Schiffe baut. Wir waren doch mal mit der Brigade im Theater, ›Zar und Zimmermann‹, erinnerst du dich?«

Elvira nickte: »Ja ja. Du wolltest übrigens auch mal meine Gardinenstange festmachen!«

»Mach ich doch.«

»Wann?«

»Sobald wir nach Hause kommen.«

»Als Geschenk zur Silberhochzeit oder zum Jahrestag der Oktoberrevolution?«

Nun hatte Willi den berechtigten Eindruck, dass da bei seiner Frau eine bittere Ironie am Brodeln war. Er wollte schon mit einem Lenin-Zitat kontern, doch dann fiel ihm ein, dass die Teppichweber von Kujan Bulak Lenins Geburtstag dadurch ehrten, dass sie Petroleum über die nahen Sümpfe gossen, damit die Stechmücken nicht ihre Frauen und Kinder auffraßen. Und hatten nicht auch Marx und Engels herausgefunden, dass »die Messer- und Gabelfrage« – also, was die Menschen auf dem Tisch haben, wie sie wohnen und sich kleiden – das Allerwichtigste bei jeder Revolution ist?

Als Willi wieder in Berlin landete und die Fahnenstangen am Flughafen sah, dachte er nur noch an seine Gardinenstange als Hauptkettenglied der Revolution. ■

Ob man mit einem Freundschaftszug ins Bruderland reiste oder beim Reisebüro buchte, wer nach Leningrad kam, besichtigte den Panzerkreuzer »Aurora«. Ihr Schuss gab das Signal für den Sturm auf das Winterpalais. Als Symbol der großen sozialistischen Oktoberrevolution bekam sie einen »ewigen Liegeplatz« auf der Newa. Den behielt sie auch nach dem Untergang der Sowjetunion. Mehr als 28 Millionen Gäste besuchten das Museums-Schiff.

September
In Briefen an Bundeskanzler Kohl fordert Erich Honecker die Abschaffung chemischer Waffen in beiden deutschen Staaten. Am 2. Oktober antwortet Helmut Kohl, auch die Bundesrepublik sei für die Abschaffung.

September
Beim Leichtathletiksportfest in Berlin werden drei Weltrekorde aufgestellt: Heike Drechsler im Weitsprung, Ulf Timmermann im Kugelstoßen, Sabine Busch im Hürdenlauf.

September
Erstmals nach der Enttarnung des Spions Guillaume reist SPD-Vorsitzender Willy Brandt wieder in die DDR.

September
Die Synode des Bundes der Evangelischen Kirchen beschließt ihre Umbenennung in »Evangelische Kirche in der DDR«.

September
Der 100. »Polizeiruf«-Film wird gesendet: »Verlockung«.

1985

Oktober
In den Automobilwerken Eisenach läuft der einmillionste Wartburg 353 vom Band.

Oktober
Bei Tagung des Warschauer Vertrags in Sofia formulieren die teilnehmenden Staaten einen Protest gegen das amerikanische SDI-Programm und machen einen Vorschlag zum Verbot von Weltraumwaffen und zur Halbierung des sowjetischen und amerikanischen Waffenpotentials.

Oktober
Oberhof wird Stadt – und bleibt bis 1990 die jüngste Stadt der DDR.

Oktober
In Weißenfels wird das Heinrich-Schütz-Haus der Öffentlichkeit übergeben.

November
Die DDR-Regierung verkündet, dass alle Selbstschussanlagen und Bodenminen an der deutsch-deutschen Grenze abgebaut sind.

Mein erstes Blauhemd erhielt ich als Prämie

Eisiger Januarwind weht durch die Thulestraße in Pankow. In den Räumen der ehemaligen Brauerei ist es auch nicht gerade warm. Auf dem Hof treten wir an. Unförmig sehen wir aus. Jeder hat so viele alte Sachen wie möglich unter dem dünnen blauen Arbeitsanzug. Und hohe Holzschuhe tragen wir, die beim Marschieren wunderbar hallen, richtig zum Takt bei »Bau auf, bau auf, bau auf, bau auf, Freie Deutsche Jugend, bau auf …« und »Wir sind die junge Garde des Pro-leta-riats!« Manche Mädchen haben sich trotzdem geschminkt. Kirschrot ist Mode.

Besonders laut klappern die Schuhe im Fußgängertunnel der U-Bahn, wenn wir in Stadtmitte umsteigen, um zu unserem Bauplatz zu kommen, zu unserem Jugendobjekt »Stadion Mitte«.

Einige Wochen bauen wir im freiwilligen Einsatz in Tag- und Nachtschichten mit, wir von der Friedrich-Schiller-Universität Jena. Wir beseitigen Trümmer, schieben Loren und graben in hartgefrorener Erde das Stadionrund. Einmal sind wir blaugefroren, einmal völlig verschwitzt, vom Lippenstift ist nichts mehr zu sehen. Dafür werden wir stark, auch in der Auseinandersetzung untereinander und mit den eigenen Schwächen. Todmüde und doch hellwach lese ich in der knappen Freizeit »Wie der Stahl gehärtet wurde«.

Beim Biss in das harte Brot verliere ich einen Zahn. Ein Zahnarzt in der Schönhauser Allee hilft mir. »Wisst ihr«, sagt er zu mir, »ich finde euch und eure Sache prima. Aber dass ihr eure Jugendlieder immer so laut singt, wenn ihr zur Nachtschicht marschiert, ist nicht gut.« Von da an klapperten nachts nur unsere Holzschuhe.

Mein erstes Blauhemd erhielt ich als Prämie, als wir nach Jena zurückkamen.

Später habe ich viele Blauhemden abgetragen, aber mein erstes habe ich immer noch. Ich trug es zum Deutschlandtreffen, als »unser« Stadion eröffnet wurde und wir »Erbauer« stolz auf Ehrenplätzen saßen.

Zu den III. Weltfestspielen in Berlin war es dabei. Noch heute ist am linken Ärmel unter dem FDJ-Abzeichen das Zeichen der III. zu sehen: Schwarze, Weiße, Gelbe, die sich die Hände reichen.

Freundschaft, Frieden – Begriffe, die sich für mich in jenen Januartagen in Berlin mit Verständnis und Leben zu füllen begannen und zum Leben unserer Kinder gehörten wie die Sonne und die Blumen.

Auch zu den X. Weltfestspielen saß ich, diesmal mit meinen Kindern, im Stadion.

Heute wird dort, wo wir soviel Aufregendes und Friedliches erlebt haben, die große Anlage des BND gebaut …

Übrigens bin ich Jahrgang 1929, also schon ganz schön alt. ■

»Weg mit den Trümmern und was Neues hingebaut!« Das 1950 eröffnete Walter-Ulbricht-Stadion fasste 70 000 Zuschauer und war eines der größten Leichtathletik- und Fußballstadien des Landes. Hier fanden auch politische Großveranstaltungen statt. Foto: Einzug der Delegationen zu den X. Weltfestspielen. Erich Honecker nutzte die Gelegenheit, dem Stadion einen neuen Namen zu verleihen, es hieß bis zu seinem Abriss 1992 »Stadion der Weltjugend«.

November
Besuch des saarländischen Ministerpräsidenten Oskar Lafontaine. Die erste deutsch-deutsche Städtepartnerschaft (Saarlouis und Eisenhüttenstadt) wird vereinbart.

Dezember
Heinz Keßler löst als Verteidigungsminister den verstorbenen Armeegeneral Heinz Hoffmann ab.

Dezember
Auf einer Polenreise vereinbart Erich Honecker ein »langfristiges Programm der Zusammenarbeit«.

Dezember
Erstmals finden in Weimar Jazz-Tage statt.

Dezember
Die erste Folge des Mehrteilers »Sachsens Glanz und Preußens Gloria« mit hochkarätiger Schauspielerbesetzung wird ausgestrahlt.

Dezember
Sensation im DDR-Fernsehen. In der Silvestershow treten erstmalig Tänzerinnen »oben ohne« auf …

Die erwischte Ladendiebin

Hildegard Zander war 85 Jahre alt. Sie hatte wässrige blaue Augen und weißes, streng nach hinten gekämmtes Haar. Tiefe Falten liefen von ihren Wangen bis zum borstigen Kinn. Sie war großgewachsen, hager und seit vielen Jahren Witwe. Sie hatte niemanden mehr auf der Welt. Nach und nach waren all ihre Verwandten, Freunde und guten Bekannten gestorben. Einzige Gesellschaft waren jetzt die Studenten, die in den leerstehenden Zimmern ihrer großen, verwahrlosten Altbauwohnung einquartiert worden waren.

Ihr Gesundheitszustand war phänomenal, obwohl sie wie ein Schlot rauchte und alles trank, was sie bekommen konnte: Rotwein, Weißwein, Wermut, alle Sorten Schnaps, einzeln oder gemischt. Wenn sie Geld hatte, wählte sie billigen Fuselwodka in 0,5 Liter-Flaschen zu 7,20 Mark,

1986

Januar
Erich Honecker empfängt Vertreter des US-Repräsentantenhauses und führt mit ihnen Gespräche über die weltpolitische Lage und die Beziehungen zwischen beiden Staaten.

Januar
DEFA-Kinderfilmpremiere »Der Bärenhäuter«.

Januar
In einem Interview mit der ZEIT erklärt Erich Honecker: »Es ist geradezu ein Glück für die Menschheit, dass es zwei deutsche Staaten gibt.«

Februar
In Karl-Marx-Stadt eröffnet eine Ausstellung mit Werken von Fritz Cremer anlässlich seines 80. Geburtstages.

Februar
Beim 16. Festival des politischen Liedes ist Pete Seeger zu Gast.

Juwel 72 für 2,50 Mark die Schachtel und helles Bier für 48 Pfennig die kleine Flasche. Jeder andere Mensch mit ihrer Trinkfrequenz wäre längst an Leberversagen gestorben – nicht so Frau Zander. Schnaps und Zigarettenrauch schienen sie zu konservieren.

Allerdings hatte der Alkohol mit der Zeit auch jene Zerstörungen von Gehirnzellen angerichtet, die für Trinker typisch sind und eine psychische wie physische Verwahrlosung mit sich bringen. Das Abweichen von der Norm äußerte sich bei Frau Zander insbesondere darin, dass sie auf Reinlichkeit und Körperpflege keinen Wert mehr legte. Ob sie sich in den letzten Jahren jemals gewaschen und wann sie zum letzten Mal ihre Kleidung gewechselt hatte, wusste niemand. Hände und Gesicht schienen von einer dicken Rußschicht überzogen zu sein. Sie trug sommers wie winters dieselben knöchelhohen, abgeschabten Arbeitsschuhe, dasselbe ursprünglich schwarze Kleid und, wenn sie ausging, denselben einstmals dunklen Mantel. Inzwischen sahen die Kleidungsstücke aus wie Landkarten. Die Zeit hatte ihre Spuren in Form von unzähligen Rotwein-, Fett-, Zigarettenasche-, Straßendreck-, Blut- und Grasflecken hinterlassen.

Regelmäßig morgens um kurz vor acht stand die Greisin auf und ging zur Konsum-Kaufhalle drei Ecken weiter. Dort reihte sie sich ein in die Schlange der harten Alkoholiker und schnorrte sich eine Morgenration zusammen, vor allem dann, wenn auch den Studenten am Ende des Monats die Stipendien ausgingen. Ihre eigene magere Rente reichte nicht für Essen, Schnaps und Zigaretten.

An einem Tag im August hatte sie in der Kaufhalle in einem Anfall von Verzweiflung eine jener kleinen Wodka-Flaschen für 7,20 Mark in die Tasche gesteckt. Das war natürlich völlig unsinnig gewesen, weil die Kassiererin ihre speziellen Kunden kannte und ein wachsames Auge auf sie hielt. Nun stand der Kaufhallenleiter vor

Die Polizei war »dein Freund und Helfer« – und Schornsteinfeger bringen Glück. Das wusste jedes Kind in der DDR.

einem Problem. Was sollte er mit der alten Frau machen? Sie saß in seinem Büro, zitterte am ganzen Körper und stank wie eine Abdeckerei. Vorsichtshalber rief er die Volkspolizei. Zwanzig Minuten später kamen Wachtmeister Michael Feldbinder und Hauptwachtmeister Burghard Wels mit ihrem Toni-Wagen vorgefahren. Die Genossen waren einigermaßen ratlos.

Die erwischte Ladendiebin mit auf die Wache zu nehmen, ergab überhaupt keinen Sinn. Deshalb redeten sie beruhigend auf Frau Zander ein, hielten sich die Nasen zu und fuhren sie mit dem Funkstreifenwagen nach Hause. Dort hakten sie die Greisin unter und brachten sie bis vor die Wohnungstür. Beim Abschied baten sie Frau Zander inständig, zukünftig solchen Unsinn zu unterlassen, weil sie, die Volkspolizisten, sonst in große Schwierigkeiten geraten würden. Um diese Bitte noch zu untermauern, drückten sie ihr einen Zehn-Mark-Schein in die Hand.

Diese Lektion half deutlich. Hildegard Zander schämte sich bis auf die Knochen. Sie wurde nie wieder bei einem Diebstahl in der Kaufhalle erwischt. ■

Februar
Der Präsident der DDR-Volkskammer, Horst Sindermann, trifft zu einem viertägigen Besuch in Bonn ein. Er ist der ranghöchste DDR-Politiker, der bisher die Bundesrepublik besucht hat.

Februar
Die DDR erweitert die Reisemöglichkeiten in dringenden Familienangelegenheiten.

Februar
Erstmals gastiert mit der Staatskapelle Berlin ein sinfonisches Orchester aus der DDR in Australien.

Februar
Das Jugenradio DT 64 wird eigenständiger Sender und ist von 13 bis 24 Uhr zu empfangen.

März
Alexander Lang inszeniert Strindbergs »Totentanz« am Deutschen Theater und liefert damit gleichzeitig seine letzte Regiearbeit in der DDR ab.

April
Einweihung des Marx-Engels-Forums in Berlin.

Rotkraut bleibt Rotkraut

Der KONSUM war, gemeinsam mit der HO und den Bäuerlichen Handelsgenossenschaften, auch für den Aufkauf von Obst und Gemüse von den Kleingärtnern verantwortlich. Damit sollte die Versorgungslage der Bevölkerung mit frischem Obst und Gemüse verbessert werden. Das an und für sich hilfreiche Aufkaufgeschehen verfehlte aber auch manchmal sein Ziel. Die Preise wurden oft nicht nach der Marktlage festgelegt, sondern von zentralen Dienststellen vorgeschrieben. Da gab es das Ministerium für Handel und Versorgung in Berlin, das Staatliche Amt für Preise, und in den Räten der Bezirke und Kreise die entsprechenden Abteilungen, die die Preise diktierten und sie auch kontrollierten. Dazwischen standen die Großhandelsbetriebe für Obst, Gemüse und Speisekartoffeln, denen oft der Aufkauf gar nicht passte, weil sie auch die überschüssigen Mengen abzunehmen und neu zu verteilen hatten.

Der sogenannte »Preisdienst« war unbedingt einzuhalten; die Gewinnspanne gering. Absurd aber wurde es, wenn die Preise im Aufkauf höher als im Verkauf lagen.

In einer Verkaufsstelle in Güstrow trug sich Folgendes zu: Ein Kleingärtner kam mit 10 Kilo Pflaumen in einem Marmeladeneimer und verkaufte seine Pflaumen für den festgelegten Preis von 1,50 Mark je Kilo an den KONSUM. Dass es in diesem Jahr eine Pflaumenschwemme gab, hatte keinen Einfluss auf die Festlegung der Aufkaufpreise. Die Pflaumen wurden sofort in den Verkauf gebracht, im gleichen Pappeimer auf das Verkaufsregal gestellt, der Kleingärtner machte ein paar Schritte um die Verkaufsstelle herum und kaufte sie dort zu einem Preis von 30 Pfennig je Kilo, also für 3 Mark. Er hatte seine Pflaumen zurück und in wenigen Minuten 12 Mark verdient. Niemand konnte ihn daran hindern, er bewegte sich ordentlich auf dem Boden der Legalität, sprich: auf der Grundlage der sozialistischen Preispolitik!

Die Versorgung mit frischem Obst und Gemüse war im DDR-Handel infolge permanenten Mangels an Ware ein nicht zu lösendes Problem. Erstes Frühgemüse wie Salat, Gurken und Tomaten, Salat, Zwiebeln, Blumenkohl und Kohlrabi gab es dermaßen wenig, dass es immer wieder zu Verteilungsproblemen und Schwierigkeiten kam. Die Kunden hielten mit ihrer Meinung nicht hinterm Berg. In den Läden wurde es oftmals laut, es hagelte darüber hinaus immer wieder Eingaben an die Staatsorgane und an die Partei. Da half es auch nichts, dass die Werbung als gesund immer das pries, was im Überfluss gewachsen war. Und das war meistens der gewöhnliche Kohl.

Der Volksmund reagierte auf seine Weise: Es werden jetzt überall neue Verkaufsstellen für Obst und Gemüse gebaut, und zwar mit jeweils zwei Eingängen: einen für Weißkohl und einen für Rotkohl. ■

1986

16. April
Anlässlich des 100. Geburtstages von Ernst Thälmann wird das Thälmann-Denkmal von Lew Kerbel in der neuerbauten Wohnsiedlung Thälmann-Park in Berlin eingeweiht.

April
XI. Parteitag. Als Gastredner erklärt Gorbatschow, Selbstkritik sei eine unablässige Bedingung für den Erfolg. Beschluss des Fünfjahrplans.

April
Atomunglück in Tschernobyl.

Mai
Sportjournalisten und die Olympische Gesellschaft organisieren die massensportliche Aktion »Dein Herz dem Sport – stark wie ein Baum«.

Mai
Schreiben von Angehörigen der autonomen Friedensbewegung an Erich Honecker mit der Forderung nach einem konstruktiven Dialog.

Mai
Das Kulturabkommen zwischen DDR und BRD wird nach zwölfjähriger Verhandlung unterzeichnet.

13. Juni
Der Schauspieler und Sänger Dean Reed ertrinkt im Zeuthener See, unweit seines Wohnhauses.

Juni
Erich Honecker trifft zu einem dreitägigen Staatsbesuch in Schweden ein. Vertreter beider Länder unterzeichnen Verträge zum Ausbau des Handels und zu Rechtsfragen.

August
Zum 25. Jahrestag des Mauerbaus erscheint eine Sonderbriefmarke: Kampfgruppen vorm Brandenburger Tor. Die Bundespost will Briefe, auf denen diese Marke klebt, nicht befördern.

August
In der DDR wird die Verwendung von Eurochecks zugelassen.

Der kaukasische Kreidekreis

Meine Frau war Schöffin beim Kreisgericht in Potsdam. Also befragte ich sie unlängst, wie viel Unrecht sie bekennen müsste, wenn die Birthlern eines Tages auf die Idee käme, Schöffen zu IMs zu erklären. Meine Frau Petra erinnerte sich als Erstes an den Tag, da die Richterin, mit der sie Jahre zusammen geurteilt hatte, wegen ihrer »Vergangenheit« in den Vorruhestand geschickt wurde und ein neuer Richter geradenwegs aus Köln kam.

1986

August
Drei Ostberliner fliehen mit einem Kieslaster am Checkpoint Charlie nach Westberlin.

15. September
Protestaktion von Greenpeace-Aktivisten vor dem DDR-Umweltministerium. Die Volkspolizei beendet die Aktion binnen Minuten, die Protestler werden nach West-Berlin abgeschoben.

Oktober
Treffen von Honecker und Gorbatschow in Moskau. Gorbatschow plädiert für eine Umgestaltung des RGW. Es gebe »viele Nichtstuer«.

Oktober
Mit dem »Rosenkavalier« wird das Jugendstiltheater in Cottbus nach fünfjähriger Rekonstruktion wiedereröffnet.

Es war nicht der köllsche Dialekt, der meine Frau störte, sondern seine erste Anordnung: »Schöffen wird vor der Verhandlung kein Einblick in die Akten gewährt?« Meine Frage wollte das Motiv erfahren. »Damit keine Partei Ihnen je wieder Weisungen geben kann!« Meine Frau hatte dem Richter erklären wollen, wie nützlich es ist, wenn der Schöffe vorher weiß, worum es geht, aber sie ließ es, weil sie spürte, dass die Meinung des Schöffen nicht mehr gefragt war. Und erinnerte sich der Sache mit dem Fischladen.

In K., wo wir wohnten, gab es keinen Fischladen, und vor den Wahlen hatten Bürger in Versammlungen von der Bürgermeisterin gefordert, endlich einen Fischladen einzurichten. Die Bürgermeisterin beugte sich dem Wählerwillen, und der Fischladen wurde errichtet, kostspielig sogar, weil die Hygenievorschriften eine besondere Wasserzu- und eine besondere Wasserabfuhr verlangten. Ehe er in Betrieb genommen wurde, suchte man eine Verkaufsstellenleiterin – und fand keine. Fische verkaufen? Es gab keine Freiwilligen. Am Ende überredete die Bürgermeisterin eine Kindergärtnerin, deren Nerven die Kinder ein wenig ramponiert hatten. Als Helfer empfahl diese ihren Mann. Alle wussten, dass er ein Trinker war, aber man hoffte, dass er sich das von Fischen umringt abgewöhnen würde. Die Kindergärtnerin wurde gefeiert, die Bürger von K. hatten ihren Fischladen. Nur wusste die Kindergärtnerin nicht, wie man eine Fisch-Inventur macht, und stellte eines Tages fest, dass ihr Mann zwar fernab von den Fischen soff, das Geld dazu aber aus der Ladenkasse nahm. Schließlich fehlten 20 000 DDR-Mark, und ein Staatsanwalt wurde aktiv. Die Richterin neigte zu einem harten Urteil. Meine Frau, die früher auch mal Verkäuferin gewesen war, entwarf einen Brief an die HO-Kreisdirektion mit einer Reihe peinlicher Fragen, beispielsweise: Wann wurde der Ex-Kindergärtnerin wo erklärt, wie man eine Fisch-Inventur macht? Die Richterin war glücklich, die HO suchte Ausreden, der Staatsanwalt wurde unsicher. Die Fischladenverwalterin wurde geschult, legte eine Prüfung ab, verurteilt wurde sie nicht. Ihr Mann wurde allerdings gefeuert. Er bekam einen neuen Job in einer Brigade, deren Brigadier Anti-Alkoholiker war.

In einem anderen Prozess hatte eine Mutter auf Herausgabe ihres Kindes geklagt. Meine Frau las jede Zeile der Akte. Das erste Kind jener Mutter lebte bei der Oma, einer bewundernswerten Reichsbahn-Wagenwäscherin, die nachts Waggons schrubbte und morgens die Enkelin in die Schule schickte, eine Runde schlief und das Abendessen fertig hatte, wenn die Enkelin aus dem Schulhort kam – mit erledigten Schularbeiten. Sie hatte sich zu diesem harten Leben entschlossen, weil ihre Tochter so manche Nacht andernorts verbrachte und das Jugendamt die Oma für eine gute Lösung hielt. Um das zweite Kind hatte sich die Mutter ebenso selten gekümmert. Es ging oft nicht zur Schule, und der davon in Kenntnis gesetzte ABV war beauftragt worden, die Schulgänge im Auge zu behalten. Er weckte fortan das Mädchen, wenn die Mutter mal wieder die Nacht auswärts verbracht hatte, und brachte es in die Schule.

Schöffen wurden für drei Jahre gewählt und besaßen im Straf- und Ziviklrecht das gleiche Stimmrecht wie die Berufsrichter.

Eines Tages war das Maß voll. Man suchte Pflegeeltern und beschied die Mutter, dass sie künftig ungestört allein leben könne. Es kam der Tag, an dem sie Sehnsucht nach der Kleinen hatte, und das Gericht hatte ihren Fall zu verhandeln. Meine Frau bekennt: Ich hörte das Kind auf dem Flur zu den Pflegeeltern »Papa« und »Mama« sagen, ich traf die Wagenwäscherin und ließ mir ihre Geschichte erzählen und votierte im Gericht dafür, der Mutter das Mädchen nicht zurückzugeben. Sie schloss ihre Rede: »Ich erinnerte mich nicht nur an meine Kinder, sondern auch an Brechts kaukasischen Kreidekreis und bin heute noch überzeugt, dass wir eine menschliche Entscheidung getroffen haben.« ■

Oktober
Offizieller Freundschaftsbesuch Erich Honeckers in der Mongolei, in Nordkorea und in der Volksrepublik China, wo ein Abkommen über langfristige Zusammenarbeit unterzeichnet wird.

Oktober
In Ost-Berlin wird die Ausstellung »Positionen. Malerei aus der Bundesrepublik Deutschland« gezeigt.

Oktober
Die Fährverbindung zwischen Mukran auf Rügen und dem sowjetischen Klaipeda wird eröffnet.

Oktober
Im Potsdamer »Neuen Palais« wird die seit August gezeigte Ausstellung »Friedrich II. und seine Kunst« aufgrund des starken Besucherandranges verlängert.

November
Die DDR und die BRD einigen sich darauf, kriegsbedingt verlagertes Archivgut zurückzuführen.

1986

November
Nach eingehender Renovierung Wiedereröffnung der Deutschen Staatsoper in Berlin.

November
Die Volkskammer beschließt den Fünfjahrplan 1986–1990. Anstelle der geplanten Exportüberschüsse muss zunehmend importiert werden, die Zahlungsbilanz wird weiter belastet.

November
Bei einem Fluchtversuch mit einem LKW werden zwei Männer an der Mauer erschossen.

November
Einweihung der zweiten Kunsteis-Bob- und-Rennschlittenbahn der DDR (die achte der Welt) in Altenberg.

November
Nach umfangreicher Renovierung Wiedereröffnung der Deutschen Staatsoper in Berlin.

1. Dezember
Die DDR-Grenztruppen begehen ihren 40. Jahrestag.

Dezember
In Saarbrücken wird eine Ausstellung über »Bücher in der DDR« mit mehr als 20 000 Titeln eröffnet.

Dezember
UNESCO-Symposium über Künstler im Dienste des Friedens in Potsdam.

Dezember
Eine Tupolew 134 der AEROFLOT aus Minsk stürzt beim Landeanflug auf Schönefeld ab. Bohnsdorfer Bürger können 12 Passagiere aus dem brennenden Wrack retten. 72 Tote, darunter 20 Kinder.

Dezember
In Moskau wird eine Ausstellung mit über 300 Werken von Werner Tübke eröffnet.

1987

Januar
Zu Beginn des Jubiläumsjahres zum 750jährigen Bestehen der Stadt Berlin wird das Bode-Museum nach gründlicher Renovierung wiedereröffnet.

Januar
Die Verantwortlichen der Sendeanstalten ARD und ZDF schließen mit Vertretern des Fernsehens der DDR Produktions- und Kooperationsvereinbarungen ab.

Januar
Temperaturen um minus 20 Grad. Die Braunkohleförderung ist eingefroren. Folgen: Einbrüche in der Strom- und Wärmeversorgung.

Februar
Generaloberst Markus Wolf, der auf eigenen Wunsch aus dem aktiven Dienst des Ministeriums für Staatssicherheit austritt, wird für seine Verdienste der Karl-Marx-Orden verliehen.

Februar
Zum fünften Mal in Folge wird Katarina Witt in Sarajewo Europameisterin im Eiskunstlauf.

Revolution auf Filzlatschen

Es war in Moskau. Im Südwesten der Riesenstadt, unweit der U-Bahnstation Jugo-Sapadnaja, erstreckte sich über ein relativ großes Territorium ein von der DDR errichtetes Wohngebiet für die zahlreichen dort lebenden Bürger dieses Landes. Die hohen Häuser erinnerten stark an vergleichbare Blöcke in Berlin oder Leipzig, man fühlte sich entsprechend heimisch. Der Volksmund nannte dieses Stadtviertel scherzhaft »Deutsch-Südwest«. Das war eine durchaus unzeitgemäße, ja prekäre Assoziation an jene bis 1918 bestehende Kolonie des deutschen Kaiserreiches in Afrika, doch wer vermag schon dem Volk den Mund zu verbieten.

Es gab in der Siedlung natürlich auch eine Schule, die die Botschaft der DDR unterhielt. Die vielen in Moskau tätigen Diplomaten, Handelsleute und Wissenschaftler aus der DDR erfreuten sich reichlichen Nachwuchses, der eine so große Bildungsstätte mühelos füllte. Dem neuen, zu Beginn der 70er Jahre errichteten Gebäude war gerade eine Turnhalle, die zugleich als Aula dienen sollte, zugesellt worden. Am Tag der Republik, dem 7. Oktober 1973, sollte sie eingeweiht werden. Der Saal sah wirklich schön aus, und alle waren froh und stolz über diese Errungenschaft – der Direktor, die Lehrer, die Schüler und natürlich auch die Eltern, die sich zur feierlichen Eröffnung in großer Zahl eingefunden hatten. Übrigens – Errungenschaft war ein Lieblingswort in der Sprache der DDR, das positiv besetzt war und meist mit entsprechendem Pathos geäußert wurde, manchmal hingegen auch mit leicht ironischem Unterton, nämlich dann, wenn eine offiziell angepriesene Sache den Erwartungen nicht entsprach. Je mehr die DDR in die Jahre kam, um so häufiger klang der Terminus ironisch, allmählich auch boshaft. Im Falle der neuen Turnhalle indes wäre Ironie wirklich deplaziert gewesen.

Wie bei solchen Feiern üblich, zog zu Beginn eine Fahnendelegation, d.h. eine Gruppe von Jungen Pionieren und FDJlern mit der DDR-Fahne, einer roten Fahne und den Bannern der Pionierorganisation und der FDJ in den Saal ein. Bei dieser Zeremonie nun lief etwas verquer, und das kam so:

Um den nagelneuen Parkettfußboden der Turnhalle zu schonen, hatte der Direktor verfügt, die Schüler sollten ihn ausschließlich mit Hausschuhen betreten. So marschierte denn die Fahnendelegation unter den Klängen feierlicher Musik in Filzlatschen, die ja nicht besonders elegant auszusehen pflegen und auch teilweise schon ihr Verfallsdatum überschritten hatten, den Mittelgang zwischen den Stuhlreihen entlang durch den ganzen Saal nach vorn zum Podium. Ein Schlurfen war's, nicht ein Marschieren zu nennen. Zu allem Unglück verlor ein Schüler unterwegs einen Filzpantoffel und stand nun vorn, die Fahnenstange umklammernd, den Blicken aller ausgesetzt – ein Fuß beschuht, der andere nur »bestrumpft«, während der Pantoffel irgendwo auf dem Paradeweg einsam zurückgeblieben war. Die feierliche Stimmung hatte, noch ehe sie so recht aufkommen konnte, Schaden erlitten, die Komik war kaum zu überbieten.

Deshalb wurde dieser Aufzug von Anbeginn, »

Alljährlich zum 1. Mai in Berlin: Junge Pioniere marschieren an der Ehrentribüne vorbei, das Politbüro winkt ihnen zu.

Februar
DEFA-Kinderfilmpremiere »Das Schulgespenst«.

März
Der Ständige Vertreter der DDR in Bonn, Ewald Moldt, übermittelt Bundeskanzler Kohl die Botschaft von Erich Honecker, Ost-Berlin und Bonn sollten ein gesondertes Abkommen über Mittelstreckenraketen abschließen.

März
Im Ost-Berliner Friedrichstadtpalast gastiert der Schlagersänger Udo Jürgens an drei Abenden hintereinander.

März
In Magdeburg wird aus der Technischen Hochschule die »Technische Universität Otto von Guericke«.

März
Erstmals reisen Offiziere der Bundeswehr als Manöverbeobachter in die DDR.

März
Peter Maffay geht auf DDR-Tournee.

» vor allem unter den Schülern, aber auch in der Elternschar von einem leisen, unüberhörbaren Kichern begleitet, das in schallendes Gelächter umzuschlagen und die Feier zur Kabarettnummer, wie in der Berliner »Distel« oder in der Dresdener »Herkuleskeule«, zu machen drohte. Nur mit Mühe obsiegte schließlich die Selbstdisziplin, die Staatsraison sozusagen – auch das kann durchaus als DDR-typisch gelten.

Es war zu der Zeit in der DDR üblich geworden – nicht spontan, sondern auf Initiative des ZK der SED –, die junge Generation als »Revolutionäre von heute« zu bezeichnen. Damit sollte berechtigten Fragen junger Menschen entgegnet werden, die immer wieder gesagt bekamen, welch stolze revolutionäre Traditionen sie fortzusetzen hätten, die ihre Eltern oder Großeltern oder die Altvorderen vergangener Jahrhunderte begründet hatten. Die Jugend fragte natürlich kritisch nach, wo denn in der Gegenwart so kühn zur Tat geschritten werden könne – die Revolution sei ja nun vorbei, und manchmal wäre es doch ziemlich langweilig im Alltag der DDR, es gäbe zu wenig Raum für jugendlichen Elan. Hier, in der Arbeit, beim Lernen tüchtig zu sein – das eben wäre heute revolutionär, mit

1987

Mai
Das Kindergeld wird erhöht: Nun gibt es für das erste Kind 50 Mark, fürs zweite 100 Mark (bisher je 20) und für alle weiteren je 150 Mark.

Mai
Die 40. Friedensfahrt gewinnen Uwe Ampler und die DDR-Mannschaft (Ampler, Heppner, Kummer, Raab, Ludwig, Barth).

Mai
DEFA-Filmpremiere »Wengler & Söhne – Eine Legende«.

Mai
Das neuerbaute Nikolaiviertel mit der restaurierten Nikolaikirche wird vom Berliner Oberbürgermeister Erhard Krack eröffnet.

Mai
An der Volksbühne werden unter dem Titel »Spektakel. Berliner Geschichten en Suite« neun Stücke unterschiedlicher Genres auf sieben Bühnen des Hauses an einem Abend aufgeführt.

Juni
Heike Drechsler wird als weltbeste Athletin 1986 mit der Trophäe des Weltverbandes der Sportjournalisten ausgezeichnet.

dieser Antwort meinte die Partei die ungeduldig fragende Jugend zufriedenzustellen, vergebens, wie sich alsbald erweisen sollte.

Beim »Einmarsch« oder besser »Einlatschen« der jungen Leute in Hausschuhen lag also die Assoziation nahe, es zöge die »Revolution auf Filzlatschen« ein – kein schönes Renommee für die »Revolutionäre von heute«. Und da man ja in einer gespaltenen Welt lebte, die einander feindlichen Militärblöcken zugeordnet waren, mochte sich der eine oder andere im Saal an einen Satz des DDR-Außenministers Otto Winzer erinnert haben, der da kürzlich von der »Konterrevolution auf Filzlatschen« gesprochen hatte. Er meinte damit die Politik des »Wandels durch Annäherung«, wie sie die Regierung der Bundesrepublik, inspiriert von Bundeskanzler Willy Brandt und dessen Berater Egon Bahr, zu Beginn der 70er Jahre eingeschlagen hatte. Egon Bahr hat übrigens dann viel später, in den 90er Jahren, bemerkt, Winzer hätte mit seinem Wort so unrecht nicht gehabt.

Je nun, wenn wir vom historischen Umfeld der ernsten Politik zur festlichen Eröffnung der Turnhalle der neuen Botschaftsschule der DDR in Moskau zurückkehren, so bleiben uns die »Revolutionäre in Filzlatschen« trotz alledem in heiterer Erinnerung. ■

Juni
Erich Honecker schenkt Udo Lindenberg eine Schalmei als Dankeschön für die von Udo überreichte Lederjacke. – Die Jacke wird zugunsten der Dritten-Welt-Hilfe für 7 500 Mark von der FDJ-Betriebsorganisation des VEB Jugendmode Rostock ersteigert.

Juli
Erster Katholikentag in der Geschichte der DDR.

Juli
Die DDR-Regierung beschließt die Abschaffung der Todesstrafe.

Juli
Der rekonstruierte Französische Dom in Berlin wird wiedereröffnet. Er beherbergt das Hugenottenmuseum sowie das Archiv und die Bibliothek der Französisch-Reformierten Gemeinde.

August
Unter den Linden öffnet das Grand-Hotel mit 350 Zimmern, Appartements und Suiten.

August
SED und SPD veröffentlichen ein gemeinsames Papier mit dem Titel »Der Streit der Ideologien und die gemeinsame Sicherheit«.

Die Generation Timur und sein Trupp

Es ist an der Zeit, über eine Generation im Beitrittsgebiet zu schreiben, die merkwürdigerweise nie zum Thema wurde für die eigentlich allesfressenden Buchautoren, Soziologen oder Politikwissenschaftler. Jetzt, wo gar eine Bundeskanzlerin dieser Generation entsprungen ist, gibt es endlich eine Legitimation zur längst überfälligen Betrachtung dieser eher unspektakulären Jahrgänge.

1987

August
»Fußballer des Jahres« wird zum zweiten Mal René Müller.

September
In Berlin protestieren etwa 1 000 Mitglieder unabhängiger Friedensgruppen gegen die atomare Rüstung in Ost und West und ziehen von der Zionskirche zur Gethsemanekirche.

September
Der »Olof-Palme-Friedensmarsch« wird zwischen dem KZ Ravensbrück zum KZ Sachsenhausen begangen.

Oktober
Werner Tübke signiert sein Panoramagemälde »Frühbürgerliche Revolution in Deutschland« im Bauernkriegsdenkmal auf dem Schlachtberg bei Bad Frankenhausen.

September
Erich Honecker besucht die Bundesrepublik. Es werden Abkommen zum Umwelt- und Strahlenschutz sowie über die Zusammenarbeit in Wissenschaft und Technik vereinbart.

Diese Generation wurde zwischen 1947 und 1957 in das Nachkriegsdeutschland Ost hineingeboren. Die Eltern hatten den zweiten Weltkrieg überlebt – als Täter und als Opfer. Deren prägende Erfahrungen in dieser Zeit waren Hunger, Kälte und Angst. Etwas davon haben sie an ihre Kinder weitergegeben und damit die Wurzel für deren ausgeprägtes Sicherheitsdenken gelegt. Die Generation hat das Ende der Buttermarken bewusst erlebt und die Tatsache, dass es gebratenes Fleisch nur sonntags gibt und dass Pellkartoffeln mit Leinöl oder Quark durchaus eine vollwertige und wohlschmeckende Mahlzeit sein können.

Nein, Opa erzählt nicht vom Krieg, sondern von den Jahren des Aufbaus in der Deutschen Demokratischen Republik, jenem merkwürdigen Staatsgebilde, in dem ein Menschheitstraum gelebt werden sollte, der – verkürzt gesagt und grob vereinfacht – am Menschen scheiterte.

Aber das wusste die Generation damals noch nicht.

Und jetzt ist es endlich an der Zeit, dieser Generation einen Namen zu geben.

Wir haben dank Florian Illies die »Generation Golf I und II« (Berufsjugendliche, die auf die 40 zugehen und das nicht wahrhaben wollen) und dank meiner Söhne und einer Autorin, die diese und ihre Lebensläufe genau zu kennen scheint, die »Generation Praktikum«.

Durch Stefan Bonner und Anne Weiss kennen wir jetzt auch die »Generation Doof«, die den Dreisatz für eine olympische Disziplin hält und den Bundestag für einen Feiertag. Doch zu der gehört die Bundeskanzlerinnen-Generation ganz gewiss nicht.

Diese Generation könnten wir vielleicht »Generation Paul und Paula« nennen, nach dem Film, der diese Jahrgänge wohl am nachhaltigsten prägte.

Oder doch eher »Freiheit für Mikis Theodorakis und Angela Davis«? Der griechische Komponist und die amerikanische Bürgerrechtlerin kamen dank unserer Proteste (so glaubten wir zumindest) tatsächlich frei, und wir waren sehr stolz darauf.

Vielleicht ist »Generation Neue Leiden« zutreffender? Benannt nach dem Plenzdorf-Buch »Die neuen Leiden des jungen W.«, in dem diese phantastische Stelle über Jeans steht, die keiner von uns je vergessen wird.

Nennen wir die Generation einfach »Timur und sein Trupp«.

Die Inhaftierung des griechischen Komponisten Mikis Theodorakis durch die Militär-Junta seines Heimatlandes löste weltweit Proteste aus. Auch in der DDR kam es zu einer großen Solidaritätsaktionen für ihn. Schulkinder schickten selbstgemalte Postkarten ins Gefängnis. Theodorakis sagte später einmal, dass er »zu einer ganzen Generation der DDR enge emotionale Bindungen habe, ausgehend von der Kartenaktion zu meiner Befreiung 1967/68 in den DDR-Schulen. Im Athener Gefängnis erreichten mich, dank eines Wärters, mehrere Säcke mit diesen Karten, mit denen ich meine Zelle tapezierte.« In den achtziger Jahren gab Theodorakis Konzerte in der DDR und brachte hier mehrere seiner Werke zur Uraufführung.

»

Oktober
Im Albertinum auf der Brühlschen Terrasse in Dresden öffnet die X. Kunstausstellung der DDR. Sie zieht 1,1 Mio Besucher an.

Oktober
Die Bundesrepublik und die DDR tauschen mehr als 400 Kunstwerke aus, die während des Zweiten Weltkriegs aus ihren Heimatmuseen ausgelagert worden waren.

Oktober
Die Staatschefs der RGW-Länder werden zu einer Sitzung nach Moskau berufen, um über notwendige Wirtschaftsreformen zu beraten.

November
Der US-Vizeaußenminister besucht Berlin und spricht mit Erich Honecker über eine Intensivierung der Beziehungen.

November
DDR lässt ab sofort die Einfuhr und den Versand von Fachzeitschriften, Kalendern, Briefmarken, Schallplatten und Arzneimitteln aus der BRD zu.

Dezember
Der Film »Die Russen kommen« von Heiner Carow hat Premiere. Er entstand bereits 1968.

» Zur Erklärung: Damals war es üblich und löblich, dass unschuldige Jungpioniere einmal in der Woche die Metamorphose zu Timur und seinem Trupp vollzogen und in der Nachbarschaft eine wehrlose Oma adoptierten. Die wurde dann kontinuierlich mit ungefragten, aber sehr willkommenen Hilfsangeboten attackiert: Kohlen holen (Zentralheizung wurde erst später und eher in urbanen Gebieten erfunden bzw. flächendeckend eingesetzt), Einkaufen (ein weites Feld der Betätigung, bei dem es vor allem ein gutes An-Stehvermögen brauchte), bei der Gartenarbeit zur Hand gehen (ein eher ungeliebter Helfersektor). All unsere guten Taten mussten anschließend im sogenannten Timurheft für die Nachwelt und den nächsten Pioniernachmittag dokumentiert werden.

»Wir sind in unserer Generation mehr Hartz-Vierer als Millionäre, mehr Loser als Hochseeyachtbesitzer, mehr Großeltern als späte Väter. Unsere Eltern haben uns außer gelebtem Leben und schönen Erinnerungen an den Ostseeurlaub wenig bis nichts zu vererben.«

Der Name »Timur und sein Trupp« entstammt dem gleichnamigen Kinderbuch von Arkadi Gaidar, einem sowjetischen Schriftsteller, der in jener Zeit sehr populär gewesen ist und dessen Enkel später einmal russischer Premierminister unter Jelzin war.

Was ist das Besondere an der Generation Timur und sein Trupp, dass sogar eine Bundeskanzlerin aus ihr hervorgehen konnte? Oder ist diese Tatsache die Ausnahme, die irgendwelche Regeln bestätigt?

Die Generation Timur ist einen ganz geraden Weg gegangen: Schule, Abitur oder Berufsausbildung oder beides. Wo gab es schon so viele Rinderzüchter mit Abitur, die dann auch noch erfolgreich in die Politik gewechselt sind, wie in dieser Generation?

Wehrdienst, Studium, Ehe, Ehekredit, erstes Kind, Festanstellung, erste eigene Wohnung, manchmal schwarz bezogen, heute nennt man das besetzt. (Hat die spätere Bundeskanzlerin auch gemacht.)

Die Generation Timur hat früh geheiratet und war mit 26 bereits mit dem zweiten Kind schwanger bzw. war dessen Vater. Sie ist nach dem Abitur nicht auf Selbstfindungstrip gegangen, dem waren buchstäblich Grenzen gesetzt, sondern hat im Ernteeinsatz Johannisbeeren in Dürrweitzschen gepflückt. Sich selbst gefunden hat sie dabei nicht, sondern Zeit gehabt zum Sichdreinschicken in die mythischen Entscheidungen der Zentralen Studienlenkungskommission, die allein vier (!) meiner Mitabiturienten zum Studium von Klobecken-Design in Apolda verdammte.

Eigentlich hatten jene Sinologie, Pharmazie, Grafik und Medizin studieren wollen. Und die vier haben dann ohne zu murren das Klobecken bis zum Diplom studiert, denn die Generation Timur hat selten aufgemuckt und ist kaum Wagnisse oder Experimente eingegangen. Doch nach Perestroika und Glasnost beim Brudervolk und dem Morden auf dem Platz des Himmlischen Friedens hat es meiner Generation dann irgendwann wirklich und nachhaltig gereicht mit dem Stillhalten.

Wir waren unter den ersten in den Kirchen und bei den Demos, obwohl wir Jahre davor sogar eine kurze Weile heftig geglaubt haben, in der besseren Welt zu leben, und dass jene gerade uns braucht, damit sie noch besser wird.

Die alten Führungsmänner haben der Generation Timur und sein Trupp immer misstraut.

Sie führten zwar ständig den Satz »Der Jugend Vertrauen und Verantwortung« im Munde, doch in praxi gaben sie ihr weder das eine noch das andere.

So war die Generation Timur bis zum Mauerfall für die wirklich große Karriere immer zu jung und zu unerfahren, und nach der Wende hatte ihre Stunde im neuen Land bereits geschlagen, doch war sie gerade nicht dabei oder hatte die falsche Biografie und die Karriere machte dann doch der Mitbewerber aus Hannover oder Heidelberg. Gut, dass wir mit unserer Bundeskanzlerin den gelebten Beweis dafür haben, dass es auch anders ging und noch immer geht.

Die Frauen der Generation Timur sind fest von Gleichberechtigung, Vollbeschäftigung

1988

Januar
Erstmals wird Erich Honecker von einem Staatspräsidenten der drei Westalliierten, vom Franzosen François Mitterrand, zum Staatsbesuch empfangen.

Januar
DEFA-Filmpremiere »Einer trage des anderen Last«, Regie: Lothar Warnecke.

Januar
Am Rande der traditionellen Demonstration zum Jahrestag der Ermordung von Rosa Luxemburg und Karl Liebknecht verhaftet der Staatssicherheitsdienst rund 120 Demonstranten.

Januar
In Oberhof finden die ersten Hundeschlittenrennen in der DDR vor 18 000 Zuschauern statt.

Februar
In einem internen Bericht des Staatssicherheitsdienstes wird die Zahl der rechtsradikalen Skinheads in der DDR mit rund 800 beziffert.

und der Vereinbarkeit von Beruf und Familie überzeugt – wie Ursula von der Leyen. Doch sie haben deren Zukunftsprojekt der Ganztagserziehung in der Vergangenheit bereits an sich und ihren Kindern erfolgreich vollzogen. Jetzt sind viele dieser Frauen schon eine geraume Zeit arbeitslos und werden es auch bleiben, weil 50 Prozent aller Unternehmen im Lande keine Menschen über 50 mehr beschäftigen und die Stelle der Bundeskanzlerin bereits besetzt ist.

Die Generation Timur hat viele prominente Sportler hervorgebracht, die heute kaum noch einer kennt: den Superschwimmer Roland Matthes, die Hochspringerin Rosi Ackermann oder die Sprinterin Renate Stecher. Aber da in der DDR sowieso nur alles Doping, Stasi oder beides war, sind sie wohl zu Recht vergessen. Aber dafür Sänger wie Tamara Danz nicht. Die kluge und charismatische Frontfrau von »Silly« war eine von uns und eine der Kämpferischsten an den Runden Tischen nach der Wende. Sie ist im Sommer 1996 an Krebs gestorben und fehlt uns noch heute. Der Gedanke, dass rein theoretisch auch Tamara Danz Angelas Job hätte haben können, ist durchaus ein reizvoller.

Einen echten Widerstandskämpfer hatten und haben wir auch, das ist Frank Castorf, der Volksbühnenintendant, der vor keinerlei Obrigkeit eingeknickt ist und dafür nach Anklam in die Theaterverbannung geschickt wurde. (Heute knickt er zwar noch immer nicht ein, darf dafür aber in Luxemburg inszenieren.)

Wir sind in unserer Generation mehr Hartz-Vierer als Millionäre, mehr Loser als Hochseeyachtenbesitzer, mehr Großeltern als späte Väter. Im Vergleich zu unseren Altersgefährten in den Altbundesländern, die jetzt zur sprichwörtlichen Erbengeneration gehören, auf die Immobilien, Firmen und Aktien nur so niederprasseln, schneiden wir deutlich schlechter ab. Unsere Eltern haben außer gelebtem Leben und schönen Erinnerungen an den Ostseeurlaub 1967 wenig bis nichts zu vererben. Vielleicht den

Schrebergarten mit der Datsche drauf, doch das ist Pachtland.

Wir haben Lasse Virén zugejubelt und dem Sparwasser-Tor. Wir waren unter den 160 000, die mitgesungen haben, als Bruce Springsteen sein Konzert im Osten Berlins hatte. Und unser Lieblingssong war schon immer »Mont Klamott« und ganz bestimmt nicht »Du hast den Farbfilm vergessen«. ■

Februar
Bei den XV. Olympischen Winterspielen in Calgary erringen DDR-Sportler neun Gold-, zehn Silber- und sieben Bronzemedaillen. Katarina Witt wird zum zweiten Mal Olympiasiegerin im Eiskunstlauf.

Februar
In Bischofswerda und Waren an der Müritz beginnt der Abzug sowjetischer Mittelstreckenraketen aus der DDR.

März
West-Berlin und die DDR vereinbaren den bisher umfangreichsten Gebietsaustausch. Von der Vereinbarung ist unter anderem das sogenannte Lenné-Dreieck betroffen, ein rund 4 ha großes Grundstück in Berlin-Mitte, das auf der westlichen Seite der Mauer liegt, obwohl es bislang zu Ost-Berlin gehörte.

März
Friedensgebet in der Leipziger Nikolaikirche mit anschließendem Schweigemarsch von etwa 300 Menschen zur Thomaskirche.

März
Nationales Popfestival in Karl-Marx-Stadt.

Wär' das Wetter schlecht gewesen …

»Meistens hatte ich mit Männern zu tun, die mächtiger waren als ich. Hätte mich auch nur einer gefragt: Und was geht dich die Sache an?, dann hätte ich dumm dagestanden. Aber ich bin das nie gefragt worden und nehme an, dass die Männer jeweils dachten, hinter mir stünden noch viel mächtigere Männer, wahrscheinlich die Rote Armee.«

Wäre ich nicht zum Rendezvous gegangen, als ich sechzehn war, und mehr Angst vor versauter Frisur hatte als vor vergeudeter Zeit.

Wäre ich nicht erst achtzehn gewesen, hätte mich die Gründung eines neuen deutschen Staates rings um mich sicher mehr umgetrieben als die Erkenntnis, dass ich von einem Mann geheiratet worden war, der mich so wenig verstand wie ich ihn. Ich war eine gelangweilte junge Hausfrau, die sich durch die dickleibige internationale Romanliteratur las oder Radio hörte, im Zimmer zur Untermiete am Rande Berlins. Ich war auch nicht dabei, und es scheuchte mich nicht auf, als viele Leute auf den Straßen ihre Unzufriedenheit äußerten. Ich war keine Arbeiterin, mir waren keine Normen erhöht worden, es ging mich scheinbar nicht viel an. Im Mittelpunkt meines Interesses stand 1953, dass ich zweiundzwanzig war und ausbrechen wollte, in mein eigenes Leben, mit Kind, ohne Geld, ohne Bleibe vorerst, aber mit viel Mut.

Es dauerte und gelang. Wenn keine Aufregung herausschaute, wäre ich nicht erschienen, mit dreißig, als mir ein ruhiger Tag wie eine vergeudete Chance vorkam. Ich wurde aber inzwischen unentwegt gerufen, in meinem kleinen Land, das sehr viele Talente brauchte, weil es unüblich viel und viele unterstützte, aber wieder verlor, an die Welt, die lockende und verlockende, an die Welt außerhalb der sowohl schützenden als auch mit zu vielen Plakaten und Losungen an Wänden und in Kantinen und sogar auf dem Friedhof mahnenden Vorschriften und Vorschlägen mit den großen Buchstaben.

Mit dreißig habe ich jenem Urlaubstag im Sommer 1961, im idyllischen Petzow am Schwielowsee höchstens an eine vorübergehende undurchdachte Maßnahme geglaubt, die vielleicht für Thüringen gelten sollte, doch nicht für Berlin. Wir waren vom Künstlerheim in Marika Rökks ehemaliger Villa zum Ortsausgang geschlendert, darunter mehrere sehr bekannte Künstler mit ihren Familien, hatten die Verfügungen im Zusammenhang mit dem »Antifaschistischen Schutzwall«, sprich Mauer, gelesen und nicht geglaubt. Die machen nächste Woche wieder auf, sagten auch Künstler, die im politischen Denken erfahrener waren als ich, eine Erstklässlerin auf diesem Gebiet.

So naiv konnte ich nicht bleiben, denn ich wurde einbezogen und angefragt, immerzu, ab dreißig. Ich sollte erscheinen, ich würde gebraucht, wie schmeichelhaft und fördernd. Manchmal wurde aber gar nicht ich gebraucht, sondern nur jemand. Jemand ganz anderes, aber der war clever genug, Wichtigeres vorzuhaben, und also kam man auf mich zurück, von der bekannt war, sie könne so schlecht nein sagen. Ich bin immer pünktlich eingetroffen, immer, aber die anderen kamen erwartungsvoll, wie aus der Arche zum letzten bei der Abfahrt vergessenen Vogel. Und da war dann nur ich, eifrig, übereifrig, und von solchen hatten sie schon genügend an Bord. So waren wir einander enttäuschend und hielten uns gegenseitig auf, Wichtigeres zu erleben. Manchmal schade für mich, weil von den meisten Treffen etwas an mir hängen blieb, eine Aufgabe, eine Funktion, die besonders die

1988

Mai
Hermann Axen wird vom amerikanischen Außenminister empfangen, wobei auch ein Besuch Honeckers in den USA erörtert wird.

Mai
DEFA-Filmpremiere »Jadup und Boel« mit Kurt Böwe, Regie: Rainer Simon, bereits 1981 entstanden.

Juni
85 000 Fans beim Konzert von Joe Cocker in Berlin-Weißensee.

Juli
Bruce Springsteen tritt vor 160 000 Fans in Berlin-Weißensee auf.

August
Andreas Thom wird zum »Fußballer des Jahres« gewählt.

Das Programm: Der Demokratische Frauenbund Deutschlands setzt sich für die Gleichberechtigung der Frau ein. Die praktische Seite: Veranstaltungsreihen und Vorträge über Gesundheit und Schwangerschaft, Bildungsprojekte, »Beratungszentren für Haushalt und Familie«.

Männer klug abzulehnen wussten. Zu sagen: da komme ich nicht, brauchte es einen Mut, der erst wachsen musste.

Wäre ich nicht schon vierzig gewesen, hätte ich ihn vielleicht nicht erkannt, den Gefährten, den Mann meines Lebens. Es war ein Anfang, und es blieb alltägliche Arbeit – auch die, mit seinen Augen einen Teil der Zumutungen eher zu erkennen.

Ich rede hier über mein Land, mein Zuhause, meine Verhältnisse, meinen alltäglichen Ärger, unseren Zorn über Zumutungen. Und über die Unbildung bei »denen da oben«, die es in der Jugend nicht hatten erwerben können, nun aber auch keine Anstalten machten, etwas nachzuholen, auf Gebieten, in denen man sich auskennen muss, falls man über sie befinden soll. Sei es Landwirtschaft oder Kunst, man kann über alle Teile des Lebens falsch denken, wenn man sich Privilegien als Verdienste anrechnet. Es gab viel Ungutes, das ist wahr. Aber es gab Menschen in meinem kleinen, schwierigen Vaterland, die waren wunderbar offen, die konnten lachen, sich wehren, die verstanden die Sprache der Kunst auch zwischen den Zeilen, die waren ihren Intellektuellen ganz nahe, holten sie sich, wenn sie mit ihnen reden wollten, gingen zu ihren Vorführungen und Arbeitsstätten, um zu genießen. Bezahlen konnten sie das immer. In meinem Land wurde das meiste »gestützt«, so dass wir viel zu billig aßen, fuhren, einkauften, telefonierten, Licht brennen ließen. Luxus war bei uns teuer, Alltägliches zu billig.

Ich kann mich nicht erinnern, jemals ohne »

September
In West-Berlin werden die 38. Berliner Festwochen eröffnet. An der unter dem Motto »Berlin – Kulturstadt Europas 1988« stehenden Veranstaltungsreihe nehmen erstmals auch Künstler aus der DDR teil.

September
Petra Felke stellt in Potsdam einen ewigen Weltrekord im Speerwerfen auf, sie wirft als erste Frau der Welt 80 m.

September
Das Forschungszentrum Mikroelektronik Dresden überreicht Erich Honecker den ersten Megabit-Chip made in GDR.

September
Die jährliche Transitpauschale der Bundesrepublik an die DDR wird für die Jahre 1990 bis 1999 festgelegt. Sie soll von 525 Millionen Mark auf 860 Millionen Mark jährlich steigen.

September
Katarina Witt wird zur Sonderbotschafterin der Internationalen Kinderhilfsorganisation (UNICEF) in New York ernannt.

» Eile und Unruhe gewesen zu sein, aber ich finde kaum Angst in meinen Erinnerungen. Keine Angst um die nächste Mark, keine um das nächste Werk, auch um die Nächsten nur die normalen unerträglichen Sorgen und Ängste.

Wäre ich nicht schon sechzig gewesen, hätte ich in jener lauten Novembernacht sicher meinen Mann geweckt, mir eine Pulle Schampus gegriffen und wäre der großen Neuigkeit in die Arme gerannt. Es war eine so schöne Nacht. Es schien, als fände ein jedes seine Musik und seinen neuen Freund. Und die Italiener, Griechen, Jugoslawen, Türken, sie haben sich so mit uns gefreut, gehörten fast dazu. Du gutes Deutsch, ich auch.

Von meiner Haustür bis zum Check Point Charlie waren es nur hundert Meter, etwa, und von meinem Balkon im 25. Stock aus konnte ich alles beobachten.

»Die DDR war weit offen wie Rudis Reste-Rampe, und ein bestimmter, weit gefasster Personenkreis konnte sich beidhändig bedienen.«

Ich blieb ledig in jener großen Brautnacht. Mir schien, dass ich niemanden sehen konnte, der auf dieses Ereignis gut genug vorbereitet war. Nicht die Leute im Trabi, nicht die Politiker, auch nicht jenes Häuflein, das seither in Anspruch nimmt, es habe mit seinem Anteil den wesentlichen Teil geleistet. Mit den geheimen Kontakten und der offenen Aufmüpfigkeit sei die Mauer geschleift worden. Vielleicht hätte ich ihnen das geglaubt, aber ich habe sie anschließend nicht so klug, nicht so bedächtig handeln sehen, wie es nötig gewesen wäre, um Weltgeschichte zu machen. Sie verschwanden in lukrativen Posten, von denen aus sie unser aller Leben von »vorher« zum Dreh- und Angelpunkt jedes künftigen Planes machen wollten. Es ging ihnen sehr gut, aber sie wurden unwichtig. Wenn sie es bemerkten, fütterten sie die Zeitungen wieder mit Details aus ihrem Leben als Opfer.

Und die Leute? Die verloren erst einmal den Kopf: Bananen, überteuerte Kaffeefahrten zwecks Erwerbs von falschen Lamadecken oder unechten Silberbestecks. Eine Zeit auch echter Freude beim Wiedersehen, zunächst, oft nicht von langer Dauer. Die DDR war weit offen wie Rudis Reste-Rampe, und ein bestimmter weit gefasster Personenkreis konnte sich so lange beidhändig bedienen, bis die Ausplünderung schlimme Folgen zeitigte. Sie fing an zu kosten und hört nicht auf damit.

In der DDR war ich bekannt für lautes Eingreifen bei Ungerechtigkeit. Meistens hatte ich es dabei mit Männern zu tun, die mächtiger waren als ich, die nur Einfluss hatte, keine Macht. Hätte mich auch nur einer gefragt: Und was geht dich die Sache an? dann hätte ich dumm dagestanden. Aber ich bin das nie gefragt worden und nehme an, dass die Männer jeweils dachten, hinter mir stünden noch viel mächtigere Männer, wahrscheinlich die Rote Armee.

Ich war sechzig, als ich Mitglied im einzigen Frauenverband aus der DDR wurde, ein paar Monate später deren Vorsitzende und seit acht Jahren bin ich nach vergeblichem Versuch, mich auf mein Alter zu berufen, Ehrenvorsitzende, mit nach wie vor lebendigen, liebevollen Beziehungen zu den Frauen in den »neuen« Bundesländern. WARUM habe ich das gemacht, mich auf Kämpfe mit der Treuhand, mit Gemeinden, Räten und Beamteten eingelassen, warum?

Nun, die zweite Zuversicht im Leben erwächst aus der Erfahrung. Es ist nicht wahr, dass man nichts tun kann.

Andere sehen das anders. Andere treten mit Bildung ins erwachsene Leben ein, andere werden als Kind geliebt und also ermutigt, andere nehmen sich gleich den richtigen Mann und können es dabei belassen – aber andere haben vielleicht auch nicht diesen lebenslänglichen Hunger, aus soviel miesem Anfang, soviel Nachkrieg, Fehlleitung, Unterdrückung und Irrtum des Herzens etwas zu machen, mit dem es sich leben lässt. In der Hoffnung, es lässt sich mit mir leben. Diese Frage zu stellen, werde ich mich mit achtzig Jahren trauen. Falls. Frühestens. Oder vielleicht auch nicht. ■

1988

September
Arbeitsbesuch Honeckers bei Gorbatschow in Moskau: Honecker sichert »einmütige Unterstützung für den Kurs der Erneuerung in der sowjetischen Gesellschaft« zu und sieht die Reformen auf die UdSSR beschränkt.

September
DEFA-Märchenfilmpremiere »Der Eisenhans«.

September / Oktober
Bei der XXIV. Olympiade in Seoul erringen 138 DDR-Sportler 37 Gold-, 35 Silber- und 30 Bronzemedaillen.

Oktober
Der Vorsitzende des Jüdischen Weltkongresses, Edgar Bronfman, besucht die DDR. Er gibt bekannt, dass sich die DDR zu einer »symbolischen Entschädigungszahlung« für die noch lebenden Opfer des NS-Regimes bereiterklärt hat.

Oktober
Kristin Otto erhält für ihre Leistungen im Schwimmen die goldene Krone des IOC, eine erstmalig vergebene Auszeichnung.

Oktober
»Flüstern und Schreien«, ein Dokumentarfilm über die Musikszene der DDR, in dem erstmals auch Independent-Gruppen vorgestellt werden, hat Premiere.

November
Erich Honecker legt den Grundstein für den Wiederaufbau der kriegszerstörten Synagoge in der Berliner Oranienburger Straße.

November
Die deutsche Ausgabe des sowjetischen Readers Digest, »Sputnik«, wird wegen »Verzerrung der Geschichte« von der Liste des Postzeitungsvertriebs gestrichen.

Dezember
Neue Verordnung über das Reisen ins Ausland wird veröffentlicht.

Kommt der Wähler nicht zur Urne …

1989

Januar
Der Freidenkerverband der DDR wird gegründet.

19. Januar
Erich Honecker versichert, die Mauer werde »auch in 100 Jahren noch stehen, wenn die dazu vorhandenen Gründe noch nicht beseitigt sind«.

März
Die Volkskammer ergänzt das Wahlrecht, in der DDR lebende Ausländer können bei Kommunalwahlen sowohl das aktive als auch das passive Wahlrecht ausüben.

April
Beginn der im Februar angekündigten Truppenreduzierung der NVA um 10 000 Soldaten.

Mai
Ungarn beginnt mit der Demontage des »Eisernen Vorhangs« an der Grenze zu Österreich.

Alle Welt rätselt noch heute, wie die DDR zu ihren großartigen Wahlerfolgen kam. Da gab es bis zum Verenden des Staates eine politische Zustimmung bis 98 Prozent und Wahlbeteiligungen über 80 Prozent. Das mit der unglaubwürdigen Zustimmung wurde anschließend vor Gericht geklärt. Aber das mit der beneidenswerten Wahlbeteiligung ist mit dem Blumenstrauß für den ersten Wähler und mit dem Kugelschreiber für den letzten nicht erklärt. Das hat mehr mit einer Geheimwaffe der Wahlleiter zu tun, mit der »fliegenden Wahlurne«.

Ich weiß nicht, wann und von wem dieser Trick erfunden wurde. Wobei die Abkürzung für die transportable Wahlurne im Inventarverzeichnis der Wahllokale »TWU« ein Hinweis sein könnte auf den »Tischler Walter Ulbricht«. Der könnte den handlichen versiegelten Holzkasten entworfen haben nach dem Motto: »Kommt der Wähler nicht zur Urne – kommt die Urne zu dem Wähler!« Aber da in der DDR alles zum Wohle des Menschen geschah, darf man darin keinen Akt der »politischen Nötigung« sehen. Vielmehr ging es wohl um einen ehrenamtlichen Service für Gehbehinderte.

Trotzdem wurde nicht jeder Wahlhelfer, der mit der fliegenden Urne irgendwo anklopfte, freundlich empfangen. Als ich einmal mit dieser Urne in ein Altenheim geschickt wurde, wo fünf Wahlberechtigte ausgeblieben waren, da fiel die erste alte Dame beim Anblick der viereckigen Urne vor Schreck fast um, denn Urnen – egal, wie sie aussehen – sind in solchem Haus ein Horror!

Bei der zweiten Dame hielt ich den Kasten deshalb hinter dem Rücken versteckt, sagte meinen Spruch auf, dass alle guten Menschen heute dankbar zur Wahl schreiten, außer jene, die durch Gottes Fügung unpässlich sind, doch für die käme nun der Berg zum Propheten. Worauf die Dame meinte: »Ick bin keen Prophet, sondern Ketzer. Ick protestiere!« Und dann war die Tür zu.

Beim dritten Wähler wurde ich eingelassen und durfte sogar beim Falten des Stimmzettels helfen.

Beim vierten musste ich mir aber anhören, dass die Versorgung mit Nahrungs- und Genussmitteln immer miserabler würde. Zum Beispiel sei die Zigarrensorte »Jagdkammer«, die ein »stillglimmendes sandiges Deckblatt« hat, seit sechs

Wochen nicht mehr zu kriegen. Ich versprach, gleich morgen eine Kiste bei ihm abzugeben. Doch da meinte der alte Herr: »Ich bin ja Nichtraucher, aber ich hörte davon beim Friseur.« Und wenn ich da morgen eine Kiste für die Kunden hinstellen würde, dann könnte ich auch noch einige freudige »Ja-Stimmen« einsammeln.

Die fünfte Wählerin mit ihrer Begründung als Nichtwählerin blieb mir dann erspart, weil die Dame eine Woche vorher verblichen war.

Getreu der alten Bauernweisheit »Kleinvieh macht auch Mist!« kam unser Stimmbezirk unter Einsatz des sanften Druckes der fliegenden Wahlurne bereits gegen 15 Uhr auf eine hundertprozentige Wahlbeteiligung, was dem Leiter der Wahlkommission zu einer sinnigen Buchprämie verhalf: Thomas Mann »Bekenntnisse des Hochstaplers Felix Krull« mit Illustrationen von Werner Klemke, Aufbau Verlag 1969. Ein Prachtstück für jede Bibliothek! ■

»Wählt die Kandidaten der Nationalen Front!« – Das geschah per Einheitsliste, denn in der Nationalen Front waren alle vereint: die SED und die Blockparteien, die Massenorganisationen von FDGB über Kulturbund und DFD bis zur Vereinigung der gegenseitigen Bauernhilfe und weitere Vertreter von Verbänden und Organisationen, die sich auf 330 Volkskammerplätze verteilten.

Mai
Die letzten Kommunalwahlen in der DDR ergeben 98,85 Prozent für die Einheitsliste der Nationalen Front – Wahlfälschungen werden nachgewiesen.

Juni
Gorbatschow wird bei seinem Staatsbesuch in Bonn von der Bevölkerung mit großem Jubel empfangen und erklärt: »Die Mauer kann wieder verschwinden, wenn die Voraussetzungen entfallen, die sie hervorgebracht haben.«

Juni
Tagung des Politbüros. Zustimmung zur Absicht, sich um die Olympischen Spiele 2004 mit Austragungsort Leipzig zu bewerben.

Juli
Aufruf zur Bildung einer sozialdemokratischen Partei in der DDR durch die Theologen Markus Meckel, Martin Gutzeit u. a.

August
Die Zeitungen und Zeitschriften des Axel Springer-Verlages verzichten von nun an auf die Anführungszeichen bei der Nennung der DDR.

1989

August
Die Ständige Vertretung der BRD in Ostberlin muss wegen Überfüllung geschlossen werden – rund 130 ausreisewillige DDR-Bürger haben sie besetzt. Am 24. August dürfen 108 Bürger nach Österreich ausreisen.

August
Auch in Budapest schließt die deutsche Botschaft, nachdem rund 180 ausreisewillige DDR-Bürger eingedrungen sind.

August
Zwischen Frankfurt/Main und Leipzig richtet die Lufthansa die erste Fluglinie zwischen BRD und DDR ein.

September
Mehrere hundert Menschen demonstrieren nach dem montäglichen Friedensgebet in der Nikolaikirche auf dem Leipziger Ring.

September
Gründung des »Neuen Forums« in Grünheide bei Berlin u. a. von Bärbel Bohley, Jens Reich, Katja Havemann.

11. September
Ungarn öffnet seine Grenzen; innerhalb von 3 Tagen fliehen rund 15 000 DDR-Bürger in den Westen.

September
Resolution von Künstlern der Rock-, Pop- und Unterhaltungsmusik für Reformen im Land.

25. September
Etwa 5 000 Menschen nehmen an den Leipziger Montagsdemonstrationen teil.

30. September
Bundesaußenminister Genscher verkündet am Abend auf dem Balkon der deutschen Botschaft in Prag, dass alle DDR-Flüchtlinge, die sich in den deutschen Botschaften in Prag und Warschau befinden, ausreisen dürfen.

September
Gründungsaufruf von »Demokratie Jetzt«.

1989

Oktober
Der 40. Jahrestag der DDR-Gründung wird mit Militärparaden und Aufmärschen gefeiert. Gleichzeitig finden in mehreren Städten der DDR Demonstrationen statt, auf denen Zehntausende für Meinungsfreiheit und Reformen eintreten.

Oktober
Walter Jankas Buch »Keine Schwierigkeiten mit der Wahrheit« erscheint im Rowohlt-Verlag.

Oktober
In Leipzig demonstrieren über 70 000 Menschen für eine demokratische Erneuerung der DDR. Der Ruf »Wir sind das Volk – keine Gewalt« setzt sich durch.

16. Oktober
Bei der bislang größten Demonstration in der DDR ziehen mehr als 120 000 Menschen durch Leipzig.

Die kreuz-rote Schwester

In der DDR gab es mehr als 5500 Gemeindeschwesternstationen, in denen Krankenschwestern eine direkte Verbindung zwischen Ärzten und Patienten herstellten. Sie galten als eine Art »Geheimwaffe« gegen Überlastung von Medizinern und Unterversorgung von Patienten. Eine von ihnen war Helga Reißmann – Rot-Kreuz-Schwester aus Steinheid in Thüringen.

Am 19. Mai 1974 fanden in der DDR Wahlen auf Kreis- und Gemeindeebene statt. Die engagierte Bürgermeisterin von Siegmundsburg nutzte dieses Ereignis, um Tatsachen zu schaffen. Sie setzte eine Halbtagsstelle für eine Gemeindeschwester beim Rat des Kreises und im Gemeinderat durch. Außerdem wurden im Gebäude der Gemeindeverwaltung ein Wartezimmer und ein Sprechzimmer, in dem auch die Mütterberatung untergebracht war, eingerichtet. Politische Ereignisse und persönliches Glück finden manchmal zusammen. Helga Reißmann, die in Merseburg ausgebildete Krankenschwester, hat genau das erlebt. Sie war die Auserwählte für die neu geschaffene Stelle.

Es gab keine Stellenbeschreibung, keine Vorschriften, wie und wann sie ihre Arbeit zu erledigen hatte. Dass sie in den ersten drei Jahren kein eigenes Telefon besaß, war nicht nur von Nachteil. Sie ging direkt auf die Leute zu, sah selbst vor Ort, wo und wie medizinische Versorgung oder Beratung von Nöten war. Zu ihrem Verantwortungsbereich gehörten Steinheid, Neumannsgrund, Limbach, Friedrichshöhe und Siegmundsburg. Dort arbeiteten viele Frauen in der Christbaumschmuck-Herstellung. Helga kam auf die Idee, direkt im Betrieb, in den Werkstätten, regelmäßig Blutdruck zu messen. Gedacht, getan. Sie brauchte keinen Auftrag. Die Frauen hatten so regelmäßige medizinische Betreuung und bekamen obendrein einen besonderen Service gleich mit dazu: Gemeindeschwester Helga sorgte stets für Medikamente. Sie befragte die Frauen und notierte die notwendigen Arzneien. Dann fuhr sie, genau wie die legendäre »Schwester Agnes« aus der gleichnamigen Fernsehserie, mit dem Moped und einem Huckelkorb auf dem Rücken zum Arzt ins Am-bulatorium nach Steinheid. Er unterschrieb die Rezepte, und Helga fuhr damit zur Apotheke. Auf dem Rückweg brachte sie die Medikamente im Huckelkorb zu den Frauen nach Siegmundsburg.

»So bekamen auch die alten Leutchen, die nicht mehr laufen konnten, ihre Tabletten, Salben oder Verbandsmaterial. Wenn heute erzählt wird, dass wir verschwenderisch mit den Medikamenten umgegangen seien, weil alles kostenlos zu haben war, kann ich nur lachen. Auch in der DDR wurde abgerechnet. Wir mussten unsere Arbeit ordentlich machen. Aber wann ich was erledigt habe, das war meine eigene Entscheidung. Hausbesuche waren bei uns täglich nach der Sprechstunde angesagt. Ich nahm mir Zeit, manchmal eineinhalb Stunden. Die Leute wollten mit mir reden, nicht nur über ihre Krankheiten. Ich kannte alle meine Patienten, ihre Familien und auch ihre Küchen ziemlich genau. Denn wenn es nötig war, habe ich die Frühstücksbrötchen gebracht und auch bei ihnen Essen gekocht, wenn kein Angehöriger da war. Manchmal gab es ein Glas Wein oder einen Strauß Blumen aus dem eigenen Garten als Dankeschön.«

Einmal grüßte eine Patientin fröhlich schon von weitem die Rote-Kreuz-Schwester und rief laut zu ihr herüber: »Ach, da kommt sie ja, unsere kreuz-rote-Schwester!«

Und so wurde Helga überall zur »kreuz-roten-Schwester.« ■

Die berühmteste Gemeindeschwester der DDR hieß »Schwester Agnes« und war eine Filmfigur. Die Schauspielerin Agnes Kraus spielte die Rolle mit Herz und Schnauze. Auf ihrem Moped »Schwalbe« knatterte sie über Land und half ihren Patienten in allen Lebenslagen – wie ihre Vorbilder aus dem wirklichen Leben. Manche Gemeindeschwester war auch mit dem Fahrrad unterwegs. Seit Anfang der fünfziger Jahre sicherten sie in ländlichen Gegenden die Patientenversorgung, arbeiteten selbständig, waren aber an Landambulatorien und staatliche Praxen angebunden. Nach der Wende wurde das Gemeindeschwesternwesen abgeschafft. Jetzt sollen sie zurückkehren, ein Modellversuch läuft.

Oktober
Margot Honecker tritt als Volksbildungsministerin zurück.

18. Oktober
Auf der 9. Tagung des Zentralkomitees der SED wird Erich Honecker »auf eigenen Wunsch« von allen Ämtern entbunden. Egon Krenz wird neuer Generalsekretär.

Oktober
Erich Mielke sagt: »Ohne Sowjetunion gab und gibt es keine DDR.«

23. Oktober
Eine halbe Million Menschen demonstrieren gegen die Wahl von Egon Krenz zum Vorsitzenden des Staatsrates und für die demokratische Erneuerung des Landes.

24. Oktober
Die Volkskammer wählt Egon Krenz zum Staatsratsvorsitzenden und zum Vorsitzenden des Nationalen Verteidigungsrates.

Der Hauptgewinn

Meine Mutter wurde im Kaiserreich geboren. Sie erlebte den Ersten Weltkrieg, die Weimarer Republik, das Dritte Reich, den Zweiten Weltkrieg, die Besatzungszeit, den demokratischen Aufbruch, den Kalten Krieg, die Deutsche Demokratische Republik, den zweiten demokratischen Aufbruch und zu aller Letzt auch noch die Wiedervereinigung. Sie hatte nichts ausgelassen, keinen Kohlrübenwinter, keine Inflation, keine Einquartierung, keine Währungsreform. Immer wieder waren neue Leute mit glühenden Augen und großen Mündern oben auf den Tribünen an die Mikrofone getreten und hatten dem staunenden Volke mit

1989

Oktober
Amnestie für alle Flüchtlinge sowie alle Bürger, die im Umfeld von Demonstrationen verhaftet wurden.

Oktober
Neuaufführung des Films »Spur der Steine«, der 1965 nach der Premiere verboten worden war.

Oktober
Die Sendung »Der schwarze Kanal« des Chef-Kommentators Karl-Eduard von Schnitzler wird nach fast 30 Jahren aus dem Programm genommen.

Oktober/November
Treffen von Egon Krenz mit Michail Gorbatschow. Beide stimmen darin überein, dass die Wiedervereinigung nicht auf der Tagesordnung steht.

einem Blick in die strahlende Zukunft erklärt, dass die Zeit der Schmach nun endgültig vorbei sei und ab sofort alles gut werden würde. Aber, wie der Berliner sagt, allet wurde jut, doch nüscht wurde bessa. Irgendwann verlor meine Mutter den Glauben an den Fortschritt der Menschheit. Sie begann wieder wie im Krieg Bindfadenreste, leere Tüten, Kleiderbügel und andere nützliche Dinge zu sammeln. In einem Fach vom großen Kleiderschrank hortete sie Waren aus dem Westen. Dort lagerten Dutzende Kaffeepackungen, Schokoladetafeln und Waschmittelpakete. Lange Zeit mochte ich keine Süßigkeiten von drüben, weil sie immer nach Seife schmeckten. Hingegen liebte ich die echte Lux und ihren dezenten Kaffeeduft.

Meine Mutter las sehr viele Bücher, und sie sah auch gerne fern, doch ihr liebstes Hobby war das Lösen von Kreuzworträtseln. Stundenlang brütete sie abends und an den Wochenenden über absurden Fragen wie nach dem linken Zufluss vom Aralssee, der Hauptstadt von Togo und dem rechten Zufluss vom Aralsee. Ihre Hilfsmittel waren ein Schulatlas von 1922, ein Lexikon aus dem Jahr 1954 und eine Lupe. Den Rest machte sie mit ihrer umfassenden Allgemeinbildung. Die Woche rätselte sie sich durch den »Troll«, am liebsten aber knackte sie das große Rätsel in der Wochenendausgabe der Tageszeitung. Woche für Woche schrieb sie das richtige Lösungswort auf eine Postkarte und schickte es an die Redaktion. Eines Tages zog meine Mutter endlich das große Los und bekam den Hauptgewinn zugesprochen: Sensationelle 150 Mark! Dieses Geld reichte für 750 Fahrten mit der Straßenbahn, 176 Bockwürste mit Brot oder 1500 Zehn-Pfennig-Briefmarken.

Das Wort Datenschutz war damals noch nicht erfunden worden. Die Zeitung veröffentlichte ganz selbstverständlich die Namen aller Preisträger mit ihren kompletten Anschriften. In den Tagen danach quoll unser Briefkasten über. Dutzende Leser schrieben an meine Mutter und baten sie darum, ihnen einen Teil vom Gewinn abzugeben oder wenigstens zu borgen. Auf der Straße wurde sie von Leuten gegrüßt, die sie gar nicht kannte, hingegen von der Fleischerfrau nur noch maulfaul und mürrisch bedient.

Der Scheck kam nach 14 Tagen mit der Post. Allmählich legte sich der Rummel wieder. Normalität zog ein, doch für meine Mutter war die Lehre nachhaltig. Dem Raten von Kreuzworträtseln ist sie zeit ihres Lebens treu geblieben, aber an einem Preisausschreiben hat sie sich nie wieder beteiligt. Und wenn ihr 28jähriges Enkelchen beim Studium mal nicht weiter wusste, brauchte er sie nur zu fragen: »Oma, wie heißen noch mal die drei Derivate der Carbonsäure?«

Die Antwort kam wie aus der Pistole geschossen: »Carbonsäureamide, Carbonsäurehydride und Carbonsäurechloride.«

Das unentwegte Tüfteln hat meine Mutter bis an ihr Lebensende geistig fit gehalten. Als sie mit 95 Jahren starb, erbte ich unter anderem einen Schulatlas von 1922, etliche Tafeln Zartbitterschokolade aus Friedenszeiten, ein gutes Dutzend Lux-Seifen und etwa 150 leere HO-Papiertüten. Ihre Schätze hatte sie gut für mich bewahrt. Aber sie fehlt mir von Tag zu Tag mehr. ■

November
Ministerpräsident Willi Stoph tritt zusammen mit der gesamten DDR-Regierung zurück.

4. November
Bei einer Kundgebung auf dem Alexanderplatz demonstrieren zwischen 500 000 und einer Million Menschen für demokratische Reformen in der DDR.

9. November
Politbüromitglied Günter Schabowski verliest um 18.57 Uhr einen Beschluss des amtierenden Ministerrates: »Privatreisen nach dem Ausland können ohne Vorliegen von Voraussetzungen beantragt werden. Die Genehmigungen werden kurzfristig erteilt.« Kurz vor Mitternacht öffnen sich die ersten Schlagbäume an der Mauer.

November
Auf der 10. Tagung des ZK der SED tritt das Politbüro zurück. Anschließend wird ein verkleinertes Politbüro gewählt und Egon Krenz als Generalsekretär bestätigt.

Bevor der grüne Rasen alles deckt

1989

November
Am Abend der Maueröffnung hat der DEFA-Film »Coming out« Premiere. Regie: Heiner Carow.

November
Bundeskanzler Kohl und Egon Krenz sprechen in einem Telefonat über eine Intensivierung der Zusammenarbeit und einigen sich auf eine baldige persönliche Begegnung.

13. November
Hans Modrow wird Ministerpräsident der DDR.

November
Künstler, darunter Christa Wolf und Stefan Heym, fordern im Aufruf »Für unser Land« die Eigenständigkeit der DDR.

November
An die Stelle des aufgelösten Ministeriums für Staatssicherheit tritt das »Amt für Nationale Sicherheit«.

Friedhöfe heißen gemeinhin Gottesacker. Und mancherorts wurden sie auch wie Gottes Acker verteidigt. Gegen Gottlose wie gegen Selbstmörder. In dieser Hinsicht waren Pastoren Parteisekretären sehr ähnlich. Lenin hatte gesagt, dass die Gesundheit Volkseigentum sei, welche man im Interesse der Gesellschaft gefälligst schützen und pflegen müsse. Wer also Hand an sich legte, schädigte elementar … Genau. Und darum hatten Atheisten und Gläubige die gleichen Probleme, wenn so einer zur letzten Ruhe gebettet werden sollte. Für Selbstmörder fand sich nur ein sehr abgelegenes Plätzchen auf dem Friedhof.

Mit den natürlich hinübergegangenen Gottlosen aber verhielt es sich ähnlich.

Ihre Zahl mehrte sich im Laufe der DDR-Jahrzehnte.

Früher begleitete der Pfarrer jedes Schäfchen der Gemeinde auf seinem letzten Gang. Woran ich partizipierte. Es gab die Institution des Kreuztragens, was wörtlich zu verstehen ist. Wenn der Sarg von der Kapelle zur Grube getragen wurde, schritt der Pfarrer dem Zug voran. Und neben ihm marschierte ein Dreikäsehoch, der ein Kruzifix auf einer Stange in den Himmel reckte. Er stand zwischen Pfarrer und Trauergemeinde, wenn die Kiste an dicken Tauen hinabgelassen wurde. Die Trauernden schnieften, und der Mann im Talar erklärte: »Der Herr über Leben und Tod hat unseren Bruder in Christus aus diesem Leben abgerufen. Von Erde bist du genommen, zu Erde sollst du werden. Gott vollende an dir, was er dir in der Taufe geschenkt hat, und gebe dir Teil an seiner Herrlichkeit. Friede sei mit dir von Gott, dem Vater und dem Sohne und dem Heiligen Geiste. Amen.« Dann warf er drei Hände voll Sand in die Grube. Drei, keine Hand weniger und keine mehr, denn auch das war symbolisch. Das hieß: Erstens der Mensch ist vergänglich und wird zu Erde, zweitens würde man wie Jesus wieder auferstehen, drittens würde das Leben weitergehen und Gott neues Leben schaffen. Der Kreuzträger verharrte, bis der Letzte seine Handvoll in die Grube geworfen hatte. Dann trug ich meine Gerätschaft in die Kapelle zurück und schloss sie ab. Bis zum nächsten Mal.

Auf der Dorfstraße traf man nach angemessener Frist einen der Hinterbliebenen, der sich erkundigte, wie viel ich für die Dienstleistung bekäme, worauf ich wahrheitsgemäß sagte, dass dies verschieden sei. Der eine gebe zwei, der andere drei, ich hätte auch schon mal vier Mark bekommen. Daraufhin bekam ich fünf Mark in die Hand gedrückt. Selbst hier also herrschte Wettbewerb, was ich mir merkte.

Wie eben auch jene Kontroverse zwischen Pfarrer und Bürgermeister, als einer der wenigen Genossen im Dorfe hinübergegangen war und beigesetzt werden sollte. Das sei ein Gottesacker, erklärte der Herr Pfarrer. Worauf der Bürgermeister meinte, es sei ein Friedhof, und zwar der einzige im Dorf. Man habe zusammen im Ort gelebt, dieselbe Luft geatmet. Da könne man wohl ja auch nebeneinander in der Erde liegen.

Dagegen war schlecht was einzuwenden.

Allerdings war absehbar, dass ich diesmal nichts verdienen würde.

Der Bürgermeister, der sich offenkundig anschickte, die Trauerrede zu halten, was für ihn eine Premiere schien, erkundigte sich, was und wie man das so mache. Der Herr Pfarrer habe ja darin ein wenig Übung. Da auf dem Dorf die Zeit ein wenig langsamer lief als in der Stadt – bei einer Urnenbestattung kriegte man dort die Trauerhalle für zehn Minuten, bei einer Erdbestattung für dreißig –, musste man bei der Rede nicht auf die Uhr schauen. Also gut, sagte der Seelenhirte, und plauderte aus seinem theologischen Nähkästchen.

Am Ende blieb nur eine Frage ungeklärt: Wie oft sollten die Ungläubigen Sand in die Grube werfen, wo sie doch weder an ein Leben im Jenseits noch an eine Wiedergeburt glaubten? ■

November
Bundeskanzler Kohl legt ein »Zehn-Punkte-Programm zur Überwindung der Teilung Deutschlands und Europas« vor.

Dezember
Auf dem außerordentlichen SED-Parteitag in Ost-Berlin wird die Parteiauflösung abgelehnt, die Partei in SED-PDS umbenannt. Neuer Parteivorsitzender: Gregor Gysi.

Dezember
Egon Krenz legt seine Ämter als Vorsitzender des Staatsrates und des Nationalen Verteidigungsrates nieder, LDPD-Vorsitzender Manfred Gerlach wird Staatsoberhaupt.

Dezember
Kohl trifft zu Gesprächen mit Hans Modrow in Dresden zusammen. Beide Regierungschefs vereinbaren Verhandlungen über eine deutsch-deutsche Vertragsgemeinschaft.

1990

Januar
Die Dresdner Bank eröffnet als erstes deutsches Kreditinstitut eine Zweigstelle in der DDR.

Januar
DDR-Fernsehen und -Rundfunk senden die Nationalhymne wieder mit dem Text von Johannes R. Becher.

Januar
Der Runde Tisch vereinbart die »Große Koalition der Vernunft«.

Januar
Udo Lindenberg startet eine DDR-Tournee.

Januar
Auf der Leipziger Montagsdemonstration wird der Ruf »Wir sind das Volk« vom Ruf »Wir sind ein Volk« übertönt.

Januar
In einer Regierungserklärung sagt Ministerpräsident Hans Modrow, eine Währungsreform sei nicht vorgesehen.

Januar
Der britische Außenminister Douglas Hurd besucht die DDR, um Vorbehalte gegen eine Vereinigung vorzubringen.

Januar
Demonstranten stürmen die Stasi-Zentrale in Berlin.

Januar
Ministerpräsident Hans Modrow und der Runde Tisch entscheiden, die Volkskammerwahlen vom Mai auf den 18. März vorzuverlegen.

Januar
Verhaftung von Erich Honecker aus dem Krankenhaus.

Januar
Modrow trifft Gorbatschow in Moskau, der »prinzipiell nichts gegen eine Vereinigung beider deutscher Staaten« einzuwenden hat.

Februar
Ministerpräsident Hans Modrow unterbreitet sein Konzept »für den Weg zu einem einheitlichen Deutschland«. Der Stufenplan sieht folgende Schritte vor: Vertragsgemeinschaft, Konföderation und Übertragung von Souveränitätsrechten auf die Konföderation.

1990

Februar
Die SED-PDS nennt sich in PDS um.

Februar
Das Neue Forum, Demokratie Jetzt und die Initiative Frieden und Menschenrechte schließen sich zur Partei Bündnis 90 zusammen.

Februar
Das Kombinat Robotron geht als erste Firma ein Joint Venture mit einer BRD-Firma ein.

Februar
Bei einem Treffen zwischen Bundeskanzler Kohl und dem sowjetischen Staatschef Michail Gorbatschow in Moskau wird die Zusicherung gegeben, dass die UdSSR einer Wiedervereinigung Deutschlands nicht im Weg stehe.

März
Der DDR-Ministerrat beschließt die Umwandlung aller Kombinate und Volkseigenen Betriebe in Kapitalgesellschaften sowie die Einrichtung einer Anstalt zur treuhänderischen Verwaltung von Volkseigentum.

März
In seiner letzten Sitzung lehnt der Runde Tisch die Übernahme des Grundgesetzes der Bundesrepublik für die DDR nach Artikel 23 des Grundgesetzes ab.

März
Letzte Tagung der Volkskammer vor den Wahlen, Forderung nach einer Sozialcharta, die u. a. das Recht auf Arbeit, auf Wohnraum und die Gleichstellung von Mann und Frau erhalten soll.

Mai
Erste Runde der »2+4«-Konferenz zu Fragen der Vereinigung.

März
Wahlen zur Volkskammer mit einer Wahlbeteiligung von 93,38 Prozent. Die konservative »Allianz für Deutschland« (CDU, DSU, DA) erringt 47,15 Prozent der Stimmen.

Mai
In Bonn einigen sich Bund und Länder auf die Gründung eines Fonds »Deutsche Einheit« zur finanziellen Unterstützung der DDR. Er soll, mit 115 Milliarden DM ausgestattet, die Währungs-, Wirtschafts- und Sozialunion finanzieren.

Mai
Für eine Währungs-, Wirtschafts- und Sozialunion ändert die Volkskammer die Verfassung.

Vertrauen ist gut, Kontrolle ist besser … *Ulrich Grunert* 14
Auf dem Papier *Klaus Huhn* 16
Von Beschäftigung bis Schlafwache *Franziska Kleiner* 18
Der Tag, an dem Meister Nadelöhr starb *Karen Matting* 22
Immer Ärger mit den Digedags *Urich Grunert* 24
Praktisch und zeitlos *Ines Fritz* 28
Kastanien- und Eichensammeln *Lutz Stuber* 30
Warum stottert Herr Thinius? *Karen Matting* 32
Handwagenrennen in Bad Blankenburg *Günther Drommer* 34
Am Rande der Stadt *Jörg Lehmann* 36
Kniebeuge oder Liegestütze *Franziska Kleiner* 38
Zwischen Liebe und Pflicht *Laura-Marie Steineckert* 42
Fragen an die Bibel *Günter Brendel* 44
Beatles aus der Unterhose *Ulrich Grunert* 46
Eine wind- und wetterfeste Burg *Karen Matting* 50
Für Spartakus und Gold *Klaus Huhn* 52
Tief im Osten *Jana Frielinghaus* 54
Kolibri und Brillantwirbel *Key Pankonin* 56
Sicheln in Altsorgefeld *Karen Matting* 58
Die Pille und andere Enthemmer *Ines Fritz* 60
Wie ich mit einem Mähdrescher kämpfte *Karen Matting* 66
Zwischen Hormonen und Hochkultur *Mathias Wedel* 68
Mein Leben in der Wilhelm-Pieck-Straße *Karen Matting* 72
Jeans an der Penne *Christoph Neumann* 74
Die Russen kommen *Karen Matting* 76
Sigrids wundersame Verwandlung *Hans Scheller* 78
Teewurst mit Walter Ulbricht *Franziska Troegner* 82
Der Rasierpinsel *Günther Drommer* 86
Die Ausgezeichnete *Gisela Oechelhaeuser* 88
Häubchen mit Streifen *Anne Hahn* 90
Schule des Lebens *Klaus Wiegandt* 92
Mit der Maurerkelle zum Studium *Peter Schiemenz* 94
Dialog mit den Urenkeln *Jörg Lehmann* 98
Bewaffneter Friede *Wolfgang Stade* 102
Otto – Erfinder und Meister *Klaus Huhn* 104
Meine Wege übers Land *Günther Drommer* 106
Parteiloser Sekretär *Peter Perleberg* 108

1990

Mai
In Bonn wird der Staatsvertrag zur Währungs-, Wirtschafts- und Sozialunion unterzeichnet.

Mai
Alle Lehrstühle und Dozenturen für Marxismus-Leninismus an sämtlichen Einrichtungen werden aufgelöst.

Juni
Karl-Marx-Stadt wird in Chemnitz zurückbenannt.

Juni
Die Volkskammer der DDR beschließt die Gründung der Treuhandanstalt.

Juni
In Berlin wird mit dem Abriss der Mauer begonnen.

Juli
Währungsunion. 600 Tonnen DM-Scheine, 500 Tonnen DM-Münzen kommen in die Hände der DDR-Bürger.

Eine friedliche Lösung *Günter Herlt* 110
Training und Tore *Frank Willmann* 112
Abschied, Anfang und Akteure *Lutz Stückrath* 114
Karl Marx und die Mitbestimmung *Gisela Oechelhaeuser* 118
Eierkuchen mit vier Sternen *Günter Herlt* 122
Eine Bleibe für die Weinballons *Anne Hahn* 124
Auf Ex zur Exmatrikulation *Peter Perleberg* 126
Wie ich die erste deutsch-polnische Freundschaft erlebte *Klaus Huhn* 128
Nehmen Sie Pur-Lack! *Artur Paul* 130
Alle Jahre wieder *Hans-Peter Bischof* 132
Schreck im Morgengrauen *Wolfgang Schüler* 134
Verzerren und Verstärken *Key Pankonin* 136
Nicht weit von der Hauptstadt *Klaus Huhn* 140
Betten besetzen *Birgit Hoffmann* 142
Rote Klöster *Günter Herlt* 146
Das Schlimme am Rundholz ist, dass es rund ist *Günter Herlt* 148
Als Peter Bryan nachrechnete *Klaus Huhn* 150
99 Stunden *Christine Dähn* 152
»Der Marxismus ist allmächtig, weil er wahr ist« *Günter Herlt* 156
Schrankwand oder Tischtennisplatte *Thomas Weiler* 158
Hau ruck! *Klaus Huhn* 162
Hast du einen Vogel? *Anne Hahn* 164
Diplomaten im Trainingsanzug *Klaus Huhn* 166
Die Profis *Brigitte Stein* 168
Hand raus, Gast rein *Jörg Lehmann* 170
Lachen verboten *Mathias Wedel* 172
Ungenutztes Nützliches *Hans-Peter Bischof* 174
Montags ist Parteiversammlung *Arnold Schölzel* 176
Karten für jede Lebenslage *Günter Herlt* 178
Die Torgauer Initiative *Marlies Schumacher* 182
Links zwei-drei *Mathias Wedel* 184
Der letzte Autokauf *Steffen Bunge* 186
Schostakowitschs Walzer *Günther Drommer* 188
Blumen für die Frauen *Antje Leetz* 192
Regeln für den Urlaub *Franziska Kleiner* 194
Endlich schneefrei! *Klaus Huhn* 198

Juli
Kohl trifft in der Sowjetunion mit Gorbatschow zu Gesprächen zusammen. Gorbatschow billigt einem vereinten Deutschland die volle Souveränität und die freie Wahl der Bündniszugehörigkeit zu.

Juli
Olaf Ludwig erringt einen Etappensieg bei der Tour de France.

Juli
»The Wall« von Pink Floyd wird auf dem Potsdamer Platz vor 320 000 Zuschauern aufgeführt.

Juli
Die letzte DDR-Briefmarke, gültig bis zum 2.10., erscheint.

Juli
Die DDR-Volkskammer verabschiedet das Ländereinführungsgesetz, mit dem die Bezirke abgeschafft und die bis 1952 bestehenden Länder wiedereingeführt werden.

August
50 000 Bauern demonstrieren auf dem Berliner Alexanderplatz gegen den Kollaps der DDR-Landwirtschaft.

Don Camillo und Peppone *Artur Paul* 200
Im Betrieb *Klaus Wiegandt* 202
Auskünfte über das Leseland *Matthias Biskupek* 204
Je knapper, desto begehrter *Jörg Lehmann* 208
Ein Bambi für Nikaragua *Bettina Ruczynski* 210
Ein Land, wo es nach Kohle roch *Klaus Schrader* 212
Wer schmückte die DDR? *Lothar Heinrich* 218
Dörfer sprinten *Klaus Huhn* 220
Als Mutti früh zur Arbeit ging *Ulrich Grunert* 222
Theater der Commune oder 5 Antworten auf eine einfache Frage *Jens Mehrle* 224
Bücher auf Rädern *Artur Paul* 230
»Der Konsum ist stets hilfsbereit ...« *Manfred Kirsch* 232
Fernes Kanada? *Klaus Huhn* 234
Vom Individuum zur Gesellschaftsordnung *Günter Herlt* 236
Kauf einer Autobatterie *Wolfgang Schüler* 238
Erziehung im weitesten Sinne *Mathias Wedel* 242
Der Steilhang an der Saale und der Spaß *Klaus Hilbig* 246
Kopf einziehen *Günther Jähnich* 248
Laubenpieper *Artur Paul* 250
Neueröffnung an der Frankfurter Allee *Klaus Huhn* 252
Freitags, Fonds und Freudentränen *Lutz Stückrath* 254
Bahnpost nach Dresden *Manfred Gebhardt* 256
Muss die Kunst nach Brot gehen? *Frank Schumann* 258
Leningrad *Günter Herlt* 262
Mein erstes Blauhemd erhielt ich als Prämie *Ruth Dorsch* 264
Die erwischte Ladendiebin *Wolfgang Schüler* 266
Rotkraut bleibt Rotkraut *Manfred Kirsch* 268
Der kaukasische Kreidekreis *Klaus Huhn* 270
Revolution auf Filzlatschen *Anton Hiersche* 274
Die Generation Timur und sein Trupp *Bettina Ruczynski* 278
Wär' das Wetter schlecht gewesen ... *Gisela Steineckert* 282
Kommt der Wähler nicht zur Urne ... *Günter Herlt* 286
Die kreuz-rote Schwester *Marion Heinrich* 290
Der Hauptgewinn *Wolfgang Schüler* 292
Bevor der grüne Rasen alles deckt *Marlies Schumacher* 294

1990

August
Unterzeichnung des »Vertrages über die Herstellung der Einheit Deutschlands« im Palais unter den Linden durch Bundesinnenminister Wolfgang Schäuble und Staatssekretär Günther Krause.

August
Die Volkskammer beschließt den Beitritt der DDR zur BRD nach Artikel 23 des Grundgesetzes mit Wirkung zum 3. Oktober 1990.

September
Letztes Treffen der 2+4-Verhandlungen; die sechs Außenminister unterzeichnen den »Vertrag über die abschließende Regelung in Bezug auf Deutschland«.

September
Das Gesetz über den Verbleib der Stasiakten wird von der Volkskammer verabschiedet.

ADN: 8 u. r., 9 u. r., 86, 167, 229, 240/241, 248
ADN-Mahnke: 70
akg-images: 6. u. r., 7, 127, 140, 141, 185, 196 u., 287
akg-images Werner Hoffmann: 9 u. r., 30
akg-images Günter Rubitzsch: 9 o. l., 13 (klein),
akg-images Gert Schütz: 9 u. r.
akg-images Sewcz: 209, 268
akg-images Johann Willa: 252
akg-images Straube: 11 u. l., 13 (groß), 21 r., 39, 50, 64 m., 65, 88, 90, 92, 100, 180/181, 184, 216 o., 216/217, 274
akg-images Volkmar Thie: 19, 81, 94, 269
Paul Almasy: 31
Benno Bartocha: 11 o., 12 u., 15, 28/29, 45, 52, 58, 98, 135, 182, 183, 296 u. m.
Jan Bauer: 155
Günter Bratke: 6 u. r., 174
Curth: 251
DB-Zentralbild: 151
ddrbildarchiv: 12 u. r., 24, 27 (klein), 32, 33, 35, 40 u., 63, 73, 76, 80 o. und u., 97, 160 u. l., 164, 168, 170, 196 m., 239, 244/245, 256, 289 u. r.
Dieter Demme: 139 u.
dpa: 166, 198
dpa-Film Neue Visionen: 191
dpa-Steinfels: 110 (groß)
dpa-Zentralbild: 128
Gardi: 78, 176, 215, 270, 286, 290
Konrad Giehr: 196, 264
Wilfried Glienke: 20, 37, 283
Peer Grimm: 104
Waltraud Grubitzsch: 18, 26 (2), 34, 42, 69, 118, 121 u., 144, 149, 218, 222, 240 (2), 296 u. r.
Günter Gueffroy: 10 u. l., 152, 278/279
Ulrich Hässler: 16 o., 38, 40 (klein), 49, 54, 56, 64 o., 80 m., 83, 84, 139 o., 180 u., 216 u., 230, 234, 255, 262, 272 u.
Lothar Heidtmann: 272 (klein)
Udo Hesse: 281
Chris Hofmann: 120/121, 160 o. l.
Roland Holschneider: 51
Hansjörg Hörseljau: 298 o.,
Heinz Junge: 10 o. l., 11 m. r., 44 u. l., 55, 124, 266, 276/277, 293
Reinhard Kaufhold: 60, 108/109, 116, 153, 154, 294
Dieter Klar: 12 o. m.,
Eberhard Klöppel: 44 o. r., 47, 78, 110 (klein), 138, 162, 180 m., 202, 208, 214 (2), 238, 241 (klein), 260 o. und m., 261 (klein), 296 o. r.
KANN Herb: 132
Peter Kroh: 64 u., 117, 178, 203
Thomas Lehmann: 101 (groß), 260 u., 261(groß)
Peter Leske: 57
Hubert Link: 23, 219
Milbret: 136
Josef Mucha: 129
Florian Profitlich: 299
Eva Richter: 122, 146, 192, 233, 292
Michael Richter: 48/49, 213, 221, 288/289, 289 o.
Karlheinz Schindler: 74
Gerd Schwenn: 165, 199
Sven Simon: 8 u. l., 11 u. r., 112/113,
Jürgen Sindermann: 10 u. r., 38, 53, 142, 194/195, 204 (2),
Gisela Stappenbeck: 12/13 o.
Horst Sturm: 6 u. l., 9 o. r., 44 o. l., 68, 77, 82, 105, 106, 201, 220, 231, 232, 267, 272 o., 273, 289 m., 297
Volkmar Thie: 253
Harald Tittel: 156/157
transit/ Harald Kirschner: 46, 75
transit/ Tom Schulze: 126
transit/ Gerd Schwenn: 242
Thomas Uhlemann: 14, 71, 193, 215, 250, 298
Manfred Uhlenhut: 4, 8. o., 10/11 m., 16 u., 28 (klein), 62, 95, 96, 121 o., 130, 145, 158, 161, 186/187, 188/189, 207, 210, 285, 296 o. l.
Werner Unfug: 246
united archives/WHA: 228
UPI: 236
Hans Wiedl: 11 m. l., 103, 114, 134, 180 o.
Klaus Winkler: 22
Hermann Josef Wöstmann: 212
Olm Wulf: 225
Zentralbild: 21 l., 27 (groß), 36, 66, 143, 150, 160 m., 172, 224, 226
Zentralbild-Gahlbeck: 99, 258
Zentralbild-Schutt: 6 o.,
Peter Zimmermann: 12 o. l., 72, 101 (klein), 131, 169,

Wir danken picture-alliance für die freundliche Genehmigung zum Abdruck der Fotos.

pa•picture alliance

September
Die Auflösung des DTSB wird beschlossen.

September
Die Auflösung des FDGB zum 30.9. wird beschlossen.

September
In Berlin wird zwischen der DDR und der Sowjetunion ein Vertrag unterzeichnet, nach dem die DDR-Mitgliedschaft im Warschauer Vertrag am 3. Oktober 1990 erlischt.

Oktober
Bei der letzten Volkskammersitzung erklärt Lothar de Maizière das Ausscheiden der DDR aus der sozialistischen Staatengemeinschaft zu einem »Abschied ohne Tränen«.

2./3. Oktober
Am 2. Oktober um 24.00 Uhr endet die Existenz der DDR. Am 3. Oktober um 00.00 Uhr werden aus DDR-Bürgern Bundesbürger.

ISBN 978-3-359-02209-1

1. Auflage

Umschlaggestaltung: Buchgut, Berlin,
unter Verwendung eines Motivs von picture-alliance/ZB
Druck und Bindung: Salzland Druck, Staßfurt

Ein Verlagsverzeichnis schicken wir Ihnen gern:
Eulenspiegel · Das Neue Berlin Verlagsgesellschaft mbH & Co. KG
Neue Grünstr. 18, 10179 Berlin
Tel. 01805/30 99 99
(0,14 Euro/Min., Mobil abweichend)

Die Bücher des Eulenspiegel Verlags erscheinen
in der Eulenspiegel Verlagsgruppe.

www.eulenspiegel-verlag.de

pa•picture alliance